지텔프의 정석 43⁺

LEVEL 2

오정석 (키위쌤) 지음

BM (주)도서출판 성안당

지텔프의 정석을 내면서

영어를 공부하는 많은 학생들이 저에게 이런 질문을 자주 합니다.

"이 책으로 선생님 강의를 들으면 무조건 목표 점수를 받을 수 있나요?"

저는 Yes이면서 No라고 말씀드리고 싶습니다.
본인이 목표하는 어학 시험의 점수를 획득하기 위한 문법 지식과 어휘의 양은 정해져 있습니다.
그래서 자신이 정해 놓은 기간 안에 그것을 달성하면 "Yes"이고 달성하지 못하면 "No"가 됩니다.

저자의 역할은 각 시험의 특성에 맞는 문법 지식과 어휘를 효과적으로 전달하는 것이며
학생의 역할은 가이드에 따라 그것을 잘 학습하고 숙달하는 것입니다.

더 나아가, 훌륭한 강사는 영어를 가르치는데 한 가지 길로만 가르치는 것이 아니라
다양한 상황의 학생에게 알맞은 방법과 길을 제시할 수 있어야 한다고 생각합니다.

저의 책이 여러분이 영어를 폭넓게 구사할 수 있는 바탕이 되고
영어 학습을 힘들어하는 분들에게 조금이나마 도움이 되었으면 하는 바람입니다.

오정석 강사 (키위쌤)

추신:
가늠할 수 없었던 언어의 장벽 앞에 부족했던 저를 이끌어 주신 스승 박우상 교수(Dr. David Park)
님께 감사의 말씀을 올립니다. 그리고 항상 무한한 용기과 사랑을 주는 저의 아내와 가족, 키위새 캐릭
터를 만들어주신 웹툰 작가 랑또님, 유튜브와 블로그를 꾸며주신 디자이너님, 책을 함께 완성해주신 성
안당 관계자분들, 저를 응원해주고 있는 친구들과 제자들까지.
소중한 모든 인연 덕분에 저의 책을 시작하고 완성할 수 있었습니다.

진심으로 감사합니다.

목차

청취 파트별 질문 파일 듣기

★ 청취 영역의 파트마다 질문을 먼저 연습할 수 있습니다. QR코드로 접속하여 질문을 듣고 받아 적는 연습을 통해 청취 문제에 익숙해 지세요.

실전 모의고사 통파일 듣기

★ 실전 모의고사 첫 페이지에 있는 QR코드로 접속하면 청취 영역 모의고사 바로 듣기가 가능합니다.

홈페이지에서 전체 파일 다운받기

★ QR코드(스마트폰)로 접속할 경우
  → Link에 있는 음원 다운로드 하기

★ 성안당 홈페이지로 접속할 경우: https://cyber.co.kr
  → 우측 상단의 [자료실] 클릭하기
  → 중간에 [외국어자료실] 클릭하기
  → 게시판의 [지텔프의 정석 43+ Level 2 전체 음원] 클릭하기
  → Link에 있는 음원 다운로드 하기

1. 문법

▶ 정확하고 빠르게 정답을 찾도록 **풀이 방법을 공식화**했습니다.

▶ 기출 및 출제 포인트로 개념을 학습하고, FM 문제 풀이 공략으로 공식을 파악한 후, 풍부한 연습 문제로 실력을 쌓아보세요!

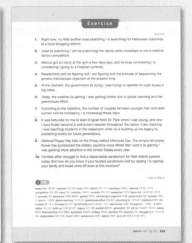

2. 독해

▶ 질문 및 지문에서 자주 사용되는 표현을 정리했습니다.

▶ 문제를 풀고 지문 분석 및 **정답 시그널**과 **패러프레이징**을 포함한 상세한 해설까지 익혀서 독해력을 키워보세요.

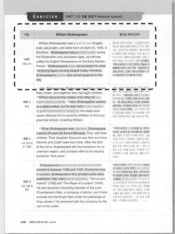

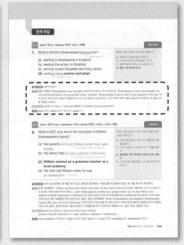

3. 청취

▶ **질문 받아쓰기**를 통해 키워드를 파악하는 연습을 반복적으로 할 수 있습니다.

▶ 질문의 키워드를 지문에서도 듣는다면, 청취에서도 쉽게 정답을 고를 수 있습니다.

▶ 정답을 맞히지 못했다면, 자세한 해설과 패러프레이징된 표현을 보며 공부해 보세요.

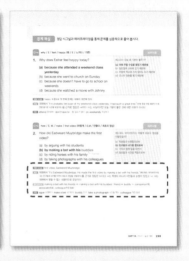

4. 실전 모의고사

▶ 영역별 학습을 마친 후 실전과 똑같은 형태의 모의고사로 배운 내용을 적용해 보세요.

5. [부록] 지텔프 필수 어휘 500 핸드북

▶ 지텔프 시험에 필수적인 어휘 500개를 선별했습니다.

▶ 품사별로 뜻이 달라지는 단어들이 많으니 최대한 많은 뜻을 익히도록 들고 다니며 틈틈이 외워보세요.

시험 직후 저자 특강으로 실시간 출제 경향 확인

★ 지텔프와 토익 동시 만점을 달성한 키위쌤의 블로그와 유튜브를 통해 최신 출제 경향에 맞는 전략이 지속적으로 업데이트됩니다. 저자 직강을 놓치지 마세요!

G-TELP 소개

G-TELP란?

G-TELP(General Tests of English Language Proficiency)는 ITSC(International Testing Services Center, 미국 국제 테스트 연구원)에서 주관하는 국제 공인영어시험입니다. 한국은 1986년에 지텔프코리아가 설립되어 시험을 운영 및 주관하고 있습니다. 현재 각종 국가고시, 기업 채용 및 승진 평가 시험, 대학교 졸업 인증 시험, 교육 과정 등에서 널리 활용되는 글로벌 영어평가 교육 시스템입니다. G-TELP에는 다양한 테스트가 있으며, 그중 G-TELP Level Test의 Level 2 정기 시험 점수가 가장 많이 사용되고 있습니다.

G-TELP Level별 시험 구성

구분	출제 방식 및 시간	평가 기준	합격자의 영어 구사 능력
Level 1	청취 30문항 독해 및 어휘 60문항 총 90문항 (약 100분)	Native Speaker에 준하는 영어 능력: 상담, 토론 가능	모국어가 영어인 사람과 대등한 의사소통 국제회의 통역 가능한 수준
Level 2	문법 26문항 청취 26문항 독해 및 어휘 28문항 총 80문항 (약 90분)	다양한 상황에서 대화 가능: 업무 상담 및 해외 연수 등이 가능한 수준	일상생활 및 업무 상담 가능 외국인과의 회의 및 세미나, 해외 연수 등이 가능한 수준
Level 3	문법 22문항 청취 24문항 독해 및 어휘 24문항 총 70문항 (약 80분)	간단한 의사소통과 친숙한 상태에서의 단순 대화 가능	간단한 의사소통 가능 해외 여행과 단순한 업무 출장이 가능한 수준
Level 4	문법 20문항 청취 20문항 독해 및 어휘 20문항 총 60문항 (약 80분)	기본적인 문장을 통해 최소한의 의사소통이 가능한 수준	기본적인 어휘의 짧은 문장으로 최소한의 의사소통이 가능한 수준
Level 5	문법 16문항 청취 16문항 독해 및 어휘 18문항 총 50문항 (약 55분)	극히 초보적인 수준의 의사소통 가능	영어 초보자 일상의 인사, 소개 등을 이해할 수 있는 수준

🖊 G-TELP Level 2의 구성

영역	분류	문항	배점
문법	시제, 가정법, 조동사, 준동사, 연결어, 관계사, 당위성/이성적 판단	26	100점
청취	Part 1 개인적인 이야기를 하는 대화 Part 2 정보를 제공하는 발표 형식의 담화 Part 3 결정을 위해 의논하는 대화 Part 4 절차나 과정을 설명하는 형식의 담화	26 (각 7/6/6/7문항)	100점
독해 및 어휘	Part 1 과거나 현세대 인물의 일대기 Part 2 사회나 기술적 내용을 다루는 잡지 기사 Part 3 일반적인 내용의 지식 백과 Part 4 설명하거나 설득하는 내용의 비즈니스 레터	28 (각 7문항)	100점
전체	약 90분 (영역별 제한 시간 없이 전체 90분 활용 가능)	80문항	공인 성적: 영역별 점수 합을 3으로 나눈 평균값

🖊 G-TELP의 특징

▶ 절대 평가 방식: 문법, 청취, 독해 및 어휘 모두 75점 이상이면 해당 등급에 합격(Mastery)하지만 국내의 각종 영어 대체 시험 성적
　　　　으로는 Level 2의 65점 이상만 얻으면 합격 가능
▶ 빠른 성적 확인: 응시일로부터 일주일 이내 성적 확인 가능
▶ 문법, 청취, 독해 및 어휘의 3영역에 객관식 4지선다형으로 학습 부담 적음
▶ 영역별 문제 유형이 확실하게 정해져 있어 단기간 학습으로 점수 상승 가능

G-TELP Level 2의 성적 활용 비교

구분	G-TELP (LEVEL 2)	TOEIC
5급 공채	65	700
외교관 후보자	88	870
7급 공채	65	700
7급 외무영사직렬	77	790
7급 지역인재	65	700
국회사무처(입법고시)	65	700
대법원(법원행정고시)	65	700
국민안전처(소방간부 후보생)	50	625
국민안전처(소방사) (2023년부터)	43	550
경찰청(경찰간부 후보생)	50	625
경찰청(경찰공무원)	43	550
국방부(군무원) 5급	65	700
국방부(군무원) 7급	47	570
국방부(군무원) 9급	32	470
카투사	73	780
특허청(변리사)	77	775
국세청(세무사)	65	700
고용노동부(공인노무사)	65	700
국토교통부(감정평가사)	65	700
한국산업인력공단(관광통역안내사)	74	760
한국산업인력공단(호텔경영사)	79	800
한국산업인력공단(호텔관리사)	66	700
한국산업인력공단(호텔서비스사)	39	490
금융감독원(공인회계사)	65	700

	지텔프 (Level 2)	토익 (TOEIC)
시험 개요	연 24회 실시	연 24회 실시
	7일 이내 성적 확인	14일 후 성적 확인
	총 3영역, 80문항	총 2영역, 200문항
	시험 시간: 1시간 30분	시험 시간: 약 2시간
	영역별 시험 시간 정해져 있지 않음	LC 45분, RC는 LC 끝난 뒤 75분
	점수: 100점 기준 [문법 《(맞은 개수/26) x 100》 + 청취 《(맞은 개수/26) x 100》 + 독해 《(맞은 개수/28) x 100》] / 3	점수: 990점 기준 (LC 495 + RC 495)
문법	난이도: ★ Grammar: 총 26문항 – 실용적인 영문법 표현 출제 – 출제 범위 좁음 – 평이한 난이도로 단기간 고득점 가능 – 유형별 풀이 공식 적용해 정답 도출	난이도: ★★★ RC Part 5, 6: 총 46문항 Part 5 (30): 단문 공란 메우기 (문법/어휘) Part 6 (16): 장문 공란 메우기 – 혼동하기 쉬운 문법 표현 출제 – 빈칸에 알맞은 품사, 단어의 형태 고르기 – 출제 범위가 넓기 때문에 전반적인 문법 학습 필요
청취	난이도: ★★★ Listening: 총 26문항 (4개 Part로 구성) Part 1 (7), 3 (6): 2인 대화 Part 2 (6), 4 (7): 1인 담화 – 지문이 고난이도 장문(3~4분)이므로 노트테이킹 필수	난이도: ★★ LC: 총 100문항 (4개 Part로 구성) Part 1 (6) – 사진을 알맞게 묘사한 문장 고르기 Part 2 (25) – 문장 듣고 알맞은 답변 고르기 Part 3 (39) – 화자의 말에 대한 의도 파악하기 Part 4 (30) – 그래프, 도표 등 시각 자료 연계
독해	난이도: ★★ Reading & Vocabulary: 총 28문항 (4개 Part로 구성) Part 1 (7): 인물 일대기 Part 2 (7): 잡지 기사 Part 3 (7): 지식 백과 Part 4 (7): 비즈니스 레터 – 각 Part는 500단어 내외 지문으로 7문제가 출제되고, 어휘(유의어 찾기) 문제가 2개씩 출제	난이도: ★★ RC: 총 100문항 중 독해는 54문항 Part 7 (54): 단일 지문 (29) / 복수 지문 (10+15=25) – 어휘: 문맥에 맞는 어휘, 동의어 문제 등 혼동하기 쉬운 어휘 및 숙어 암기 필수 – 독해: 문맥에 어울리는 문장 고르기 등 – 지문을 매번 다른 형태로 구성(광고, 웹페이지, 비즈니스 레터, 송장, 영수증 등) – 2개 지문의 단서를 종합해 정답을 찾아야 하는 고난도 연계 문제 출제

시험 접수부터 성적 확인까지

📝 접수하기

▶ **접수** : www.g-telp.co.kr에 회원 가입 후 접수 또는 지정 접수처에 직접 방문하여 접수

▶ **응시일** : 매월 2회(격주) 일요일 오후 3시
    (정기 시험 일정과 고사장, 응시료 등은 변동될 수 있으므로 지텔프코리아 홈페이지에서 확인)

▶ **응시료** : 정기 접수 66,300원, 추가 접수 71,100원, 수시 접수 75,020원

▶ **응시 자격** : 제한 없음

📝 응시하기

▶ **입실** : 오후 2시 20분까지 입실 완료

▶ **준비물** : 신분증, 컴퓨터용 사인펜, 시계, 수정테이프

▶ **유의 사항** :
    – 신분증은 주민등록증, 여권(기간 만료전), 운전면허증, 공무원증, 군인신분증, 중고생인 경우 학생증(사진 + 생년월일 + 학교장
      직인 필수), 청소년증, 외국인등록증(외국인) (단, 대학생의 경우 학생증 불가)만 인정
    – 허용된 것 이외에 개인 소지품 불허
    – 컴퓨터용 사인펜으로만 마킹 가능(연필이나 볼펜 마킹 후 사인펜으로 마킹하면 오류가 날 수 있으니 주의)
    – 수정테이프만 사용 가능, 수정액 사용 불가

📝 성적 확인하기

▶ **성적 결과** : 시험 후 일주일 이내에 지텔프코리아 홈페이지(www.g-telp.co.kr)에서 확인 가능

▶ **성적표 수령** : 온라인으로 출력(최초 1회 발급 무료)하거나 우편으로 수령 가능하고 성적은 시험일로부터 2년간 유효함

성적표 샘플

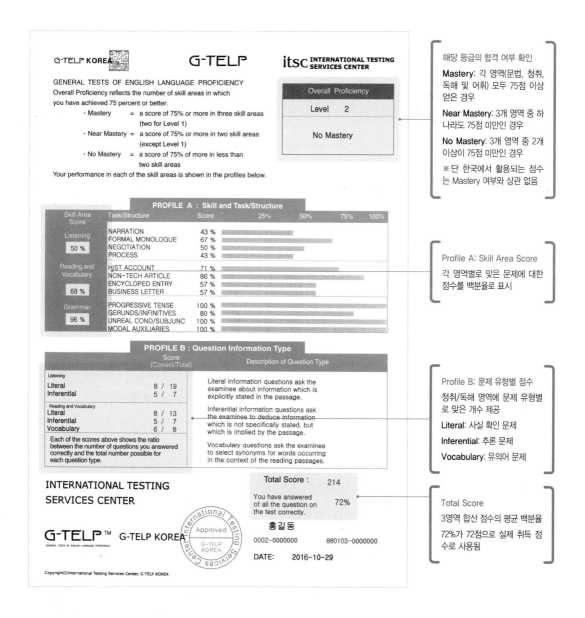

G-TELP KOREA　　**G-TELP**　　itsc **INTERNATIONAL TESTING SERVICES CENTER**

GENERAL TESTS OF ENGLISH LANGUAGE PROFICIENCY
Overall Proficiency reflects the number of skill areas in which you have achieved 75 percent or better.

- Mastery = a score of 75% or more in three skill areas (two for Level 1)
- Near Mastery = a score of 75% or more in two skill areas (except Level 1)
- No Mastery = a score of 75% of more in less than two skill areas

Your performance in each of the skill areas is shown in the profiles below.

Overall Proficiency
Level 2
No Mastery

해당 등급의 합격 여부 확인

Mastery: 각 영역(문법, 청취, 독해 및 어휘) 모두 75점 이상 얻은 경우

Near Mastery: 3개 영역 중 하나라도 75점 미만인 경우

No Mastery: 3개 영역 중 2개 이상이 75점 미만인 경우

※ 단 한국에서 활용되는 점수는 Mastery 여부와 상관 없음

PROFILE A : Skill and Task/Structure

Skill Area Score	Task/Structure	Score	25%	50%	75%	100%
Listening 50 %	NARRATION	43 %				
	FORMAL MONOLOGUE	67 %				
	NEGOTIATION	50 %				
	PROCESS	43 %				
Reading and Vocabulary 68 %	HIST ACCOUNT	71 %				
	NON-TECH ARTICLE	86 %				
	ENCYCLOPED ENTRY	57 %				
	BUSINESS LETTER	57 %				
Grammar 96 %	PROGRESSIVE TENSE	100 %				
	GERUNDS/INFINITIVES	80 %				
	UNREAL COND/SUBJUNC	100 %				
	MODAL AUXILIARIES	100 %				

Profile A: Skill Area Score
각 영역별로 맞은 문제에 대한 점수를 백분율로 표시

PROFILE B : Question Information Type

	Score (Correct/Total)	Description of Question Type
Listening		Literal information questions ask the examinee about information which is explicitly stated in the passage.
Literal	8 / 19	
Inferential	5 / 7	
Reading and Vocabulary		Inferential information questions ask the examinee to deduce information which is not specifically stated, but which is implied by the passage.
Literal	8 / 13	
Inferential	5 / 7	
Vocabulary	6 / 8	Vocabulary questions ask the examinee to select synonyms for words occurring in the context of the reading passages.

Each of the scores above shows the ratio between the number of questions you answered correctly and the total number possible for each question type.

Profile B: 문제 유형별 점수
청취/독해 영역에 문제 유형별로 맞은 개수 제공
Literal: 사실 확인 문제
Inferential: 추론 문제
Vocabulary: 유의어 문제

INTERNATIONAL TESTING SERVICES CENTER

G-TELP™ G-TELP KOREA
GENERAL TESTS OF ENGLISH LANGUAGE PROFICIENCY

Approved
G-TELP KOREA

Total Score :	214

You have answered of all the question on the test correctly. **72%**

홍길동
0002-0000000　　880103-0000000
DATE: 2016-10-29

Total Score
3영역 합산 점수의 평균 백분율
72%가 72점으로 실제 취득 점수로 사용됨

Copyright©International Testing Services Center, G-TELP KOREA

Chapter 0 문장의 구조

01 문장의 기본 성분

주어	+	동사	+	보어/목적어 (+부사/전치사구)

02 문장의 형식

1형식	주어	동사 (자동사)	(+부사/전치사구)	
2형식	주어	동사 (자동사)	보어 (주격보어)	
품사	명사/대명사 명사구/명사절	동사 (12시제 능동형)	명사 (주어와 동일) 형용사 (서술어의 일부)	

3형식	주어	동사 (타동사)	목적어	
4형식	주어	동사 (타동사)	간접목적어 + 직접목적어	
5형식	주어	동사 (타동사)	목적어	목적격보어
품사	명사/대명사 명사구/명사절	동사 (12시제 능동형 + 12시제 수동형)	명사/대명사 명사구/명사절	명사 형용사(분사) 원형동사 to부정사

- 단순 형태:

Tony is coming. 토니가 오고 있다.
　　주어　　　동사

- 부사나 전치사구가 있는 경우:

Tony always **comes** to meetings early. 토니는 항상 회의에 일찍 온다.
　주어　　부사　　동사　　　전치사구　　부사

- 1형식일 때 뜻이 달라지는 동사가 쓰인 경우:

This approach will work well for advertisers. 이런 접근은 광고주에게 효과가 있을 것이다.
　　　주어　　　　　동사　　부사　　전치사구

① 1형식의 특징

　– 문장은 '주어가 (+부사) ~하다'로 해석한다.

　– 동사 자리에 자동사가 오기 때문에 목적어가 없다. 즉 다음에 명사가 바로 나오지 않고 수동태도 없다.

　– 단순하게 '주어+동사'만으로 이뤄진 문장보다 동사 다음에 부사나 부사 역할을 하는 전치사구가 주로 온다.

② 1형식 동사의 구분법

　동사 다음에 바로 명사(보어나 목적어)가 없고 부사나 전치사구(부사 역할)가 오면 그 동사(다른 형식으로 많이 쓰이는 동사일지라도)는 1형식으로 쓰인 동사이다.

③ 1형식 동사의 종류

　– 대표 동사: go, come, walk, run, exist, live, begin, happen, rise, drop

　– 1형식에서 뜻에 유의해야 하는 동사: do(충분하다), work(효과가 있다, 일하다), count/matter(중요하다), last(지속되다), pay(이익이 되다)

2형식

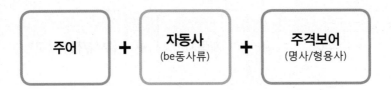

주어 **+** 자동사 (be동사류) **+** 주격보어 (명사/형용사)

- **명사 보어:**

  Tony is   a nice   **person.** 토니는 친절한 사람이다.
  주어 동사   (관사+형용사)   명사 보어

- **형용사 보어:**

  Tony is   **nice**   to everybody. 토니는 모든 사람들에게 친절하다.
  주어 동사   형용사 보어   (전치사구)

- **be동사가 아닌 일반 동사가 쓰인 경우:**

  Tony looked happy with the test result. 토니는 시험 결과에 기분 좋아 보였다.
  주어   동사   형용사 보어   (전치사구)

① 2형식의 특징

  – 명사 보어일 경우: '주어는 ~이다'로 해석하며, 주어와 명사 보어는 동격이다.

  – 형용사 보어일 경우: '주어는 ~하다'로 해석하며, 형용사 보어는 주어의 서술어 역할을 한다.

② 2형식 동사의 종류

  – 대표 동사: (~이다, ~ 있다) be (am/are/is)

  – 감각: look, feel, smell, sound, taste

  – 유지: (계속 ~ 이다) keep, remain, stay, hold, stand

  – 변화: (~되다) become, grow, get, turn, go, run, come

  – 판단: appear(~인 것 같다), seem(~인 것 같다), prove(분명해지다)

  e.g.) grow taller (키가 크다), get dirty (더러워지다), turn red (빨갛게 되다), go bad (음식이 상하다), run dry (마르다, 고갈되다), come true (실현되다), prove difficult (어렵다는 것이 분명해지다)

3형식

- **명사 목적어:**

  Tony likes cookies. 토니는 쿠키를 좋아한다.
  　　주어　　동사　　명사 목적어

- **명사구 목적어:**

  Tony likes reading books. 토니는 책 읽는 것을 좋아한다.
  　　주어　　동사　　　명사구 목적어

- **명사절 목적어:**

  Tony knows that he needs some rest. 토니는 자신이 휴식이 필요하다는 것을 안다.
  　　주어　　동사　　　　명사절 목적어

① 3형식의 특징

　－ 목적어 자리에 명사형(명사, 대명사, 명사구, 명사절)만 올 수 있다.

　－ 동사를 목적어로 사용할 때는 명사형(동명사/to부정사)으로 바꿔 써야 한다.

② 3형식 동사의 종류

　－ 타동사(전치사 없이 동사 뒤에 바로 목적어가 오는 동사)

　－ 목적어 자리에

　　• to부정사가 오는 동사: afford, agree, decide, hesitate, manage, offer, prepare, pretend, refuse, seek, tend, want

　　• 동명사가 오는 동사: avoid, consider, delay, deny, enjoy, finish, imagine, keep, mind, postpone, quit, recommend, suggest

　　• that절이 오는 동사: think, believe, check, hope, know, mean, guess, prove, realize, suppose, understand

　－ 4형식 동사로 착각하기 쉬운 3형식 동사

　　• announce, confess, donate, describe, explain, introduce, mention, propose, prove, suggest

4형식

주어 + 동사 + 간접목적어 (사람) + 직접목적어 (사물)

- **단순 형태:**

Tony gave me a book. 토니는 나에게 책 한 권을 주었다.
주어　동사　간접목적어 직접목적어

① 4형식의 특징

　－ 전치사를 이용해서 대부분의 4형식 문장을 3형식 문장으로 바꿀 수 있다:
　　간접목적어와 직접목적어의 자리를 맞바꾸고 전치사를 간접목적어 앞에 쓰는데, 동사에 따라 전치사가 달라진다.

　to를 쓰는 경우:
　The host awarded **him this medal**. ➡ The host awarded **this medal to him**.
　그 주최자는 그에게 이 메달을 수여했다.

　for를 쓰는 경우:
　He baked **us a cake**. ➡ He baked **a cake for us**.
　그는 우리에게 케이크를 구워주었다.

　of를 쓰는 경우:
　An old woman **asked me a favor**. ➡ An old woman **asked a favor of me**.
　나이 든 여성이 나에게 도움을 요청했다.

　4형식으로만 쓰는 경우:
　The pants cost me $50.
　그 바지는 나에게 50달러가 들었다.

② 4형식 동사의 종류

　－ 3형식으로 바꿀 때 간접목적어 앞에
　　• to를 쓰는 동사: award, bring, give, hand, lend, offer, sell, send, show, teach, show, tell, write
　　• for를 쓰는 동사: bake, buy, do, cook, get, find, leave, make, order
　－ 4형식으로만 쓰이는 동사
　　• bet, cost, envy, fine, forgive, pardon, save, spare

5형식

주어 **+** 동사 **+** 목적어 **+** 목적격보어 (명사/형용사/동사)

- 명사 목적격보어:

His parents named him Tony. 그의 부모님은 그를 토니라고 이름 지었다.
　　주어　　　동사　목적어　목적격보어

- 형용사 목적격보어:

Tony often **makes me** happy. 토니는 자주 나를 기분 좋게 한다.
　주어　(부사)　동사　목적어　목적격보어

- to부정사 목적격보어:

Mom told me to clean up my room. 엄마는 나에게 방을 청소하라고 말씀하셨다.
　주어　동사　목적어　　목적격보어

- 현재분사 목적격보어:

Tony saw Nancy crossing the street. 토니는 낸시가 길을 건너고 있는 것을 보았다.
　주어　동사　목적어　　목적격보어

① 5형식의 특징

– 목적격보어는 목적어 다음에 쓰여 목적어를 보충 설명할 때 사용된다.
– 목적격보어의 형태는 동사에 따라 결정되며, 명사/형용사/동사원형/동명사/to부정사/현재분사/과거분사 등이 사용된다.

② 5형식 동사의 종류

– 목적격보어의 자리에
  - 명사가 오는 동사: think, call, elect, make, name, title
  - 형용사가 오는 동사: think, find, make, keep, leave
  - to부정사가 오는 동사: want, allow, order, tell, ask, expect, advise, enable, encourage, persuade, help, get, force, cause
  - 동사원형이 오는 동사: 사역동사(make, have, let), 지각동사(see, look at, observe, notice, watch, hear, perceive, listen to, feel)
  - 현재분사가 오는 동사: 지각동사
  - 과거분사가 오는 동사: 사역동사(make, have), 지각동사

Chapter 1

문법

문법 출제 경향

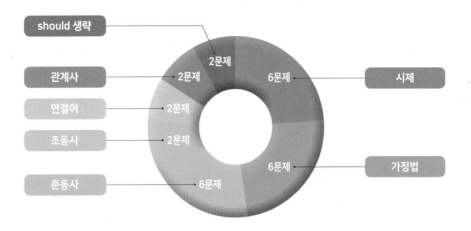

- should 생략 — 2문제
- 관계사 — 2문제
- 연결어 — 2문제
- 조동사 — 2문제
- 준동사 — 6문제
- 시제 — 6문제
- 가정법 — 6문제

문법 영역 소개

① 문항: 26문제 (1~26번)

② 문제와 지문: 2~3개의 문장으로 구성된 지문에서 빈칸에 들어갈 알맞은 문법 사항 고르기

③ 7개 문법 유형(시제, 가정법, 준동사, 조동사, should 생략, 연결어, 관계사)만 출제됨

전략 맛보기

유형	세부	문항수	풀이 전략
시제 (6)	현재진행, 과거진행, 미래진행	3	함께 사용된 시간 부사와 시점 표현으로 시제 확인하기
	현재완료진행, 과거완료진행, 미래완료진행	3	
가정법 (6)	가정법 과거	3	if절 시제가 과거이면 'would/could/might + 동사원형' 선택하기
	가정법 과거완료	3	if절 시제가 과거완료이면 'would/could/might + have p.p.' 선택하기
준동사 (6)	동명사	3	빈칸 앞 동사가 to부정사/동명사 중 어떤 것을 목적어로 취하는지 확인하기
	to부정사	3	
조동사 (2)	will/can/may/must/should	2	문장을 해석하면서 보기의 조동사를 대입해서 문맥에 맞는 것 고르기
should 생략 (2)	당위성 동사 이성적 판단 형용사	2	빈칸이 포함된 문장이 that절이고 주절에 당위성 동사나 이성적 판단 형용사가 있으면 동사원형을 정답으로 선택
연결어 (2)	접속사(구), 접속부사(구), 전치사구	2	빈칸이 들어간 문장을 해석하고 보기의 연결어를 대입해서 의미가 가장 자연스러운 보기 고르기
관계사 (2)	관계대명사 관계부사	2	빈칸 앞 선행사가 관계사절에서 하는 역할과 선행사 다음에 콤마가 있는지 확인하기

DAY 01 시제 – 단순 진행

시제란?
시간을 나타내는 동사의 형태!

빈칸에 적절한 동사의 형태를 골라야 하는 유형(Form)이다. G-TELP 문법에서는 **6가지 종류의 진행 시제가 하나씩 출제되며** 진행 시제를 제외한 다른 시제는 오답이다.
- 현재(단순)진행(1), 과거(단순)진행(1), 미래(단순)진행(1)
- 현재(완료)진행(1), 과거(완료)진행(1), 미래(완료)진행(1)

이 중 단순 진행 시제는 특정 시점(과거/현재/미래)에서 동작의 진행을 의미한다.

단순 진행 시제

진행 시제	형태	예문
현재진행	am/are/is + ~ing ~하고 있다	He **is watching** a movie **now**. 그는 지금 영화를 보고 있다.
과거진행	was/were + ~ing ~하고 있었다	He **was watching** a movie **last night**. 그는 어젯밤에 영화를 보고 있다.
미래진행	will be + ~ing ~하고 있을 것이다	He **will be watching** a movie **tomorrow night**. 그는 내일 밤에 영화를 보고 있을 것이다.

01 현재진행

기출 포인트

의미 현재 시점에서 진행 중인 동작이나 상태를 의미한다.

해석 『동사』하고 있다 / 하는 중이다

특징 현재진행과 어울리는 부사(구/절)와 함께 출제된다.

주어 **+** am/is/are V-ing **+** 부사(구/절)

*부사(구)는 앞에 올 수도 있음

I am eating chicken now.

지금 뭐 해?

I **am eating** chicken **now**. → 현재진행과 어울리는 부사

나는 지금 치킨을 먹고 있다.

출제 포인트   현재진행과 함께 나오는 부사(구/절)

*빈출

(right) now* 지금 (당장)	at this/the present time 현재에는
currently* 현재	at this/the moment 지금 당장은, 현재에는
today 오늘(날)	at this/the point 지금, 이 시점에서
these days/nowadays 요즘	while + 주어 + 현재 동사 ~하는 동안에

Kenny **is waiting** for the result of the G-TELP test **right now**.
케니는 지텔프 시험 결과를 현재 기다리고 있다.

At the moment, Laura **is listening** to a webinar on her laptop.
지금 로라는 노트북으로 온라인 세미나를 듣고 있다.

STEP 1 선택지 유형 확인

Everyday Sunday morning, Andy's mother scouts around the neighborhood for yard sales. The thought of trade always delights her. Right now, she _____ through her next-door neighbor's yard display, and it feels like paradise to her.

(a) will look
(b) has been looking
(c) looked
(d) is looking

선택지가 동사 look의 다양한 시제로 구성되어 있기 때문에 동사의 형태(Form)인 시제를 고르는 문제라는 것을 파악하기

STEP 2 빈칸 문장에서 단서 찾기

Everyday Sunday morning, Andy's mother scouts around the neighborhood for yard sales. The thought of trade always delights her. **Right now**, she _____ through her next-door neighbor's yard display, and it feels like paradise to her.

빈칸이 포함된 문장에 현재진행 시제와 함께 사용되는 'right now'가 있음

STEP 3 정답 고르기

(a) will look
(b) has been looking
(c) looked
(d) is looking

따라서 현재진행 시제인 (d)를 정답으로 고르기

★고난이도

1. Right now, my little brother (was searching / **is searching**) for Halloween costumes at a local shopping district.

2. Juliet (**is practicing** / will be practicing) her dance skills nowadays to win a national dance competition.

3. Marcus got an injury at the gym a few days ago, and he (was considering / **is considering**) going to a hospital currently.

4. Researchers (will be figuring out / **are figuring out**) the process of sequencing the genetic microscopic organism at the present time.

5. At the moment, the government (**is trying** / was trying) to operate no-cash buses in big cities.

6. Today, the weather (**is getting** / was getting) hotter due to global warming and the greenhouse effect.

7. According to the statistics, the number of couples between younger men and older women (will be increasing / **is increasing**) these days.

★
8. It was fortunate for me to learn English from Dr. Park when I was young, and now I have finally become a well-known teacher throughout the nation. I (**am teaching** / was teaching) students in the classroom while he is building up his legacy by publishing books for future generations.

★
9. National Poppy Day falls on the Friday before Memorial Day. The simple red poppy flower has symbolized the military sacrifice since World War I and it (**is gaining** / was gaining) more attention in the United States every year.

★
10. Families often struggle to find a dependable sanatorium for their elderly parents today. But how do you know if your trusted sanatorium (will be ripping / **is ripping**) your family and loved ones off even at this moment?

★ 정답 및 해설 p.2

 어휘

search for ~를 찾다 costume 의상, 복장 local 지역의 district 구역, 지구 nowadays 요즘에는 national 전국적인, 국가의 competition 대회, 경쟁 injury 부상 consider 고려하다 currently 현재, 지금 researcher 연구원 figure out ~을 알아내다, 찾아내다 process 과정 sequence 차례로 배열하다 genetic 유전의 microscopic organism 미생물 government 정부 operate 운영하다 due to ~ 때문에 global warming 지구 온난화 greenhouse effect 온실 효과 according to ~에 따르면 statistics 통계학 the number of ~의 수 increase 증가하다 be fortunate to V 운 좋게도 ~하다 well-known 유명한 throughout ~ 전체에, ~을 통틀어 nation 국가, 나라 build up 서서히 증가하다 legacy 유산, 유물 publish 출판하다 generation 세대 fall on (기념일이) ~에 오다 poppy 양귀비 Memorial Day (미국) 현충일 symbolize 상징하다 military 군대(의) sacrifice 희생 attention 관심 struggle to V ~하느라 애쓰다 dependable 믿을 수 있는 trust 신뢰하다 sanatorium 요양원 elderly 연로한 rip A off A에게 바가지를 씌우다

1. Five years ago, our company created a unique way of measuring how to plan post-retirement expenses for working people by categorizing them according to generations. And today, many of our clients _____ more savvy about ensuring their retirement goes as planned.

    (a) are becoming
    (b) will be becoming
    (c) were becoming
    (d) become

2. The price of real estate has been soaring for the last 5 years, but neither the amount of financial aid from banks nor the average income has kept up. As a result, lower- and middle-class families _____ a tougher time buying a house at the present time.

    (a) have had
    (b) will be having
    (c) were having
    (d) are having

3. My wife and I like to shop for Halloween costumes and decorations every October. In fact, she _____ for new stuff online to decorate our house at the moment. We will invite our friends and have fun together like last time.

    (a) has been shopping
    (b) will shop
    (c) is shopping
    (d) shopped

4. Needless to say, superhero movies _____ a huge comeback currently. This particular trend has been upstaging other films every year since *Iron Man* did so well in 2008. Since then, many global companies have been implementing a marketing strategy using superheroes to win the global market.

    (a) will be making
    (b) are making
    (c) would be making
    (d) were making

5. Abe Marvin, the owner of BCS Radio Station, indicates his company has been struggling with the same problem as the others. He says that the company _____ any contracts nowadays, and it means he can't hire anyone right now.

    (a) has not gotten
    (b) will not have gotten
    (c) is not gotten
    (d) is not getting

6. The increasing gap between income levels and the price of higher education tuition fees has led to tremendous amounts of debt. Some families _____ their children to look for two-year degrees, community colleges, or cyber colleges these days.

    (a) are even encouraged
    (b) are even encouraging
    (c) were even encouraging
    (d) will be even encouraging

★ 정답 및 해설 p.2

▶ [현재 시제]의 해석은 '(동사)~하다/이다'이며, 다음과 같은 상황에서 사용한다.

※ 지텔프 문법 [시제] 유형으로는 정답이 아닌 오답으로 보기에 출제된다.

(1) 현재의 동작이나 상태

I **study** English with Mr. Kiwi.

나는 키위 선생님과 영어를 공부한다.

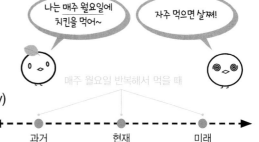

(2) 반복과 습관

I **eat** chicken on Mondays.(=every Monday)

나는 월요일마다(매주 월요일에) 치킨을 먹는다.

(3) 사실과 진리

The earth **is** round.

지구는 둥글다.

(4) 고정된 미래

Each course **lasts** two weeks.

각 수업은 2주간 지속된다.

▶ [현재 시제]는 인칭과 수에 따라 형태가 변한다.
▶ be동사는 예외적으로 형태가 가장 다양하고, 나머지 일반동사는 규칙을 따른다.

		be동사	일반동사
1인칭	I	am	see
	we	are	see
2인칭	you	are	see
	you	are	see
3인칭	he/she/it	is	sees
	they	are	see

기출 포인트

의미 과거 시점에서 진행 중인 동작이나 상태를 의미한다.

해석 『동사』하고 있었다 / 했던 중이다

특징 과거진행과 어울리는 부사(구/절)와 함께 출제된다.

주어	**+**	was/were V-ing	**+**	과거 부사(구/절)

*부사(구)는 앞에 올 수도 있음

I was eating chicken yesterday.

어제 뭐하고 있었어?

과거진행과 어울리는 부사

I **was eating** chicken **yesterday** .

나는 어제 치킨을 먹고 있었다.

출제 포인트 과거진행과 함께 나오는 부사(구/절)

*빈출

when(whenever / as) + 과거 동사* ~했을 때	while + 과거 진행* ~했던 동안에
last + 시간 지난 ~에	yesterday 어제
after + 과거 시점 ~ 이후로	시간 + ago (시간) ~ 전에
until + 과거 시점 ~ 까지	at the moment/time + 주어 + 과거 동사 ~했을 때
in + (과거 연도) (~년도)에	

Kenny **was waiting** for the result of the the G-TELP test **last night**.

케니는 어젯밤에 지텔프 시험 결과를 기다리고 있었다.

A few hours ago, Laura **was listening** to a webinar on her laptop.

몇 시간 전에, 로라는 노트북으로 온라인 세미나를 듣고 있었다.

STEP 1 선택지 유형 확인

Roth is an English, German, or Jewish origin surname. One of the theories is that many ancient Germanic soldiers in the past _____ Roth as a meaning of "the spilling of blood from warriors."

(a) are using
(b) will be using
(c) were using
(d) use

선택지가 모두 동사 use의 다양한 시제로 구성되어 있기 때문에 이 문제는 동사의 형태(Form)인 시제를 고르는 문제라는 것을 파악하기

STEP 2 빈칸 문장에서 단서 찾기

Roth is an English, German, or Jewish origin surname. One of the theories is that many ancient Germanic soldiers **in the past** _____ Roth as a meaning of "the spilling of blood from warriors."

빈칸이 포함된 문장에 과거진행 시제와 함께 사용되는 'in the past'가 들어가 있음

STEP 3 정답 고르기

(a) are using
(b) will be using
(c) were using
(d) use

따라서 과거진행 시제인 (c)를 정답으로 고르기

★고난이도

1. Global leaders (were debating / are debating) an important policy of global warming yesterday.

2. Martha (will be writing / was writing) an e-mail a few minutes ago in her room, but she's gone now.

3. After Jessy felt that her endeavor was worth nothing, she (wasn't trying / won't be trying) hard to win the competition.

4. In 1990, my parents (are living / were living) in Seoul, and they moved to countryside the year after.

5. Contrary to the weather forecast's prediction, heavy rain (will be falling / was falling) throughout last night.

6. I (was traveling / am traveling) around New Zealand at the time my wife was an undergraduate in college.

7. I accidently pulled my muscle while I (was exercising / had exercised) at the gym.

8. When the delivery man arrived at the door, everyone in the room (has been cheering / was cheering) for their national team for the World Cup.

9. Joplin left the town and moved to a bigger city to find a job a few months ago. Recently, he called and told me that he (was still looking / is still looking / will still be looking) for the perfect company.

10. China's government imposed a huge sanction of shutting down the major cities to contain the COVID-19 virus. I saw a video clip from YouTube recently, and some residents (screamed / were screaming / is screaming) and crying for food and supplies.

★ 정답 및 해설 p.3

 어휘

debate 토론하다, 논쟁하다 policy 정책 global warming 지구 온난화 endeavor 노력, 열정 be worth ~ing ~할 만한 가치가 있다 competition 대회, 경쟁 countryside 시골 contrary to ~와는 반대로 weather forecast 일기 예보 prediction 예측 heavy rain 폭우 throughout 내내 graduate 졸업생 accidently 실수로 pull a muscle 근육을 접지르다 delivery 배달 cheer 응원하다 national team 국가 대표팀 recently 최근에 look for ~를 찾다 government 정부 impose a sanction 제재를 가하다 shut down 폐쇄하다 major 주요한 contain (전염병 등을) 막다; 포함하다 resident 주민 scream 비명을 지르다 cry for ~을 소리쳐 구하다 supplies 생필품

1. The magnitude-9.0 earthquake struck eastern Japan in 2011, and nobody expected the sudden disaster. While the ground was shaking and buildings were collapsing, people _____ for places to shelter themselves.

    (a) were searching
    (b) would search
    (c) are searching
    (d) search

2. The Titanic carried only 20 lifeboats, and a quarter of them required some time to assemble. Therefore, they were hard to launch while the ship _____. Also, they could carry only about half the number of passengers on board.

    (a) is sinking
    (b) was sinking
    (c) will sink
    (d) sank

3. In 1862, the Prince of Wales, later to ascend the throne as Edward VII, tattooed a Jerusalem Cross on his right arm. Soon, everyone _____ their tattoos, including his son, whose tattoo was done by the Japanese maestro Hori Chiyo.

    (a) was showing off
    (b) would show off
    (c) are showing off
    (d) will be showing off

4. John got fired from his job recently due to his addiction to mobile games. Even when his supervisor called him to blame him for his neglect, John _____ a mobile game in his office.

    (a) would still play
    (b) had still played
    (c) played
    (d) was still playing

5. My professor's son is a well-known rapper in the U.S. He came to Korea last week, and I finally had a chance to meet him yesterday at a café near my place. He literally looked like a rapper because he _____ a bucket hat and a gold necklace.

    (a) will wear
    (b) had worn
    (c) was wearing
    (d) is wearing

6. Jim, a weather presenter, was diagnosed with selective amnesia after a car accident. He set out to find his past by revisiting his old college friends with Jessica. Eventually, their feelings for each other _____ more and more whenever they spent time together.

    (a) were growing
    (b) is growing
    (c) will be growing
    (d) would have grown

★ 정답 및 해설 p.4

▶ [과거 시제]의 해석은 '(동사)~했다/이었다'이며, 다음과 같은 상황에서 사용한다.

※ 지텔프 문법 [시제] 유형으로는 정답이 아닌 오답으로 보기에 출제된다.

(1) 이미 지나간 시점에서 일어난 동작이나 상태

I **ate** chicken last night.

나는 어젯밤에 치킨을 먹었다.

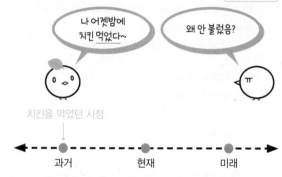

(2) 과거에 있었던 반복된 동작이나 상태

We **studied** English twice a week.

우리는 일주일에 두 번씩 영어를 공부했다.

We **used to study** / **would study** English twice a week.

우리는 일주일에 두 번씩 영어를 공부하곤 했다. (반복, 습관)

▶ **일반동사의 과거형 만드는 법**

※ 불규칙동사는 전부 암기해야 하지만, 규칙동사는 규칙만 알면 쉽게 기억할 수 있다.

기본 규칙	동사 + ed	open-opened / watch-watched
e로 끝나는 동사	동사 + d	relocate-relocated / introduce-introduced
자음 + y로 끝나는 동사	y를 i로 바꾸고 + ed	cry-cried / carry-carried / marry-married
단모음 + 단자음으로 끝나는 동사	자음 한 번 더 쓰고 + ed	stop-stopped / drop-dropped

03 미래진행

기출 포인트

의미 ▶ 미래 시점에서 진행 중인 동작이나 상태를 의미한다.

해석 ▶ 『동사』하고 있을 것이다 / ~할 예정이다

특징 ▶ 미래진행과 어울리는 부사(구/절)와 함께 출제된다.

미래를 의미하는 현재진행과 중복 답이 되므로 일반적으로 현재진행과는 함께 출제되지 않는다.

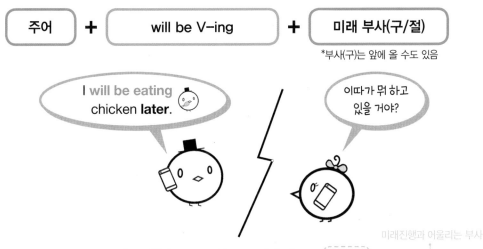

| 주어 | **+** | will be V-ing | **+** | 미래 부사(구/절) |

*부사(구)는 앞에 올 수도 있음

I will be eating chicken **later**.

이따가 뭐 하고 있을 거야?

미래진행과 어울리는 부사

I **will be eating** chicken later .

나는 나중에 치킨을 먹고 있을 것이다.

출제 포인트   미래진행과 함께 나오는 부사(구/절)

*빈출

tomorrow 내일	later 나중에	soon/shortly 곧, 머지않아
next + 시간/기간* 다음 ~에	by/until + 미래 시점 ~까지	in + 미래 시점 (미래) ~에
as of + 미래 시점 ~부터, ~부로	starting/beginning + 미래 시점 ~을 시작으로	
the following / (up)coming + 미래 시점 오는 ~에		
if + 주어 + 현재 시제 만약 ~한다면	when + 현재 시제* ~할 때	
by the time + 현재 시제 ~할 때쯤	while + 현재 시제 ~하는 동안	

Kenny **will be waiting** for the result of the G-TELP test **tomorrow**.

케니는 지텔프 시험 결과를 내일 기다리고 있을 것이다.

Shortly, Laura **will be listening** to a webinar on her laptop.

곧 로라는 노트북으로 온라인 세미나를 듣고 있을 것이다.

STEP 1 선택지 유형 확인

This message is to let you know that we were not able to deliver your parcel NUM37502644 today due to your absence. Our delivery man _____ your place again by tomorrow afternoon. If no one is able to pick up the delivery, please let us know in advance.

(a) would revisit
(b) revisits
(c) was revisiting
(d) will be revisiting

선택지가 모두 동사 revisit의 다양한 시제로 구성되어 있기 때문에 이 문제는 동사의 형태(Form)인 시제를 고르는 문제라는 것을 파악하기

STEP 2 빈칸 문장에서 단서 찾기

This message is to let you know that we were not able to deliver your parcel NUM37502644 today due to your absence. Our delivery man _____ your place again by **tomorrow afternoon**. If no one is able to pick up the delivery, please let us know in advance.

빈칸이 포함된 문장에 미래진행 시제와 함께 쓰이는 'tomorrow afternoon'이 들어가 있음

STEP 3 정답 고르기

(a) would revisit
(b) revisits
(c) was revisiting
(d) will be revisiting

따라서 미래진행 시제인 (d)를 정답으로 고르기

★고난이도

1. Some directors (were going / will be going) on a business trip to Europe tomorrow.

2. Marco has told his sons that he (will be taking / was taking) them to the new theme park next week.

3. You (were working / will be working) at the cash register until next quarter.

4. Our company (will be releasing / was releasing) its newest wireless television screen next September.

5. According to the science journal, we (were driving / will be driving) spaceships in 2080.

6. Starting next week, I (was following / will be following) a low-calorie diet for my upcoming video recordings.

7. Korean Air has announced that they (will be increasing / were increasing) ticket prices as of next year.

8. ★ Kyle (was relocating / will be relocating) overseas if he accepts the position.

9. ★ When Mia returns from her holiday tomorrow, she (was visiting / will be visiting) the new branch.

10. ★ The servers (were setting / will be setting) the table by the time the reserved customers arrive at the restaurant's lobby.

★ 정답 및 해설 p.5

 어휘

director 관리자 business trip 출장 theme park 놀이 공원, 테마파크 cash register 계산대 quarter 분기 according to ~에 따르면 science journal 과학 잡지 spaceship 우주선 upcoming 곧 있을, 다가오는 announce 발표하다 relocate 전근하다 overseas 해외로 accept 수락하다 position 직책 branch 부서; 지사 server (서빙하는) 종업원 set the table 식탁을 차리다 reserved 예약된

1. The AL _____ its new
   "StandbyMe" model in the upcoming
   Consumer Electronics Show. The new
   model will come out with a better
   resolution and a bigger size monitor
   compared to the previous model. It
   will also feature an interchangeable
   fabric cover which will put elegance
   and beauty to your home.

   (a) will be displaying
   (b) displayed
   (c) was displaying
   (d) has displayed

2. Today, my son will play as a key
   player in the NCAA men's college
   basketball final game. I promised him
   that I will go see him play if I don't
   have to work overtime. Since I have
   finished all my work, he _____
   at the court by the time I arrive at the
   stadium.

   (a) is still playing
   (b) will still be playing
   (c) has still played
   (d) still plays

3. Thank you for choosing our firm to be
   your hotel's supplier. We _____
   the samples of our products next
   week, and you can try them out and
   choose which one fits the best for
   your service.

   (a) send
   (b) would have sent
   (c) have sent
   (d) will be sending

4. There will be a fire drill tomorrow
   afternoon and all employees
   must follow the directions to their
   respective department managers.
   They _____ red vests when the
   fire alarm rings at 2:00 p.m.

   (a) wear
   (b) will be wearing
   (c) would have worn
   (d) are wearing

5. My relatives are coming to visit us
   from New Zealand this weekend,
   so we are going to clean the house
   tomorrow. While my parents clean
   the house, my bigger sisters and
   I _____ groceries at a local
   market.

   (a) will be purchasing
   (b) were purchasing
   (c) would purchase
   (d) purchased

6. William has been working as a
   university professor for 7 years. He
   can't wait to spend his time surfing
   and tanning in Hawaii by himself on
   his first sabbatical beginning next
   week. He _____ about any duties
   or assignments while he is there.

   (a) wasn't worrying
   (b) isn't worrying
   (c) won't be worrying
   (d) hasn't been worrying

★ 정답 및 해설 p.6

▶ [미래 시제]는 미래에 일어날 사건이나 상황에 대한 예상, 추측을 하는 동작이나 상태를 나타낸다.

해석은 '(동사)~할 예정이다/일 것이다'이며, 그 밖에 미래와 관련된 표현들은 다음과 같다.

※ 지텔프 문법 [시제] 유형으로는 정답이 아닌 오답으로 보기에 출제된다.

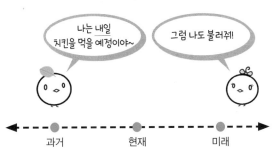

미래 시제는 함께 사용되는
다양한 표현이 있음

(1) 조동사(will) + 동사원형

I **will eat** chicken tomorrow.

나는 내일 치킨을 먹을 것이다.

(2) be going to V

We **are going to study** English twice a week from next week.

우리는 다음 주부터 일주일에 두 번씩 영어를 공부할 예정이다.

(3) be동사 + ~ing: 곧 있을 미래를 뜻할 때 쓰임

The doors **are closing** soon.

문이 곧 닫힙니다.

(4) be to V

The conference **is to begin** at 3 p.m. and **to be finished** before 6 p.m.

회의는 오후 세 시에 시작할 예정이고 여섯 시 전에 끝날 것이다.

DAY 02 시제 - 완료 진행

시제란?
시간을 나타내는 동사의 형태!

빈칸에 적절한 동사의 형태를 골라야 하는 유형(Form)이다. G-TELP 문법에서는 **6가지 종류의 진행 시제가 하나씩 출제되며** 진행 시제를 제외한 다른 시제는 오답이다.

- 현재(단순)진행(1), 과거(단순)진행(1), 미래(단순)진행(1)
- 현재(완료)진행(1), 과거(완료)진행(1), 미래(완료)진행(1)

이 중 완료 진행 시제는 특정 기간(대과거~과거/과거~현재/과거, 현재~미래)에서 동작의 진행을 의미한다.

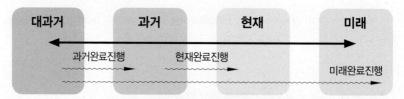

완료진행 시제

진행 시제	형태	예문
현재완료 진행	has/have been + V-ing ~해오고 있다 / 해오는 중이다	Kevin **has been learning** the violin **for five years.** 케빈은 5년 동안 바이올린을 배워오고 있다.
과거완료 진행	had been + V-ing ~해오고 있었다 / 해오던 중이었다	Kevin **had been learning** the violin **for five years when he turned 31.** 케빈은 31살이 되었을 때 5년 동안 바이올린을 배워오고 있었다.
미래완료 진행	will have been + V-ing ~해오고 있을 것이다 / 해오는 중일 것이다	Kevin **will have been learning** the violin **for five years in August.** 케빈은 8월이면 5년 동안 바이올린을 배워오고 있을 것이다.

01 현재완료진행

기출 포인트

의미 ▶ 과거에 시작해 현재까지 일어나고 있는 일 또는 지속하는 상태를 의미한다.

해석 ▶ (과거부터 현재까지 계속) 『동사』 해오고 있다 / 해오는 중이다

특징 ▶ 현재완료진행과 어울리는 부사(구/절)와 함께 출제된다.

주어 **+** have/has been V-ing **+** 현재완료 부사(구/절)

I have been eating chicken **since I was a baby**.

나는 아기였을 때부터 치킨을 먹어 왔다.

출제 포인트   현재완료진행과 함께 나오는 부사(구/절)

*빈출

(ever) since + 과거 시점* ~ 이후로 (계속)	up to now 지금까지
(ever) since + 주어 + 과거 동사* ~ 이래로	until/till now 현재까지
for + 기간 + (now)* ~ 동안	all day 하루 종일
during + 기간 ~ 동안, 내내	throughout + 기간 ~내내
over/in the past/last + 기간 지난 ~ 동안	lately/recently 최근에
so far 여태까지	

Kenny **has been waiting** for the test result **since yesterday**.

케니는 어제부터 시험 결과를 기다리고 있다.

Until now, Laura **has been listening** to a webinar on her laptop **for 3 hours**.

현재까지, 로라는 노트북으로 온라인 세미나를 3시간 동안 듣고 있다.

STEP 1 선택지 유형 확인

There seems to be a problem with my last utility bill. Since the beginning of the year, I _____ a fixed rate of $30 a month for water usage to save money. However, my bill for last month states that I have to pay $50.

(a) pay
(b) am paying
(c) had paid
(d) have been paying

선택지가 동사 pay의 다양한 시제로 구성되어 있기 때문에 이 문제는 동사의 형태(Form)인 시제를 고르는 문제라는 것을 파악하기

STEP 2 빈칸 문장에서 단서 찾기

There seems to be a problem with my last utility bill. **Since the beginning of the year**, I _____ a fixed rate of $30 a month for water usage to save money. However, my bill for last month states that I have to pay $50.

빈칸이 포함된 문장에 현재완료진행 시제와 자주 사용되는 'since + 과거 시점(Since the beginning of the year)'이 있음

STEP 3 정답 고르기

(a) pay
(b) am paying
(c) had paid
(d) have been paying

따라서 현재완료진행 시제인 (d)를 정답으로 고르기

★고난이도

1. I (was taking / have been taking) vocal lessons since last year.

2. The audience (has been clapping / will be clapping) for 10 minutes since the movie ended.

3. Up to now, people (were asking / have been asking) Mr. Jefferson about his survival story during World War II.

4. The new vaccine has been developed to treat the virus, and the results (have been showing / was showing) good progress so far.

5. Laura (is working / has been working) from home ever since her second daughter was born.

6. Over the last two years, Jason (was saving up / has been saving up) for a new sports car.

7. The company's profits (will be declining / have been declining) lately, but the company will continue to gain market share and bolster its balance sheet soon.

8. The tickets to the tennis tournament in Australia (are selling / have been selling) well in the past few weeks.

★
9. Please write down a list of the things which you (are studying / have been studying) all day in class.

★
10. During the weekend, many students (is preparing / have been preparing) presentations for their marketing class tomorrow.

★ 정답 및 해설 p.7

 어휘

take lessons 수업(레슨)을 받다 vocal 가창의 audience 관객 clap 박수 치다 survival 생존의 develop 개발하다 treat 치료하다
progress 진전, 발전 so far 지금까지 work from home 재택근무 하다 save up 저축하다, 돈을 모으다 profit 이익 decline 감소하다
recently 최근에 continue 계속하다, 지속하다 gain 획득하다 market share 시장 점유율 bolster 강화하다 balance sheet 대차 대조표,
재정 증명서 tournament 토너먼트; 대회 write down ~을 적어 두다 all day 하루 종일 presentation 발표

1. Box office records show that R-rated comedies featuring "bromance" gained in popularity in the late 90s due to using written comedy scripts instead of relying on actors' improvisation. Adult-rated comedies _____ other genres of R-rated films since *The Hangover* was released in 2009.

   (a) will upstage
   (b) have been upstaging
   (c) upstaged
   (d) is upstaging

2. Korea's divorce rate has skyrocketed, and society has begun accepting single-parent families. Accordingly, the popularity of TV programs covering divorce and remarriage _____ steadily over the last few years.

   (a) has been rising
   (b) was rising
   (c) rose
   (d) had been rising

3. Jenson does not seem overly concerned and is confident that his team will win first prize at the international debate competition. They _____ for nearly three months now.

   (a) were practicing
   (b) have been practicing
   (c) practiced
   (d) would practice

4. I own a property in the suburbs of Los Angeles. Recently, I _____ a serious problem with pests in our garden, and I am hoping you can help me. Please give me a call at 662-6222 to schedule a visit.

   (a) will have
   (b) will be having
   (c) have
   (d) have been having

5. Scott was brought up by devout Christian parents. However, he stopped going to church after choosing a career as an abortionist. His family encouraged him to renew his faith, but he _____ church until now.

   (a) hasn't been attending
   (b) hadn't attended
   (c) wouldn't attend
   (d) won't be attending

6. The prevalence rate of excessive eating and drinking _____ during the past decade in Korea. Moreover, it can entail substantial health problems and adverse consequences.

   (a) are surge
   (b) surge
   (c) has been surging
   (d) will surge

★ 정답 및 해설 p.7

02 과거완료진행

기출 포인트

의미 ▶ 과거에 일어났던 사건에서 발생 시점보다 더 먼저 일어난 사건의 진행을 의미한다.

해석 ▶ (발생 시점의 과거보다 더 과거) 『동사』해오고 있었다 / 해오던 중이었다

특징 ▶ 과거완료진행과 어울리는 부사(구/절)와 함께 출제된다.
문맥에 따라 달라지는 경우가 있으니 해석에 유의하며 문제를 풀어야 한다.

| 주어 | **+** | had been V-ing | **+** | 과거완료 부사(구/절) |

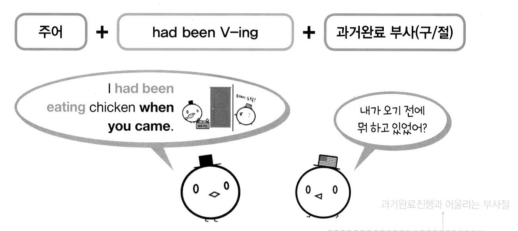

I had been eating chicken **when you came.**

내가 오기 전에 뭐 하고 있었어?

과거완료진행과 어울리는 부사절

Mr. Kiwi had been eating chicken **when Louis came** .
키위 씨는 루이스가 왔을 때 치킨을 먹고 있는 중이었다.
[루이스가 방문하였던 과거 시점보다 키위 씨가 치킨을 먹는 시점이 더 앞서 일어남]

출제 포인트 **과거완료진행과 함께 나오는 부사(구/절)**

*빈출

before + 주어 + 과거 동사 (+ for + 기간)* (~동안) ~하기 전에

until/till + 주어 + 과거 동사 (+ for + 기간)* (~동안) ~했을 때까지

when + 주어 + 과거 동사 + for + 기간* (~동안) ~했을 때

by the time + 주어 + 과거 시제 (+ for + 기간 + (now)) (~동안) ~했을 때쯤에

prior to + 사건 (+ for + 기간) (~동안) ~이전까지

주어 + 과거 동사 (+ for + 기간) + (after) + 과거완료진행 (~동안) ~해왔던 것 (이후에)

Kenny **had been waiting** for the test result **for an hour before** he **fell** asleep.
케니는 잠들기 전에 시험 결과를 한 시간 동안 기다리고 있었다.

Until 30 minutes ago, Laura **had been listening** to a webinar on her laptop **for 3 hours**. 30분 전까지, 로라는 노트북으로 온라인 세미나를 3시간 동안 듣고 있는 중이었다.

FM 문제 풀이 공략

STEP 1 선택지 유형 확인

Willem de Kooning is a Dutch-born American painter who was one of the leading exponents of Abstract Expressionism, known as action painting. Before he started working for WPA (Works Progress Administration), he _____ himself as a house painter.

(a) would support
(b) supports
(c) is supporting
(d) had been supporting

선택지가 동사 support의 다양한 시제로 구성되어 있기 때문에 동사의 형태(Form)인 시제를 고르는 문제라는 것을 파악하기

STEP 2 빈칸 문장에서 단서 찾기

Willem de Kooning is a Dutch-born American painter who was one of the leading exponents of Abstract Expressionism, known as action painting. **Before he started working** for WPA (Works Progress Administration), he _____ himself as a house painter.

빈칸이 포함된 문장에 'before + 과거 동사(Before he started working ~)' 절이 들어가 있고, 그가 생계를 유지하기 위해 주택 페인트공으로 일했던 시점이 WPA에서 일했던 시점보다 더 전이므로 빈칸에는 과거보다 더 이전의 시제가 들어가야 함

STEP 3 정답 고르기

(a) would support
(b) supports
(c) is supporting
(d) had been supporting

따라서 과거완료진행 시제인 (d)를 정답으로 고르기

★고난이도

1. I (am waiting / had been waiting) for 15 minutes before the bus came to the station.

2. I (had been working / will have been working) on the assignment without a break until my manager told me to stop.

3. Thousands of people (are spending / had been spending) the night outside the stadium for a week prior to the U.S. Super Bowl last year.

4. Before Mr. Lawry's missing luggage was found by the staff, he (is sitting / had been sitting) in the lost and found for 4 hours.

5. The police said that the criminal (has been hiding / had been hiding) for about two months by the time he got arrested.

6. He (will be playing / had been playing) computer games when the earthquake hit the area.

7. Charles (is trying / had been trying) to reach her in the morning, but he wasn't able to till this afternoon.

8. By 1953, Justin (has been fighting / had been fighting) cancer for a long time.

9. After Ms. Hagel (had been working / was working) as a kindergarten teacher for 5 years, she emigrated to Australia.

10. The company (will be achieving / had been achieving) an increase in profits largely by investing in Bitcoin, but then later it began to face a crisis.

★ 정답 및 해설 p.8

 어휘

station 정거장 assignment 과제 break 쉬는 시간 thousands of 수천의 prior to ~이전에, ~에 앞서 missing 없어진 luggage 짐, 수하물 lost and found 분실물 보관소 criminal 범죄자, 범인 about 대략, 약 get arrested 체포되다 earthquake 지진 hit 강타하다; 치다 reach ~와 연락하다 cancer 암 kindergarten 유치원 emigrate to ~로 이민 가다 increase 증가 profit 수익, 이익 largely 주로, 대부분 invest in ~에 투자하다 face 직면하다 crisis 위기

1. It is said that Kadir Nurman was the first person who had the idea of making a sandwich to provide busy Berliners with on-the-go snacks. However, many argue that people in the Middle East _____ sandwiches long before Berlin claimed the sandwich as its own.

   (a) had been eating
   (b) has eaten
   (c) was eating
   (d) will eat

2. Robert Kennedy, also known by his initials RFK and by the nickname Bobby, _____ as president of the John F. Kennedy Library Corporation until he was shot by Sirhan Sirhan at the Ambassador Hotel.

   (a) will have been serving
   (b) serve
   (c) had been serving
   (d) have served

3. Tiffany and John have been happily dating for the past 4 years. When John first saw Tiffany at a NYU year-end party, she _____ economics at New York University for 2 years.

   (a) has been teaching
   (b) had been teaching
   (c) will have been teaching
   (d) would have taught

4. John Cale, the Welsh musician and co-founder of The Velvet Underground had a miserable childhood. His mother became ill with breast cancer, and his grandmother blamed it on his birth. At twelve, Cale was molested by a church organist while he _____ music lessons from him.

   (a) will have received
   (b) has received
   (c) receives
   (d) had been receiving

5. Mr. Powell retired from the interior design company last year and started working as a YouTube creator. He _____ consultations for free in the beginning, but he decided to charge for them recently.

   (a) will have given
   (b) has been giving
   (c) had been giving
   (d) give

6. Recent studies show that the dinosaurs went extinct due to overheated air with very high levels of carbon dioxide. The gases _____ out of volcanoes for millions of years, and it eventually made it hard for the dinosaurs to live.

   (a) poured
   (b) had been pouring
   (c) is pouring
   (d) will be pouring

★ 정답 및 해설 p.9

 **미래완료진행**

기출 포인트

의미 ▶ 과거나 현재에 일어났던 동작이 미래의 어느 시점까지 계속 진행하는 것을 의미한다.

해석 ▶ (미래의 특정 시점까지)『동사』해오고 있을 것이다 / 해오는 중일 것이다

특징 ▶ 미래완료진행과 어울리는 부사(구/절)와 함께 출제된다.

| 주어 | **+** | will have been V-ing | **+** | 미래완료 부사(구/절) |

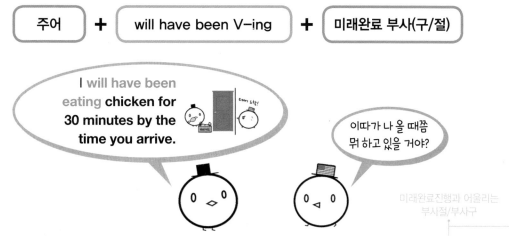

Mr. Kiwi will have been eating chicken for 30 minutes by the time Louis arrives .

키위 씨는 루이스가 방문했을 때쯤 30분 동안 치킨을 먹고 있을 것이다.
(루이스가 방문 할 미래 시점까지 키위 씨는 치킨을 계속 먹고 있는 중일 예정)

출제 포인트   **미래완료진행과 함께 나오는 부사(구/절)**

*빈출

미래시점		기간
next + 시간/기간* 다음 ~에	by the time + 주어 + 현재 시제* ~할 때쯤	
by/until + 미래 시점* ~까지	when + 주어 + 현재 시제* ~할 때	for + 기간
in + 미래 시점 ~에	if + 주어 + 현재 시제 만약 ~한다면	

*부사절의 현재 시제는 미래를 나타낸다

By 12 o'clock, Kenny will have been waiting for the test result **for an hour**.
12시에는, 케니가 시험 결과를 한 시간 동안 기다리고 있을 것이다.

In December, Laura will have been listening to a webinar on her laptop every day **for 6 months**.   12월에, 로라는 노트북으로 온라인 세미나를 6개월 동안 듣고 있는 중일 것이다.

STEP 1 선택지 유형 확인

Ms. Jefferson has been working on a sculpture since last week for the upcoming exhibition in New York. By the time the exhibition opens, she _____ on the artwork for over 6 months.

(a) work
(b) will have been working
(c) would have eaten
(d) is working

선택지가 동사 work의 다양한 시제로 구성되어 있기 때문에 동사의 형태(Form)인 시제를 고르는 문제라는 것을 파악하기

STEP 2 빈칸 문장에서 단서 찾기

Ms. Jefferson has been working on a sculpture since last week for the upcoming exhibition in New York. **By the time the exhibition opens**, she _____ on the artwork **for over 6 months**.

빈칸이 포함된 문장에 미래완료진행과 함께 쓰이는 'by the time + 현재 시제 (opens)'와 'for + 기간(over 6 months)'이 들어가 있음

STEP 3 정답 고르기

(a) work
(b) will have been working
(c) would have eaten
(d) is working

따라서 미래완료진행 시제인 (b)를 정답으로 고르기

★고난이도

1. In August, I (am working / will have been working) at my company for five years.

2. If Austin finishes this course next month, he (had been learning / will have been learning) Spanish for a year.

3. I (was playing / will have been playing) the violin for twenty-one years when I turn thirty.

4. My wife and I (were saving / will have been saving) money to buy our own house for 5 years by the end of next year.

5. Sung Sim Dang (will have been operating / was operating) for approximately 65 years by next year.

6. Kevin (is studying / will have been studying) English for one month next week.

7. Tom (was traveling / will have been traveling) for over 6 hours by the time the bus arrives at its destination.

8. ★ When he reaches the peak of the mountain, he (had been hiking / will have been hiking) all day.

9. ★ Next month, I (was living / will have been living) in Seoul for four years since I moved from Daejeon.

10. ★ I usually finish work at 6, but I might have to do overtime next Tuesday. If so, by the time I get home that day, my wife (has been waiting / will have been waiting) for several hours.

★ 정답 및 해설 p.10

 어휘

course 강좌, 강의 Spanish 스페인어 turn (나이)가 되다; 돌다 operate 운영되다 approximately 대략 destination 목적지 peak 산꼭 대기, 정상 hike 하이킹을 하다 move 이사하다, 옮기다 do overtime 초과근무를 하다

1. Mr. Kenji is going to give out invitations to his coworkers for his wedding in the fall. However, he hasn't decided whether he should invite the newly hired employees because they _____ for only a month when the invitations are sent.

   (a) had worked
   (b) have been working
   (c) will have been working
   (d) are working

2. Jake is preparing for a triathlon and is planning on swimming from England to France tomorrow. He _____ for over thirteen hours straight by the time he reaches France.

   (a) will swim
   (b) has swum
   (c) will have been swimming
   (d) would have swum

3. The world's number four tennis player lost to a rookie in the Beijing Olympics first round in 2008. During the interview, he said, "I had had only three days to prepare before the game started. Next time by the day of the game, I _____ for two and a half weeks to win the game."

   (a) train
   (b) trained
   (c) was training
   (d) will have been training

4. Recently, a typhoon hit our province during the monsoon, and it has extended the period of the rainy season. It _____ for twelve days in a row if it rains tomorrow again. Many are hoping that it will stop soon so that they can go outside.

   (a) will rain
   (b) will have been raining
   (c) rains
   (d) has been raining

5. To become a doctor in the U.S., you must complete a four-year undergraduate program and medical school respectively. After graduating, you have to work between three to seven years as a resident, depending on your specialty and the region. By the time you become a licensed doctor, you _____ toward it for 10 to 15 years in total!

   (a) will have been working
   (b) were working
   (c) had worked
   (d) work

6. Mrs. Lauren has been watching a popular soap opera since this afternoon. She will turn off the TV at 6 p.m. before her children come back from school since she _____ it for several hours by then.

   (a) watches
   (b) has been watched
   (c) is watching
   (d) will have been watching

★ 정답 및 해설 p.11

※ 완료 시제는 지텔프 문법 [시제] 유형으로는 정답이 아닌 오답으로 보기에 출제된다.

▶ **현재완료**: 과거부터 현재까지 계속된 동작이나 상태를 설명할 때 사용한다.

(1) (과거부터 현재까지) 계속된 동작 또는 상태

　I **have studied** English with Mr. Kiwi for 7 days. 나는 키위 씨와 7일 동안 영어를 (계속) 공부해왔다.

(2) 경험

　I **have never been** to Europe. 나는 유럽에 가본 적이 없다.

(3) 완료/결과

　I **have brought** us some hot coffee. 내가 뜨거운 커피를 (우리에게) 조금 가져왔다.

▶ **과거완료**: 두 과거 중 먼저 일어난 과거를 구분할 때 사용한다.

(1) 완료/결과

　When Kenny arrived, the meeting **had already started**.

　케니가 도착했을 때, 미팅은 이미 시작됐었다. (미팅이 키위 씨가 도착했던 시점보다 더 앞선다)

　＊ 문맥상 두 과거가 일어난 순서가 명확하면 일반 과거 시제를 사용하기도 한다.

　He **(had) bought** me a ring, but I lost it yesterday.

　그가 나에게 반지를 사줬는데 나는 어제 그것을 잃어버렸다.

(2) 경험

　I was able to find the place easily because I **had been** there when I was a child.

　나는 내가 어렸을 때 그곳에 가봤기 때문에 그 장소를 쉽게 찾을 수 있었다.

(3) 계속

　By the time Ms. Feng became the manager, she **had worked** here for seven years.

　펑 씨가 매니저가 되었을 때쯤, 그녀는 여기서 7년간 일해왔다.

▶ **미래완료**: 과거나 현재에서 시작된 동작이나 상태가 미래의 특정 시점까지 계속될 때 사용한다.

(1) (특정 미래까지) 계속된 동작 또는 상태

　I **will have studied** English with Mr. Kiwi for 7 days by tomorrow.

　내일이면 나는 키위 씨와 7일 동안 영어를 (계속) 공부해왔을 것이다.

(2) 경험

　If I drink one more cup of coffee, I **will have drunk** three cups in total.

　만약 내가 커피 한 잔을 더 마신다면, 나는 총 세 잔을 마신 것이 된다.

(3) 완료/결과

　I **will have worked** at my company for 4 years by the time I quit next month.

　다음 달에 내가 그만둘 때쯤이면 나는 회사에서 4년간 근무하게 될 것이다.

DAY 03 가정법

가정법이란?

사실과 반대되는 상황을 통해 바람, 소망, 아쉬움, 유감을
때로는 정중함을 표현하는 방법!

빈칸에 적절한 동사의 형태를 골라야 하는 유형(Form)이다.
G-TELP 문법에서는 2가지 가정법(가정법 과거, 가정법 과거 완료)이 주로
출제된다. 고난이도 유형으로 혼합가정법, 특수 가정법이 출제될 수 있다.
가정법에 해당하지 않는 동사의 형태는 모두 오답이며, **가정법 과거와 가정
법 과거완료가 3개씩 출제된다.**
- 가정법 과거(3) 가정법 과거 완료(3)

가정법

가정법	형태	예문
가정법 과거	If + 주어 + 과거 동사/were to, 주어 + would/could/might + 동사원형	**If** Kevin **had** today off, he **would go** hiking with me. 케빈이 오늘 쉰다면, 그는 나와 하이킹을 할 텐데. **If** Kevin **were to be** rich, he **could buy** the house. 케빈이 부자라면, 그는 그 집을 살 수 있을 텐데.
가정법 과거완료	If + 주어 + had p.p., 주어 + would/could/might + have p.p.	**If** it **had not rained**, Kevin **would have gone** hiking. 비가 오지 않았다면, 케빈은 하이킹을 했을 텐데.

01 가정법 과거

📝 기출 포인트

의미 ▶ 현재나 미래 사실과 반대되는 상황에 대한 아쉬움이나 바람, 유감 또는 주장 등을 의미한다.

해석 ▶ 만약 ~하다면, (would/could/might) ~할 것이다/~할 수 있을 것이다/~할지도 모른다

특징 ▶ if절과 주절의 동사 형태를 물어보는 문제가 둘다 출제된다.

| If | + | 주어 | + | 과거동사 | , | 주어 | + | would/could/might | + | 동사원형 |

*if절이 뒤에 올 때에는 쉼표를 사용하지 않음

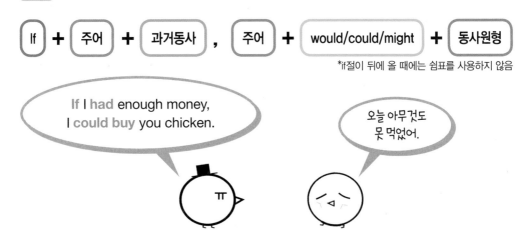

**If I had enough money,
I could buy you chicken.**

오늘 아무것도
못 먹었어.

If I had enough money now, I could buy you chicken.

내가 지금 충분한 돈이 있다면, 내가 너에게 치킨을 사줄 텐데.
(내가 현재 돈이 충분하지 않아서 현재 너에게 치킨을 사주지 못한다는 유감스러운 상황을 말함)

📝 출제 포인트   **가정법 if의 생략**

*빈출

(1) if절과 주절의 동사의 형태를 물어보는 문제가 모두 출제된다.

If I knew her, I *could talk to her.
내가 그녀를 안다면, 내가 그녀에게 말을 걸 수 있을 텐데.

If he were in a hurry, he *would take the bus.
그가 서두른다면, 그는 버스를 잡을 텐데.

If Kate should catch the subway, she *might not be late for the class.
케이트가 지하철을 탄다면, 수업에 늦지 않지도 모른다.

(2) 가정법의 if는 생략할 수 있으며 (조)동사가 주어 앞에 오게 된다.

if절에 be동사가 있는 경우:
Were he in a hurry, he *would take the bus.

if절에 조동사가 있는 경우:
Should Kate catch the subway, she *might not be late for the class.

FM 문제 풀이 공략

STEP 1 선택지 유형 확인

Mr. Collins works out every day to get in shape, but he doesn't pay too much attention to his dietary routine. If he focused on eating low-calorie food, he _____ some weight. He should have more salad instead of meat.

(a) would have lost
(b) is losing
(c) would lose
(d) will lose

선택지의 동사 lose가 다양한 조동사와 시제로 구성되어 있으므로 알맞은 동사의 형태(Form)를 고르는 유형이라는 것을 파악하기

STEP 2 빈칸 문장에서 단서 찾기

Mr. Collins works out every day to get in shape, but he doesn't pay too much attention to his dietary routine. **If** he **focused** on eating low-calorie food, he _____ some weight. He should have more salad instead of meat.

빈칸이 포함된 문장에 if와 과거 시제 동사(focused)가 있으므로 가정법 과거 시제의 동사를 고르는 문제

STEP 3 정답 고르기

(a) would have lost
(b) is losing
(c) would lose
(d) will lose

따라서 가정법 과거(would/could/might + 동사원형)의 주절에 사용되는 동사인 (c)를 정답으로 고르기

★ 고난이도

1. If I were you, I (would talk / would have talked) to the physician.

2. If the company were financially healthy, it (releases / could release) a new product line.

3. If Jason were to save more money, he (might purchase / will be purchasing) a new phone next year.

4. Susan (has traveled / could travel) with someone else, not by herself, if she were more sociable.

5. I (am forwarding / would forward) the file to Tim if I knew his e-mail address.

6. Lauren (participated / would participate) in her family gathering if she were not to be busy on the weekend.

7. Barton Inc. (might reevaluate / will reevaluate) its business relations with its distributors if they did not follow the terms and conditions.

8. ★ Were the shoes more affordable, I (could buy / could have bought) them today.

9. ★ Were James to like Lidia, he (will ask / would ask) her to go to the prom with him.

10. ★ If Laura (can find / could find) a job within the month, she could reside in the country for another year.

★ 정답 및 해설 p.12

 어휘

physician (내과) 의사 financially 재정적으로, 경제적으로 healthy 건강한, 정상적인 release 공개하다 product line 제품군, 제품 라인 save 절약하다, 저축하다 purchase 사다, 구매하다 by oneself 혼자서, 홀로 sociable 사교적인 forward (메일을) 다른 사람에게 전달하다, 포워딩하다 participate in ~에 참가하다 gathering 모임 Inc. 주식회사(Incorporated) reevaluate 재평가하다 relation 관계 distributor 유통업자, 배급업자 terms and conditions (계약) 조건 affordable 저렴한, 살 만한 가격의 prom 프롬(고등학교, 대학교 학년말 무도회) within ~이내에, 안에 reside in ~에 거주하다, 살다

1. John spends too much on traveling, and he always complains about having not enough money. If he were to give up his traveling passion, he _____ a nice car this year.

   (a) bought
   (b) could have bought
   (c) could buy
   (d) had not bought

2. Norah is so upset because she couldn't sleep for a whole week due to remodeling noise from next door. If I were her, I _____ on a trip to get away from the noise.

   (a) might go
   (b) might have gone
   (c) had been going
   (d) has gone

3. I have never been good at solving mathematical problems since I was a child. On the other hand, my brother has such a talent for math that he even won the national mathematics contest! If I were to be good at math like my brother, I _____ stress about it.

   (a) would not have
   (b) would not have had
   (c) am not having
   (d) will not have

4. Cindy is thinking of buying a luxury necklace for the upcoming Mother's Day. However, she realized that she has been spending too much on buying clothes recently. She _____ the jewelry from the brand she wanted for her mother if she controlled her impulse buying.

   (a) is getting
   (b) has gotten
   (c) could have gotten
   (d) could get

5. Greenpeace is campaigning for marine life preservation to protect and recover the world's oceans from past exploitation. In fact, the number of whales species _____ by now were it not for Greenpeace activists' efforts.

   (a) will be far reduced
   (b) would have been far reduced
   (c) is being far reduced
   (d) would be far reduced

6. I am sick of my mother's nagging. She yells at me whenever I don't tidy up my room. However, I understand because, to be honest, had I a child who made the room messy every day, I _____ at him or her as well.

   (a) would have also shouted
   (b) would also shout
   (c) had also shouted
   (d) was also shouting

★ 정답 및 해설 p.13

02 가정법 과거완료

기출 포인트

의미 ▶ 과거 사실과 반대되는 상황에 대한 아쉬움이나 바람, 유감 또는 주장 등을 의미한다.

해석 ▶ ~했다면, ~했을 텐데(would)/~할 수 있었을 텐데(could/might)

특징 ▶ if절과 주절의 동사를 물어보는 문제가 모두 출제된다.

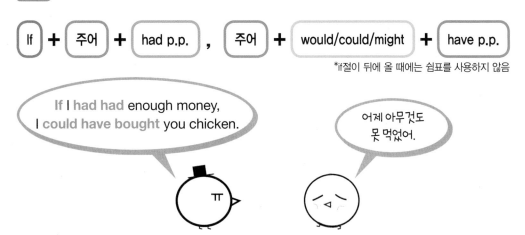

If + **주어** + **had p.p.** , **주어** + **would/could/might** + **have p.p.**

*if절이 뒤에 올 때에는 쉼표를 사용하지 않음

If I **had had** enough money,
I **could have bought** you chicken.

어제 아무것도
못 먹었어.

If I **had had** enough money yesterday,
I **could have bought** you chicken.

내가 충분한 돈이 어제 있었다면, 내가 너에게 치킨을 사주었을 텐데.
(내가 어제 돈이 충분하지 않아서 현재 너에게 치킨을 사주지 못한다는 유감스러운 상황을 말함)

출제 포인트　　가정법 if의 생략

*빈출

(1) if절과 주절의 동사의 형태를 물어보는 문제가 모두 출제된다.

If I **had known** her, I *could have talked to her.
내가 그녀를 알았다면, 내가 그녀에게 말을 걸 수 있었을 텐데.

If he **had been** in a hurry, he *would have taken the bus.
그가 서둘렀다면, 그는 버스를 잡았을 텐데.

(2) 가정법의 if를 생략할 수 있으며 (조)동사 had가 주어 앞에 오게 된다.

Had I **known** her, I *could have talked to her.
내가 그녀를 알았다면, 내가 그녀에게 말을 걸 수 있었을 텐데.

Had he **been** in a hurry, he *would have taken the bus.
그가 서둘렀다면, 그는 버스를 잡았을 텐데.

▶ **혼합가정법**

if절의 동사는 had p.p.(가정법 과거완료)를, 주절의 동사는 'would/could/might + 동사원형'(가정법 과거)을 혼합해 사용하는 가정법을 말한다. 주절에 현재 또는 미래(now, tomorrow 등)를 나타내는 표현이 함께 온다.

If I **had saved** more money last year, I **might have** a nice car **now**.
작년에 더 많은 돈을 아꼈다면, 나는 지금 좋은 차를 갖고 있을지도 모른다.

If you **had studied** hard, you **could receive** a better result **tomorrow**.
네가 열심히 공부했다면, 너는 내일 더 나은 결과를 얻을 수 있을 텐데.

▶ 가정법 형태가 아니지만 가정법의 뜻으로 사용되는 특수 가정법 표현들이 있다.

※ 지텔프 문법에서는 출제될 가능성이 높지는 않으므로 참고로만 알아 두자.

(1) if ~ not for (~이 없다면/없었다면)

If **not** for you(=If it were not for you), I **would not finish** the work.
네가 없다면, 나는 일을 못 끝낼 것이다.

(2) without / but for (~이 없다면/없었다면)

I **could not live without/but for** you. (= I could not live if it were not for you.)
나는 너 없이는 살 수 없을 것이다.

(3) I wish (~하면/했으면 좋겠다)

I **wish** she **were** here.
그녀가 여기 있으면 좋겠다.

I **wish** it **hadn't snowed** yesterday.
어제 눈이 오지 않으면 좋았을 텐데.

(4) should (미래 상황에 대한 정중함을 표시)

If you **should** have any questions, please feel free to call our customer center.

(= **Should** you have any questions, please feel free to call our customer center.)
문의사항이 있으시면 언제든지 저희 고객센터로 전화 주십시오.

STEP 1 선택지 유형 확인

Last week, my wife asked me to go to a famous dessert shop. It took more than 1 hour to go there, and we had to wait another 30 minutes just to get two pieces of pie! If I had chosen a shop, I _____ a place where we didn't have to wait in line.

(a) am picking
(b) may pick
(c) might pick
(d) might have picked

선택지의 동사 pick이 다양한 조동사와 시제로 구성되어 있으므로 알맞은 동사의 형태(Form)를 고르는 유형이라는 것을 파악하기

STEP 2 빈칸 문장에서 단서 찾기

Last week, my wife asked me to go to a famous dessert shop. It took more than 1 hour to go there, and we had to wait another 30 minutes just to get two pieces of pie! **If I had chosen** a shop, I _____ a place where we didn't have to wait in line.

빈칸이 포함된 문장에 if와 과거완료 시제 동사(had chosen)가 있으므로 가정법 과거완료 시제의 동사를 고르는 문제

STEP 3 정답 고르기

(a) am picking
(b) may pick
(c) might pick
(d) might have picked

따라서 가정법 과거완료 (would/could/might + have p.p.)의 주절에 사용되는 동사인 (d)를 정답으로 고르기

★고난이도

1. If Jenny had remembered that yesterday was her parent's 20th anniversary, she (would call / would have called) them and sent them a gift.

2. If Son had scored one more goal in the last game, he (would have won / wins) the Premier League's Golden Boot alone.

3. If he had prepared for the interview beforehand, he (got / might have gotten) the job.

4. Marcus (had bought / would have bought) the latest laptop if he had known that it would sell out so quickly.

5. Jane (wouldn't miss / wouldn't have missed) a delicious breakfast this morning if she hadn't woken up late.

6. If the technicians (had complied / complied) with all safety measures, an accident would not have occurred.

7. If it had not been for you, I (could not finish / could not have finished) the work today.

8. Those innocent civilians (can be alive / could be alive) now if the war had not started.

9. I (would have arrived / would arrive) at Seoul Station now had I not missed the train.

10. (Had I started / I had started) studying English earlier, I could have gotten a higher score on the last exam.

★ 정답 및 해설 p.14

 어휘

anniversary 기념일 score 득점하다 Premier League 프리미어 리그(잉글랜드 프로축구 1부 리그) Golden Boot 골든 부트 상(가장 많은 득점을 한 선수에게 수여하는 상) beforehand 미리 latest 최신의, (가장) 최근의 laptop 노트북 컴퓨터 sell out 매진되다, 다 팔리다 miss 놓치다 technician 기술자, 기사 comply with ~에 따르다, 응하다 safety measure 안전조치 occur 발생하다, 일어나다 innocent 무고한, 순진한 civilian 민간인 alive 살아 있는 exam 시험

1. Jason felt so sorry that he couldn't join his best friend Kenny's wedding last weekend. If his family had decided to have a gathering on a different day, he _____ his best friend in person at the wedding ceremony with the others.

   (a) could congratulate
   (b) was congratulating
   (c) could have congratulated
   (d) had congratulated

2. The new CEO said that he has the most ambitious initiatives for addressing the economic downturn. If he had been hired in the first place, the company _____ the hardest hit by sluggish consumption last year.

   (a) was avoiding
   (b) would have avoided
   (C) had avoided
   (d) would avoid

3. The flood has killed over 300 people on the eastern coast of South Africa. Many facilities and infrastructures were heavily damaged, and the community members had to face power and water shortages. This tragedy _____ if the government had prepared to deal with the extreme climate change beforehand.

   (a) could be prevented
   (b) is prevented
   (c) could have been prevented
   (d) has been prevented

4. In June 2016, more than 500,000 students had to take the national examination again after the questions were leaked on the Internet. To prevent cheating, the Algerian government decided to implement two-hour nationwide internet blockades. Had the students had more conscience, the government _____ such a radical decision.

   (a) is not making
   (b) had not made
   (c) may not make
   (d) might not have made

5. Sheikh Khalifa, president of the United Arab Emirates and ruler of Abu Dhabi, died Friday aged 73, after suffering from a heart attack in 2014. If he had managed his health well, he _____ now and perhaps lived longer.

   (a) might be alive
   (b) might have been alive
   (c) has been alive
   (d) may be alive

6. I had bad taste in clothes, but I was lucky to find a fashion consultant on a website, who was able to guide me from top to toe. I believe that my fashion sense couldn't have improved if I _____ my consultant.

   (a) wasn't meeting
   (b) hadn't met
   (c) didn't meet
   (d) hasn't been meeting

★ 정답 및 해설 p.15

준동사란?

동사를 명사, 형용사, 부사로 바꾼 것!

빈칸에 적절한 동사의 형태를 골라야 하는 유형(Form)이다. 준동사의 대표적인 종류에는 동명사와 to부정사가 있다.

G-TELP 문법에서 준동사 유형은 동명사와 to부정사 중 하나를 고르는 문제가 나오며 **동명사와 to부정사는 각각 세 문제씩 출제된다.**

동명사는 동사를 [V-ing] 형태로 만들어 동사의 성질과 기능을 가진 상태로 명사의 역할을 한다.

참고로 동명사(동사원형 + ing)와 to부정사(to + 동사원형)의 순수 형태를 제외한 완료형이나 진행형은 정답으로 출제되지 않는다.

동명사	
역할	예문
주어	**Running** is fun. 달리는 것은 즐겁다.
목적어	I like **running**. 나는 달리는 것을 좋아한다.
	I am good at **running**. 나는 달리는 것을 잘한다.
보어	My hobby is **running**. 나의 취미는 달리는 것이다.

동명사는 문장에서 주어, 목적어, 보어 자리에 쓰이는데, 지텔프 문법에서는 주로 목적어 자리에 오는 동명사가 문제로 나온다.

01 동명사: 목적어 자리

기출 포인트

의미 동사의 성질과 기능을 가진 상태로 명사의 역할을 하는 것을 의미한다.

해석 ~하는 것 / ~하기

특징 동명사를 목적어로 취하는 동사를 묻는 문제가 주로 출제된다.

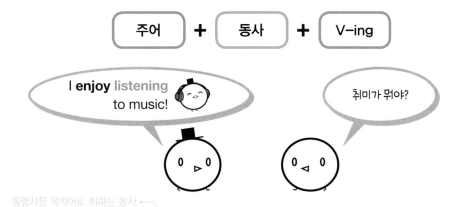

주어 **+** 동사 **+** V-ing

I **enjoy** listening to music!

취미가 뭐야?

동명사를 목적어로 취하는 동사

I **enjoy** listening to music.
나는 음악을 듣는 것을 좋아한다.

출제 포인트   동명사를 목적어로 취하는 동사

*빈출

admit 인정하다 adore 아주 좋아하다 advise 충고하다 advocate 지지하다 allow 허락하다
anticipate 기대하다 appreciate 감사하다 avoid 회피하다 ban 금지하다 *consider 고려하다
delay 미루다 deny 부인하다 discontinue 중단하다 dread 두려워하다 end up ~한 결과가 되다
*enjoy 즐기다 experience 경험하다 finish 끝내다 give up 포기하다 imagine 상상하다 include
포함하다 involve 필요로 하다 justify 정당화하다 keep 유지하다 mind 싫어하다 miss 그리워하다
permit 허용하다 postpone 미루다 practice 연습하다 prevent 막다 prohibit 금지하다 quit
끊다 recall 기억해내다 *recommend 추천하다 report 신고하다 require 필요로 하다 resent
분개하다 resist 참다 resume 재개하다 risk 위험을 무릅쓰다 suggest 제안하다 tolerate 용납하다
welcome 환영하다

Kenny **gave up** waiting for the test result.
케니는 시험 결과를 기다리는 것을 포기했다.

Laura **is considering** listening to a webinar on her laptop.
로라는 온라인 세미나를 노트북으로 듣는 것을 고려 중이다.

1. **동명사를 목적어로 취하는 동사 자체가 정답으로 쓰이는 경우**

   ① (동명사를 목적어로 취하는 동사의) to부정사 형태

   All cars near the school zone must slow down their speed below 30 kilometers per hour ___to avoid___ **getting** a penalty.

   스쿨존 근처의 모든 차들은 처벌받는 것을 피하기 위해 속도를 시속 30킬로미터 이하로 줄여야 한다.

   ② (동명사를 목적어로 취하는 동사의) 동명사 형태

   We need to start ___considering___ **purchasing** raw materials from another vendor.

   우리는 다른 판매업체로부터 원자재를 구매하는 것을 고려하기 시작해야 한다.

2. **동명사가 관용적으로 쓰이는 경우**

   고득점을 위해서는 동명사의 관용 표현을 뜻과 함께 암기해야 한다.

cannot help -ing* ~하지 않을 수 없다	go -ing ~하러 가다
feel like -ing* ~하고 싶다	it is no use -ing ~해봐야 소용없다
be worth -ing* ~할 가치가 있다	on[upon] -ing ~하자마자
have difficult -ing* ~하는데 어려움을 겪다	refrain from -ing ~하는 것을 삼가다
be capable of -ing ~할 수 있다	when in comes to -ing ~에 관하여 말하자면
be caught -ing ~하다가 잡히다	

   I **couldn't help looking** at her because of her beauty.
   나는 그녀의 아름다움 때문에 그녀를 바라보지 않을 수 없다.

   I **feel like eating** a hamburger now!
   나는 지금 햄버거가 먹고 싶다.

   People who sacrificed and fought for Korea's independence should **be worth commemorating.**
   한국의 독립을 위해 싸우고 희생했던 사람들은 기념을 받아야 할 가치가 있다.

   A study found that less than half of the multiracial children **have difficulty speaking** Korean.
   한 연구에 따르면 다인종 아동의 절반 미만이 한국어를 말하는 데 어려움을 겪고 있다고 한다.

   My uncle **is capable of fixing** machines.
   나의 삼촌은 기계를 고칠 수 있다.

Some students **were caught cheating** during the final exam.

몇몇 학생들은 기말고사 중에 부정행위를 하다가 잡혔다.

My dad and I usually **go hiking** on the weekends.

아버지와 나는 주로 주말에 등산하러 간다.

It is no use regretting what I told Tony.

내가 토니에게 한 말을 후회해봤자 소용없다.

Some rotten fruits were discovered **upon opening** the container.

용기를 열자마자 썩은 과일 몇 개가 발견되었다.

Please **refrain from wandering** off while we explore the area.

우리가 그 지역을 탐험하는 동안 돌아다니는 것을 삼가주세요.

When it comes to advertising, it must be innovative and creative.

광고에 관하여 말하자면, 광고는 혁신적이고 독창적이어야 한다

STEP 1 선택지 유형 확인

Various school choices can lead kids to different paths toward their goals. While one child may enjoy _____ at his or her own pace through a homeschool program, another child may benefit from the close friendship at a private school.

(a) studying
(b) having studied
(c) to have studied
(d) to study

선택지가 동사 study의 준동사 형태로 구성되어 있기 때문에 동사의 형태(Form)에 관한 문제이며, 알맞은 준동사를 고르는 유형임을 파악하기

STEP 2 빈칸 문장에서 단서 찾기

Various school choices can lead kids to different paths toward their goals. While one child may **enjoy** _____ at his or her own pace through a homeschool program, another child may benefit from the close friendship at a private school.

빈칸이 포함된 문장에 enjoy가 있고, enjoy는 목적어 자리에 동명사가 들어감

STEP 3 정답 고르기

(a) studying
(b) having studied
(c) to have studied
(d) to study

따라서 동명사의 단순 형태인 (a)를 정답으로 고르기

★고난이도

1. The government admitted (making / to make) mistakes in the real estate policy.

2. Children adore (listening / to listen) to horrifying stories.

3. The doctor advised (drinking / to drink) mineral water instead of soda.

4. The manager of the shopping center has advocated (closing / to close) late on Saturdays.

5. The teacher doesn't allow (talking / to talk) in class.

6. Kate anticipates (having / to have) a good time on vacation.

7. We appreciate your (making / to make) an effort to reach us.

8. People should avoid (eating / to eat) instant food.

9. The new law effectively bans (smoking / to smoke) in all public areas.

10. After suffering from the pain for a few days, my sister finally considered (seeing / to see) a dentist.

11. For many years, the city council has delayed (designating / to designate) Red Valley as a national park.

12. He denied (cheating / to cheat) during the final exam.

13. The city has discontinued (providing / to provide) free medical insurance to immigrants.

 어휘

government 정부 admit 인정하다 real estate 부동산 policy 정책 adore 아주 좋아하다 horrifying 소름 끼치게 무서운 advise 조언하다 mineral water 생수 soda 탄산음료 advocate 옹호하다, 지지하다 allow 허용하다 anticipate 기대하다 appreciate 감사히 여기다 avoid 피하다 effectively 사실상, 효과적으로 ban 금지하다 smoke 흡연하다 public area 공공장소 suffer from ~을 겪다, 앓다 pain 통증, 고통 finally 마침내, 드디어 consider 고려하다 see a dentist 치과에 가다 city council 시의회 delay 미루다, 지연시키다 designate A as B A를 B로 지정하다 national park 국립 공원 deny 부인하다 cheat 부정행위를 하다 final exam 기말고사 discontinue 중단하다, 중지하다 medical insurance 의료보험 immigrant 이민자

14. I like going to amusement parks, but I dread (riding / to ride) extreme rides such as The Giant Backdrop.

15. If you don't exercise in your thirties, you will end up (going / to go) to the hospital every month when you reach your fifties.

16. You can enjoy (skiing / to ski) while you are here at our resort.

17. You can also experience (exploring / to explore) scenic parts of the city during the tour.

18. Our team has just finished (preparing / to prepare) for tomorrow's meeting.

19. I want to give up (learning / to learn) English, but I can't stop here.

20. Meditation can help you to imagine (placing / to place) your thoughts in order.

21. Our school's extracurricular activities include (dancing / to dance) and singing.

22. This position involves (traveling / to travel) overseas once a month.

23. Talking back to parents does not justify (getting / to get) corporal punishment.

24. Chris misses (residing / to reside) in New Zealand.

25. Singapore does not permit (selling / to sell) chewing gum.

26. Susan has postponed (returning / to return) to her hometown.

 어휘

amusement park 놀이공원 dread 몹시 무서워하다 ride 타다; (놀이) 기구 extreme 익스트림의, 극한의 thirties 30대 end up 결국 ~ 하게 되다 reach ~에 이르다 fifties 50대 explore 답사하다, 탐험하다 scenic 경치가 좋은 part 지역, 부분 tour 관광 give up 포기하다 meditation 명상 place ~ in order ~을 정리하다 thought 생각 extracurricular activity 방과 후 활동, 과외 활동 position 직책, 일자리 involve ~을 필요로 하다, 수반하다 overseas 해외로 once 한 번 talk back to ~에게 말대답하다 justify 정당화하다 corporal punishment 체벌 miss 그리워하다 reside 거주하다 permit 허용하다 chewing gum 껌 postpone 미루다 hometown 고향

27. These days, my class is practicing (singing / to sing) for the upcoming school festival.

28. I have just drunk three cups of coffee to prevent (falling / to fall) asleep.

29. Islam prohibits (eating / to eat) all pork products as well as alcohol.

30. Owen has quit (smoking / to smoke) since his first daughter was born.

31. Thomas recalled (leaving / to leave) his credit card at the bistro.

32. The witness reported (seeing / to see) the criminal run away after the incident.

33. This language certificate requires (completing / to complete) three courses.

34. Many people have resented (being isolated /to be isolated) due to the city's lockdown.

35. Some people cannot resist (asking / to ask) for aids from others.

36. The two parties will resume (talking / to talk) about the juvenile law next week.

37. The military started to tolerate (using / to use) cellular phones for the enlisted soldiers.

38. ★ I feel like (having / to have) pasta with steak for lunch today.

39. ★ Ben always has difficulty (recognizing / to recognize) faces.

40. ★ An international celebrity was caught (buying / to buy) an illegal drug in Korea.

★ 정답 및 해설 p.16

 어휘

upcoming 곧 있을, 다가오는 fall asleep 잠이 들다 Islam 이슬람교 prohibit 금지하다 product 제품 pork 돼지고기 A as well as B B뿐만 아니라 A도 alcohol 술 quit 끊다, 그만두다 smoke 흡연하다 recall 기억해 내다, 상기하다 credit card 신용 카드 bistro (작은) 식당 witness 목격자 report 신고하다, 알리다 criminal 범죄자 run away 도망치다 incident 사건, 일 certificate 자격증 require 필요로 하다, 요구하다 complete 끝마치다, 이수하다 resent 분개하다 isolated 고립된 due to ~때문에 lockdown (출입) 봉쇄, 폐쇄 resist 거부하다 ask for ~을 요청하다 aid 도움 party 정당 resume 재개하다, 다시 시작하다 talk about ~에 대해 논의하다 juvenile law 소년법 military 군대 tolerate 용인하다, 봐주다 cellular phone 휴대폰 enlisted soldier 사병 recognize 인식하다 international 세계적인, 국제적인 celebrity 유명 인사, 연예인 illegal 불법적인 drug 약물, 마약

1. To make homemade doughnuts: first, combine the flour, yeast, salt, and sugar. Second, heat the milk until it is warm. Add this to the flour mixture and stir them. Then, start heating the oil in a large saucepan. I recommend _____ a deep-fat fryer, and never leave the hot oil unattended.

   (a) to use
   (b) having used
   (c) using
   (d) to have used

2. Raymond has had some problems with his veins. He kept _____ trouble walking and feeling fatigued. Therefore, he had to see his doctor and decided to get some procedures done. After recovery, he showed remarkable improvements.

   (a) having had
   (b) having
   (c) to have
   (d) to have had

3. According to the medical association journal, business travelers should do light exercises that strengthen the muscles in their body to support the spine before setting out. The author suggests _____ precautions to avoid injuries before, during, and after the trips.

   (a) to be taking
   (b) to take
   (c) having taken
   (d) taking

4. Ken' is currently regarded as the best magician in the country. Unlike others, he didn't mind _____ his skills and information with his fellow magicians or even with the public. He believed that his actions would have a good influence on the next generation of magicians.

   (a) to share
   (b) sharing
   (c) having shared
   (d) to be sharing

5. When Ethan had first met Amy, she was engaged to a wealthy Australian lawyer. However, she threw all things aside in leaving him for Ethan because she could not risk _____ him. They engaged two years ago and married last year.

   (a) having lost
   (b) to be losing
   (c) losing
   (d) to lose

6. I am a big fan of CSI, and I remember that people could not help _____ about the TV series when it first came out. Everyone was fascinated by the well-structured scenarios and wonderful characters in the show.

   (a) talking
   (b) to talk
   (c) having talked
   (d) to have talked

★ 정답 및 해설 p.18

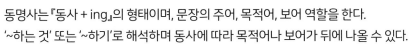 기초 문법 **동명사**

▶ **동명사: 동사를 명사로 바꾼 것**

동명사는 『동사 + ing』의 형태이며, 문장의 주어, 목적어, 보어 역할을 한다.
'~하는 것' 또는 '~하기'로 해석하며 동사에 따라 목적어나 보어가 뒤에 나올 수 있다.

(1) 주어

Assisting customers promptly is our priority.

신속하게 고객을 지원하는 것은 우리의 우선 순위이다.

> ※ 동명사 주어를 고르는 문제도 출제됨!
> 정답: Preventing

(Preventing / To prevent) accidents in advance is critical to all manufacturing facilities.

미리 사고를 막는 것은 모든 제조업 시설들에게 대단히 중요하다.

(2) 목적어

① 타동사의 목적어

Noah **enjoys** traveling abroad.

노아는 해외로 여행하는 것을 즐긴다.

Peter **will begin** creating invitations.

피터는 초대장 만들기를 시작할 것이다.

② 전치사의 목적어

Sam was given the task **of** finding the perfect location for the museum.

샘은 박물관을 위한 완벽한 장소를 찾는 업무를 받았다.

The restaurant succeeded **in** opening several branches in the country.

그 레스토랑은 나라에 여러 지점들을 개업하는 것을 성공했다.

(3) 보어

Cats' favorite activity is sleeping.

고양이들의 가장 좋아하는 활동은 잠자는 것이다.

One of my duties is taking meeting minutes.

나의 업무 중 하나는 회의록을 작성하는 것이다.

준동사란?
동사를 명사, 형용사, 부사로 바꾼 것!

빈칸에 적절한 동사의 형태를 골라야 하는 유형(Form)이다.

G-TELP 문법에서 준동사 유형은 동명사와 to부정사 중 하나를 고르는 문제가 나오며 **동명사와 to부정사는 각각 세 문제씩 출제된다.**

to부정사는 동사를 [to+동사원형] 형태로 만들어 동사의 성질과 기능을 가진 상태로 명사, 형용사, 부사의 역할을 한다.

참고로 to부정사의 기본 형태(to+동사원형)가 아닌 완료형(to have p.p.)이나 진행형(to be ~ing)은 정답으로 출제되지 않는다.

to부정사

용법	형태	예문
명사	주어	To run is fun. = It is fun to run. 달리는 것은 즐겁다.
	목적어	I like to run. 나는 달리는 것을 좋아한다.
	보어	My hobby is to run. 나의 취미는 달리는 것이다.
형용사	명사 수식	I need time to run. 나는 달릴 시간이 필요하다.
부사	목적 이유	I bought new shoes to run. 나는 달리기 위해 새로운 신발을 샀다. I am happy to run. 나는 달려서 기쁘다.

01 **to부정사: 목적어 자리**

 기출 포인트

[의미] [to+동사원형] 형태로, 동사의 성질과 기능을 가진 상태로 명사의 역할을 한다.

[해석] ~하는 것

[특징] to부정사를 목적어로 취하는 동사 위주로 출제된다.

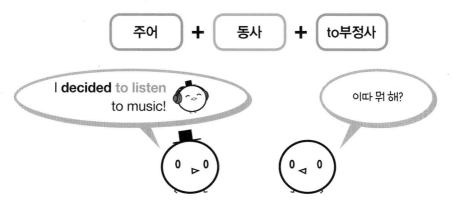

I **decided** to listen to music.
나는 음악 듣는 것을 결정했다.

출제 포인트 **to부정사를 목적어로 취하는 동사**

*빈출

afford ~할 여유가 있다 agree 합의하다 aim 목표로 하다 appear ~처럼 보이다 arrange 준비하다 ask 요청하다 attempt 시도하다 choose 선택하다 *decide 결정하다 decline 거절하다 demand 요구하다 determine 결심하다 elect ~하기로 선택하다 expect 예상하다, 기대하다 fail 실패하다 hesitate 망설이다 *hope 희망하다 *intend ~할 생각이다 learn 배우다 manage 간신히 ~을 해내다 mean ~할 작정이다 *need 필요하다 offer 제안하다 plan 계획하다 prepare 준비하다 pretend ~하는 척하다 promise 약속하다 refuse 거부하다 seek ~하려고 노력하다 seem ~처럼 보이다 strive 애쓰다 tend ~하는 경향이 있다 prove =turn out 증명하다 vow 맹세하다 want 원하다 wait 기다리다 wish 희망하다

Kenny **expects** to get a good score on the test.
케니는 시험에서 좋은 점수를 받기를 기대한다.

Laura **chose** to listen to a webinar on her laptop.
로라는 온라인 세미나를 노트북으로 듣는 것을 선택했다.

1. 진주어/진목적어로 쓰이는 to부정사

① 진주어: [가주어 it + 동사 + 진주어 to부정사]

➡ to부정사로 시작하는 주어가 길 경우 주어를 뒤로 보내고 원래 자리에는 가주어 it을 놓는다. 단, 주어 자리가 빈칸일 경우에는 동명사가 답으로 주로 출제된다.

It is impossible **to submit** a marketing proposal by tomorrow.

= **To submit** a marketing proposal by tomorrow is impossible.

내일까지 마케팅 제안서를 제출하는 것은 불가능하다.

② 진목적어: [주어 + 동사 + 가목적어 it + 진목적어 to부정사]

➡ 주로 사용되는 동사로는 believe, consider, find, make, think 등이 있다.

I **find it** hard **to believe** that I have passed the exam easily.

나는 내가 시험에 쉽게 합격했다는 것을 믿기 어렵다.

2. 동명사와 to부정사를 목적어로 사용함에 따라 의미가 달라지는 동사

① try -ing: (결과를 위해) 시험 삼아 해보다 / try to V: 노력하다, 애쓰다

The company **tried to overcome** the financial crisis. So, they **tried hiring** an outside consultant.

그 회사는 금융 위기를 극복하려고 노력했다. 그래서 그 회사는 외부 컨설턴트를 고용하는 것을 시험 삼아 해봤다.

② remember -ing: (과거) ~했던 것을 기억하다 / remember to V: (미래) ~할 것을 기억하다

Kenny **remembered saving** the client's number, and he **remembered to call** her after lunch.

케니는 고객의 번호를 저장했다는 것을 기억했고, 그녀에게 점심 이후에 전화할 것을 기억했다.

③ forget -ing: (과거) ~했던 것을 잊다 / forget to V: (미래) ~할 것을 잊다

Kenny **forgot saving** the client's number. So, he **forgot to call** her after lunch.

케니는 고객의 번호를 저장했다는 것을 잊었다. 그래서, 그녀에게 점심 이후에 전화할 것을 잊었다.

④ regret -ing: (과거) ~했던 것을 후회하다 / regret to V: (미래) ~할 것을 유감스럽게 여기다

The professor **regretted to tell** some students that they had failed the exam. Now, they **regret not studying** harder.

교수님은 몇몇 학생들에게 시험에 낙제했다고 말하게 되어 유감스럽게 여겼다. 지금, 그들은 더 열심히 공부 안 했던 것을 후회한다.

⑤ stop -ing: ~하는 것을 멈추다 / stop to V: ~하기 위해 (하던 것을) 멈추다

The team **stopped to brainstorm** ways to cut the budget. A week later, they **stopped spending** money on snacks.

그 팀은 예산 삭감을 위한 방법을 생각해내기 위해서 하던 것을 멈췄다. 일주일 후, 그들은 간식에 돈 쓰는 것을 멈췄다.

FM 문제 풀이 공략

STEP 1 선택지 유형 확인

Pets are great travel companions, especially for ski trips. When you decide _____ your furry friends along for the adventure on your next ski trip, make sure you have all the necessities, such as a pet jacket or heavy blanket to keep them warm.

(a) having brought
(b) to be brought
(c) to bring
(d) brining

선택지가 동사 bring의 준동사 형태로 구성되어 있기 때문에 이 문제는 동사의 형태(Form)에 관한 문제이며, 알맞은 준동사를 고르는 유형임을 파악하기

STEP 2 빈칸 문장에서 단서 찾기

Pets are great travel companions, especially for ski trips. When you **decide** _____ your furry friends along for the adventure on your next ski trip, make sure you have all the necessities, such as a pet jacket or heavy blanket to keep them warm.

빈칸이 포함된 문장에 decide가 있고, decide는 목적어 자리에 to부정사가 들어감

STEP 3 정답 고르기

(a) having brought
(b) to be brought
(c) to bring
(d) brining

따라서 to부정사의 단순 형태인 (c)를 정답으로 고르기

★고난이도

1. I can't wait (seeing / to see) who will be the next president of Korea.

2. The Prime Minister attempted (finalizing / to finalize) the agreement immediately.

3. Teresa agreed (helping / to help) me with the craft project.

4. I'm aiming (returning / to return) to my hometown in five years.

5. Online education trends appeared (rising / to rise) gradually during the pandemic.

6. The company arranged (interviewing / to interview) Katie at 2 p.m. this afternoon.

7. The defendant's attorney asked (seeing / to see) the evidence from the prosecutor.

8. If you choose (quitting / to quit) your job, tell your boss that you're quitting the job first.

9. Tony decided (going / to go) to Hawaii for his honeymoon.

10. Kelly declined (joining / to join) the party after the session.

11. The interviewer demanded (knowing / to know) why he applied for the position.

12. One day, one of my friends determined (leaving / to leave) Korea for good.

13. He elected (becoming / to become) a physician after he watched a medical TV series.

14. We are expecting (arriving / to arrive) early at the airport.

15. The prisoner failed (escaping / to escape) from the jail.

 어휘

president 대통령 Prime Minister 수상, 총리 attempt 시도하다 finalize 마무리하다, 매듭짓다 agreement 협정, 계약 immediately 즉시 agree to V ~하기로 합의하다 craft 공예 aim ~을 목표로 하다 return 돌아가다 hometown 고향 trend 유행, 트렌드 appear ~인 것 같다 rise 증가하다 gradually 서서히, 점차 pandemic 팬데믹, (세계적) 전염병 arrange ~을 위한 준비를 하다, 마련하다 defendant 피고 attorney 변호사 evidence 증거 prosecutor 검사 employee 직원 quit 그만두다 honeymoon 신혼여행 decline 거절하다, 사양하다 session 회의 interviewer 면접관 demand 요구하다 apply for 지원하다 position 자리, 직책 determine 결심하다 for good 영원히 elect ~하기로 선택하다 physician 의사 medical 의학의 expect 예상하다 prisoner 수감자 escape 탈출하다 jail 감옥

16. My son sometimes hesitates (telling / to tell) me about his personal problems.

17. Fred hopes (getting / to get) a job this year.

18. My wife and I intend (visiting / to visit) Australia this summer.

19. Everyone must learn (swimming / to swim) in case of an emergency.

20. They managed (opening / to open) the gate without the key.

21. The charity group offered (giving / to give) the refugees financial help.

22. My sister is planning (applying / to apply) for law school next year.

23. Jenson will be preparing (opening / to open) the shop.

24. Max pretended not (recognizing / to recognize) me at the bar.

25. Arlo promised not (being / to be) late for the class to the teacher.

26. The landlord of the building refuses (taking / to take) tenants who smoke.

27. Thomas's parents sought (changing / to change) his dream, but he said no.

28. No one else seemed (purchasing / to purchase) Johnson's old vehicle.

★
29. I find it interesting (sitting / to sit) outside and watch the people walking by.

★
30. Many people think it important for teen athletes (having / to have) a basic academic background.

★ 정답 및 해설 p.19

🖉 어휘

hesitate 망설이다. 주저하다 **personal** 개인적인 **intend** ~할 생각이다. 의도하다 **in case of** ~의 경우에 **emergency** 비상 (상황) **manage** 간신히 ~을 해내다 **charity group** 자선 단체 **offer** 제안하다 **refugee** 피난민 **financial** 재정적인, 금융의 **apply for** ~에 지원하다 **pretend** ~인 척하다 **recognize** 알아보다 **landlord** 건물 주인 **refuse** 거부하다, 거절하다 **tenant** 세입자, 임차인 **smoke** 담배를 피우다 **seek to** ~하려 노력하다 **seem** ~인 것 같다 **purchase** 구매하다 **vehicle** 차량 **teen** 십대의 **athlete** 운동선수 **academic background** 학력

1. Many parents wish _____ their children up with a better education background. To improve their children's academic achievement, some of them even make efforts to send their kids to a prestigious school, whether or not it's an hour's drive away.

   (a) to set
   (b) having set
   (c) setting
   (d) to have set

2. Most professional lawyers are ethical and have high reputations and credibility. They strive _____ those principles through professional training. Otherwise, gossip will quickly spread in their industry once they start making mistakes outside of the court.

   (a) maintaining
   (b) to maintain
   (c) to have maintained
   (d) having been maintained

3. Gatto Valley has been facing problems these days. The unemployment rate has reached over 11%, and businesses throughout the city find it hard to recruit locally because ambitious residents tend _____ the town.

   (a) having left
   (b) to be leaving
   (c) to leave
   (d) leaving

4. Magic Eye Gallery is an exhibition at the GW Gallery that will feature nearly a hundred works of magic eye images from July 8 to August 7. It will turn out _____ everyone at the show, so come see this amazing art display! Tickets can be purchased either at the gallery or on the website.

   (a) to be astounded
   (b) astounding
   (c) having astounded
   (d) to astound

5. Arkansas had banned the state lottery under the state constitution of 1974, but the amendment has recently passed. However, conservative groups and religious groups are opposing this new measure, and they vow _____ a protest.

   (a) having held
   (b) to hold
   (c) holding
   (d) to have held

6. Psychologist Walter Mischel conducted an experiment called "the marshmallow test." A marshmallow was placed in front of a child, and the child was given one more marshmallow as a reward if he or she managed _____ the marshmallow for 15 minutes.

   (a) to resist
   (b) to be resisting
   (c) having resisted
   (d) resisting

★ 정답 및 해설 p.20

기출 포인트

의미 동사의 성질과 기능을 가진 상태로 목적어의 보어 역할을 한다.

해석 ~하도록 / ~하는 것

특징 to부정사를 목적격보어로 취하는 동사 위주로 출제된다.

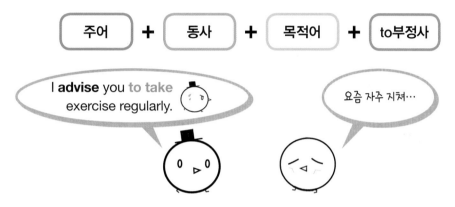

주어 + **동사** + **목적어** + **to부정사**

I **advise** you **to take** exercise regularly.

요즘 자주 지쳐…

to부정사를 목적격보어로 취하는 동사

I **advise** you **to take** exercise regularly.
나는 네가 규칙적으로 운동하기를 조언한다.

 **출제 포인트**　**to부정사를 목적격보어로 취하는 동사**

*빈출

advise 조언하다 *allow 가능하게 하다 *ask 요청하다 cause 초래하다 enable 할 수 있게 하다
*encourage 권장하다 enable 가능하게 하다 entitle 자격을 부여하다 expect 기대하다 force
강요하다 help 돕다 instruct 지시하다 invite 권하다 permit 허용하다 persuade 설득하다 qualify
권한을 주다 remind 상기시키다 require 요구하다 tell 말하다 urge 권고하다 want 원하다

Kenny **asked** me **to wait** for the test result.
케니는 나에게 시험 결과를 기다리라고 요청했다.

Laura **encouraged** her classmates **to listen** to a webinar on her laptop.
로라는 반 친구들에게 온라인 세미나를 노트북으로 듣도록 권장했다.

1. to부정사를 목적격보어로 취하는 동사의 수동태 『be p.p. + to V』

> be convinced (persuaded) to ~하라고 설득당하다
>
> be allowed to ~하도록 허용되다　　be supposed to ~하기로 되어 있다
>
> be intended to ~하도록 의도되다　　be expected to ~하기로 기대되다
>
> be required to ~하도록 요구받다　　be taught to ~하는 것을 배우다
>
> be designed to ~하도록 설계되다　　be forced to 어쩔 수 없이 ~하다
>
> be scheduled to ~하기로 예정되어 있다　　be told to ~하라는 말을 듣다
>
> be entitled to ~하는 자격을 부여받다

※ be caught -ing를 제외하고 be p.p. 뒤에는 주로 to V를 정답으로 고르면 된다.

I **was asked to** wait for the test result by Kenny.
나는 케니에 의해 시험 결과를 기다리도록 요청받았다.

Laura's classmates **are encouraged to** listen to a webinar on her laptop by her.
로라의 반 친구들은 그녀에 의해 온라인 세미나를 노트북으로 듣도록 권장받는다.

2. to부정사를 관용적으로 사용하는 표현을 뜻과 함께 암기한다.
　　※ 대부분 'be 형용사 to V' 형태임을 참고한다.

> be good/important to ~하는 것이 좋다/중요하다
>
> be(make) sure to 반드시 ~(확인)하다　　be liable to ~하기 쉽다
>
> be able/unable to ~할 수 있다/없다　　be likely to ~할 것 같다
>
> be about to 막 ~하려고 하는 참이다　　be obliged to ~할 수밖에 없다
>
> be advisable to ~하는 것을 권할 만하다　　be pleased(willing) to 기꺼이 ~하다
>
> be available to ~할 시간이 있다　　be prepared to ~할 준비가 되다
>
> be delighted to ~하게 되어 기쁘다　　be proud to ~을 자랑스럽게 여기다
>
> be eager to 열성적으로 ~하다　　be ready to ~할 준비가 되다
>
> be easy/difficult to ~하기 쉽다/어렵다　　be reluctant to ~하기를 꺼리다
>
> be eligible to ~할 자격이 있다　　be set to ~하기로 준비되어 있다
>
> be(feel) free to 마음껏 ~하다　　have to ~해야 한다
>
> be hesitant to ~하는 것을 망설이다　　used to ~하곤 했다

Make sure to close all the windows if you are inside during a typhoon.
여러분이 태풍이 불 때 실내에 있다면, 모든 창문을 반드시 닫아라.

The government **is likely to** take action on climate change.
정부가 기후 변화에 대해 조치를 취할 것 같다.

STEP 1 선택지 유형 확인

Lovefind Software has its head office in Seoul with an R&D lab and software development team in Suwon. The company is currently developing a dating application. The apps enable users _____ with their best partners using an AI data categorizing system.

(a) to match
(b) matched
(c) to be matching
(d) having matched

선택지가 동사 match의 준동사 형태로 구성되어 있기 때문에 동사의 형태(Form)에 관한 문제이며, 알맞은 준동사를 고르는 유형임을 파악하기

STEP 2 빈칸 문장에서 단서 찾기

Lovefind Software has its head office in Seoul with an R&D lab and software development team in Suwon. The company is currently developing a dating application. The apps **enable** users _____ with their best partners using an AI data categorizing system.

빈칸이 포함된 문장에 enable은 목적어 다음 목적격보어 자리에 to부정사를 사용하는 동사임

STEP 3 정답 고르기

(a) to match
(b) matched
(c) to be matching
(d) having matched

따라서 to부정사의 단순 형태인 (a)를 정답으로 고르기

★고난이도

1. Milo advised Maeve (seeing / to see) a vet for her sick cat.

2. The Ministry of Environment urges citizens (recycling / to recycle) bottles and paper.

3. Kai asked Aurelia (hang/ to hang) out with him on the weekends.

4. New Zealand doesn't permit vendors (selling / to sell) alcohol without a liquor license.

5. Using excessive steroids caused many bodybuilders (facing / to face) sudden death.

6. The teacher wants the students (finishing / to finish) the assignment by this week.

7. Social media has allowed us (communicating / to communicate) more conveniently than ever before.

8. Oscar tried to persuade his parents (getting / to get) a puppy, but he failed.

★
9. Seminar attendees are required (participating / to participate) in two separate sessions.

★
10. People are not allowed to smoke in bars in Ireland, or they will have (paying / to pay) fines.

★ 정답 및 해설 p.22

 어휘

advise 조언하다 vet 수의사 Ministry of Environment 환경부 urge (강력히) 권고하다 citizen 시민 recycle 재활용하다 hang out (놀러) 나가다 permit 허락하다 vendor 노점상 alcohol 술 liquor 술, 주류 license 허가증, 면허증 excessive 과도한 face 직면하다 sudden 갑작스러운 death 죽음 assignment 과제 allow 허용하다 communicate (의사)소통하다 conveniently 편리하게 persuade 설득하다 attendee 참석자 require 필요로 하다 participate 참여하다 separate 별도의 pay a fine 벌금을 내다

1. Protein is an essential part of a healthy lifestyle and a key to weight loss. It can help you _____ full longer and will prevent cravings for food. However, extra protein intake may lead to elevated blood lipids and heart disease.

   (a) to be staying
   (b) staying
   (c) having stayed
   (d) to stay

2. The World Association of Zoos and Aquariums(WAZA) has been accused of being complicit in the dolphin hunts in Japan. If this proves to be true, the Geneva civil court may force WAZA _____ its code of ethics and condemn the cruel hunts.

   (a) to enforce
   (b) enforcing
   (c) to be enforcing
   (d) having enforced

3. Whitireia Technical Institute (WTI) will be providing welding, electrical engineering, and computer repair lectures via its website from next semester. To spread the word, WTI is encouraging any students _____ them with a free 30-day trial this month.

   (a) trying
   (b) to try
   (c) to have tried
   (d) having tried

4. Tax deduction problems can arise when people provide only partial support for nieces and nephews. For example, Leo was supporting his sister's three children, and he believed that he was entitled _____ a deduction for that. However, he did not qualify for it because the children did not live with him.

   (a) taking
   (b) to have taken
   (c) having taken
   (d) to take

5. The number of unqualified teachers in public schools has been increasing lately. Teachers in training need support from mentors who are qualified _____ the job and able to devote their time to it. After all, teaching should be guided and led by trained professionals.

   (a) having done
   (b) doing
   (c) to do
   (d) to have done

6. In 2019, a star athlete contracted to play a game against national soccer team, but he decided to stay on the subs' bench instead. He was also supposed _____ a fan meeting after the game, but he left the country right after the game.

   (a) attending
   (b) to have attended
   (c) to attend
   (d) having attended

★ 정답 및 해설 p.22

(1) 주어

It is impossible **to submit** a marketing proposal by tomorrow.

← **To submit** a marketing proposal by tomorrow is impossible.

내일까지 마케팅 제안서를 제출하는 것은 불가능하다.

※ 주어 역할을 할 때, 주로 가주어 it을 사용하고 to부정사(구)는 문장 뒤에 온다.

(2) 목적어

Sonia wants **to travel** abroad next year.

소냐는 내년에 해외 여행을 가고 싶어한다.

※ 단, 전치사의 목적어 자리에는 to부정사는 쓰지 않고 동명사만 가능하다.

Susan was given the task **of finding** the perfect location for the Darvely Museum.

수잔은 다블리 박물관이 위치할 완벽한 장소를 찾는 업무를 받았다.

(3) 보어

This announcement is **to inform** you that we are officially in partnership with T Entertainment.

이 발표는 우리가 공식적으로 T 엔터테인먼트와 제휴를 맺었다는 것을 당신에게 알려주기 위한 것이다.

The purpose of this training is **to help** employees to learn company regulations.

이 교육의 목적은 직원 여러분이 회사 규정을 알도록 돕는 것이다.

▶ **형용사 자리: be + to부정사**

to부정사를 be동사 다음에 사용하면 다양한 의미를 나타낼 수 있다.

a. ~할 예정이다

The construction **is to begin** on April 1st.

그 공사는 4월 1일에 시작할 예정이다.

b. ~해야 한다

The total amount of the bill **is to be paid** by the end of this month.

청구서의 총액은 이번 달 말까지 지불되어야 한다.

c. ~할 수 있다

No employee **is to be found** to sign the contract on such terms and conditions.

그러한 조건에 계약을 할 직원은 찾을 수 없다.

 **기출 포인트**

의미 동사의 성질과 기능을 가진 상태로 형용사의 역할을 한다.

해석 ~할 수 있는 / ~해야 할

특징 명사나 대명사 바로 뒤에서 수식한다.

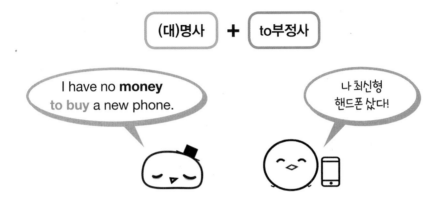

(대)명사 **+** to부정사

I have no **money** to buy a new phone.

나 최신형 핸드폰 샀다!

to부정사의 수식을 받는 명사

I have no **money** to buy a new phone.

나는 새로운 전화기를 살 돈이 없다..

 **출제 포인트** **to부정사의 형용사 용법에 자주 출제되는 명사**

ability 능력 advice 조언 appeal 매력 attempt 시도 authority 권한 chance/opportunity 기회 claim 주장 decision 결정 desire 열망 dream 꿈 effort 노력 failure 실패 goal 목표 means 수단 motivation 동기 need 필요 permission 허가 place 장소 plan 계획 preparation 준비 proposal 제안 recommendation 권고 refusal 거절 reminder 상기 request 요청 requirement 필요 right 권리 step 단계 suggestion 제안 tendency 경향 time 시간 way 길 wish 소망

Kenny has **a goal** to pass the test this year.

케니는 올해 그 시험에 합격할 통과할 목표가 있다.

Laura doesn't have enough **time** to listen to a webinar on her laptop.

로라는 온라인 세미나를 노트북으로 들을 수 있는 충분한 시간이 없다.

STEP 1 선택지 유형 확인

Citizens who have the ability _____ with nature and enjoy being outside are invited to the National Hiking Society. People of all ages can join our organization by registering on our website and giving support to maintain the trails so that everyone can enjoy the outdoors.

(a) connecting
(b) to have connected
(c) to connect
(d) having connected

선택지가 동사 connect의 준동사 형태로 구성되어 있기 때문에 동사의 형태(Form)에 관한 문제이며, 알맞은 준동사를 고르는 유형임을 파악하기

STEP 2 빈칸 문장에서 단서 찾기

Citizens who have **the ability** _____ with nature and enjoy being outside are invited to the National Hiking Society. People of all ages can join our organization by registering on our website and giving support to maintain the trails so that everyone can enjoy the outdoors.

빈칸이 있는 문장이 완벽한 문장이고 빈칸 앞에 명사가 있으므로 문맥상 명사를 꾸며 주는 형용사 용법으로 쓰인 to부정사가 들어가야 함

STEP 3 정답 고르기

(a) connecting
(b) to have connected
(c) to connect
(d) having connected

따라서 to부정사의 단순 형태인 (c)를 정답으로 고르기

1. Bonny has the authority (choosing / to choose) the raw material supplier.

2. The airlines reserve the right (refusing / to refuse) boarding of violent passengers.

3. All staff members make an effort (responding / to respond) to customers' inquiries within 24 hours.

4. The police didn't have enough time (negotiating / to negotiate) with the terrorists.

5. Here are seven ways (keeping / to keep) you from developing high blood pressure.

6. The interviewee may ask if you have something (drinking / to drink) before they start.

7. The museum serves as an opportunity (enjoying / to enjoy) the essence of Korean relics.

8. Emily needed permission (entering / to enter) the classified area.

9. The city has made a decision (opening / to open) a playground for dogs next to the children's park.

10. A café is a good place (relaxing / to relax) and chat with your colleagues.

★ 정답 및 해설 p.23

 어휘

authority 권한 raw material 원자재, 원료 supplier 공급업체 airline 항공사 reserve the right ~할 권리가 있다 refuse 거부하다 boarding 탑승 violent 난폭한 passenger 승객 make an effort 노력하다 respond to ~에 응답하다 customer 고객, 소비자 inquiry 문의, 질문 within ~이내에 negotiate 협상하다 keep A from B A를 B로부터 보호하다 develop 발생하다. (질병에) 걸리다 high blood pressure 고혈압 interviewee 인터뷰 받는 대상 serve as ~의 역할을 하다 opportunity 기회 essence 정수, 본질 relic 유물, 유적 permission 허가, 승인 classified 기밀의 area 구역 make a decision 결정하다 playground 놀이터 relax 쉬다 chat 이야기를 나누다, 채팅하다 colleague 동료

04 to부정사: 부사적 용법

✍ 기출 포인트

의미 ▶ 동사의 성질과 기능을 가진 상태로 부사의 역할을 한다.

해석 ▶ ~하기 위해서 / ~해서

특징 ▶ 완벽한 문장에서 동사, 형용사, 문장 전체를 수식하는 부사로 해석이 된다.

I came here to discuss the issue.
나는 그 문제를 의논하기 위해 여기에 왔다.

✍ 출제 포인트　　**to부정사의 부사적 용법**

목적: ~하기 위해 (=in order/so as + to부정사 ➡ in order/so as는 보통 생략한다)

Kenny studied very hard **to pass** the test.
케니는 시험에 합격하기 위해 매우 열심히 공부했다.

이유: ~해서 (앞에 주로 감정을 나타내는 표현과 함께 나온다)

Laura felt fortunate **to listen** to a webinar on her laptop.
로라는 온라인 세미나를 노트북으로 들어서 운이 좋다고 느꼈다.

정도: ~하기에 (앞에 주로 형용사나 부사가 나온다)

The questions are difficult **to solve** in an hour.
그 질문들은 한 시간 안에 풀기에는 어렵다.

STEP 1 선택지 유형 확인

Winter conditions can put extra stress on our bodies, so we need a steady supply of the essential nutrients. Vitamin D plays a key role in metabolism, and we need exposure to the sunlight for our bodies _____ it.

(a) producing
(b) to be producing
(c) to produce
(d) having produced

선택지가 동사 produce의 준동사 형태로 구성되어 있기 때문에 동사의 형태(Form)에 관한 문제이며, 알맞은 준동사를 고르는 유형임을 파악하기

STEP 2 빈칸 문장에서 단서 찾기

Winter conditions can put extra stress on our bodies, so we need a steady supply of the essential nutrients. Vitamin D plays a key role in metabolism, and **we need exposure to the sunlight for our bodies** _____ it.

빈칸이 포함된 문장에서 빈칸 앞에 완전한 문장이 나왔으므로 문맥상 빈칸 자리에는 to부정사의 부사적 용법이 들어가야 함

STEP 3 정답 고르기

(a) producing
(b) to be producing
(c) to produce
(d) having produced

따라서 to부정사의 단순 형태인 (c)를 정답으로 고르기

★고난이도

1. Please send us a deposit of $50 by Friday (securing / to secure) your reservation.

2. We are glad (providing / to provide) you with a replacement at no cost.

3. In order (placing / to place) an advertisement on our website, send your submission to classiads@worldbusiness.com.

4. We offer a variety of workshops (accommodating / to accommodate) a wide range of schedules.

5. Simply log on to your account (updating / to update) your contact information.

6. All financial contributions will be used (aiding / to aid) the people in need.

7. We are truly sorry (disappointing / to disappoint) you, but the conference room you requested is already booked.

8. This brand-new couch is very comfortable (sitting / to sit) on.

9. Benjamin was very frustrated (hearing / to hear) the news that his girlfriend will leave next month to study abroad.

10. Sophia finds it hard (believing / to believe) that she was deceived by her coworker.

★ 정답 및 해설 p.24

 어휘

deposit 보증금 secure 확보하다, 얻어내다 reservation 예약 replacement 대체품, 대용품 at no cost 무료로, 비용 없이 place an advertisement 광고를 내다 submission 제출 서류 offer 제공하다 a variety of 다양한 workshop 워크숍 accommodate (의견을) 수용하다 a wide range of 광범위한 simply 그저, 간단히 log on 접속하다 account 계정 contact 연락(처) financial 재정의, 금융의 contribution 기부(금), 기여 aid 돕다 in need 도움이 필요한, 어려운 truly 진심으로, 정말로 disappoint 실망시키다 conference room 회의실 request 요청하다 book 예약하다 brand-new 신상의 frustrate 좌절시키다 abroad 해외로 deceive 속이다 coworker 동료

1. Many people feared meeting new people and felt anxious to go out during the pandemic. However, isolation is not the ideal way _____ the pandemic as it may influence your social life and, in the worst case, provoke sociophobia.

   (a) to overcome
   (b) overcoming
   (c) having overcome
   (d) being overcome

2. When selecting a health insurance plan, you need to make sure the medications you are currently taking are covered by the insurance. And compare their costs across different plans because there will be perfect plans _____ save you money.

   (a) to being helped
   (b) to help
   (c) having helped
   (d) helping

3. After receiving many complaints from upset customers about the new advertisement, the board made a decision _____ a study to assess the situation. They will release the findings tomorrow and hold a press conference to share them with the public.

   (a) being carried out
   (b) having carried out
   (c) to carry out
   (d) carrying out

4. If you see the members of the Veterans Association distributing special ribbons, share them with your friends, family, and colleagues. All donations received will be used _____ war veterans, deceased military soldiers, and their families with medical and financial needs.

   (a) supporting
   (b) to have supported
   (c) having supported
   (d) to support

5. The California Avocado Commission has officially observed June as California Avocado Month for the past 10 years. The commission is excited _____ celebrating this wonderful event. In this year's event, famous chefs will be invited to create delicious recipes featuring our avocados.

   (a) to continue
   (b) having continued
   (c) to have continued
   (d) continuing

6. Attention all shoppers! The east gate will be undergoing renovations _____ high levels of comfort for our customers until May 14. While the renovations are underway, please use the building's south gate.

   (a) to maintain
   (b) to have maintained
   (c) maintaining
   (d) having maintained

★ 정답 및 해설 p.25

DAY 06 조동사

조동사란?
동사에 가능, 추측, 허가, 의무, 충고 등의
의미를 갖도록 도와주는 말이다.

빈칸 앞뒤 문장을 해석하여 적절한 단어의 뜻을 골라야 하는 유형
(Meaning)이다. 대표적인 조동사에는 can/could, will/would, may/
might, should와 must가 있으며, G-TELP 문법에서 **총 두 문제가 출제
된다.** 빈출 조동사의 개념과 사용법을 암기하고 문맥을 파악하여 가장 적
절한 조동사를 골라야 정답을 맞힐 수 있는 난이도가 높은 유형이다.

조동사

용법	예문
can/could	Tom **can** drive a car very well. 톰은 차를 매우 잘 운전할 수 있다. Tom said that he **could** drive a car very well. 톰은 차를 매우 잘 운전할 수 있다고 말했다.
will/would	According to the weather forecast, it **will** snow today. 일기 예보에 따르면, 오늘 눈이 올 예정이다. I thought that it **would** rain yesterday. 나는 어제 비가 올 줄 알았다.
may/might	You **may** use my laptop. 너는 내 노트북을 사용해도 된다. He told me that he **might** use my laptop. 그는 나에게 내 노트북을 사용할지도 모른다고 말했다.
should	You **should** wash your hands before having a meal. 너는 식사를 하기 전에 손을 씻어야 한다.
must	You **must** stop at the red light. 빨간 신호등에서 멈춰서야 한다.

01 can/could

의미 문맥에 따라 능력, 가능성, 허가/부탁 등을 나타낸다.

해석 ~할 수 있다(능력), ~일 수 있다(가능성), ~해도 좋다(허가/부탁)

특징 능력과 가능성의 뜻 위주로 출제된다.

형태 can의 과거형은 could이며, 부정형은 뒤에 각각 not을 붙인다.

I can speak 3 languages.

몇 개 국어를 할 수 있어?

(1) ~할 수 있다 (능력)

Hummingbirds **can** fly not only forward, but also backward, sideways, and straight up.

벌새는 앞으로만 아니라 뒤로, 옆으로, 위로도 날 수 있다.

(2) ~일 수 있다 (가능성)

The software updates **can** be found in the download section of our website.

소프트웨어 업데이트는 우리 웹사이트의 다운로드 섹션에서 찾을 수 있다.

※ can 〉 could 〉 may 〉 might 순으로 높은 가능성을 나타낸다.

(3) ~해도 좋다 (허가/부탁)

You **can** bring one of your friends to get a discount at the event.

당신은 행사에서 할인을 받기 위해 친구 중 한 명을 데려와도 좋다.

(4) could의 쓰임

① 과거 시점에서 능력 또는 가능성을 표현한다.

I **could** play the violin when I was young. 내가 어렸을 때 나는 바이올린을 켤 수 있었다.

② 현재나 미래의 낮은 능력 또는 가능성을 표현한다.

I **could** do it now, if you like. 너가 원한다면, 내가 지금 그것을 할 수 있어.

 **기출 포인트**

의미 ▶ 문맥에 따라 불확실한 추측과 가능성, 허가/부탁 등을 나타낸다.

해석 ▶ ~일지도 모른다(불확실한 추측과 가능성), ~해도 좋다(허가/부탁)

특징 ▶ 불확실한 추측과 가능성이 주로 출제된다.

형태 ▶ may의 과거형이 might이며, 부정형은 뒤에 각각 not을 붙인다.

> I don't know.
> He **may** speak more than
> 3 languages.

> 루이스는 몇 개
> 국어를 할까?

(1) ~일지도 모른다, ~일 수도 있다 (불확실한 추측과 가능성)

I don't know what time Violet finishes school. She **may** be in class now.

나는 바이올렛이 언제 학교가 끝나는지 모르겠다. 그녀는 지금 수업 중일 지도 모른다.

※ might 〈 may 〈 could 〈 would 〈 can 〈 will 순으로 높은 가능성을 나타낸다.

(2) ~해도 좋다 (허가/부탁)

※ might 〉 may 〉 could 〉 would 〉 can 〉 will 순으로 공손한 태도로 허가나 부탁을 드러난다.

You **may** borrow up to three books from the library at a time.

당신은 도서관에서 한 번에 3권까지 책을 빌릴 수 있다.

(3) might의 쓰임

① 과거 시점에서 불확실한 추측이나 가능성을 표현한다.

Tom said that he **might** use the car tonight.

톰은 오늘 밤 차를 사용할 수도 있다고 말했다.

② 현재 또는 미래의 현저히 낮은 가능성을 표현한다.

It **might** snow on Christmas.

크리스마스에 눈이 올지도 몰라.

03 will/would

✏️ 기출 포인트

의미 ▶ 문맥에 따라 단순 미래와 예정, 의지, 습관적/규칙적 동작 등을 나타낸다.

해석 ▶ ~할 예정이다/~일 것이다(단순 미래와 예정), ~할 것이다(의지), 으레 ~하다/종종 ~하다(습관적/규칙적 동작)

특징 ▶ 미래에 대한 예정이 주로 출제가 되며, 고난이도 유형으로 would가 습관적/규칙적 동작을 나타내는 문제로 출제된 적이 있다.

형태 ▶ will의 과거형이 would이며, 부정형은 뒤에 각각 not을 붙인다.

(1) ~할 예정이다/~일 것이다 (단순 미래와 예정)

According to the weather forecast, it **will** rain tomorrow.

일기 예보에 따르면, 내일 비가 올 예정이다.

(2) ~할 것이다 (의지)

We **will** do our best to pass the exam. 우리는 시험에 통과하기 위해 최선을 다할 것이다.

(3) 으레 ~하다, 흔히/종종 ~하다 (습관적/규칙적 동작)

Korean police **will** often/normally/usually go on patrol in the middle of the night.

한국 경찰은 자주/대개/보통 한밤중에 순찰을 나간다.

(4) would의 쓰임

① 과거 시점에서 미래를 표현한다.

Ken believed that he **would** become a doctor when he was young.

켄은 어렸을 때 그가 의사가 될 수 있을 것이라고 믿었다.

② 과거의 습관(~하곤 했다)을 나타내기도 한다.

Tom **would**(=used to) go for a walk whenever he felt lonely.

톰은 외롭다고 느낄 때마다 산책을 나가곤 했다.

04 should

기출 포인트

의미 문맥에 따라 의무와 당연, 충고/제안 등을 나타낸다.

해석 ~해야 한다(의무), ~일 것이다(당연), ~하는 것이 좋겠다(충고/제안)

특징 shall은 should의 현재형이나 정답으로 출제되지 않는다.

should의 의미는 골고루 출제된다.

형태 shall의 과거형이 should이며, 부정형은 뒤에 각각 not을 붙인다.

(1) ~해야 한다 (의무)

You **should** not jaywalk even though there are no cars on the road.

도로에 차가 없더라도 너는 무단횡단을 하지 않아야 한다.

※ must보다 강제성 없이 도덕적이고 주관적인 의무를 나타낸다.

(2) ~일 것이다 (당연)

The story is written by a noted writer, so it **should** be true.

그 이야기는 한 유명한 작가에 의해 쓰여진 것이기 때문에, 그것은 진실일 것이다.

※ must보다 덜 확신하는 상태이며, 당연하다는 뜻을 내포한다.

(3) ~하는 것이 좋겠다 (충고/제안)

You **should** take a scarf as it is snowing outside.

밖에 눈이 오고 있으니 목도리를 챙겨 가는 것이 좋겠다.

※ must보다 약한 충고나 제안을 나타낸다.

05 must

> **의미** 문맥에 따라 강한 의무/필수와 강한 추측 등을 나타낸다.
>
> **해석** ~해야 한다(강한 의무/필수), ~임에 틀림없다(강한 추측)
>
> **특징** must의 의미는 골고루 출제된다.
>
> **형태** must는 과거형이 없으며, 부정형은 뒤에 not을 붙인다.

(1) ~해야 한다 (강한 의무/필수)

You **must** not drive your car after drinking alcohol.

술을 마신 후에 차를 운전해서는 안 된다.

※ should보다 강제성이 더 부여된다.

(2) ~임에 틀림없다 (강한 추측)

It **must** be cold today because I can see the snow outside.

오늘 반드시 추울 것이다. 왜냐하면 밖에 눈을 볼 수 있기 때문이다.

※ must 〉 will 〉 would 〉 should 〉 may 〉 might 순으로 강한 확신을 나타낼 때 사용한다.

조동사의 관용적 표현

1. can/could

(1) can(not) afford to+동사원형 (~할 여유가 있다/없다)

I **can afford to** buy a new phone.
나는 새로운 폰을 살 돈이 있다.

(2) could have p.p. (~할 수도 있었다): 과거에 대한 가능성 또는 사실과의 반대를 뜻한다.

Laura **could have missed** the webinar because her laptop was broken.
로라는 노트북이 고장 나서 온라인 세미나를 놓쳤을 수도 있었다.

2. may/might

(1) so that + 주어 + may + 동사원형 (~하기 위해서)

I study English hard so that I **may** become an English teacher.
나는 영어선생님이 되기 위해 영어를 열심히 공부한다.

(2) may/might have p.p.(~이었을지도 모른다): 과거에 대한 주관적인 추측을 표현한다.

Laura **may have missed** the webinar because her laptop was broken.
로라는 노트북이 고장 났기 때문에 온라인 세미나를 놓쳤을지도 모른다.

3. will/would

(1) would have p.p.(~했을 것이다): 과거에 대한 상상 또는 추정을 표현한다.

Laura **would have finished** listening to the webinar when I called her.
로라는 내가 전화했을 때 온라인 세미나를 듣는 것을 마쳤을 것이다.

(2) would like to+동사원형(~하고 싶다): 구체적인 소망을 표현한다.

I **would like to invite** you to Gen Art Gallery.
나는 당신을 젠아트 갤러리에 초대하고 싶다.

4. should/must

(1) should have p.p.(~했어야 했다): 과거에 대한 아쉬움을 표현한다.

Laura **should have taken** her laptop to a service center earlier because it is too late to fix it.
로라는 노트북을 고치기에 너무 늦었기 때문에 더 일찍 서비스 센터에 그것을 가져갔어야 했다.

(2) must have p.p.(~했음에 틀림없다): 확신 있는 과거에 대한 추정을 표현한다.

Laura **must have fixed** her laptop given that she is listening to a webinar now.
로라는 지금 온라인 세미나를 듣고 있는 걸 보니 노트북을 고쳤음에 틀림없다.

STEP 1 선택지 유형 확인

The overseas sales of LG's new bendable 3D display products surged by more than 200% in the first quarter of 2022. LG display products _____ now be seen in Times Square Plaza in New York, football stadiums in the U.K., and ice hockey arenas in Canada.

(a) must
(b) would
(c) can
(d) may

선택지가 다양한 조동사로 구성되어 있기 때문에 문맥에 일치하는 단어의 의미(Meaning)에 관한 문제이며 알맞은 조동사를 고르는 유형임을 확인하기

STEP 2 빈칸 문장에서 단서 찾기

The overseas sales of LG's new bendable 3D display products surged by more than 200% in the first quarter of 2022. LG display products _____ now be seen in Times Square Plaza in New York, football stadiums in the U.K., and ice hockey arenas in Canada.

전체적인 문맥을 보았을 때, LG 디스플레이 제품들을 뉴욕 타임스퀘어, 영국 축구 경기장, 캐나다 아이스 하키 아레나에서 볼 수 있을 것이라는 의미가 오는 것이 가장 적절함

STEP 3 정답 고르기

(a) must
(b) would
(c) can
(d) may

따라서 가능성을 나타내는 조동사인 (c) can을 정답으로 고르기

1. We waited a few more hours so that we (could / should) buy the special edition of the newest smartwatch from the store.

2. A good educator (should / might) be able to explain a difficult concept in an easy way.

3. If we don't find the cure now, another type of disease (must / can) occur in the future again.

4. The last employee leaving the office (might / must) turn off the lights.

5. Emma has an appointment with a client tomorrow morning, and she (can / will) take interns with her.

6. The government (would / should) impose stiffer penalties for driving under the influence.

7. Forest fires (should / may) be caused by either dry weather or cigarettes.

8. Judging from his uniform, he (must / shall) be an employee of our company.

9. Yesterday, Benjamin told his kids that he (would / will) take them to an amusement park.

10. The recent merger of the two companies seemed like it (might / can) be great news for them, but it wasn't.

 어휘

so that ~하도록 special edition 특별판 educator 교육자 explain 설명하다 concept 개념, 생각 cure 치료제, 치료법 disease 질병
occur 발생하다 employee 직원 turn off (불을) 끄다 appointment 약속, 예약 client 고객, 의뢰인 impose 가하다, 부과하다 stiff 엄격한
penalty 처벌, 형벌 driving under the influence 음주운전 forest fire 산불 cause 야기하다, 초래하다 judging from ~로 미루어 보아
amusement park 놀이공원 recent 최근의 merger 합병 seem like ~인 것처럼 보이다

11. The director of our department told everyone that they (might / can) have to do overtime today.

12. We regret that we (couldn't / wouldn't) help you for the last few days due to the ongoing renovation in our office.

13. These days most people (can / will) hardly find foods that do not contain MSG.

14. In order to survive in a desert, people (must / could) find shade to avoid direct sunlight.

15. People (should / could) refrain from clicking on random links in their emails since they may contain malicious programs.

16. People who have sleep deprivation (may / must) have potential problems with depression and a weakened immune system.

17. Historians assume that the staffs (should / might) have been used widely for weapons or religious purposes in the past.

18. Some scientists cautiously think that the newly discovered planet (could / must) have life forms on its surface.

19. All South Koreans (will / should) be one year or two younger, following an official change to the country's age-counting system.

20. Not only was William always at his computer after he came home from school, but he also (could / would) disappear into his computer room again as soon as he had dinner with his family.

★정답 및 해설 p.26

 어휘

director 관리자, 책임자 do overtime 초과근무를 하다 regret ~을 유감스럽게 생각하다 due to ~때문에 ongoing 진행 중인 renovation 보수, 개조 hardly 거의 ~않는 contain ~이 들어 있다 in order to ~하기 위해서 survive 살아남다 desert 사막 shade 그늘 avoid 피하다 direct sunlight 직사광선 refrain from ~를 삼가다 random 무작위의 malicious 악의적인 deprivation 부족, 결핍 potential 잠재적인 depression 우울증 weakened 약해진 immune system 면역 체계 historian 역사학자 assume 추정하다 staff 지팡이 widely 폭넓게 weapon 무기 religious 종교적인 purpose 목적 cautiously 조심스럽게 newly 새롭게 discover 발견하다 planet 행성 life form 생명체 surface 표면 following ~에 따라 official 공식적인 not only A but also B A뿐 아니라 B도 disappear 사라지다 as soon as ~하자마자

1. An engagement ring indicates that the person wearing it is engaged to be married. In western culture, many wearers _____ often wear it on the fourth finger on the left hand because they believe this finger has a vein directly connected to the heart.

   (a) should
   (b) can
   (c) will
   (d) must

2. Whether you want to get rid of your winter and spring clothes in your closet or get ready for that summer break season, you _____ find everything you need at our Factory Store! Supplies are limited, so visit us now or check our website at www. FactoryStore.com.

   (a) can
   (b) may
   (c) should
   (d) would

3. Interestingly, chocolate scored the largest gap of any food item between anxiety and happiness on the emotional scale before and after eating it. We _____ assume that chocolate not only brings its consumers joy but also reduces nervousness.

   (a) may
   (b) shall
   (c) would
   (d) will

4. With the cost of tuition rising annually, City Bank has launched a student savings plan for parents. This new plan will allow parents to deposit money into an account that grows tax-free. However, all proceeds _____ be used for education purposes only.

   (a) could
   (b) might
   (c) would
   (d) must

5. Studies have shown that a 60-year-old needs at least three times more ambient light than a 20-year-old. Poor eyesight _____ possibly lead them to hazards like tripping over. To maintain vision, medical officials recommend looking about 20 feet in front of you for 20 seconds every 20 minutes.

   (a) should
   (b) will
   (c) must
   (d) could

6. If you hit your head in a car accident, whether it is minor or not, you _____ always get a medical checkup from a doctor. Only medical experts can distinguish possible head trauma and other serious injuries.

   (a) will
   (b) should
   (c) could
   (d) may

★ 정답 및 해설 p.27

should 생략이란?

주장 · 요구 · 제안 · 권고를 할 때 that절에
should를 생략하는 것!

빈칸에 적절한 동사의 형태를 골라야 하는 유형(Form)이다.
should 생략을 이끄는 표현으로는 당위성 동사와 이성적 판단을 뜻하는
형용사가 출제되며, 이 표현의 명사형도 드물게 출제된다.
G-TELP 문법의 최근 경향을 분석했을 때, **should 생략 유형은 두 문제로
고정 출제되고 있다.** 이 유형은 **동사원형이 정답**으로 출제된다.

should 생략

당위성/이성적 표현	예문
동사	Mike **suggests** that the company (should) hire more employees. 마이크는 회사가 더 많은 직원을 고용해야 한다고 제안한다.
형용사	It is **essential** that every employee (should) wear protective clothing. 모든 직원들이 방호복을 입어야 하는 것은 필수적이다.
명사	My **recommendation** is that you (should) be modest when learning something. 나의 조언은 당신이 무엇을 배울 때 겸손해야 한다는 것이다.

01 should 생략을 이끄는 동사

기출 포인트

의미 당위성(주장 제안 명령 요청)을 의미하는 동사 다음 that절에는 should가 생략된다.

해석 ~할 것을 [주장 요구 제안 권고]한다

특징 앞에 당위성 동사가 나오면, 동사원형이 정답으로 출제된다.

주어 + 당위성 동사 + that 주어 + (should) + 동사원형

I **suggest** that you (should) **try** this food.

내 강아지가 요즘 잘 안 먹어…

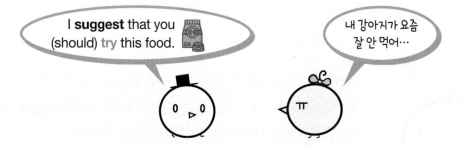

should 생략을 이끄는 동사

I **suggest** that you (should) **try** this food.
나는 네가 이 음식을 시도해 볼 것을 제안한다.

출제 포인트 should 생략을 이끄는 동사

*빈출

*advise 조언하다 advocate 지지하다 agree 합의하다 ask 부탁하다 beg 간청하다 claim 주장하다
command 명령하다 demand 요구하다 direct 지시하다 impose 규정하다 *insist 주장하다
instruct 지시하다 intend 의도하다 move 제안하다 order 명령하다 prefer (가급적) ~하기를 바라다
prescribe 규정하다 propose 제안하다 *recommend 권고하다 request 요청하다 require
요구하다 stipulate 규정하다 stress 강조하다 *suggest 제안하다 urge 촉구하다 warn 경고하다

Kevin advises that I (should) **study** harder for the test.
케빈은 내가 그 시험을 위해 더 열심히 공부하라고 조언한다.

Patrick instructed that Laura (should) **listen** to the webinar on her laptop.
패트릭은 로라가 그 온라인 세미나를 그녀의 노트북으로 들으라고 지시했다.

STEP 1 선택지 유형 확인

Grace couldn't attend a fashion event, so she asked me to fill in for her. She insisted that I _____ a good rapport with brand executives and top designers for the collaboration of the Seoul Fashion Festival later this year.

(a) will establish
(b) established
(c) am establishing
(d) establish

선택지가 동사 establish의 다양한 형태로 구성되어 있기 때문에 동사의 형태(Form)를 묻는 문제임을 파악하기

STEP 2 빈칸 문장에서 단서 찾기

Grace couldn't attend a fashion event, so she asked me to fill in for her. She **insisted** that I _____ a good rapport with brand executives and top designers for the collaboration of the Seoul Fashion Festival later this year.

빈칸이 포함된 문장에 '당위성 동사(insist) + that절'이 나오므로 빈칸에는 should가 생략된 동사원형이 들어감

STEP 3 정답 고르기

(a) will establish
(b) established
(c) am establishing
(d) establish

따라서 동사원형인 (d)를 정답으로 고르기

★고난이도

1. The civic group urged that the government (make / made) an extra budget for the lower-income class.

2. Some groups advocate that we (are giving up / give up) using metal tools and return to a primitive lifestyle.

3. It was agreed that the management (postponed / postpone) the deadline until next week.

4. We ask that you (will join / join) us in rediscovering the value of classical literature.

5. If any of you care about the starving children and their future, I beg that you (had picked up / pick up) that pamphlet.

6. The angry customers insisted that the shop (has provided / provide) a refund for the damaged merchandise.

7. The chief editor commanded that the headline of this month's issue (is fixed / be fixed) at once.

8. The contract imposes that no information (be leaked / has been leaking) from any filming crew.

9. The boss directed that his son (succeed / will be succeeding) his CEO position.

★
10. It was Diana's desire that she (be buried / has buried) next to her husband.

 어휘

civic group 시민 단체 urge 촉구하다 extra budget 추가 예산 lower-income class 저소득층 advocate 지지하다 give up 그만두다, 포기하다 metal tool 금속 도구 return 돌아가다 primitive 원시의 management 경영진, 관리자 postpone 연기하다 join 함께하다 rediscover 재발견하다 value 가치 classical literature 고전 문학 care about ~에 관심을 가지다 starve 굶주리다 beg 간청하다 pick up 집어들다 insist 주장하다 provide 제공하다 refund 환불 damaged 손상된 merchandise 상품 chief editor 편집장 command 명령하다 issue (잡지 등의) 호 fix 수정하다 at once 즉시 contract 계약(서) impose 규정하다 leak 유출, 누설 crew 팀, 무리 direct 지시하다 succeed 승계하다 desire 바람,희망 be buried 묻히다

11. The guideline instructs that all text (not express / has not expressed) religious or sexual bias.

12. Albert Einstein never intended that nuclear weapons (be used / had been using) for war.

13. The Korea Communications Commission moved that R-rated movies (be banned / were banned) during the daytime for children.

14. The city has ordered that dangerous dog breeds (wear / will wear) muzzles.

15. Lily prefers that her daughter (has been putting on / put on) a warmer coat since it is cold outside.

16. The regulation prescribes that a visitor (submit /submits) their car key along with the parking permit to the valet parking agent.

17. I propose that we (will attempt / attempt) to find a way to minimize plastic usage.

18. We kindly request that you (not flush / will not be flushing) the toilet when it is clogged.

19. The agent stressed that the contents of the contract (be classified / has been classified).

20. One of the stipulations is that the exam (cover / covers) only topics already addressed in class.

★ 정답 및 해설 p.29

 어휘

guideline 지침 instruct 지시하다 express 나타내다. 표현하다 religious 종교적인 sexual 성적인 bias 편향. 편견 intend 의도하다 nuclear weapon 핵무기 Korea Communications Commission 한국 방송통신위원회 move 제안하다 rated R 19금의 ban 금지하다 daytime 낮 시간 order 명령하다 breed 품종 muzzle 입마개 prefer (가급적) ~하기를 바라다 put on 입다 regulation 규정 prescribe 규정하다 submit 제출하다 parking permit 주차 허가증 valet parking agent 대리 주차인 propose 제안하다 attempt 시도하다 minimize 최소화하다 usage 사용 kindly 부디. 제발 flush (변기의) 물을 내리다 toilet 변기 clogged 막힌 agent 대리인 stress 강조하다 content 내용 contract 계약서 classified 기밀의 stipulation 규정. 조항 cover 포함하다 address 다루다

1. Some employees have complained that they don't have enough break time during lunch. Therefore, they have demanded that the managers _____ with the executive board about providing more flexible lunch hours in order to boost employee productivity.

    (a) negotiate
    (b) will negotiate
    (c) was negotiating
    (d) to negotiate

2. Many people are criticizing those who go abroad to leave military duties behind. They insist that the government _____ the lawbreakers to balance the rights and obligations of citizens with dual citizenships.

    (a) regulated
    (b) regulate
    (c) is regulating
    (d) has regulated

3. If a teenager goes through puberty at a serious level, it is recommended that families _____ help from professionals or counseling institutions rather than trying to solve their problems on their own.

    (a) are looking for
    (b) to look for
    (c) look for
    (d) have looked for

4. Increased indoor activity due to social distancing poses a high risk of obesity. In order to avoid it, experts suggest that people _____ periodically for at least 1 hour a day and eat more vegetables.

    (a) will walk
    (b) are walking
    (c) have walked
    (d) walk

5. The company's utility bills of this year were higher than those of the previous year. Therefore, the board of directors required that every branch _____ reports about why the cost has increased.

    (a) provide
    (b) provides
    (c) provided
    (d) will provide

6. Busan International Rock Festival is one of Korea's longest operating and most dynamic festivals. For further information about this year's lineup of artists and features, we advise that you _____ our website now.

    (a) will visit
    (b) visit
    (c) visited
    (d) are visiting

★ 정답 및 해설 p.30

 **should 생략을 이끄는 형용사**

 **기출 포인트**

의미 이성적 판단(중요 필수 의무)을 뜻하는 형용사 뒤 that절에는 should가 생략된다.

해석 ~해야 하는 것을 [중요 필수 의무]로 한다

특징 앞에 이성적 판단 형용사가 나오면, 동사원형이 정답으로 출제된다.

| It is | + | 이성적 판단 형용사 | + | that 주어 | + | (should) + 동사원형 |

It is best that you (should) try this food.

내 강아지가 요즘 잘 안 먹어…

should 생략을 이끄는 형용사 •

It is **best** that you (should) **try** this food.

네가 이 음식을 시도해 보는 것이 가장 좋다.

출제 포인트 **should 생략을 이끄는 형용사**

*빈출

advisable 바람직한, *best 가장 좋은, compulsory 의무의, critical 중요한, *crucial 매우 중요한, customary 관례의, desirable 바람직한, *essential 필수의, fair 공평한, imperative 반드시 해야 하는, *important 중요한, mandatory/obligatory 의무의, necessary 필요한, urgent 시급한, *vital 필수적인

It is **essential** that you (should) **study** harder for the test.

네가 시험을 위해 더 열심히 공부해야 하는 것이 필수적이다.

It is **mandatory** that Laura (should) **listen** to the webinar on her laptop.

로라가 온라인 세미나를 노트북으로 들어야 하는 것이 의무적이다.

STEP 1 선택지 유형 확인

Taking exams is stressful and frustrating. To pass exams, students put all their efforts into studying for many years. It is best that a student _____ all of the main summaries they have studied and memorized before taking the exams.

(a) reviews
(b) reviewed
(c) will review
(d) review

선택지가 동사 review의 다양한 형태로 구성되어 있기 때문에 동사의 형태(Form)를 묻는 문제임을 파악하기

STEP 2 빈칸 문장에서 단서 찾기

Taking exams is stressful and frustrating. To pass exams, students put all their efforts into studying for many years. It is **best** that a student _____ all of the main summaries they have studied and memorized before taking the exams.

빈칸이 포함된 문장에 best that(~인 것이 최고다)라는 '이성적 판단 형용사 + that절'이 있으므로 빈칸에는 should가 생략된 동사원형이 들어감

STEP 3 정답 고르기

(a) reviews
(b) reviewed
(c) will review
(d) review

따라서 동사원형인 (d)를 정답으로 고르기

1. It is advisable that you (groomed / groom) yourself before the interview.

2. In Korea, the government has made it compulsory that all electric scooter users (will be wearing / wear) safety helmets.

3. It is critical that one (checks / check) that fact before sharing sensitive information.

4. In western culture, it was customary that the bride and groom (had been touching / touch) the priest's and parents' feet after the ceremony.

5. It is not desirable that the government (lets / let) brutal criminals go back to society.

6. It is imperative that our start-up company (overcome / overcomes) the financial crisis.

7. It is obligatory that male citizens between the ages of 18 and 35 (join / are joining) the military in Korea.

8. It is urgent that the authorities (had made / make) university student loans available at a lower interest rate.

9. It is necessary that a working environment for senior citizens (will be establishing / be established) due to the rapidly aging society.

10. It is vital that business hotels (are providing / provide) various language services to foreign business people and entrepreneurs.

★ 정답 및 해설 p.31

 어휘

advisable 바람직한 groom oneself 단장하다 compulsory 의무적인 electric 전기의 safety helmet 안전모 critical 중요한 check 확인하다 share 공유하다 sensitive 민감한 customary 관례의 bride 신부 groom 신랑 priest 사제 ceremony 예식 desirable 바람직한 brutal 흉악한 criminal 범죄자 imperative 반드시 해야 하는 start-up company 스타트업, 신생 기업 overcome 극복하다 financial 재정의 crisis 위기 obligatory 의무적인 male 남성의 citizen 시민 join military 군대에 가다 urgent 시급한, 긴급한 the authorities 당국 loan 대출 available 이용 가능한 interest rate 금리, 이자율 necessary 필요한 working environment 근로 환경 senior citizen 노인 establish 형성하다, 설립하다 due to ~ 때문에 rapidly 빠르게 aging 노령화되고 있는 vital 필수적인 various 다양한 entrepreneur 사업가

1. Swimmers work out to maximize their speed, muscle strength, endurance, and breathing capacity. A typical workout includes weight training, jumping rope, and climbing a mountain. It is very important that a swimmer _____ regularly to be in supreme health condition.

   (a) trains
   (b) to train
   (c) train
   (d) will train

2. I would like to let everyone know that we will be updating our e-mail program. As of tomorrow, you will not be able to access our current e-mail system. Therefore, it is crucial that you _____ any important messages stored in your mailbox by tonight.

   (a) back up
   (b) are backing up
   (c) were backed up
   (d) will back up

3. The actors on the stage can see more of you than you expect. Therefore, it's probably best that you _____ doing something to distract them, such as waving your hands or trying to communicate with them when they are performing.

   (a) have avoided
   (b) avoided
   (c) will avoid
   (d) avoid

4. Many companies hire foreign workers to bring individuals with diverse knowledge and techniques to the organization. Before recruiting people from other places, it is essential that the companies _____ to understand their cultures to accommodate them.

   (a) learn
   (b) are learning
   (c) have learned
   (d) learned

5. The Great Barrier Reef is the world's largest coral reef ecosystem in Australia. A recent study noted that a quarter of the coral on the Great Barrier Reef is dead because of pollution and excessive tourism. It is mandatory that everyone _____ about this matter.

   (a) have been informed
   (b) be informed
   (c) will be informed
   (d) were informed

6. According to South Korea's Ministry of Strategy and Finance, the total amount of accumulated unpaid taxes comes close to 100 trillion won in 2022. It is fair that every citizen _____ their share of taxes, with no avoidance.

   (a) pay
   (b) pays
   (c) will pay
   (d) paid

★ 정답 및 해설 p.31

연결어

연결어란?
단어나 구, 절을 이어주는 말

빈칸 앞뒤 문장을 해석하여 적절한 단어의 뜻을 골라야 하는 유형 (Meaning)이다. 대표적인 연결어에는 **전치사, 접속사, 접속부사**가 있으며, G-TELP 문법에서 **총 두 문제가 출제된다.**
빈출 연결어의 개념을 암기하고 단어와 문장 간의 논리나 문맥을 파악하여 가장 적절한 연결어를 골라야 풀 수 있는 난이도가 높은 유형이다.

연결어	
종류	**예문**
전치사	I must go out despite the rainy weather. 비가 오는 날씨에도 불구하고 나는 나가야 한다.
접속사	Although it is raining outside, I must go out. 밖에 비가 오고 있음에도 나는 외출해야 한다.
접속부사	It is raining outside. However, I must go out. 비가 내리고 있다. 하지만 나는 나가야 한다.

01 전치사

✍ 기출 포인트

의미 ▶ 목적어(명사/대명사/동명사) 앞에 위치하여 시간, 장소, 이유 등 다양한 의미를 나타낸다.

특징 ▶ 문장에서 명사(구)와 절을 연결하여 문맥상 가장 적절한 전치사를 고르는 문제가 출제된다.

✍ 출제 포인트　　**빈출 전치사(구)**

이유	due to / because of / owing to / on account of	~때문에
양보	in spite of / despite	~에도 불구하고
제외	except for / excluding / apart from / aside from / but for / other than	~를 제외하고, 이외에도
	regardless of	~와 상관없이
추가	besides / in addition to / apart from / plus	~외에도, ~뿐만 아니라
	including	~를 포함하여
조건	in case of / in the event of	~인 경우에는
	considering	~를 고려하면
대체	in place of / instead of	~ 대신에
결과	as a result of	~의 결과로
주제	about / regarding / as to / as for	~에 관하여, 관한
	speaking of	~에 대해 말하자면
동반 / 소지	with / along with	~를 가지고 / ~와 함께
예시	such as / just as	~와 같은
	like / unlike	~와 같이 / ~와는 달리
비교	rather than	차라리 ~ 보다
기타	depending on	~에 따라
	during	~동안

Kenny wants to enjoy this moment **regardless of** the test result.

시험 결과에 상관없이 케니는 이 순간을 즐기고 싶다.

Laura is listening to a webinar on her laptop **unlike** her classmates.

로라는 반 친구들과 달리 온라인 세미나를 노트북으로 듣고 있다.

STEP 1 선택지 유형 확인

SJ Group, the world's leading manufacturing conglomerate, will host an annual technology fair for people all around the world to participate in. Many companies will be showcasing the latest technology in digital health, food, automotive, NFTs, gaming, and so on _____ this year's event.

(a) during
(b) depending on
(c) except for
(d) because of

선택지가 다양한 전치사로 구성되어 있기 때문에 문맥에 일치하는 단어의 의미(Meaning)에 관한 문제이므로 알맞은 연결어를 고르는 유형임을 파악하기

STEP 2 빈칸 문장에서 단서 찾기

SJ Group, the world's leading manufacturing conglomerate, will host an annual technology fair for people all around the world to participate in. Many companies will be showcasing the latest technology in digital health, food, automotive, NFTs, gaming, and so on _____ this year's event.

전체적인 문맥을 보았을 때, '많은 회사들이 올해 행사 동안 최신 기술들을 선보일 것'이라는 내용이 오는 것이 가장 적절함

STEP 3 정답 고르기

(a) during
(b) depending on
(c) except for
(d) because of

따라서 '~동안'이란 뜻의 전치사 (a)를 정답으로 고르기

1. Immigrants may find it hard to secure access to health care and career opportunities (as for / depending on) the country where they live.

2. Oreurak Café has been voted the best café in the town (as to / due to) its excellent food.

3. Please contact technical support for any problems (regarding / in addition to) your software program.

4. (In place of / Considering) selecting outside applicants, the CEO has appointed his daughter to the vice president position.

5. Please send the proof of purchase (along with / in case of) the defective item.

6. All sales representatives will receive bonuses (except for / in addition to) commission for this quarter.

7. (Because of / Rather than) the financial crisis last year, the company's profits have plummeted by 50%.

8. All personnel department staff attended the session (in the event of / except for) Camila and Daniel.

9. (Speaking of / Besides) reptiles, alligators are basically the same creatures they were 100 million years ago.

10. Everyone is aware of the name of Santa Claus (aside from / regardless of) the nation.

★ 정답 및 해설 p.33

어휘

secure 확보하다 access to ~에 대한 권리 health care 의료 서비스 career 직업 opportunity 기회 depending on ~에 따라 be voted ~로 선출되다 as to ~에 관해서 contact 연락하다 technical support 기술 지원 regarding ~에 관하여 in addition to ~에 더하여 in place of ~ 대신에 considering ~를 고려하여 applicant 지원자 appoint A to B A를 B에 임명하다 vice president 부회장 proof of purchase 구매 영수증 in case of ~인 경우에 defective 결함 있는 sales representative 영업 사원 except for ~를 제외하고 commission 수수료 quarter 분기 rather than 차라리 ~보다 financial crisis 금융 위기 profit 이익 plumet 급락하다 personnel 인사과 session 회의 in the event of ~인 경우에 speaking of ~에 대해 말하자면 besides ~ 이외에 reptile 파충류 alligator 악어 basically 기본적으로 creature 생물 million 백만 be aware of ~을 알고 있다 aside from ~을 제외하고 regardless of ~와 상관없이

1. Not all renowned soccer players get high salaries. Some of them can be kicked out during the season, and many of them do not extend their contracts after the end of the season. _____ a few star players, the average soccer player salary is around $60,000 per year.

   (a) Other than
   (b) Rather than
   (c) Along with
   (d) Including

2. Julian needed to stay awake late to study for the final exam, so he made himself a cup of coffee at night. However, _____ waking up, he felt even sleepier. It was the next day when he found out that he drank hot chocolate, not coffee.

   (a) in addition to
   (b) during
   (c) aside from
   (d) rather than

3. Kia will be showcasing its redesigned model of its longest vehicle line the Sportage, at the Los Angeles Auto Show. The updated Sportage will offer an eco-friendly appearance with an improvement in fuel efficiency over previous models, _____ its larger size.

   (a) instead of
   (b) because of
   (c) despite
   (d) in case of

4. My grandparents take a walk every day after lunch. They have been doing it for a long time to keep themselves healthy. That may be the reason they still stay fit and look young _____ their age.

   (a) besides
   (b) due to
   (c) except for
   (d) in spite of

5. Submit this form at the front desk _____ a copy of your photo identification to receive a two-year membership card. Also, please note that you are not allowed to take any hard copies of materials from the center.

   (a) along with
   (b) in place of
   (c) speaking of
   (d) regarding

6. The printer on our floor is broken due to a paper jam. _____ turning the power off and removing the paper, somebody tried to remove the paper while the printer was on. We are going to put a sign on it to prevent this from happening again.

   (a) In the event of
   (b) Instead of
   (c) In addition to
   (d) On account of

★ 정답 및 해설 p.33

(1) 전치사는 목적어(명사/대명사/동명사) 앞에 놓여 다른 품사와의 관계를 나타내는 말이다.

I like jogging **with** my cute little **dog**.
나는 조깅하는 것을 좋아한다 + [~와 함께 + 나의 귀여운 작은 개]
= 나는 나의 귀여운 작은 개와 함께 조깅하는 것을 좋아한다.

I am thinking **of jogging** now.
나는 지금 조깅을 할까 생각 중이다.

전치사가 궁금하면
여기를 참고해!

(2) 전치사구는 형용사와 부사 역할을 한다.

① [전치사 + 명사] ➡ 형용사 (명사 수식)

The book **on the desk** is mine. 책상 위에 있는 책은 내 것이다.

② [전치사 + 명사] ➡ 부사 (시간)

I exercise **in the morning**. 나는 아침에 운동한다.

③ [전치사 + 명사] ➡ 부사 (장소)

Sally is **at school**. 샐리는 학교에 있다.

▶ 단순 전치사

시간	at/in/on, within/after/before, since/from, for/during/through, by/until
재료 · 방법	of, from, into, with
교통수단	by, in, on
단위 · 가격	by, at, for, worth
목적	for, after, on
수단 · 도구	by, via, through, with
주제	about, of, on, over
장소 · 위치 · 방향	at/in/on, on/beneath, over/under, above/below, to/for/toward, up/down, behind/in front of, after/before, near/by/beside/next to, round/around/about, between/among
찬성 · 반대	for, against

02 접속사

기출 포인트

의미 ▷ 단어와 단어, 구와 구, 절과 절을 이어주는 품사

특징 ▷ 주절과 종속절의 관계를 이어주는 가장 논리적인 적절한 접속사를 고르는 문제가 출제된다.

출제 포인트 **빈출 접속사(구)**

시간	when / as ~할 때 while ~하는 동안에 until ~할 때까지 before ~하기 전에 after ~한 후에	since ~한 이후로 as soon as ~하자마자 once 일단 ~하면 / ~하자마자 by the time ~할 때(쯤)
조건	if ~라면 once 일단 ~하면 in case (that) ~인 경우에 대비하여 given that ~을 고려해서	unless ~가 아니라면 as long as ~하기만 한다면 in the event (that) ~인 경우에
이유	because / as / since ~하기 때문에	now that ~이므로
양보	though / although / even though ~에도 불구하고 even if ~일지라도	
대조	whereas / while ~인 반면에, ~지만	
목적	so that / in order that S V ~할 수 있도록	
결과	so 형용사/부사 that S V 매우 ~해서 ~하다	
기타	except that ~을 제외하고 insofar as / so far as ~하는 한(에서는) whenever (anytime) 언제든지 however 얼마든지/어떻게든지	as if 마치 ~인 것처럼 whether (or not) ~이든 (아니든) wherever 어디서든지

Kenny has turned on the computer **so that** he can check the test result.
케니는 시험 결과를 확인하기 위해 컴퓨터를 켰다.

Laura listens to webinars on her laptop **while** her classmates don't.
반 친구들은 그렇지 않은 반면 로라는 온라인 세미나를 노트북으로 듣는다.

STEP 1 선택지 유형 확인

When our company has a painting job, we prefer using Daynlife products _____ they're local and reliable. Also, they are easy to sand and provide a rustic appearance, and withstand the weather in all seasons, especially in a hot and humid climate area.

(a) because
(b) until
(c) although
(d) whether

선택지가 다양한 접속사로 구성되어 있기 때문에 이 문제는 문맥에 일치하는 단어의 의미(Meaning)에 관한 문제이므로 알맞은 연결어를 고르는 유형임을 파악하기

STEP 2 빈칸 문장에서 단서 찾기

When our company has a painting job, we prefer using Daynlife products _____ they're local and reliable. Also, they are easy to sand and provide a rustic appearance, and withstand the weather in all seasons, especially in a hot and humid climate area.

전체적인 문맥을 보았을 때, '우리 회사가 데이앤라이프 제품을 사용하는 이유는 그것이 지역 상품이고 믿을 만하기 때문이다'라는 내용이 오는 것이 가장 적절함

STEP 3 정답 고르기

(a) because
(b) until
(c) although
(d) whether

따라서 '~때문에'란 뜻의 접속사 (a)를 정답으로 고르기

1. (While / If) Kenji was recovering from the injury, he luckily got a part-time job at a local gym.

2. You won't have to worry about English for a long time (because / once) you pass the exam.

3. (When / Since) you replace your computer, always follow all safety instructions.

4. (Unless / If) our supplier lowers the raw material price, we should raise the price of our products.

5. James has been appointed director (so that / as soon as) he can contribute to a new project.

6. (Whereas / Now that) William appreciated the promotion opportunity, he chose to take another job.

7. Noah has been hired as a special attorney (given that / after) he can help the poor.

8. Zoey went to work (although / because) she was sick.

9. (If / Whether) visitors do not possess a valid pass, they can present a form of photo identification.

10. (Since / So that) spring is the peak season for home appliances, we are optimistic about the sales increase.

★ 정답 및 해설 p.34

 어휘

recover from ~에서 회복하다 injury 부상 gym 체육관 replace 교체하다 safety instruction 안전 지침 unless ~하지 않다면 supplier 공급자 raw material 원자재 raise 높이다 be appointed ~로 임명되다 director 책임자 contribute to ~에 공헌하다 whereas ~인 반면 now that ~이므로 appreciate ~에 감사하다 promotion 승진 opportunity 기회 hire 고용하다 attorney 변호사 given that ~을 고려해서 the poor 가난한 사람들 possess 소유하다 valid 유효한 pass 출입증 present 보여주다 identification 신분증 peak season 성수기 home appliance 가전 제품 optimistic 낙관적인 sales increase 매출 증가

1. Baby milestones are the significant developmental stages that a baby passes through. The first year of a baby's life is full of milestones, from giggles to wobbly steps. _____ you may not see it, remarkable moments are happening inside your baby.

   (a) Whenever
   (b) Unless
   (c) Although
   (d) Because

2. According to the Federal Trade Commission, reported romance scams prevailing on online dating sites and social media increased by nearly 70 percent last year. COVID-19 made the perfect environment _____ people couldn't meet in person during the pandemic.

   (a) even though
   (b) as
   (c) anytime
   (d) so that

3. Data analytics makes your life easier, safer, and more convenient _____ you go on a trip. They reduce your travel time, manage traffic congestion, and create safer and more accessible ways to drive your own vehicle or use public transportation.

   (a) when
   (b) because
   (c) although
   (d) until

4. Research from Home Instead confirms that seniors don't necessarily have to own a pet to experience companionship. _____ interaction with animals has been shown to improve mental and physical well-being, the seniors could still feel lonely among them.

   (a) While
   (b) Hence
   (c) After
   (d) Unless

5. A drawing app should be fun and allow children to express their creativity. Creative Kids has an archive of kid-appropriate GIFs, frames, stickers, masks, and drawing tools that let them decorate photos and videos. Also, you can access your saved projects on any device you have _____ you are.

   (a) although
   (b) so that
   (c) because
   (d) wherever

6. Many sales representatives use smart sales tools now. _____ you use a format that is visually appealing to present a product or service, it will be a great way to not only attract your clients' attention but also for potential customers to remember you.

   (a) If
   (b) While
   (c) Even though
   (d) Unless

★ 정답 및 해설 p.35

▶ 접속사란 단어, 구, 절을 이어주는 품사이다

(1) **등위접속사는 대등한 관계를 이어준다** (and, but, or, so, for, yet, nor)

He reviewed my proposal **and** (he) agreed to discuss it at the meeting.

그는 내 제안서를 검토했고, 그것을 회의에서 논의하는 것에 동의했다

The new model is costly **but** energy efficient. 새로운 모델은 비싸지만 에너지 효율이 높다.

Mr. Brown **or** Mr. Robinson is responsible for it. 브라운 씨나 로빈슨 씨가 그것을 책임져야 한다.

Isabella worked hard, **so** she was promoted to manager last week.

이자벨라는 열심히 일해서, 지난 주에 관리자로 승진했다.

Lucas was selected as the employee of the month, **for** he worked hard.

루카스는 이달의 직원으로 선정되었다. 왜냐하면 열심히 일했기 때문이다.

(2) **종속접속사는 주절에 종속절을 이어준다**

I heard **that** he had already reviewed my proposal. (명사절 접속사)

나는 그가 내 제안서를 이미 검토했다고 들었다.

Because Isabella worked so hard, she could be promoted to manager. (부사절 접속사)

이자벨라는 매우 열심히 일했기 때문에, 관리자로 승진할 수 있었다.

(3) **상관 접속사는 대등한 관계를 이어주면서 짝을 이룬다**

both A and B A와 B 둘다	**Both** Jack **and** Sally help Jim with the final quarterly reports. 잭과 샐리 둘 다 짐의 마지막 분기 보고서 작성을 돕는다.
either A or B A나 B 둘 중 하나	Successful candidates will be based in **either** New York **or** Boston. 최종 합격자들은 뉴욕이나 보스턴 둘 중 한 곳으로 발령이 날 것이다.
neither A nor B A와 B 둘 다 아닌	**Neither** the manager **nor** the staff has access to the information. 관리자나 직원들 모두 그 정보를 열람할 수 없다.
not A but B **= B, but not A** A가 아니라 B	**Not** you **but** David is responsible for the presentation. 당신이 아니라 데이비드에게 그 발표에 대한 책임이 있다.
not only A but also B **= B as well as A** A뿐만 아니라 B도	**Not only** you **but also** Michael is responsible for the presentation. = Michael **as well as** you is responsible for the presentation. 당신뿐 아니라 마이클도 그 발표에 책임이 있다.
A rather than B **B보다는 차라리 A**	Tim prefers working at night **rather than** in the morning. 팀은 아침보다는 밤에 작업하는 것을 선호한다.

 **기출 포인트**

의미 접속사와 같은 의미를 가지며, 앞에 나온 문장과의 관계를 나타내는 부사

특징 앞 문장과의 관계를 이어주는 가장 논리적인 적절한 부사를 고르는 문제가 출제된다.

출제 포인트 **빈출 접속부사**

대조 & 양보	however otherwise still contrarily/in contrast	그러나 그렇지 않으면 그렇기는 해도 그에 반해서	nevertheless/nonetheless regardless even so on the other hand on the contrary	그럼에도 불구하고 ~와는 관계없이 그렇다 하더라도 반면에 그와는 반대로, 대조적으로
결과	therefore/thus/hence eventually/after all	그러므로 결국에는	as a result accordingly consequently	결과적으로, 그 결과 그에 따라서 그 결과
부가 & 설명	in addition, additionally moreover/besides/furthermore also overall	추가로 게다가, 더욱이 또한 전반적으로	indeed in fact naturally altogether	정말로, 확실히 사실상 당연히, 물론 전체적으로 보아, 요컨대
순서	previously formerly/latterly finally/at last/at length	이전에 이전에/나중에 마침내, 결국	thereafter afterward(s) (since) then	그 후에 나중에 그리고 나서
강조	particularly/in particular	특히	actually in the first place	실제로(는) 우선
가정	then	그러면	if so	만약 그렇다면
화제 전환	meanwhile/(in the) meantime at the same time	그 동안 동시에	that is (to say)/namely/ in other words	즉, 다시 말해서
대안	instead	대신에	alternatively	그 대신에
기타	in short/in brief in summary for example(instance) as requested	요컨대, 간단히 말해서 요약하자면 예를 들어 요청한 대로	rather likewise, similarly unfortunately until then presently	오히려 마찬가지로 유감스럽게도, 안타깝게도 그때까지만 해도 현재

Kenny studied very hard for the test. **As a result**, he got a very high score.
케니는 시험을 위해 매우 열심히 공부했다. 그 결과, 그는 매우 높은 점수를 받았다.

Laura listens to webinars on her laptop. **On the other hand**, Wendy attends the seminars on the spot.
로라는 노트북으로 온라인 세미나를 듣는다. 반면에 웬디는 현장에서 세미나에 참석한다.

STEP 1 선택지 유형 확인

This is to inform everyone that our building will be undergoing major construction work starting next week. Three new elevators will replace the current ones. _____, all the stairs will be renovated, and a new cooling system will be installed.

(a) Instead
(b) Therefore
(c) Consequently
(d) In addition

선택지가 다양한 접속부사로 구성되어 있기 때문에 문맥에 일치하는 단어의 의미(Meaning)에 관한 문제이므로 알맞은 연결어를 고르는 유형임을 파악하기

STEP 2 빈칸 문장에서 단서 찾기

This is to inform everyone that our building will be undergoing major construction work starting next week. Three new elevators will replace the current ones. _____, all the stairs will be renovated, and a new cooling system will be installed.

전체적인 문맥을 보았을 때, 건물이 다음 주에 수리가 진행될 예정이고, 엘리베이터가 교체되고 계단과 환기 시스템이 추가로 설치될 것이라는 내용이 가장 적절함

STEP 3 정답 고르기

(a) Instead
(b) Therefore
(c) Consequently
(d) In addition

따라서 '추가로'라는 뜻의 접속부사인 (d)를 정답으로 고르기

1. Owen got caught bullying his classmates at school many times. (Indeed / Consequently), the school board members decided to expel him.

2. Violet distributed the product flyers. (In the meantime / Otherwise), Mason was giving the demonstration to the audience.

3. In 2020, India was the fourth-largest auto market in Asia after Japan, China, and Korea. (Therefore / However), it surpassed Japan to become No. 3 in 2021.

4. The competition rate for entering the KATUSA program is around 10:1 this year. (Nevertheless / Moreover), Derek was able to get in.

5. The housekeepers need to clean the room at least two hours prior to the check-in time. (Hence / Otherwise), the front desk won't accept the guests.

6. The government has designated $25 million for legal aid services for domestic violence victims. (Likewise / Previously), it will budget $30 million for mental health services next year.

7. Studies showed that a glass of red wine decreases the risk of heart disease. (At length / Furthermore), they found that a compound in red wine can lower symptoms of depression.

8. You can check yourself briefly before going to a doctor for an examination. (For instance / Alternatively), you can find current symptoms online.

9. Smart apps using real-time data make it possible to figure out how to travel to a destination. (Similarly / Nevertheless), they can help drivers to avoid traffic jams and find a detour.

10. The benefits of pet ownership are comfort, unconditional love, and improved mood. (In fact / However), many pet owners agree they would be lonelier and less happy without their pets.

★ 정답 및 해설 p.36

 어휘

get caught ~ing ~하다 걸리다 bully 괴롭히다 indeed 사실 consequently 그 결과 expel 퇴학시키다 distribute 배포하다 flyer 전단지 in the meantime 그동안 otherwise 그렇지 않으면 give a demonstration 시연하다 surpass 넘어서다 competition rate 경쟁률 nevertheless 그럼에도 불구하고 moreover 게다가 housekeeper 호텔 청소부 prior to ~전에 hence 이런 이유로 designate 지정하다 legal aid 법적 지원 domestic violence 가정 폭력 victim 피해자 likewise 마찬가지로 previously 이전에는 budget 예산을 세우다 decrease 줄이다 heart disease 심장병 at length 마침내 furthermore 게다가 compound 화합물 lower 낮추다 symptom 증상 depression 우울 briefly 간단히 examination 검사 alternatively 그 대신에 current 최근의 real-time 실시간 figure out 알아내다 travel 이동하다 destination 목적지 similarly 마찬가지로 detour 우회로 ownership 소유 comfort 안정 unconditional 무조건적인

1. After thoroughly reviewing all your information, I am delighted to inform you that your application for a personal loan has been approved. _____, the amount of $50,000 will be deposited into your bank account by 1:00 p.m. next Wednesday.

   (a) Therefore
   (b) Otherwise
   (c) Similarly
   (d) Nevertheless

2. Note that all requests for reimbursement including travel, education, and accommodation must include the signatures of the respective department's manager. _____, you need to forward them to the finance department before the end of each month.

   (a) Overall
   (b) Instead
   (c) Then
   (d) Likewise

3. The company representative states that Hinata Industries will be able to expand to new markets in Asia, Europe, and Oceania. _____, he expects that Asia will emerge as a promising market for Hinata Industries' line of products.

   (a) Nevertheless
   (b) Rather
   (c) As requested
   (d) In particular

4. Your subscription to Hamilton Magazine will expire on August 31. Renew your subscription early for a reduced rate of $10 per month. _____, renewing now entitles you to reduced rates for other magazines produced by BM Publishing.

   (a) However
   (b) Additionally
   (c) Instead
   (d) Actually

5. This notice confirms that you have decided to cancel your telephone service, effective from January 15. _____, your final bill will include fees for the month before the date you moved out and will be sent to your new address.

   (a) Meanwhile
   (b) However
   (c) Accordingly
   (d) In fact

6. Thank you for contacting our customer service center. Under the terms of the warranty, we will be happy to provide you with a new replacement set free of charge. _____, you must first send us the original receipt with the defective item.

   (a) Besides
   (b) However
   (c) In fact
   (d) Likewise

★ 정답 및 해설 p.36

DAY 09 관계사

관계사란?
꾸밈을 받는 명사와 꾸며주는 형용사절을 이어주는 말!

빈칸에 적절한 문장의 형태를 골라야 하는 유형(Form)이다.

관계절에서 접속사의 역할을 하는 단어이며, 관계사를 포함한 관계절은 뒤에서 선행사를 수식한다.

관계사의 대표적인 종류에는 관계대명사와 관계부사가 있다.

G-TELP 문법에서 **관계사는 두 문제가 출제되며 주로 관계대명사**가 출제된다.

관계사

용법	예문
관계대명사	I have a friend **who** is a singer. 나는 가수인 친구가 한 명 있다. This is the book **which** I bought last week. 이것은 내가 지난 주에 샀던 책이다. She watched a movie **of which** the plot is amazing. 그녀는 줄거리가 대단한 영화를 봤다.
관계부사	That is the house **where** my parents live. 저 곳이 나의 부모님이 사는 집이야. Tomorrow is the day **when** my friend comes back from the trip. 내일은 내 친구가 여행으로부터 돌아오는 날이야. Can you tell me the reason **why** Jane left the office early? 제인이 일찍 사무실을 떠난 이유를 나에게 말해줄 수 있니? Teach me **how** you solved the question. 네가 그 문제를 푼 방법을 나에게 가르쳐 줘.

01 관계대명사

기출 포인트

의미 관계절에서 주어/목적어/보어의 역할을 대신하는 관계사.

해석 ~하는/~인

특징 관계대명사 뒤에는 주어나 목적어가 없는 불완전한 문장이 오며, 선행사와 격에 따라 종류가 나뉜다.

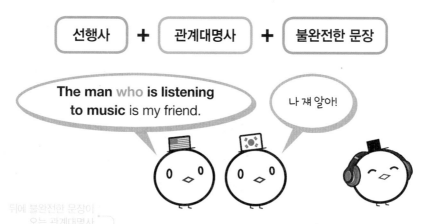

선행사 **+** 관계대명사 **+** 불완전한 문장

The man who **is listening to music** is my friend.

나 쟤 알아!

뒤에 불완전한 문장이
오는 관계대명사

The man who **is listening to music** is my friend.

선행사

음악을 듣고 있는 남자는 나의 친구야!

출제 포인트   관계대명사의 종류

선행사	주격	목적격
사람	who, that	whom(who), that
사물 또는 동물	which, that	which, that

• 관계대명사 뒤에는 불완전한 문장이 나온다.

The man who(that) **took the test last week** was Kenny. (took의 주어가 없음)

지난 주에 시험을 봤던 사람은 케니였다.

The test which(that) **Kenny took last week** was G-TELP. (look의 목적어가 없음)

케니가 봤던 시험은 지텔프였다.

 **기출 포인트**

의미 관계절에서 부사(시간·장소·이유·방법)의 역할을 하는 관계사

해석 ~하는/~인

특징 관계부사 뒤에는 완전한 문장이 오며, 선행사에 따라 관계부사의 종류가 나뉜다.

선행사 **＋** 관계부사 **＋** 완전한 문장

Today is **the day** when I buy chicken for everyone!

다이어트는 모레부터!

뒤에 완전한 문장이 오는 관계부사

Today is **the day** *when* **I buy chicken for everyone!**

선행사　오늘은 내가 너희를 위해 치킨을 사는 날이야.

출제 포인트　**관계부사의 종류**

선행사	관계부사	선행사	관계부사
the time/day/year(시간)	when	the reason(이유)	why
the place(장소)	where	the way(방법)	how ※ the way나 how 둘 중 하나만 사용함

• 선행사에 따라 관계부사가 다르며, 관계 부사 뒤에는 완전한 문장이 온다.

Tell me **the day** when **she will come back.** 그녀가 돌아올 날을 알려주세요.

That is **the company** where **my friend works.** 저 곳은 내 친구가 일하는 회사다.

I know **the reason** why **Luis is learning English.** 나는 루이스가 영어를 배우는 이유를 알고 있다.

This is how/the way **I solved the difficult problems.**

이것이 내가 어려운 문제들을 풀었던 방법이다.

※ how는 최근 몇 년간 출제되지 않았다.

1. 관계사 앞에 쉼표가 있다면 that은 사용할 수 없다.

   The lady, who ~~that~~ **is standing near the entrance**, waited for you for 30 minutes.

   입구 근처에 서 있는 여성은 당신을 30분 동안 기다렸다.

   The food, which ~~that~~ **we ordered**, is the signature dish of this bistro.

   우리가 주문했던 음식은 이 식당의 시그니처 요리이다.

2. 관계부사는 '전치사+관계대명사'로 바꿀 수 있다.

선행사	관계부사	전치사 + 관계대명사
시간(the time/day/year)	when	at, on, in, during + which
장소(the place)	where	at, on, in, to + which
이유(the reason)	why	for which
방법(the way)	how ※ the way나 how 둘 중 하나만 사용함	in which

   Tell me the day when **she will come back**.
   = Tell me the day which **she will come back** on.
   = Tell me the day on which **she will come back**.
   그녀가 돌아올 날을 저에게 알려주세요.

   That is the company where **my friend works**.
   = That is the company which **my friend works** at.
   = That is the company at which **my friend works**.
   저 곳은 내 친구가 일하는 회사다.

3. 소유격 관계대명사 뒤에는 명사로 시작하는 완전한 문장이 온다.

선행사	사람	사물 또는 동물
소유격	whose	whose, of which

   Employees whose **jobs involve sales** should dress professionally.
   영업과 관련된 직업을 가진 직원들은 프로처럼 옷을 입어야 한다.

   Maya watched a movie of which **the story was touching** with her fiancé.
   = Maya watched a movie whose **story was touching** with her fiancé.
   마야는 약혼자와 함께 이야기가 감동적이었던 영화를 봤다.

4. 관계사 what은 'the thing(s) + that'(선행사+관계대명사)의 축약형이다.

   ※ 따라서 선행사가 앞에 있으면 관계사 what은 사용할 수 없다. 참고로 what은 최근 몇 년간 출제되지 않았다.

   What surprised the critics was the movie's unexpected popularity.

   = **The thing that surprised the critics** was the movie's unexpected popularity.

   비평가를 놀라게 했던 것은 그 영화의 예기치 못한 인기였다.

   The instructions show **what the cabin crew should do** in case of an emergency landing.

   = The instructions show **the things that the cabin crew should do** in case of an emergency landing.

   그 지침들은 비상 착륙할 경우에 승무원들이 해야 하는 것들을 보여준다.

STEP 1 선택지 유형 확인

The former secretary general's parents, _____, in Nigeria came to America as immigrants. They had only twenty dollars in their pocket when they first came to America. His father would tell him every night about how hard it was to raise him with no money.

(a) that they were born and raised
(b) which were born and raised
(c) what were born and raised
(d) who were born and raised

선택지가 관계사를 포함한 문장의 다양한 형태로 구성되어 있기 때문에 문장의 형태(Form)에 관한 문제이며, 알맞은 관계사를 고르는 유형임을 파악하기

STEP 2 빈칸 문장에서 단서 찾기

The former secretary general's **parents**, _____, in Nigeria came to America as immigrants. They had only twenty dollars in their pocket when they first came to America. His father would tell him every night about how hard it was to raise him with no money.

빈칸 앞에 선행사로 사람(parents)이 나왔으므로 관계대명사 who/that으로 시작하는 문장이 나와야 하며, 관계대명사 뒤에는 불완전한 문장이 나와야 함

STEP 3 정답 고르기

(a) that they were born and raised
(b) which were born and raised
(c) what were born and raised
(d) who were born and raised

따라서 who가 포함된 불완전한 문장인 (d)를 정답으로 고르기

★고난이도

1. The chef (who is from Chile / which is from Chile) won the cooking contest this year.

2. The phone (whom I bought / which I bought) is sold out at the moment.

3. All employees will report to Eliana, (who will be coordinating the project / which will be coordinating the project).

4. A team of doctors developed a new device (who detects heart failure / that detects heart failure) quickly.

5. The employee (who is sitting at the information booth / whom is sitting at the information booth) will help you.

6. The product (whom I ordered / that I ordered) has not arrived yet.

7. The participants, (that the staff should guide / whom the staff should guide), are waiting in the lobby.

8. You can pick up the information packet (whom you requested / which you requested) for the seminar.

9. Lady Gaga was inspired by Freddie Mercury, (who achieved worldwide fame / whose achieved worldwide fame) as one of the greatest singers in the history of rock music.

10. The pianist (what last performance was very impressive / whose last performance was very impressive) is going to hold another concert soon.

 어휘

chef 요리사 contest 대회 be sold out 매진되다 at the moment 지금은 employee 직원 report to (책임자)에게 보고하다
coordinate 조정하다 develop 개발하다 device 장치 detect 발견하다 heart failure 심부전 participant 참가자 pick up ~
을 찾다 information packet 자료집 request 요청하다 inspire 영감을 주다 achieve 달성하다 worldwide 세계적인 fame 명성
performance 공연 impressive 인상 깊은 hold 열다, 개최하다

11. The administration will notify everyone of the exact date (when the staff evaluation begins / why the staff evaluation begins).

12. This is the town (how my mother used to live / where my mother used to live) when she was young.

13. No one knows the reason (why Riley and Nathan decided to break up / when Riley and Nathan decided to break up).

14. The thing that makes their business exceptional is (how they create the products efficiently / where they create the products efficiently).

15. Chloe has lived in the United States since 1999, (which she left South Korea / when she left South Korea).

16. The VIP seats, (which you can watch the musical closest / where you can watch the musical closest), are very costly.

17. The reason (which my cousin left the country / why my cousin left the country) is still unknown.

18. Everyone in the department was trying to figure out (what the new projector worked / the way the new projector worked).

★
19. The community center offers a facility (which residents can enjoy fitness programs in / where residents can enjoy fitness programs in).

★
20. The CEO came at noon (which the employees were absent / when the employees were absent).

★ 정답 및 해설 p.38

 어휘

administration 운영진, 행정부 notify A of B A에게 B를 알리다 exact 정확한 evaluation 평가 used to V ~하곤했다 break up 헤어지다 exceptional 특출한 efficiently 효율적으로 close 가까이 costly 비싼 cousin 사촌 unknown 알려지지 않은 department 부서 figure out ~을 알아내다 work 작동하다 community center 주민 센터 offer 제공하다 facility 편의 시설 resident 거주자 fitness program 운동 프로그램 employee 직원 absent (자리에) 없는

1. People will celebrate the National Trails Day again this year. Thousands of people are expected to walk on the trails _____. Thanks to our sponsor, participants will get a free vitamin drink after the event.

   (a) that will bring them together
   (b) which they will bring them together
   (c) who will bring them together
   (d) what will bring them together

2. The new substance is intended to work by preventing the buildup of glycoprotein in patients' brains. This may delay the progress of Alzheimer's disease for people _____.

   (a) what are in the early stages
   (b) whom are in the early stages
   (c) who are in the early stages
   (d) which are in the early stages

3. A recent study showed that Hispanics put more value on homeownership than any other races in the U.S. However, this tendency, _____, made many other people think that Hispanics can hamper their house purchasing in the States.

   (a) that most Hispanics have in common
   (b) what most Hispanics have in common
   (c) who most Hispanics have in common
   (d) which most Hispanics have in common

4. The Superhero movie _____ is one of the most preferred genres among children. It started to gain its popularity in the late 2000s, with movies such as *Blade*, *X-men*, and *Spider-Man* trilogy.

   (a) what focuses on action
   (b) that focuses on action
   (c) who focuses on action
   (d) which it focuses on action

5. When you apply for a loan from banks, many tend to focus on the document screening process. However, the result may differ depending on the teller _____ since the interpretation on the numbers can be subjective.

   (a) which you talk to
   (b) whose you talk to
   (c) where you talk to
   (d) whom you talk to

6. Samuel was born and raised in the wilderness of Quebec, _____ and traversed frozen grounds and lakes on the sled with seven Siberian huskies. His father, who spent 30 years as a musher, will retire soon, and Samuel will be taking over his role.

   (a) that he and his father crossed mountains
   (b) where he and his father crossed mountains
   (c) which he and his father crossed mountains
   (d) why he and his father crossed mountains

★ 정답 및 해설 p.39

관계절이 만들어지는 과정

▶ 관계사란 앞에 있는 명사(선행사)와 그 명사를 뒤에서 꾸며주는 문장 속에서 접속의 기능을 하면서, 품사의 기능을 하는 매우 특수한 말이다.

한글

음악을 듣고 있는 **남자**는 내 친구야!

영어

The man who is listening to music is my friend!

한글	[주절] 그 남자는 나의 친구이다. [관계절] 그 남자는 음악을 듣고 있다. 1. 한글의 관계절은 앞에서 뒤에 있는 명사를 수식한다. ➡ [그 남자는 음악을 듣고 있다] 그 남자는 나의 친구이다. 2. 관계절의 중복된 '그 남자'를 없애고, '듣고 있다'를 관계언(~는, ~인)으로 바꾼다. ➡ [그 남자는 음악을 듣고 있는] 그 남자는 나의 친구이다.
영어	[주절] The man is my friend. [관계절] The man is listening to music. 1. 영어의 관계절은 뒤에서 앞에 있는 명사를 수식한다. ➡ The man [the man is listening to music] is my friend. 2. 관계절의 중복된 'the man'을 관계사(who)로 바꾼다. ➡ The man [who is listening to music] is my friend.

※ 관계사/관계절의 개념은 문법 영역 뿐만 아니라 독해와 청취 영역에서의 원활한 해석을 위한 필수 문법이므로 반드시 숙지하는 것을 추천한다.

관계사 뜻과 역할이 궁금하면 여기를 참고해!

전략 맛보기

❶ 질문을 읽고 핵심 키워드를 요약 및 스키밍(skimming) 한다.

❷ 질문의 키워드와 그에 따른 정답의 시그널을 본문에서 찾는다.

– 지텔프는 주로 지문의 순서대로 문제가 출제된다. 따라서 첫 질문은 본문 초반에, 마지막 문제는 본문 후반부에서 정답을 찾을 수 있다.

– 정답은 본문 그대로 나오는 것이 아니라 패러프레이징 (paraphrasing)되어 나온다.

– 어휘 문제는 문맥을 보고 가장 적절한 것을 골라야 한다.

❸ 답이 바로 나오지 않는다면 다음 질문으로 과감히 넘어가 ❶과 ❷를 반복한다.

– 다음 질문의 핵심 키워드가 본문에서 먼저 보인다면 이전 문제의 답을 지나친 것이니 그 사이를 다시 살펴본다.

▶ 독해 & 어휘 구성 및 공략

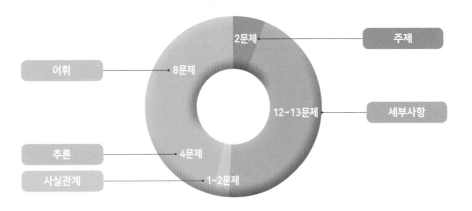

독해 출제 경향

- 주제 — 2문제
- 어휘 — 8문제
- 세부사항 — 12~13문제
- 추론 — 4문제
- 사실관계 — 1~2문제

독해 영역 소개

❶ 문항: 28문제 (53~80번)

❷ 문제와 지문: 5~7단락 정도로 구성된 지문에서 각 파트별 7개의 문제에 대한 정답 고르기

❸ 파트별 마지막 두 문제는 유의어를 고르는 어휘 문제로 고정됨

출제 유형

PART	유형	문항 수 (번호)	내용	전개	문제 유형
PART 1	인물 일대기	7 (53~59)	과거 또는 현재 유명 인사의 일대기	인물 소개 → 유년기 → 청소년기 → 전성기, 업적, 특징 → 말년, 죽음	**1번~5번** *주제나 목적 또는 세부사항(when, where, what, who, why, how로 시작) *추론 (파트당 적어도 1문제는 나오는 추세) *사실관계(True or Not True): 독해 전체에서 2~4문제 출제 **6~7번** 어휘 문제
PART 2	잡지 기사	7 (60~66)	사회적인 이슈 또는 사건을 다루는 잡지나 기사	연구 결과 / 신기술 소개 → 특징, 사회적 중요성 → 앞으로 변화의 흐름	
PART 3	지식 백과	7 (67~73)	역사적, 과학적 사실 또는 유익한 정보	정보 소개 → 특징, 유익성 소개 → 현재 상황 → 발전 방향 및 영향력	
PART 4	비즈니스 레터	7 (74~80)	마케팅, 사업 제안 등 업무 내용이 담긴 메일 및 편지	인사 → 편지의 목적 → 세부사항, 앞으로의 업무 절차 → 마무리 인사	

PART 1 인물 일대기

출제 경향

PART 1에서는 역사적으로 유명한 인물이 등장한다. 실제 인물인 경우가 대부분이며, 가끔 상징적인 만화의 주인공도 나온 적이 있다. 해당 인물의 직업 및 업적 등을 포함한 간략한 소개로 시작하여, 인물이 유명한 이유 등이 제시되고, 출생 및 유년기, 가족 관계를 포함한 성장 배경, 초창기 활동 및 직업을 선택한 계기, 주요 작품 및 업적, 또는 주요 사건 및 해결 과정에 이어 마지막으로 인물의 말년 활동 또는 근황, 사후 영향 및 역사적, 시대적 업적과 평가로 마무리된다.

32~50점 목표를 위한 공략 Tip!

PART 1의 **첫번째 질문은 인물이 유명한 이유가 고정적으로 출제**된다.
첫번째 질문의 키워드(핵심 단어)는 첫 문단에 숨겨져 있을 확률이 매우 높으므로 첫번째 문제를 꼭 맞추도록 합시다!

빈출 표현 >>> PART 1의 지문에서 자주 사용되는 표현!

지텔프 독해 영역은 **지문에 언급된 순서대로 문제가 출제**된다. 문제를 읽고 키워드를 먼저 파악한 후, 지문에서 키워드를 찾고 정답의 근거가 되는 문장을 찾으면 쉽게 문제를 풀 수 있다. 자주 출제되는 문제 유형을 반드시 익혀 두자!

 인물 일대기

세부사항

인물이 유명한 이유나 핵심 업적을 묻는 문제

> 세부사항 문제는 주로 의문사 (What, Where, Who, Which, When, How)로 시작된다!

What is Ariana Grande famous for?
아리아나 그란데는 무엇으로 유명한가?

What is Steve Jobs best known for?
스티브 잡스는 무엇으로 가장 잘 알려져 있는가?

추론

인물의 행동이나 인물에게 발생한 사건에 대해 추론하는 문제

When did Audrey Hepburn most likely lose her father?
오드리 햅번은 언제 아버지를 잃었을 것 같은가?

Why did Nate's family probably move to Nevada?
네이트의 가족은 왜 네바다 주로 이사했을 것 같은가?

사실관계

인물 또는 인물과 관련된 사건에 관해 사실 여부를 묻는 문제

Which of the following is true about Michael Jackson?
다음 중 마이클 잭슨에 관해 사실인 것은?

According to the letter, what is NOT true about the high school reunion? 편지에 따르면 고등학교 동창회에 대한 설명으로 옳지 않은 것은 무엇인가?

*빈출

① **유명한/잘 알려진**

best known (가장 잘 알려진)

well known* (잘 알려진)

famous (유명한)

renowned (명성 있는)

recognized* (인정받은/알려진)

credited (인정받는)

② **상을 받은/뛰어난**

excellent (훌륭한)

outstanding* (뛰어난)

award-winning* (상을 받은)

award-worthy (상 받을 만한)

top-notch (일류의)

distinguished* (유명한, 탁월한)

exceptional (특출한)

③ **성취, 업적**

success* (성공)

achievement (성취)

accomplishment* (업적)

triumph* (대성공)

attainment (성과)

exploit (위업)

④ **헌신하는/공헌하는**

devoted* (헌신적인)

dedicated* (몰두하는)

concentrate (집중하다)

committed* (헌신적인)

focus (집중; 집중하다)

contribute (공헌하다)

⑤ **작품**

[예술/음악]

work* (작품)

artwork (예술 작품)

painting (그림)

piece (작품)

masterpiece (걸작)

[책]

volume* (시리즈 중 한 권)

series (연작)

literary classic (문학 명작)

[영화/만화]

episode* (회)

animation (만화 영화)

cartoon (만화)

feature-length video/film (장편영화)

documentary (다큐멘터리)

⑥ **만들다/제작하다/출판하다/설립하다**

[물건]

make (만들다), create (창조하다),

produce (생산하다), develop (개발하다),

discover (발견하다), invent (발명하다),

come up with* (생각해내다),

compile (엮다; 편집하다)

[글/작품]

write (쓰다), print (인쇄하다),

publish* (출판하다), release* (발표하다),

launch* (출시하다)

[건축/사상]

construct* (건설하다), erect (건립하다),

establish* (확립하다), found* (세우다)

⑦ **인물**

person (사람), man/male (남자/남성),

woman/female (여자/여성),

character (캐릭터; 성격), figure* (인물)

⑧ **생과 사**

[태어나다]

be born (태어나다), give birth* (출산하다), deliver a baby* (아이를 낳다)

[자라다]

be raised, be brought up*, grow up, be educated (교육받다)

[죽다]

die, be dead (죽다)

be killed (타의로 죽다)

pass away, be gone* (돌아가시다)

lose one's life (목숨을 잃다)

⑨ **직업**

animator (애니메이션 제작자, 창작자)

archeologist* (고고학자)

astronomer* (천문학자)

astronaut/spaceman* (우주비행사)

businessman/entrepreneur (사업가)

captain (선장, 대위)

cartoonist (만화가)

CEO* (Chief Executive Officer) (최고 경영자)

climber (등산가)

composer/songwriter (작곡가)

conductor (지휘자)

critic (비평가)

director (책임자, 영화감독)

electrician (전기 기술자)

engineer (기술 공학자/엔지니어)

guide (안내자)

historian (역사학자)

journalist (언론인, 기자)

judge (판사)

lawyer (변호인)

attorney (변호사)

lecturer (강사)

linguist (언어학자)

mechanic (정비공)

monk (수도승)

novelist/fictionist (소설가)

nun (수녀)

optician (안경사)

pharmacist (약사)

philosopher/thinker (철학가/사상가)

pilot (조종사)

politician (정치가)

preacher (전도사)

priest (신부/사제)

senator (상원의원)

scholar (학자)

sculptor/engraver (조각가)

translator (번역가)

trader (상인, 무역업자)

veterinary doctor/veterinarian/vet (수의사)

zoologist (동물학자)

구성	**William Shakespeare**	**윌리엄 셰익스피어**
[서론] 인물 소개	William Shakespeare was a well-known English poet, playwright, and actor born on April 23, 1564, in Stratford. 1)Shakespeare was a prolific writer during the Elizabethan and Jacobean ages, sometimes called the English Renaissance or the Early Modern Period. 1)Shakespeare's plays are probably his most 6)enduring legacy among people today. However, Shakespeare's poems also remain popular to this day.	윌리엄 셰익스피어는 스트랫퍼드에서 1564년 4월 23일에 태어난 유명한 영국 시인, 극작가이자 배우였다. 셰익스피어는 때때로 영국 르네상스 시대 또는 근대 초기라고 불렸던 엘리자베스 여왕 시대와 제임스 1세 시대의 1)다작 작가였다. 1)셰익스피어의 희곡은 아마도 오늘날 사람들에게 있어 그의 가장 6)오래가는 유산일 것이다. 그러나 셰익스피어의 시들도 오늘날까지 인기를 끌고 있다.
[본론 1] 출생	John Shakespeare, Shakespeare's father, married Mary Arden, and together they had eight children. 2a)William became their eldest child after his two sisters died as infants. 2b)John Shakespeare worked as a globe maker, but he also held a civic position of great importance in Stratford. His status and career allowed him to send his children to the local grammar school, including William.	셰익스피어의 아버지인 존 셰익스피어는 메리 아든과 결혼하여 함께 8명의 자녀를 두었다. 2a)윌리엄은 그의 두 누나들이 유아 때 죽은 이후로 첫째 아이가 되었다. 2b)존 셰익스피어는 지구본 제작자로 일했지만, 스트랫퍼드에서 매우 중요한 시민의 역할도 가졌다. 그의 지위와 경력은 윌리엄을 포함한 그의 아이들을 지역 문법 학교에 보내는 것을 가능하게 했다.
[본론 2] 가족 관계 및 초기 활동	2d)When Shakespeare was eighteen, Shakespeare married 26-year-old Anne Hathaway. They had three children. Their daughter Susanna was first and twins Hamnet and Judith were born later. After the birth of the twins, Shakespeare left his hometown for an unknown reason, and scholars refer to his missing period as "lost years."	2d)셰익스피어가 18살이었을 때, 셰익스피어는 26살의 앤 해서웨이와 결혼했다. 그들은 세 명의 자녀를 두었다. 그들의 딸 수잔나가 첫째였고, 쌍둥이인 햄닛과 주디스가 나중에 태어났다. 쌍둥이의 출생 이후, 셰익스피어는 알 수 없는 이유로 그의 고향을 떠났고, 학자들은 그가 사라졌던 시기를 '잃어버린 세월'이라고 부른다.
[본론 3] 주요 작품 및 행적	3)Shakespeare's career jump-started in London sometime between 1585 and 1592. During his time in London, Shakespeare's first printed works were published. They were two long poems, "Venus and Adonis" (1593) and "The Rape of Lucrece" (1594). He also became a founding member of the Lord Chamberlain's Men, a company of actors, and it later evolved into the King's Men under the patronage of King James I. He remained with the company for the rest of his career.	3)셰익스피어의 경력은 런던에서 1585년과 1592년 사이의 언젠가 다시 시작되었다. 그가 런던에 있는 동안, 셰익스피어의 첫번째 인쇄된 작업물이 출판되었다. 그것들은 두 개의 긴 시인 '비너스와 아도니스(1593)'와 '루크리스의 능욕(1594)'이었다. 또한 그는 극단인 '로드 체임벌린스 맨'의 창립 멤버가 되었고, 그것은 나중에 왕인 제임스 1세의 후원 아래 '킹스 맨'으로 발전되었다. 그는 남은 경력 동안 그 단체에 속해 있었다.

No original manuscripts of Shakespeare's plays are known to exist today. However, [4]after Shakespeare's death, a group of actors from Shakespeare's company brought these writings together for a publication known as the First Folio, which [7]contains 36 of his plays, but none of his poetry.

[결론]
죽음 및
사후 영향

Shakespeare died on April 23, 1616, at the age of 52. No extant contemporary source explains how or why he died. Since his death, he has been regarded as the greatest writer in the English language and the world's greatest dramatist. [5]His plays have spawned countless adaptations across multiple genres and cultures. Furthermore, one of Shakespeare's most significant contributions is that he introduced a lot of new words and phrases to the English language. He changed many aspects of the old English language, which helped the standardization of the modern English language. [5]Until now, Shakespeare continues to be one of the most important literary figures of the English language.

어떤 셰익스피어의 희곡 원본도 오늘날 존재한다고 알려져 있지 않다. 그러나 [4]셰익스피어의 죽음 이후, 셰익스피어 단체의 한 무리의 배우들은 그의 시는 없지만 그의 36개의 희곡을 [7]포함하는, 퍼스트 폴리오라고 알려진 출판물을 위해 그 글들을 한데 모았다.

셰익스피어는 1616년 4월 23일에 52세의 나이로 세상을 떠났다. 그 어떤 현존하는 동시대의 자료도 그가 어떻게 또는 왜 죽었는지 설명하지 못한다. 그의 죽음 이후, 그는 영어에서 가장 위대한 작가이자 세상에서 가장 위대한 극작가로 여겨져 왔다. [5]그의 희곡은 다양한 장르와 문화에 걸쳐 수없이 많은 각색 작품을 만들어냈다. 더욱이, 셰익스피어의 가장 의미 있는 공헌 중 하나는 그가 영어에 많은 새로운 단어들과 어구를 들여왔다는 것이다. 그는 고대 영어의 많은 측면을 변화시켰는데 이것은 근대 영어의 표준화에 도움을 주었다. [5]지금까지, 셰익스피어는 영어의 가장 중요한 문학적 인물들 중 한 명이다.

 어휘

well-known 잘 알려진, 유명한 poet 시인 playwright 극작가 prolific 다작의, 많은 Elizabethan 엘리자베스 여왕 시대의 Jacobean 제임스 1세 시대의 renaissance 르네상스 early modern period 초기 근대 play 희곡 enduring 지속하는, 오래가는 legacy 유산, 업적 remain 남아 있다 eldest 가장 나이가 많은 infant 젖먹이, 유아 globe 지구본 civic 시민의 position 역할, 지위 of great importance 매우 중요한 career 경력, 직업 allow 가능하게 하다 local 지역의 birth 출생, 탄생 twin 쌍둥이 hometown 고향 unknown 알려지지 않은 scholar 학자 refer to A as B A를 B라 부르다 missing 사라진, 잃어버린 period 시기 jump-start (방전된 자동차의) 시동을 걸다 work 작품 publish 출판하다 founding member 창립 멤버 evolve into ~로 진화하다 patronage 후원, 지원 rest 나머지 original 원래의 manuscript 원고 exist 존재하다 bring A together ~을 모으다 writing 저작물, 저서 contain 포함하다 extant 현존하는 contemporary 현대의 source 자료, 출처 be regarded as ~로 여겨지다 dramatist 극작가 spawn 생겨나게 하다, ~을 낳다 countless 셀 수 없이 많은 adaptation 각색, 적응 significant 의미 있는, 중요한 contribution 공헌, 헌신 introduce A to B ~에 들여오다 phrase 어구 aspect 측면, 양상 standardization 표준화 until now 지금까지 literary 문학의 figure 인물, 모양

1. What is William Shakespeare famous for?

   (a) starting a renaissance in England
   (b) leading the actors in Stratford
   (c) serving Queen Elizabeth and King Jacob
   (d) writing many poems and plays

2. What is NOT true about the members of William Shakespeare's family?

   (a) His parents lost two children when they were babies.
   (b) His father held a major position in the town.
   (c) William worked as a grammar teacher at a local academy.
   (d) His wife met William when he was an adolescent.

3. According to the article, how did Shakespeare start his career in London?

   (a) by settling down with his family
   (b) by releasing his lengthy works of poetry
   (c) by joining the Kings' Men royal club
   (d) by writing a tragedy for King James I

4. When was Shakespeare's the First Folio created?

   (a) when his colleagues put it together after his demise
   (b) when his descendants published it after he passed away
   (c) when he compiled it by himself before his death
   (d) when his followers created it while he was alive

5. How has Shakespeare's legacy most likely influenced contemporary literature?

   (a) He has established modern dramas and plays.
   (b) He has boosted the social status of actors.
   (c) He has fixed all the errors in old English.
   (d) He has impacted many literary genres.

6. In the context of the passage, enduring means _____.

   (a) lasting
   (b) existing
   (c) longing
   (d) bearing

7. In the context of the passage, contains means _____.

   (a) transfers
   (b) includes
   (c) organizes
   (d) provides

문제 해설

🔑 what / W.S. / famous (무엇 / W.S. / 유명) **세부사항**

1. What is William Shakespeare **famous** for?
　　　　　　　　　　　　└ well-known

(a) starting a renaissance in England
(b) leading the actors in Stratford
(c) serving Queen Elizabeth and King Jacob
(d) writing many poems and plays
　　　└ prolific writer

윌리엄 셰익스피어는 무엇으로 유명한가?

(a) 영국에서 르네상스를 시작한 것
(b) 스트랫포드에서 연극인들을 이끈 것
(c) 엘리자베스와 제임스 1세 왕을 섬긴 것
(d) 많은 시와 희곡을 쓴 것

정답 시그널 well-known

해설 본문 1단락의 "Shakespeare was a prolific writer(셰익스피어는 다작 작가였다)"와 "Shakespeare's plays are probably his most enduring legacy among people today. However, Shakespeare's poems also remain popular to this day."(셰익스피어의 희곡은 아마도 오늘날 사람들에게 있어 그의 가장 오래가는 유산일 것이다. 그러나 셰익스피어의 시들도 오늘날까지 인기를 끌고 있다.)를 근거로 정답은 (d)이다.

패러프레이징 prolific ➡ many ≒ abundant(풍부한), rich(풍부한), productive(생산적인)

어휘 lead 이끌다 serve 섬기다, 봉사하다 poem 시

🔑 what / NOT true / members / W.S.–family (무엇 / 사실 X / W.S.–가족) **사실관계**

2. What is NOT true about the members of William Shakespeare's family?

(a) His parents lost two children when they were
　　 babies.　　　　└ two sisters died as infants
(b) His father held a major position in the town.
　　　　　　　　　　　└ position of great importance
(c) William worked as a grammar teacher at a local academy.
(d) His wife met William when he was
　　 an adolescent.─ eighteen

윌리엄 셰익스피어의 가족 구성원 중 옳지 않은 사실은 무엇인가?

(a) 그의 부모님은 두 아이가 아기였을 때 그들을 잃었다.
(b) 그의 아버지는 도시에서 주요 지위를 맡았다.
(c) 윌리엄은 지역 학교에서 문법 강사로 일했다.
(d) 그의 아내는 윌리엄을 그가 청소년이었 때 만났다.

정답 시그널 NOT true 문제는 보기를 먼저 읽고 본문과 일치하는 키워드를 비교하면서 맞는 보기를 하나씩 제거한다.

해설 본문 2단락에서 "William became their eldest child after his two sisters died as infants."(윌리엄은 그의 두 누나들이 유아 때 죽은 이후로 첫째 아이가 되었다.), "John Shakespeare worked as a globe maker, but he also held a civic position of great importance in Stratford."(존 셰익스피어는 지구본 제작자로 일했지만, 스트랫퍼드에서 매우 중요한 시민의 역할도 가졌다.)라고 했기 때문에 각각 (a)와 (b)는 옳다. 본문 3단락에서 "When Shakespeare was eighteen, Shakespeare married 26-year-old Anne Hathaway."(셰익스피어가 18살이었을 때, 셰익스피어는 26살의 앤 해서웨이와 결혼했다.)라고 하였으므로 (d)도 옳다. 문법 학교는 셰익스피어가 어렸을 때 다닌 학교이기 때문에 (c)는 옳지 않아 정답이 된다.

패러프레이징 died as infants ➡ lost when they were children
position of great importance ➡ major position / eighteen ➡ adolescent

어휘 hold a position 직위를 맡다 major 주요한, 중요한 town 도시 local 지역의 academy 학교 adolescent 청소년

3. According to the article, how did Shakespeare start his career in London?

(a) by settling down with his family
(b) **by releasing his** lengthy works of poetry
     └ two long poems
(c) by joining the Kings' Men royal club
(d) by writing a tragedy for King James I

기사에 따르면, 어떻게 셰익스피어는 런던에서 그의 경력을 시작했는가?

(a) 그의 가족과 정착함으로써
(b) 그의 긴 시로 된 작품들을 공개함으로써
(c) 킹스맨 왕실 모임에 가입함으로써
(d) James 1세 왕을 위한 비극 작품을 집필함으로써

정답 시그널 Shakespeare's career jump-started in London

해설 본문 4단락에서 "Shakespeare's career jump-started in London sometime between 1585 and 1592. During his time in London, Shakespeare's first printed works were published. They were two long poems"(셰익스피어의 경력은 런던에서 1585년과 1592년 사이의 언젠가 다시 시작되었다. 그가 런던에 있는 동안, 셰익스피어의 첫번째 인쇄된 작업물이 출판되었다. 그것들은 두 개의 긴 시였다.)를 근거로 정답은 (b)이다.

패러프레이징 poems ➡ poetry ≒ verse(운문)

어휘 settle down 정착해 살다 release 공개하다 lengthy 너무 긴, 장황한 poetry 시 join 가입하다 royal 왕실의 tragedy 비극 (작품)

4. When was Shakespeare's the First Folio created?

(a) **when his** colleagues **put it together after his demise**
     └ group of actors from Shakespeare's company
(b) when his descendants published it after he passed away
(c) when he compiled it by himself before his death
(d) when his followers created it while he was alive

언제 셰익스피어의 퍼스트 폴리오가 만들어졌나?

(a) 죽음 이후에 그의 직장 동료들이 그것을 모았을 때
(b) 죽은 이후에 그의 자손들이 출판했을 때
(c) 죽기 전에 스스로 책으로 엮었을 때
(d) 살아 있는 동안 그의 추종자들이 만들었을 때

정답 시그널 the First Folio

해설 본문 5단락의 "after Shakespeare's death, a group of actors from Shakespeare's company brought these writings together for a publication known as the First Folio"(셰익스피어의 죽음 이후, 셰익스피어 단체의 한 무리의 배우들은 퍼스트 폴리오라고 알려진 출판물을 위해 그 글들을 한데 모았다)를 근거로 정답은 (a)이다.

패러프레이징 group of actors from Shakespeare's company ➡ colleagues ≒ co-workers(동료), assistant(협력자, 조수), companion, teammate, peer(동료)

어휘 colleague 동료 put together 모으다 demise 죽음, 사망 descendant 자손 pass away 죽다 compile (책 등으로) 엮다 follower 추종자 alive 살아 있는

5. How has Shakespeare's legacy most likely
influenced contemporary literature?

(a) He has established modern dramas and plays.

(b) He has boosted the social status of actors.

(c) He has fixed all the errors in old English.

(d) He has impacted many literary genres**.**
└─ spawned countless adaptations across
   multiple genres and cultures

셰익스피어의 업적이 현대 문학에 무슨 영향을
끼쳤을 것 같은가?

(a) 현대 연극들과 희곡들을 확립했다.
(b) 배우들의 사회적 지위를 향상시켰다.
(c) 오래된 영어에 있는 모든 오류를 고쳤다.
(d) 많은 문학 장르에 영향을 주었다.

정답시그널 마지막 문제는 주로 본문의 마지막 부분에서 정답을 찾을 수 있다.
참고로 추론 유형은 키워드가 본문에 없을 수 있으므로 본문을 읽고, 보기 중 하나씩 제거하는 방법으로 푼다.

해설 본문 6단락에서 "His plays have spawned countless adaptations across multiple genres and cultures"(그의 희곡은 다양한 장르와 문화에 걸쳐 수없이 많은 각색 작품을 만들어냈다.)와, "Until now, Shakespeare continues to be one of the most important literary figures of the English language."(지금까지, 셰익스피어는 영어의 가장 중요한 문학적 인물들 중 한 명이다.)를 근거로 정답은 (d)이다.

패러프레이징 spawned countless adaptations across multiple genres and cultures ➡ impacted many literary genres
impact ≒ influence(영향), consequence(결과), repercussion(좋지 않은 영향)

어휘 establish 확립하다　modern 현대의　drama 연극　boost 향상시키다　social status 사회적 지위　fix 고치다　impact 영향을 주다
literary genre 문학 장르

어휘

6. In the context of the passage, enduring means
_____.

(a) lasting　　　　(b) existing
(c) longing　　　　(d) bearing

본문의 맥락에서 enduring은 _____를 의미
한다.

(a) 오래 지속되는　(b) 기존의
(c) 갈망하는　　　(d) 견디는

해설 본문 1단락에서 "Shakespeare's plays are probably his most enduring legacy among people today."(셰익스피어의 희곡은 아마도 오늘날 사람들에게 있어 그의 가장 오래가는 유산일 것이다.)에서 enduring은 '오래가는, 지속하는'의 의미로 사용되었으므로 정답은 (a)이다.

어휘

7. In the context of the passage, contains means
_____.

(a) transfers　　　**(b) includes**
(c) organizes　　　(d) provides

본문의 맥락에서 contains는 _____를 의미
한다.

(a) 옮기다　　　　**(b) 포함하다**
(c) 조직하다　　　(d) 제공하다

해설 본문 5단락에서 "after Shakespeare's death, a group of actors from Shakespeare's company brought these writings together for a publication known as the First Folio, which contains 36 of his plays, but none of his poetry"(셰익스피어의 죽음 이후 셰익스피어 단체의 한 무리의 배우들은 그의 시는 없지만 그의 36개의 희곡을 포함하는, 퍼스트 폴리오라고 알려진 출판물을 위해 그 글들을 한데 모았다)에서 contain은 '~을 포함하다'의 의미로 사용되었으므로 정답은 (b)이다.

STAN LEE

Stan Lee is a celebrated comic book writer, producer, editor, and publisher from the United States. He established the well-known Marvel Comics from his family's company, originally known as Timely Publications. He was also an <u>ingenious</u> director for over 20 years, creating such renowned titles as *Spider-Man*, *X-Men*, and *Fantastic Four*.

Lee's parents were Jewish immigrants from Romania. He was raised in the Jewish faith, but later in life he claimed to be an agnostic. He grew up in Manhattan, New York City, until he was a teenager. His family then moved to the Bronx, where he attended high school. His parents slept on a sofa bed in the living room, while Lee shared a room with his brother. At the age of 15, Lee entered a weekly essay competition for high school students, and won it for three straight weeks. His teacher suggested he think about writing professionally, which changed his life.

In 1939, he joined Timely Publications, a company owned by his cousin's husband. Lee's original family name was Leiber, but he decided to shorten it to Lee when he began his career. In the 1950s, DC Comics started the Justice League, so Lee was tasked with making an equivalent for Marvel Comics. Lee chose to make his superheroes have human <u>flaws</u>, instead of the ideal types in other superhero stories. The first heroes he created were the Fantastic Four, which were immediately successful. Afterwards, he created all the other famous Marvel characters, with the most successful one being Spider-Man.

Lee also created a sense of community between the Marvel Comics readers and the productions crew, which was new and sensational for that time. He included a credit panel in each comic, naming all the writers and illustrators. Lee encouraged the readers to write to him and allowed them to use his first name. Lee's series continued to grow in popularity, and he even started to incorporate topical issues into the stories, including the Vietnam War and student activism.

In his later life, Lee's creations became more popular than he could have ever imagined when he started. In 2000, the first *X-Men* movie came out, and then many more titles followed. He established POW! Entertainment in 2001 to develop movies and TV shows, as well as video games. He passed away in 2018, but in 2020, Genius Brands bought the rights to his name and created the "Stan Lee Universe" in partnership with POW! Entertainment.

1. What is Stan Lee best known for?

   (a) illustrating the most popular comic book in the U.S.
   (b) producing *Spider-Man*, *X-Men* and *Fantastic Four*
   (c) managing the biggest comic company for over 20 years
   (d) founding a family-run publishing firm

2. How did Lee start his career as a writer?

   (a) by listening to his parents' recommendation
   (b) by pursuing his dream with his brother
   (c) by winning several tournaments in college
   (d) by being encouraged by his instructor

3. Based on the article, why most likely were Lee's comics successful?

   (a) because he produced similar works to beat his company's rival
   (b) because the superhero genre was booming in the industry
   (c) because he put more humanlike traits in the characters
   (d) because he created the most famous superhero in comic book history

4. According to the article, which is NOT a way that Lee made his comic books more appealing to readers?

   (a) by inscribing the names of the workers in the book
   (b) by covering sensitive social issues of that era in his comics
   (c) by developing a community spirit among Marvel Comics enthusiasts and creators
   (d) by featuring characters from one comic book to another

5. Based on the article, what can be said about Lee's later life?

   (a) His productions' reputation decreased after his death.
   (b) His series of comics were released in feature-length films.
   (c) He founded an online game company.
   (d) He secured a contract with a company in 2020.

6. In the context of the passage, ingenious means _____ .

   (a) original
   (b) experienced
   (c) sly
   (d) respectful

7. In the context of the passage, flaws means _____ .

   (a) powers
   (b) defects
   (c) merits
   (d) abilities

★ 정답 및 해설 p.41

PART 2 잡지 기사

출제 경향

PART 2에서는 사회적 이슈가 되는 사건을 다루는 잡지나 기사가 등장한다. 사회, 문화, 과학, 기술 등의 소재에 대한 소개나 새로운 변화를 다루는 등 다양한 주제가 출제된다. 글의 주제 또는 핵심 내용 소개로 시작하여, 대상의 특징이나 사회적인 중요성, 시사점, 장단점에 이어 마지막으로 결론과 추후 과제, 개선 방향 및 전망, 문제점 및 해결책 제시로 마무리된다.

32~50점 목표를 위한 공략 Tip!

PART 2의 **첫번째 질문은 이 글의 주제를 묻는 문제가 고정적으로 출제**된다.

첫번째 질문의 키워드는 첫 문단에 숨겨져 있을 확률이 매우 높으므로 첫 문단을 꼼꼼히 살펴서 첫번째 문제를 꼭 맞히도록 하자!

01 빈출 표현 >>> PART 2의 문제에서 자주 사용되는 표현

지텔프 독해 영역은 **지문에 언급된 순서대로 문제가 출제**된다. 문제를 읽고 키워드를 먼저 파악한 후, 지문에서 키워드를 찾고 정답의 근거가 되는 문장을 찾으면 쉽게 문제를 풀 수 있다. 자주 출제되는 문제 유형을 반드시 익혀 두자!

 **잡지 기사**

주제

글의 소재, 주제 또는 연구의 결론이 무엇인지를 묻는 문제

> 주로 PART 2와 3에 주제 문제가 출제되며 첫 번째 문제로 등장한다.

What does the report **say about** the plant?
보고서는 그 식물에 대해 무엇이라고 말하는가?

What is the study **all about**?
이 연구는 무엇에 관한 것인가?

세부 사항

연구 대상 또는 소재에 관한 세부적인 것을 묻는 문제

How did the researchers gather participants for the experiment?
연구원들은 어떻게 그 실험에 대한 참가자들을 모았는가?

Based on the article, **when** did the policies begin to be controversial?
기사에 따르면, 언제 그 정책들이 논란이 되기 시작했는가?

추론

연구 결과를 토대로 한계점이나 앞으로의 과제 등을 추론하는 문제

Why **probably** did the new material help reduce the manufacturing cost? 왜 새로운 소재가 제조 원가를 낮추는 데 도움을 줬을까?

Where **most likely** will people live in the future?
어디에 사람들이 가장 많이 살게 될까?

사실 관계

지문에 언급된 사건 또는 연구 결과에 대한 사실 여부를 묻는 문제

Which of the following is **NOT true** about the solution?
다음 중 해결책에 관해 사실이 아닌 것은 무엇인가?

What is **NOT true** about organic farming?
유기 농법에 관해 사실이 아닌 것은 무엇인가?

① **연구/조사/논문**
study (연구)
research (조사)
survey (설문 조사)
report (연구 보고서)

② **발견하다**
find (밝혀내다)
discover (발견하다)
result (발생하다)
develop (전개시키다)

③ **알아내다**
conduct (수행하다)
confirm (입증하다)
verify (검증하다)
determine (알아내다)
check (확인하다)

④ **조사하다/연구하다**
study (연구하다)
examine (조사하다)
analyze (분석하다)
investigate (수사하다)
probe (철저히 조사하다)

⑤ **주장하다**
argue (주장하다)
claim (요구하다)
insist (고집하다)
assert (확고히 하다)

⑥ **새로운/최신의**
new (새로운)
up-to-date (최신의)
cutting edge (최첨단의)
state-of-the-art (첨단의)
advanced (진보한)
latest (가장 최근의)

⑦ **학문**
anthropology (인류학)
agriculture (농업)
archaeology (고고학)
architecture (건축학)
astronomy (천문학)
biology (생물학)
chemistry (화학)
economics (경제학)
engineering (공학 기술)
ethnics (민족학)
geography (지리학)
history (역사학)
humanities (인문학)
journalism (언론학)
linguistics (언어학)
literature (문학)
logic (논리학)
mathematics (수학)
medicine/pharmacology (의학/약리학)
philosophy (철학)
physics (물리학)
psychology (심리학)
religion (종교학)
sociology (사회학)
statistics (통계학)

⑧ **물질/소재**
ceramic (도자기; 도자기의)
chemical (화학물질; 화학의)
concrete (구체적인)
fiber (섬유질)
liquid (액체)
metal (금속)
mineral (광물)
plasma (플라스마)
plaster (석고)

plastic (플라스틱)

rubber (고무)

semiconductor (반도체)

synthetic (합성한; 합성 물질)

textile (직물)

⑨ 사물의 특징과 관련된 형용사

abundant (풍족한)

active (활동적인)

additional (추가의)

amorphous (무정형의)

archaeological (고고학의)

archival (기록 보관의)

available (이용할 수 있는)

basic (기본의)

biographical (전기의)

biological (생물학의)

coarse (조잡한)

combustible (가연성인)

composite (복합의)

crystalline (결정성의)

dense (빽빽한)

elastic (탄력 있는)

factual (사실상의)

fecal (대변의)

fibrous (섬유질의)

fine (섬세한, 좋은)

fissile (분열하기 쉬운)

flexible (유연한)

genetic (유전의)

granular (알갱이 모양의)

historical (역사적인)

homogeneous (동종의)

illustrative (실증이 되는, 명백한)

inert (비활성의)

insoluble (녹지 않는)

introductory (서론의)

loose (느슨한)

magnetic (자석의)

nuclear (핵의)

organic (유기농의)

original (원래의)

porous (다공성의)

promotional (판촉의)

radioactive (방사능의)

raw (날것의)

relevant (관련된)

rich (풍부한, 기름진)

solid (단단한)

statistical (통계의)

structural (구조상의)

sufficient (충분한)

suitable (적절한)

thematic (주제의)

thin (날씬한)

transparent (투명한)

unpublished (미발표의)

useful (유용한)

valuable (소중한)

verbal (구두의)

visual (시각의)

구성	Addicted to the Internet	인터넷 중독
[서론] 인터넷 중독의 위험성	Most people around the world enjoy surfing the Internet. They look for interesting websites and chat with people throughout the world. However, some people spend so many hours online that they often become Internet addicts. Admittedly, the Internet is an excellent [6]source of information and entertainment. However, [1]many experts also warn that it may take over people's lives.	전 세계의 대부분의 사람들은 인터넷 서핑을 즐긴다. 그들은 흥미로운 웹사이트를 찾고 전 세계의 사람들과 채팅을 한다. 하지만, 어떤 사람들은 너무 많은 시간을 온라인에서 보내서 그들은 종종 인터넷 중독자가 된다. 인정하자면, 인터넷은 정보와 오락의 훌륭한 [6]원천이다. 하지만, [1]많은 전문가들은 그것이 사람들의 삶을 장악할지도 모른다고 경고하기도 한다.
[본론 1] 인터넷 중독의 특징	[2]While an average person spends about eight to twelve hours on the Internet a week, an addict spends eight to twelve hours per day surfing online. Those who spend more than three hours a day using their computers or cell phones may be suffering from Internet Addiction Disorder, also commonly referred to as Compulsive Internet Use (CIU), Problematic Internet Use (PIU), or iDisorder. This disorder has rapidly gained ground and has been given serious attention by many researchers, mental health counselors, and doctors as a truly debilitating disorder.	[2]보통 한 사람은 일주일에 약 8에서 12시간을 인터넷에 소비하는 반면, 중독자는 하루에 8에서 12시간을 온라인 서핑을 하는데 보낸다. 하루에 3시간 이상 컴퓨터나 휴대폰을 사용하는데 보내는 사람들은 흔히 강박적 인터넷 사용(CIU), 문제적 인터넷 사용(PIU), 또는 아이장애(iDisorder)라고도 불리는 인터넷 중독 장애를 앓고 있을지도 모른다. 이 장애는 빠르게 강력해졌고 많은 연구자들, 정신 건강 상담가들, 그리고 의사들에 의해 정말로 사람을 쇠약하게 만드는 장애로써 중대한 주목을 받았다.
[본론 2] 인터넷 중독의 사례	[3]Because addicts spend so much time interacting with Internet devices, they become socially alienated. [3]They stop going out and talking to people face-to-face and avoid real-life social situations, preferring to be in a dimly lit room with only a glowing screen. Internet addiction has negatively affected the young demographic especially. In one case at Berkshire College, nine freshmen flunked out in just one semester due to Internet addiction. [4]Many colleges provide free Internet access at several locations around campuses for students to go online at any time, day or night. As a result, students spend too much time surfing the Net instead of studying for their classes.	[3]중독자들은 인터넷 기기와 상호작용하는데 너무 많은 시간을 보내기 때문에, 그들은 사회적으로 소외된다. [3]그들은 빛나는 화면만 있는 어둡게 밝혀진 방에 있는 것을 선호하면서, 밖으로 나가고 사람들과 얼굴을 맞대고 이야기하는 것을 멈추고 현실의 사회 상황을 피한다. 인터넷 중독은 특히 젊은 인구층에게 부정적으로 영향을 끼쳤다. 버크셔 대학교의 한 경우, 인터넷 중독으로 한 학기에 매년 9명의 신입생들이 퇴학을 당했다. [4]많은 대학들은 학생들이 밤낮 언제든지 온라인에 접속할 수 있도록 캠퍼스 주변의 여러 장소에 무료 인터넷을 제공한다. 결과적으로, 학생들은 수업을 위해 공부하는 대신 인터넷 서핑에 너무 많은 시간을 소비한다.

[본론 3] 인터넷 중독의 치료 방법	There are debates among doctors on whether treatment is necessary to cure this illness. Some believe Internet Addiction Disorder is a "⁷⁾fad illness" and say that it usually resolves itself on its own. In fact, many studies have shown that self-corrective behavior can be used to successfully handle this matter. However, some professionals argue that there are effective medicines to treat Internet Addiction Disorder. If you are suffering from this illness, it is likely that you are also suffering from underlying conditions such as anxiety and depression.	이 병을 치유하는 치료법이 필요한지에 대해 의사들 사이에 논쟁이 있다. 어떤 사람들은 인터넷 중독 장애가 '⁷⁾일시적인 유행병'이라 믿고 보통 스스로 해결된다고 말한다. 사실, 많은 연구들은 자기 교정 행동이 이 문제를 성공적으로 해결하는데 사용될 수 있다는 것을 보여주었다. 하지만, 일부 전문가들은 인터넷 중독 장애를 치료하기 위한 효과적인 약이 있다고 주장한다. 만약 당신이 이 질병을 앓고 있다면, 불안과 우울 같은 기저 질환도 앓고 있을 가능성이 높다.
[결론] 인터넷 중독의 해결과 방향	Accordingly, ⁵⁾for the sake of one's well-being, as well as that of loved ones, it is best to acknowledge the problem seriously and seek medical treatments or other practical solutions when someone self-detects or is diagnosed with Internet addiction.	따라서, 누군가가 인터넷 중독을 스스로 발견하거나 진단받았을 때 ⁵⁾사랑하는 사람들 뿐 아니라 자신의 건강을 위해 문제를 심각하게 인식하고 의학적 치료나 다른 실질적인 해결책을 찾는 것이 제일 좋은 방법이다.

 어휘

surf 인터넷을 서핑하다. 검색하다 throughout ~전체에 spend 보내다, 쓰다 addict 중독자 admittedly (사실을) 인정하건대 source 원천, 공급원 entertainment 오락 expert 전문가 warn 경고하다 take over 장악(탈취)하다 average 보통의, 평균의 suffer from ~을 앓다 addiction 중독 disorder 장애 commonly 흔히, 일반적으로 refer to A as B A를 B라고 부르다 compulsive 강박적인 problematic 문제적인 rapidly 빠르게 gain ground 더 강력해지다 serious 중대한, 심각한 attention 주목, 관심 researcher 연구자 mental health 정신 건강 counselor 상담가 truly 정말로, 확실히 debilitating 사람을 쇠약하게 만드는 interact 상호 작용하다 socially 사회적으로 alienate 소외시키다 face-to-face 대면하는, 마주보는 avoid 피하다 real-life 현실의, 실제의 prefer 선호하다 dimly 어둡게 light 밝히다, 비추다 (p.p.: lit) glowing (은은하게) 빛나는 negatively 부정적으로 affect 영향을 미치다 especially 특히 demographic 인구(통계)층 in the case of ~의 경우에 freshman 신입생 flunk out 퇴학당하다 access 접근, 접속 as a result 결과적으로 the Net 인터넷 textbook 교과서 debate 토론; 토론하다 among ~사이에 whether ~인지 treatment 치료 necessary 필요한, 불가피한 cure 치유하다; 치료법 illness 병 fad 일시적인 유행 resolve 해결하다 on one's own 스스로, 혼자 in fact 사실 corrective 교정하는 behavior 행동 handle 대처하다, 다루다 matter 문제, 일 professional 전문가; 전문가의 argue 주장하다 effective 효과적인 treat 치료하다 it is likely that 아마 ~일 것이다 underlying condition 기저 질환 anxiety 불안 depression 우울 accordingly 따라서 for the sake of ~를 위해 well-being 행복, 건강 as well as ~뿐 아니라 acknowledge 인식하다 seek 찾다, 추구하다 medical treatment 의학 치료 practical 실질적인, 실용적인 solution 해결책 prosperity 번영 community 공동체, 지역 사회 detect 발견하다, 감지하다 be diagnosed with ~로 진단받다

1. According to the article, what did the experts warn about using the Internet?

   (a) It may be unsafe to chat with random people.
   (b) It can be a source that spreads false information.
   (c) It will reduce the popularity of the entertainment industry.
   (d) It could negatively affect people's lives.

2. What is NOT true about Internet addiction?

   (a) It refers to those who spend less than eight hours a week online.
   (b) It can put people at risk of Internet Addiction Disorder.
   (c) It has been called many different names.
   (d) It has caused concerns among many medical officials.

3. According to the article, how are people affected by Internet addiction?

   (a) They become socially isolated.
   (b) They often interact with others face to face.
   (c) They go out and face actual circumstances.
   (d) They avoid being in a dark room.

4. Why, most likely, were the Berkshire College freshmen expelled?

   (a) because they spent too much money interacting with others
   (b) because the college provided a free service that distracted them
   (c) because they studied their textbooks online illegally
   (d) because the college refused to communicate with the students

5. What is the best course of action when someone is diagnosed with Internet addiction?

   (a) giving some time for the illness to resolve itself on its own
   (b) treating the addiction with anxiety and depression
   (c) looking for medication for the sickness
   (d) participating in community services for joy

6. In the context of the passage, source means _____.

   (a) base
   (b) authority
   (c) origin
   (d) direction

7. In the context of the passage, fad means _____.

   (a) alternative
   (b) temporary
   (c) chronic
   (d) critical

정답 시그널과 패러프레이징을 통해 문제를 심층적으로 풀어 봅시다.

---

 what / experts / warn / using Internet (무엇 / 전문가 / 경고 / 인터넷 사용) **세부사항**

1. According to the article, <u>what</u> did the <u>experts</u> <u>warn</u> about <u>using the Internet</u>?

(a) It may be unsafe to chat with random people.
(b) It can be a source that spreads false information.
(c) It will reduce the popularity of the entertainment industry.
(d) **It could negatively affect people's lives.**
　　　└ may take over

기사에 따르면, 전문가들은 인터넷 사용에 대해 무엇을 경고했는가?

(a) 무작위의 사람들과 말하는 것은 위험할지도 모른다.
(b) 잘못된 정보를 퍼뜨리는 원천이 될 수 있다.
(c) 연예 산업의 인기를 떨어뜨릴 것이다.
(d) **사람들의 삶에 부정적인 영향을 미칠 수 있다.**

정답 시그널 experts warn

해설 본문 1단락의 "many experts also warn that it may take over people's lives"(많은 전문가들은 그것이 사람들의 삶을 장악할지도 모른다고 경고하기도 한다)를 근거로 정답은 (d)이다.

패러프레이징 may take over people's lives ➡ could negatively affect people's lives | take over ➡ affect ≒ dominate(지배하다), alter(바꾸다), change(변하다), influence(영향을 주다)

어휘 unsafe 위험한, 안전하지 않은　random 무작위의　source 원천　spread 퍼뜨리다　false 잘못된, 거짓의　entertainment 연예, 오락　negatively 부정적으로　affect 영향을 미치다, 충격을 주다

---

 what / NOT true / Internet addiction (무엇 / 사실 X / 인터넷 중독) **사실관계**

2. What is <u>NOT true</u> about <u>Internet addiction</u>?

(a) **It refers to those who spend less than eight hours a week online.**
(b) It can put people at risk of Internet Addiction Disorder.
(c) It has been called many different names.
(d) It has caused concerns among many medical officials.

인터넷 중독에 대해 사실이 아닌 것은 무엇인가?

(a) 온라인에서 일주일에 8시간 이하를 보내는 사람들을 일컫는다.
(b) 사람들을 인터넷 중독 장애의 위험에 빠뜨릴 수 있다.
(c) 많은 다른 이름들로 불려왔다.
(d) 많은 의료 관계자들 사이에서 우려를 불러일으켰다.

정답 시그널 NOT true 문제는 보기를 먼저 읽고 본문과 일치하는 키워드를 비교하면서 보기를 하나씩 제거한다.

해설 본문 2단락에서 "While an average person spends about eight to twelve hours on the Internet a week, an addict spends eight to twelve hours per day surfing online."(보통 한 사람은 일주일에 약 8에서 12시간을 인터넷에 소비하는 반면, 중독자는 하루에 8에서 12시간을 온라인 서핑을 하는데 보낸다.)라고 하였으므로 인터넷 중독자에 대한 설명이 아니라 일반 사람들에 관한 내용이기 때문에 (a)는 옳지 않다.

어휘 refer to ~을 일컫다　those who ~하는 사람들　put A at risk 위험에 빠뜨리다　concern 우려, 걱정　medical officials 의료 관계자

3. According to the article, how are people affected by Internet addiction?

(a) They become socially isolated.
└ alienated

(b) They often interact with others face to face.

(c) They go out and face actual circumstances.

(d) They avoid being in a dark room.

기사에 따르면, 사람들은 인터넷에 중독에 어떻게 영향을 받는가?

(a) 사회적으로 고립된다.
(b) 얼굴을 맞대고 다른 사람들과 자주 교류한다.
(c) 밖에 나가서 실제 상황에 직면한다.
(d) 어두운 방에 있는 것을 피한다.

정답 시그널 Because addicts spend so much time interacting with Internet devices

해설 본문 3단락에서 "Because addicts spend so much time interacting with Internet devices, they become socially alienated."(중독자들은 인터넷 기기와 상호작용하는데 너무 많은 시간을 보내기 때문에, 그들은 사회적으로 소외된다.)를 근거로 정답은 (a)이다. 같은 단락의 "They stop going out and talking to people face-to-face and avoid real-life social situations, preferring to be in a dimly lit room with only a glowing screen."(그들은 빛나는 화면만 있는 어둡게 밝혀진 방에 있는 것을 선호하면서, 밖으로 나가고 사람들과 얼굴을 맞대고 이야기하는 것을 멈추고 현실의 사회 상황을 피한다.)를 근거로 (b), (c), (d)는 정답이 될 수 없다.

패러프레이징 alienated ➡ isolated ≒ stranded(고립된), reclusive(고독한), secluded(은둔한)

어휘 socially 사회적으로 isolated 고립된 interact 소통하다, 교류하다 face to face 대면하여 face ~을 직면하다 actual 실제의 circumstance 상황 avoid 피하다

4. Why, most likely were the Berkshire College freshmen expelled?

(a) because they spent too much money interacting with others

(b) because the college provided a free service that distracted them

(c) because they studied their textbooks online illegally

(d) because the college refused to communicate with the students

버크셔 대학 신입생들은 왜 퇴학당했을 것 같은가?

(a) 다른 사람들과 교류하는 데 너무 많은 돈을 소비해서
(b) 대학이 신입생들을 산만하게 하는 무료 서비스를 제공해서
(c) 온라인에서 불법적으로 교과서를 공부해서
(d) 대학이 학생들과 소통하기를 거절해서

정답 시그널 freshmen flunked out

해설 본문 4단락의 "Many colleges provide free Internet access at several locations around campuses for students to go online at any time day or night. As a result, students spend too much time, surfing the Net instead of studying for their classes."(많은 대학들은 학생들이 밤낮 언제든지 온라인에 접속할 수 있도록 캠퍼스 주변의 여러 장소에 무료 인터넷을 제공한다. 결과적으로, 학생들은 수업을 위해 공부하는 대신 인터넷 서핑에 너무 많은 시간을 소비한다.)를 근거로 정답은 (b)이다.

어휘 expel 퇴학시키다 distract 산만하게 하다 illegally 불법적으로 refuse 거절하다 communicate 소통하다

what / is / best course of action / someone / is diagnosed / Internet addiction
(무엇 / 이다 / 최고의 방책 / 누군가 / 진단받다 / 인터넷 중독)

5. What is the best course of action when someone is diagnosed with Internet addiction?

(a) giving some time for the illness to resolve itself on its own
(b) treating the addiction with anxiety and depression
(c) looking for medication for the sickness
  └ seek medical treatments
(d) participating in community services for joy

인터넷 중독 진단을 받았을 때 가장 좋은 방책은 무엇인가?
(a) 질병이 스스로 해결될 수 있는 시간을 주는 것
(b) 불안과 우울증으로 중독을 치료하는 것
(c) 질병에 대한 약물을 찾는 것
(d) 기쁨을 위해 사회 봉사에 참여하는 것

정답 시그널 for the sake of one's well-being, as well as that of loved ones, it is best to acknowledge the problem seriously and seek medical treatments or other practical solutions.
마지막 문제의 정답은 주로 본문의 마지막 문단에서 찾을 수 있다.

해설 본문 6단락에서 "for the sake of one's well-being, as well as that of loved ones, it is best to acknowledge the problem seriously and seek medical treatments or other practical solutions"(의학적 치료나 다른 실질적인 해결책을 찾는 것이 최선이다)를 근거로 정답은 (c)이다.

패러프레이징 seek medical treatments ➡ looking for medication | seek ➡ look for ≒ find(발견하다), get(구하다), search(수색하다), pursue(추구하다)

어휘 course of action 방책 look for ~를 찾다 medication 약물 sickness 질병 participate 참여하다 community service 사회봉사

6. In the context of the passage, source means _____.

(a) base   (b) authority
(c) origin   (d) direction

본문의 맥락에서 source는 _____를 의미한다.
(a) 기초, 기반   (b) 권한
(c) 기원, 원천   (d) 지시, 방향

해설 본문 1단락에서 "Admittedly, the Internet is an excellent source of information and entertainment."(인정하건대, 인터넷은 정보와 오락의 훌륭한 원천이다.)라는 문장의 source는 '기원, 원천'의 의미로 사용되었으므로 정답은 (c)이다.

7. In the context of the passage, fad means _____.

(a) alternative   **(b) temporary**
(c) chronic   (d) critical

본문의 맥락에서 fad는 _____를 의미한다.
(a) 대체할 수 있는   **(b) 일시적인**
(c) 만성의   (d) 비판적인

해설 본문 5단락에서 "Some believe Internet Addiction Disorder is a "fad illness" and say that it usually resolves itself on its own."(어떤 사람들은 인터넷 중독 장애가 '일시적인 유행병'이라 믿고 보통 스스로 해결된다고 말한다.)에서 fad는 '일시적으로 유행하는'의 의미로 사용되었으므로 정답은 (b)이다.

REVERSING EXTINCTION: THE MAMMOPHANT

Turn the clock back over 10,000 years and the earth would be a very different place. Some creatures would look very out of place in today's world. One of these creatures, the woolly mammoth, has been in the public imagination for a long time, but it may be making a comeback in the next few decades. Researchers believe this ancient creature could be used to help to solve modern climate change.

According to archeologists, the woolly mammoth existed across the world, from Africa to Asia to the Americas. Looking at the cave paintings from the Paleolithic Age, they are known to have interacted with prehistoric humans. Exactly why they went extinct still isn't known, but it is thought to be a combination of climate change and hunting.

The mammoths of Siberia helped to remove tree and vegetation cover, which kept the land cold, therefore reducing the temperature of the region. Once they were gone, the forests grew, thereby warming the area. It is hoped that if the mammoth can be brought back, they can restore the balance and help reduce the temperature once more.

Surprisingly, scientists can theoretically revive this lost species with the help of the mammoth's cousin, the elephant. Mammoth cadavers have been preserved in the ice over the centuries, also preserving their DNA. Scientists are now trying to splice together the DNA of the mammoth and the elephant to create a hybrid species that has been dubbed the "mammophant."

Many people have criticized the research, especially for the $15 million price tag. Many critics have said that the effect of bringing back the mammoth will not be a solution to global climate change. Others also say that since the time the mammoths went extinct 10,000 years ago, the earth has already corrected itself, meaning that reintroducing them could once again break down the ecosystem.

Regardless of the controversy, scientists said the project is very close to the stage of creating a viable embryo. The new creature won't be exactly like the ancient mammoths, but more of a hybrid. Even if we are not able to reintroduce mammoths, the technology for reviving extinct species could be very useful, as we are currently going through another mass extinction. Maybe other species long gone could be making a comeback.

1. Based on the article, what would be a benefit of the mammoth's comeback?

   (a) It will help us find extraterrestrial lifeforms.
   (b) It may bring back extinct species.
   (c) It would entertain the public worldwide.
   (d) It could troubleshoot the problem of global warming.

2. What is true about the mammoth?

   (a) It dwelled in a single region only.
   (b) It had contact with humans in the past.
   (c) It destroyed the forest ecosystem.
   (d) It became extinct for clear reasons.

3. According to the article, how could scientists create the mammophant?

   (a) by mixing the DNA of two different creatures together
   (b) by preserving elephants in the ice
   (c) by restoring the balance of the earth's temperature
   (d) by protecting endangered elephants

4. Which is NOT true about people's criticism toward the research?

   (a) It costs too much money to carry out the project.
   (b) It would not resolve the problem of global climate change.
   (c) It may provoke the breakdown of the ecosystem.
   (d) It will help correct the earth's issues immediately.

5. What will most likely happen if the project succeeds?

   (a) It will create the same mammoths as the ancient ones.
   (b) It will help revive extinct species in the future.
   (c) It will hinder technological advancement.
   (d) It will put existing species in danger.

6. In the context of the passage, comeback means _____.

   (a) resurrection
   (b) arrival
   (c) debut
   (d) opposition

7. In the context of the passage, preserved means _____.

   (a) continued
   (b) furnished
   (c) retained
   (d) planned

★ 정답 및 해설 p.46

DAY 12 PART 3 지식 백과

출제 경향

PART 3에서는 7문제(67~73번)가 출제되며, 사회, 역사, 과학, 생활, 문화, 예술, 생물 등 다양한 분야에 관련된 정보를 제공하는 백과사전식 지문이 나온다. 소재의 정의, 유래, 특징 및 근황 등이 순서대로 나오며, 정보 전달을 목적으로 하는 일반적인 설명 위주로 지문이 구성된다.

32~50점 목표를 위한 공략 Tip!

PART 3의 **첫번째 질문은 표제어의 정의나 유래를 묻는 문제가 고정적으로 출제**된다. 첫번째 질문의 키워드는 첫 문단에 숨겨져 있을 확률이 매우 높으므로 첫번째 문제를 꼭 맞히도록 하자!

지텔프 독해 영역은 **지문에 언급된 순서대로 문제가 출제**된다. 문제를 읽고 키워드를 먼저 파악한 후, 지문에서 키워드를 찾고 정답의 근거가 되는 문장을 찾으면 쉽게 문제를 풀 수 있다. 자주 출제되는 문제 유형을 반드시 익혀 두자!

 PART 3 **지식 백과**

주제

글의 소재나 주제 또는 소재의 유래를 묻는 문제

What is the article **mainly about**?
기사는 주로 무엇에 관한 것인가?

What is the **origin** of the word 'hamburger'?
'햄버거'라는 단어의 기원은 무엇인가?

세부 사항

특징, 정의, 유명한 이유 등 소재의 세부적인 것을 묻는 문제

Who was the first player ever to use the program?
그 프로그램을 가장 처음으로 사용한 선수는 누구인가?

When was the first social media site established?
첫 소셜 미디어 사이트는 언제 설립되었는가?

추론

소재에 대해 언급된 내용을 바탕으로 추론하는 문제

What will the emperor penguins **probably** to eat during the harsh weather?
혹독한 날씨 동안에 황제펭귄은 무엇을 먹을 것 같은가?

Why **most likely** the composer left Munich?
왜 그 작곡가는 뮌헨을 떠났을 것 같은가?

> 추론 문제는 적어도 한 문제 이상 꼭 출제된다!

사실 관계

소재와 관련된 내용의 사실 여부를 묻는 문제

Based on the article, what is **NOT true** about the Taj Mahal?
기사에 따르면, 타지마할에 관해 사실이 아닌 것은 무엇인가?

Which of the following is **NOT true** about Pluto?
명왕성에 관해 사실이 아닌 것은 무엇인가?

*빈출

❶ 유래

[유래하다]

come from (나오다), be derived from (파생되다), stem from (생기다), originate from (유래하다), taken from (가져오다)

[명명하다]

be named after (~의 이름을 따서 붙이다), be dubbed/called (~라고 불리다), be designated (~로 지정되다)

❷ 생성*

create (창조하다), manufacture (제작하다), produce (생산하다), set up (세우다), establish (설립하다), found (창립하다), build (짓다), construct (건설하다). design (고안하다), erect (건립하다), organize (조직하다), form (조직하다), constitute (이루다)

❸ 특징

[특징/성격]

character (성격), feature (특징), trait (특성), quality (특색), special (특별한 것), peculiarity (특성. 특이한 점)

[설명하다]

explain (설명하다), make ~ clear (분명히 하다), account (간주하다), interpret (해석하다. 이해하다)

[표현하다/묘사하다]

describe (자세히 설명하다), depict (묘사하다), show (나타내다), portray/represent (표현하다), illustrate (예를 들어 설명하다), express (표출하다)

❹ 동물

abdomen (복부), antenna (더듬이), beak (부리), claw (발톱), fin (지느러미), fungus (균류), muzzle (주둥이), nostril (콧구멍), organism (생물체), predator (포식동물), prey (먹잇감), snout (주둥이), thorax (흉부), tongue (혀), trunk (코), tusk (상아), scales (비늘), shell (껍질. 껍데기), spiracle (숨구멍), whisker (수염), cold-blooded (냉혈 동물의), warm-blooded (온혈 동물의), amphibian (양서류), fish (어류), mammal (포유류), reptile (파충류), arthropod (절지동물), vertebrate (척추동물), invertebrate (무척추동물), species (종)

❺ 식물

berry (산딸기류 열매), botany (식물학), cone (원뿔형 열매), nectar (꿀), pollen (꽃가루), pollination (수분), root (뿌리), seed (씨앗), stem/trunk (줄기), bloom (피다), germinate (싹트다), plant (식물; 심다), spread (퍼뜨리다), sprout (발아하다)

❻ 컴퓨터

app(lication) (앱. 응용 프로그램), arcade (전자오락실), connection (접속), console (콘솔), display (화면), electronic (전자의), input (입력). output (출력), laptop (노트북), remote (원격의), search engine (검색 엔진), security (보안), telecommunications (원거리 통신), text (문서. 문자), virtual (가상의), visual (시각의), wireless (무선의)

❼ 우주

asteroid (소행성), astronaut (우주 비행사), astronomer (천문학자), atmosphere (대기), atom (원자), comet (혜성), oxygen (산소), constellation (별자리), cosmic dust (우주 먼지), cosmos (우주), crater (분화구), eclipse (식(蝕); 가리다), galaxy (은하), gravity (중력), hemisphere (반구), light year (광년), meteor (유성), meteorite (운석), Milky Way (은하수), observatory (관측소), orbit (궤도), planet (행성), plasma (플라스마), satellite (위성), shooting star (별똥별),

space station (우주 정거장), telescope (망원경), universe (우주)

⑧ **예술**

[미술]

cubism (입체파), decoration (장식), drawing/painting (그림), exhibition (전시회), expressionism (표현주의), fine arts (순수 예술), impressionism (인상주의), landscape (조경), modern (현대의), perspective (관점), pigment (색소), portrait (초상화), sculpture (조각품), solvent (용매), statue (동상), surrealism (초현실주의), symbolism (상징주의), trace (밑그림)

[음악]

beat (박자), classical (클래식의), composer (작곡가), conductor (지휘자), harmony (화성. 조화), improvisation (즉흥곡), lyric (가사), maestro/master (대가), marching band (행진 악대), masterpiece (걸작), melody (선율), musical instrument (악기), note (음. 음표), percussion (타악기), piece (작품), score (악보), stringed instrument (현악기), vocal (보컬; 목소리의), wind instrument (관악기)

⑨ **역사/사회**

abolitionist (폐지론자), advocate (옹호자), ally (동맹국), armistice (휴전 협정), assets (자산), blockade (봉쇄), cabinet (내각), capital (자본), chancellor (총리), Cold War (냉전), colonization (식민지화), compromise (타협), democracy (민주주의), dictator (독재자), diplomacy (외교), emigrant ((타국으로의) 이민자), federalist (연방주의자), free trade (자유 무역), illegitimacy (불법), immigrant ((타국에서 온) 이민자), impeachment (탄핵), imperialism (제국주의), inauguration (취임(식)), internationalism (국제주의), medieval (중세의), Middle Ages (중세 시대), militarism (군국주의), monopoly (독과점). nationalism (민족주의), neutrality (중립성), pacifist (평화주의자), premier (총리),

progressivism (진보주의), prohibition (금지(법)), Puritan (청교도(의)), republic (공화국), royal charter (왕실 헌장), sovereignty (주권), surveillance (감시), tariff (관세), tax (세금), treaty (조약), urbanization (도시화)

구성	YouTube	유튜브
[소개 및 유래] 유튜브 소개	[1)]YouTube is an online video-sharing and social media platform where people can create and upload their own videos to share with others. Created by Steve Chen, Chad Hurley, and Jawed Karim, it was released on Valentine's Day 2005. Now it is owned by Google and has become the second most visited website after Google.	[1)]유튜브는 다른 사람들과 공유하기 위해 자신들만의 영상을 만들어내고 업로드 할 수 있는 온라인 영상 공유 및 소셜 미디어 플랫폼이다. 스티브 천, 채드 헐리, 자베드 카림에 의해 만들어진 유튜브는 2005년 밸런타인데이에 공개되었다. 현재 유튜브는 구글이 소유하고 있고 구글에 이어 두번째로 많이 방문되는 웹사이트가 되었다.
[등장 배경] 탄생 배경	According to Hurley and Chen, the original concept for YouTube was a video version of an online dating service, but they came up with the idea for YouTube after they had difficulty sharing videos with each other. On the other hand, [2)]Karim claims that the inspiration for YouTube first arose from the halftime show of the National Football League's final game, the Super Bowl, in 2005 when he couldn't find the clip online, which basically led to the idea of creating a video-sharing site.	헐리와 천에 따르면, 유튜브에 관한 최초의 구상은 온라인 데이트 서비스의 영상 버전이었는데, 그들이 서로 영상을 공유하는 데 어려움을 겪은 후 유튜브에 대한 아이디어를 생각해냈다고 한다. 반면에, [2)]카림은 2005년에 전미 미식 축구 연맹(NFL) 결승 경기인 슈퍼볼의 하프타임쇼 영상을 온라인에서 찾을 수 없었을 때 유튜브에 대한 영감이 처음으로 떠올랐으며, 이것이 기본적으로 영상 공유 사이트를 만들자는 아이디어로 이어졌다고 주장한다.
[특징 1] 인수 및 합병	In October 2006, YouTube was acquired by Google for $1.65 billion. After the acquisition, Google changed its business model to no longer be the only entity to make revenue from advertisements. [3)]It approved its video content creators to participate in Google's AdSense program to produce more revenue for both creators and YouTube.	2006년 10월, 유튜브는 구글에 16억 5천만 달러에 인수되었다. 인수 후, 구글은 광고에서 수익을 내지 않는 유일한 기업이 되지 않도록 사업 모델을 바꿨다. [3)]구글은 영상 콘텐츠 크리에이터들과 유튜브 모두가 더 많은 수익을 창출할 수 있도록 구글의 애드센스 프로그램에 참여하도록 승인했다.
[특징 2] 서비스 특징	Also, it has begun to offer [6)]exclusive content and expanded its service by linking with other services. These include collaborations between corporate sponsors and media corporations, such as Disney and Warner Media.	또한, [6)]독점 콘텐츠를 제공하기 시작했고, 다른 서비스와 연계하여 서비스를 확장했다. 여기에는 기업 스폰서와 디즈니와 워너 미디어 같은 미디어 기업 간의 협업도 포함된다.

[특징 3] 서비스 종류	4)Today, YouTube has various categories including music videos, movie trailers, video clips, animations, paid movies, documentaries, audio recordings, and so on. More than a billion users 7)collectively watch YouTube videos every day. In fact, more than 500 hours of videos were reportedly uploaded per minute in 2019.	4)오늘날, 유튜브에는 뮤직 비디오, 영화 예고편, 비디오 클립, 애니메이션, 유료 영화, 다큐멘터리, 음성 녹음 등을 포함한 다양한 범주들이 있다. 10억 명 이상의 사용자들은 매일 7)집단적으로 유튜브 동영상을 시청한다. 실제로, 2019년에는 분당 500시간 이상의 동영상이 업로드된 것으로 알려졌다.
[현황 및 단점] 비판점 및 영향	On the flip side, despite its growth and success, YouTube has been widely criticized by many people. 5)They warn that it could spread misinformation, violate copyright issues, infringe on personal privacy, and endanger children's safety and well-being. However, there is no doubt that its unprecedented social impact has been accepted as a popular trend and a new culture for all generations.	반면, 유튜브의 성장과 성공에도 불구하고, 유튜브는 많은 사람들에 의해 널리 비판을 받아왔다. 5)그들은 그것이 잘못된 정보를 퍼뜨리고, 저작권 문제를 침해하고, 개인의 사생활을 침해하며, 아이들의 안전과 행복을 위험에 빠뜨릴 수 있다고 경고한다. 하지만, 그것의 전례 없는 사회적 영향이 모든 세대를 위한 대중적인 유행이자 새로운 문화로 받아들여지고 있다는 것에는 틀림이 없다.

어휘

release 공개하다, 발표하다 own 소유하다 original 최초의, 원래의 concept 구상, 개념 version 버전, 판 come up with ～를 생각해내다 have difficulty ～ing ～하는데 어려움을 겪다 on the other hand 반면에, 한편 claim 주장하다 inspiration 영감 arise 생기다, 발생하다 clip 짧은 영상 basically 기본적으로 lead to ～로 이어지다 acquire 인수하다, 획득하다 billion 10억 acquisition 인수, 획득 no longer 더 이상 ～아닌 entity (독립적인) 개체, 기업 revenue 수익, 수입 advertisement 광고 approve 승인하다, 찬성하다 creator 창작자, 크리에이터 participate 참여하다, 참가하다 party 측, 당사자 offer 제공하다, 권하다 exclusive 독점적인, 전용의 content 콘텐츠, 내용물 link 연결시키다, 관련시키다 collaboration 공동 제작, 합작 corporate 기업의, 회사의 sponsor 광고주, 후원자 corporation 기업, 법인 various 다양한 category 범주 trailer 예고편 paid 유료의 documentary 다큐멘터리 audio 음성(의) recording 녹음 and so on ～등(등) collectively 집단적으로, 공동으로 reportedly 알려진 바로는, 전하는 바에 따르면 per ～마다 on the flip side 반면 despite ～에도 불구하고 growth 성장 success 성공 widely 널리, 크게 criticize 비판하다, 비난하다 warn 경고하다 spread 퍼뜨리다 misinformation 잘못된 정보, 허위 정보 violate 침해하다, 어기다 copyright 저작권 infringe on ～을 침해하다, 위반하다 personal privacy 개인 사생활 endanger 위험에 빠뜨리다 safety 안전 well-being 행복, 웰빙 no doubt 틀림없이, 반드시 unprecedented 전례 없는 social 사회적인, 사회의 impact 영향 accept 받아들이다, 수용하다 popular 대중적인 generation 세대

1. Based on the article, what best describes YouTube?

   (a) a social media website created by Google
   (b) the most visited website in the 21st century
   (c) a well-known video-distributing website
   (d) a company created by three software professionals

2. When did the founders create YouTube?

   (a) while they were working for the same company
   (b) after they experienced sharing a few videos with their clients
   (c) after they watched a sports-related show on television
   (d) while they were running an online dating website

3. Which of the following happened after Google purchased YouTube?

   (a) It had an increase in revenue by $1.65 billion in 2006.
   (b) It started to generate profits for both YouTube and its creators.
   (c) It invested more money to upgrade the AdSense program.
   (d) It began to merge with sound-related businesses.

4. According to the article, what probably would NOT appear on YouTube?

   (a) an online shopping mall
   (b) a short clip of an upcoming movie
   (c) a feature-length film about the Korean War
   (d) an up-to-date song by an amateur singer

5. Based on the article, why most likely do many people blame YouTube?

   (a) because many celebrities will lose their jobs
   (b) because people spend too much time watching YouTube
   (c) because it has a possibility of dispersing misinformation
   (d) because children want to become YouTube creators

6. In the context of the passage, <u>exclusive</u> means _____.

   (a) controversial
   (b) limited
   (c) engaged
   (d) unique

7. In the context of the passage, <u>collectively</u> means _____.

   (a) simultaneously
   (b) jointly
   (c) unanimously
   (d) accordingly

☞ **what / best describes / Y (무엇 / 가장 잘 묘사 / Y)**   `세부사항`

1. Based on the article, what best describes YouTube?

   (a) a social media website created by Google
   (b) the most visited website in the 21st century
   (c) a well-known video-distributing website
         └ online video-sharing platform
   (d) a company created by three software professionals

기사에 따르면, 무엇이 유튜브를 가장 잘 묘사 하는가?

(a) 구글이 만든 소셜 미디어 웹 사이트
(b) 21세기에 가장 많이 방문된 웹사이트
(c) 잘 알려진 영상 공유 웹사이트
(d) 세 명의 소프트웨어 전문가에 의해 만들어 진 회사

`정답 시그널` 첫번째 문제는 첫 문단에서 출제되었을 확률이 높다.

`해설` 본문 1단락의 "YouTube is an online video-sharing and social media platform where people can create and upload their own videos to share with others."(유튜브는 다른 사람들과 공유하기 위해 자신들만의 영상을 만들어내고 업로드할 수 있는 온라인 영상 공유 및 소셜 미디어 플랫폼이다.)를 근거로 정답은 (c)이다. 참고로 (a)는 구글에 의해 만들어 진 것이 아니기 때문에 오답이고, (b)는 유 튜브가 구글 다음으로 많이 방문된 웹사이트이기 때문에 오답이며, (d)에 대한 근거는 본문에서 찾을 수 없으므로 오답이다.

`패러프레이징` online platform ➡ website ≒ site(사이트), server(서버), internet/web/online page(인터넷/웹/온라인 페이지)

`어휘` describe 묘사하다 video-distributing 영상을 공유하는 professional 전문가

☞ **when / founders / create / Y (언제 / 설립자 / 만들다 / Y)**   `사실관계`

2. When did the founders create YouTube?

   (a) while they were working for the same company
   (b) after they experienced sharing a few videos with their clients
   (c) after they watched a sports-related show **on television**
         └ National Football League's final game
   (d) while they were running an online dating website

설립자들은 언제 유튜브를 만들었나?

(a) 같은 회사에서 일하는 동안
(b) 고객들과 몇 개의 비디오를 공유하는 것을 경험한 후
(c) 텔레비전에서 스포츠 관련 쇼를 시청한 후
(d) 온라인 데이트 사이트를 운영하는 동안

`정답 시그널` creating a video-sharing site, National Football League's final game

`해설` 본문 2단락에서 "Karim claims that the inspiration for YouTube first arose from the halftime show of the National Football League's final game, the Super Bowl, in 2005 when he couldn't find the clip online, which basically led to the idea of creating a video-sharing site."(카림은 2005년에 전미 미식 축구 연맹(NFL) 결승 경기인 슈퍼볼의 하프타임쇼 영상을 온라인 으로 찾을 수 없었을 때 유튜브에 대한 영감이 처음으로 떠올랐으며, 이것이 기본적으로 비디오 공유 사이트를 만들자는 아이디어로 이어졌다고 주장한다.) 를 근거로 정답은 (c)이다. 참고로 (a)의 근거는 본문에서 찾을 수 없고, (b)는 설립자들 사이에 일어난 일이므로 오답이며, (d)는 그들이 온라인 데이트 웹사이트를 구상할 뿐 직접 운영하는 중이었다는 근거는 찾을 수 없으므로 오답이다.

`패러프레이징` game ➡ sports show(스포츠 쇼) ≒ match(경기), competition(시합), contest(대회), tournament(토너먼트)

`어휘` founder 설립자, 창립자 client 고객 sports-related 스포츠와 관련된 run 운영하다

which / happened / G / purchased / Y (어느 것 / 발생했다 / G / 매입 / Y)

3. Which of the following happened after Google purchased YouTube?

(a) It had an increase in revenue by $1.65 billion in 2006.

(b) It started to generate profits for both
　　　　　 └ produce more revenue

　　　YouTube and its creators.

(c) It invested more money to upgrade the AdSense program.

(d) It began to merge with sound-related businesses.

구글이 유튜브를 매입한 후 다음 중 어떤 일이 발생했는가?

(a) 2006년에 16억 5천만 달러의 수익 증가가 있었다.

(b) 유튜브와 크리에이터 모두를 위해 수익을 창출하기 시작했다.

(c) 애드센스 프로그램을 업그레이드하기 위해 더 많은 돈을 투자했다.

(d) 음향 관련 사업체들과 합병하기 시작했다.

정답 시그널 YouTube was acquired by Google, produce more revenue

해설 본문 3단락에서 "It approved its video content creators to participate in Google's AdSense program to produce more revenue for both creators and YouTube."(구글은 영상 콘텐츠 크리에이터들과 유튜브 모두가 더 많은 수익을 창출할 수 있도록 구글의 애드센스 프로그램에 참여하도록 승인했다.)를 근거로 정답은 (b)이다. 참고로 (a)의 $1.65 billion는 구글이 유튜브를 인수한 금액이므로 오답이고, (c)와 (d) 모두 본문에서 근거를 찾을 수 없는 내용으로 오답이다.

패러프레이징 produce more revenue ➡ generate profits | produce ≒ generate(발생하다), make(만들다), spawn(낳다), develop(개발하다), bring about(가져오다), achieve(달성하다), engender(불러일으키다) | revenue ≒ profit, return(수익), sales(매출), earnings(수입), income(소득), returns(답례)

어휘 increase 증가 revenue 수익 billion 10억 generate 창출하다 profit 수익 invest 투자하다 merge 합병하다

---

 what / probably / NOT appear / Y (무엇 / 추론 / 나오지 X / Y)

4. According to the article, what probably would NOT appear on YouTube?

(a) an online shopping mall

(b) a short clip of an upcoming movie
　　 └ movie trailers

(c) a feature-length film about the Korean War
　　 └ paid movies

(d) an up-to-date song by an amateur singer
　　 └ audio recordings

기사에 따르면, 무엇이 유튜브에 나오지 않을 것 같은가?

(a) 온라인 쇼핑몰
(b) 곧 개봉될 영화의 짧은 영상
(c) 한국 전쟁을 다룬 장편 영화
(d) 아마추어 가수의 최신 노래

해설 본문 4단락의 "Today, YouTube has various categories including music videos, movie trailers, video clips, animations, paid movies, documentaries, audio recordings, and so on."(오늘날, 유튜브에는 뮤직 비디오, 영화 예고편, 비디오 클립, 애니메이션, 유료 영화, 다큐멘터리, 음성 녹음을 포함한 다양한 범주들이 있다.)에서 (b)는 video clips와 movie trailers에 해당하고 (c)는 paid movies에 해당하며, (d)는 audio recordings에 해당한다. 그러므로 본문에서 찾을 수 없는 (a)가 정답이다.

패러프레이징 movie trailers ➡ short clip of an upcoming movie / paid movies ➡ feature-length film / audio recordings ➡ up-to-date song

어휘 clip 짧은 영상, 장면 upcoming 곧 있을, 다가오는 feature-length film 장편 영화 up-to-date 최신의 amateur 아마추어

5. Based on the article, <u>why most likely</u> do many people <u>blame</u> YouTube?
  criticize

(a) because many celebrities will lose their jobs
(b) because people spend too much time watching YouTube
(c) because it has a possibility of dispersing **misinformation**
  spread
(d) because children want to become YouTube creators

(a) 많은 연예인들이 직업을 잃을 것이기 때문에
(b) 사람들이 유튜브를 보는 데 너무 많은 시간을 쓰기 때문에
(c) 잘못된 정보를 퍼뜨릴 가능성이 있기 때문에
(d) 아이들이 유튜브 크리에이터가 되고 싶어하기 때문에

정답 시그널 YouTube has been widely criticized by many people

해설 본문 6단락의 "They warn that it could spread misinformation, violate copyright issues, infringe on personal privacy, and endanger children's safety and well-being."(그들은 그것이 잘못된 정보를 퍼뜨리고, 저작권 문제를 침해하고, 개인의 사생활을 침해하며, 아이들의 안전과 행복을 위험에 빠뜨릴 수 있다고 경고한다.)를 근거로 정답은 (c)이다. (a), (b), (d)는 근거를 본문에서 찾을 수 없는 내용이므로 오답이다.

패러프레이징 spread misinformation ➡ dispersing misinformation | spread ➡ disperse ≒ scatter(분산시키다), distribute(분배하다), circulate(유통하다), disseminate(퍼뜨리다) | criticize ➡ blame ≒ judge(비판하다), condemn(비난하다), castigate(혹평하다), chastise(꾸짖다)

어휘 blame 탓하다 celebrity 연예인 lose 잃다 possibility 가능성 disperse 퍼트리다 misinformation 잘못된 정보

6. In the context of the passage, <u>exclusive</u> means _____.

(a) controversial
(b) limited
(c) engaged
(d) unique

(a) 논란이 있는 **(b) 제한된**
(c) 바쁜 (d) 독특한

해설 본문 4단락에서 "Also, it has begun to offer <u>exclusive</u> content and expanded its service by linking with other services."(또한 독점 콘텐츠를 제공하기 시작했고, 다른 서비스와 연계하여 서비스를 확장했다.)에서 exclusive은 '독점적인'의 의미로 사용되었고 '(사용 범위가) 제한된'이란 뜻의 (b) limited가 맥락상 의미가 통하므로 정답이 된다.

7. In the context of the passage, <u>collectively</u> means _____.

(a) simultaneously
(b) jointly
(c) unanimously
(d) accordingly

(a) 동시에 **(b) 함께**
(c) 만장일치로 (d) 이에 따라

해설 본문 5단락에서 "More than a billion users <u>collectively</u> watch YouTube videos every day."(10억 명 이상의 사용자들은 매일 집단적으로 유튜브 동영상을 시청한다.)라는 문장의 collectively는 '집단적으로, 함께'의 의미로 사용되었으므로 정답은 (b)이다.

THE KIWI

The kiwi is a flightless bird native to New Zealand. It is also possibly the smallest living ratite on the planet. Recent studies suggest that it is a <u>descendant</u> of the extinct elephant bird of Madagascar and is a close relative to the emu and the cassowary of Australia, and the extinct moa of New Zealand.

The Māori, indigenous Polynesian people of mainland New Zealand, used the word "kiwi" as the name of the bird because of the sound that it makes. They traditionally believed that the kiwi was under the protection of Tāne Mahuta, the god of the forest, and considered themselves the birds' guardians.

The kiwi seems to be covered in fur, but it actually has thin, hair-like feathers, along with a pear-shaped body. Its wings have degenerated, leaving it with wings the size of an adult human's thumb. It is nocturnal and mainly feeds on insects, small reptiles, and earthworms by detecting the prey with its nostrils at the end of its beak. A kiwi can live for between 25 and 50 years, grow up to 35 to 45 cm, and weigh 0.8 to 1.9 kg depending on the species. A female kiwi lays its eggs one at a time, which can weigh up to one-quarter the weight of the female.

All kiwi species have been listed as vulnerable or threatened due to deforestation and hunting. However, their habitats are well-protected by the government, and a lot of dedicated local groups are helping to prevent kiwis from becoming extinct. In fact, the greatest threats to their survival today are the loss of genetic diversity, inbreeding, and increases in <u>invasive</u> predators such as stoats, ferrets, cats, and dogs.

In New Zealand, the kiwi is more than just a bird. It is recognized as an icon of New Zealand, and it is even a colloquial expression that New Zealanders use to refer to themselves. Also, the kiwi fruit was originally known as the Chinese gooseberry, but its name was changed later for global exports because it resembles a kiwi bird. However, many of those who are not familiar with the kiwi bird mistakenly believe that the name of the kiwi bird is derived from the fruit.

1. What makes the kiwi different from other birds?

   (a) It does not have the ability to travel with wings.
   (b) It could be the world's smallest living thing.
   (c) It is called by a different name in Australia.
   (d) It is the first bird that ever lived in New Zealand.

2. According to the article, how did the kiwi get its name?

   (a) from a fruit that looks similar
   (b) from the noise that it makes
   (c) from a myth of a native god
   (d) from the name of a local forest

3. Which of the following is NOT true about the kiwi?

   (a) It has a fruit-shaped body with thin feathers.
   (b) It usually hunts its prey after the sun sets.
   (c) It does not possess any wings due to evolution.
   (d) It has varied sizes depending on the species.

4. What, most likely, is the main reason for the kiwi's decline in number?

   (a) There are too few species left now.
   (b) Deforestation is damaging its habitat.
   (c) Humans illegally hunt them for food.
   (d) It is attacked by various foreign mammals.

5. Why did New Zealanders probably change the name of the Chinese gooseberry to the kiwi?

   (a) to make the kiwi bird an emblem of the country
   (b) to import them from China at a reasonable price
   (c) to boost exports by its similarity to the kiwi bird
   (d) to acknowledge the kiwi bird internationally

6. In the context of the passage, descendant means _____.

   (a) heir
   (b) offspring
   (c) seed
   (d) product

7. In the context of the passage, invasive means _____.

   (a) rich
   (b) violent
   (c) relative
   (d) foreign

★ 정답 및 해설 p.51

DAY 13 PART 4 비즈니스 레터

출제 경향

PART 4에서는 7문제(74~80번)가 출제되며, 짧은 비즈니스 서신이 나온다. 업무에 대한 문의, 협조 요청, 제안, 또는 행사 홍보, 상품 설명, 인사 채용 등 다양한 주제가 출제된다. 받는 사람의 정보부터 시작하여, 편지를 쓴 목적과 용건, 상황 설명에 이어 마무리 인사 및 보내는 사람의 정보까지 순서대로 지문이 구성된다.

32~50점 목표를 위한 공략 Tip!

PART 4의 **첫번째 질문은 편지를 쓴 목적을 묻는 문제가 고정적으로 출제**된다. 첫번째 질문의 키워드는 첫 문단의 핵심 내용을 보고 바로 판단할 수 있지만, 전체적인 글을 읽고 풀어야 할 경우도 있어서 첫 문단을 읽고 바로 답이 안 보이더라도 당황하지 않고 전체적인 맥락을 읽고 꼭 맞히도록 하자!

지텔프 독해 영역은 **지문에 언급된 순서대로 문제가 출제**된다. 문제를 읽고 키워드를 먼저 파악한 후, 지문에서 키워드를 찾고 정답의 근거가 되는 문장을 찾으면 쉽게 문제를 풀 수 있다. 자주 출제되는 문제 유형을 반드시 익혀 두자!

 **비즈니스 레터**

목적

보내는 이가 편지를 쓴 목적을 묻는 문제

Why did Mr. Hudson **write/send a letter** to the manager?
허드슨 씨는 왜 매니저에게 편지를 썼는가/보냈는가?

What is the **purpose** of Linda's **letter**?
린다의 편지의 목적은 무엇인가?

> 첫 문제로 목적 문제가 자주 출제된다!

세부 사항

편지에 나온 사건, 행사, 또는 그 과정 등에 대한 세부적인 것을 묻는 문제

What was **the problem** that popped up during the exhibition?
전시 중 갑자기 생긴 문제는 무엇이었는가?

Where is the location for the next conference?
다음 회의의 장소는 어디인가?

추론

편지에 나와 있는 내용을 토대로 추론을 하는 문제

Based on the letter, who would Kate **probably** ask about the promotion system? 편지에 따르면, 케이트는 승진 제도에 대해 누구에게 물어볼 것 같은가?

According to the letter, when would Isaac **likely** request a book?
편지에 따르면, 아이작은 언제 도서를 신청할 것 같은가?

사실 관계

편지에 나와 있는 내용에 대한 사실 여부를 묻는 문제

Which of the following is **true** about the annual event?
다음 중 그 연례 행사에 관해 옳은 것은 무엇인가?

Which is **NOT true** about the form M82?
M82 양식에 관해 옳지 않은 것은 무엇인가?

*빈출

① 목적/의도*

announce (발표하다), notify (통보하다), inform (알리다), let *sb* know (~에게 알리다), in response to (~에 대한 답변으로), would like to (~하고 싶다)

② 문제/실수*

[문제]

issue (쟁점), matter (사안), trouble (골칫거리), difficulty (어려움), obstacle (장애물), challenge (과제)

[실수]

mistake (실수), error (오류), flaw (결점), glitch (사소한 결함), setback (차질), miscue (잘못), miscalculation (계산 착오), inaccuracy (부정확함), blunder (중대한 과실)

③ 해결하다*

handle (대처하다), deal with (처리하다), solve/resolve (해결하다), address (다루다), troubleshoot (조정하다), fix (해결하다), correct (바로잡다)

④ 요청*

can/could/will/would you ~? (~할/해줄 수 있나?), why don't/how about ~? (~는 어떤가?), ask for (부탁하다), demand (요구하다), request (요청하다), call for (호소하다), seek (추구하다), urge (촉구하다), solicit (간청하다)

⑤ 당부 및 편지 마무리*

expect (예상하다), look for/forward to (고대하다), desire/crave (열망하다), yearn (간절히 바라다), contact (연락하다), reply (답장하다), get/keep in touch (연락하며 지내다), reach (연락하다)

⑥ 행사

seminar/presentation (발표회), session (기간), lecture (강의), convention (총회), fair/expo/exposition (박람회), symposium (학술 토론회), introduction course (입문 과정), outing/excursion (소풍), retreat (휴양지), luncheon (오찬), catering (출장요리), farewell party (송별회), welcome reception (환영회), charity/fundraiser (기금 모금 행사), display/exhibit/exhibition (전시회), show/performance (공연), feast/banquet (연회), gala (경축 행사), anniversary (기념일), celebration/commemoration (기념 행사)

⑦ 감정

aggravated (화난), alarmed (우려하는), amazed (놀란), annoyed (짜증난), anxious (걱정하는), attracted (매료된), awful (끔찍한), bewildered (어리둥절한), bold (대담한), cautious (신중한), cheerful (쾌활한), comfortable (편안한), confused (혼란스러운), delightful (기분 좋은), depressed (우울한), disappointed (실망한), discouraged (기가 꺾인), distracted (산만해진), disturbed (동요된), dreadful (끔찍한), easygoing (느긋한), embarrassed (당황스러운), encouraged (고무된), exhausted (기진맥진한), fascinated (매료된), frustrated (좌절된), horrified (몸서리 쳐지는), intelligent (총명한), irritated (짜증이 나는), overwhelmed (압도된), proud (자랑스러운), puzzled (당황스러운), reluctant (꺼림칙한), satisfied (만족하는), settled (안정된), tearful (눈물 어린), terrible (형편없는), thrilled (흥분된)

⑧ 제품

[상태]

brand-new (완전 새것인), advanced (고급의), high-tech (첨단 기술의), state of the art/cutting edge (최첨단의), up-to-date (최신의)

[가격]

low price (저가의), inexpensive (비싸지 않은), affordable (살 만한 가격의), reasonable (적정한), competitive (가격 경쟁력이 있는), complimentary (무료의), at no extra/additional cost (추가 비용 없이)

[크기]

compact (소형의), micro (초소형의), fine (미세한), minute (극히 작은), detailed (정교한), light(weight) (가벼운), oversized (특대의)

[특징]

user friendly (사용하기 쉬운), easy to store (보관하기 쉬운), portable (휴대용의), mobile (이동식의), tough (단단한), durable (내구성이 좋은), long-lasting (오래 지속되는), tolerant (내성이 있는), proof/resistant (잘 견디는), withstand (잘 견디다)

[기타]

customized/personalized/tailored (맞춤형의), limited (한정된), exclusive/private (전용의), tentative/temporary (임시의), effective (시행되는), valid (유효한), remote (원격의)

⑨ 구매

[구매]

purchase (구매하다), carry (상품을 취급하다), cover (비용을 치르다), out of stock/sold out (품절된), compensate (보상하다), reimburse (상환하다), redeem (교환하다), receipt (영수증), proof of purchase (구매 증거), unavailable (이용할 수 없는), expired (만료된)

[할인]

discount/price reduction (할인), special offer/sale/deal (특가), on sale (할인 중인), off (할인하여), clearance sale (재고정리 세일), bargain sale (염가 판매), markdown (가격 인하), voucher/gift certificate (상품권)

[광고]

ad/advertisement (광고), promotion (홍보), endorsement (선전), flyer/leaflet (광고 전단지)

[배송]

delivery (배달), shipping (운송), express (속달의), overnight (익일의), rush (급히 수송하다), expedite (신속히 처리하다)

⑩ 인사/채용

[인사]

personnel/human resources(HR) (인사팀), position (직책), post (게시하다), (job) opening/open position/vacancy (공석), understaffed/short-handed (인원이 부족한), pay/salary/wage (급여), earnings (소득), allowance (수당), employee benefit (복리 후생), move up (승진하다), promotion/advancement (승진), result/performance (성과), review (보고서), evaluation/assessment (평가), contribution/dedication/devotion (헌신), resign (사직하다), retire (은퇴하다), move/transfer/relocate (전근 가다), be worth (가치가 있다), deserve (~할 자격이 있다), be entitled to (~할 권리가 있다), be recognized for (~로 인정받다), be honored (명예를 얻다), branch/satellite office (지사), headquarters/head office (본사), set up/put together/organize (준비하다)

[채용]

résumé (이력서), cover letter (커버 레터), reference/recommendation letter (추천서), fill out (작성하다), complete (기입하다), application (신청서), candidate/applicant (지원자), successful candidate (합격자), apply for (신청하다), turn in/submit (제출하다), send/forward/direct (보내다), requirement/requisite (필요 조건), qualification/eligibility/entitlement (자격), accept/decline a job offer (일자리 제안을 승인/거절하다), degree (학위)

구성		
[받는 사람]	Ms. Samantha Pedini Argon Libre Corporation 92 East Way Cape Town, South Africa 6644	사만사 페디니 아르곤 리브르 사 이스트웨이 92번지 남아프리카 케이프 타운 6644
[서론] 목적, 용건	Dear Ms. Pedini: 1)This is to notify you that you have been accepted for a position in Argon Libre Corporation's 3-month internship program. You will start on Wednesday, July 1. However, 2)we can adjust the exact starting day if you have other obligations, so simply let me know by either texting or calling (042) 382-4030.	페디니 씨께: 1)이것은 당신이 아르곤 리브르 사의 3개월 인턴십 프로그램에 합격했음을 알려 드리기 위한 것입니다. 당신은 7월 1일 수요일에 시작할 것입니다. 하지만, 2)당신에게 다른 할 일이 있다면 정확한 시작일을 조정할 수 있으므로, (042) 382-4030으로 문자나 전화를 통해 알려만 주세요.
[본론 1] 오전에 할 일	On the morning of your first day, visit the human resources office with this job offer letter, and 3a)you will have to sign and date it in front of a personnel employee. 3b)You will also need to 6)turn in a copy of your driver's license or passport, so please don't forget to bring them. The whole registering process, including making your access card and 3c)fingerprint registration, will take approximately two hours.	첫날 아침에 이 채용공고장을 가지고 인사부에 방문하면, 3a)인사과 직원 앞에서 서명을 하고 날짜를 기입하셔야 할 것입니다. 3b)운전면허증이나 여권 사본도 6)제출해야 하니, 부디 그것들을 가져오는 것을 잊지 마세요. 출입 카드를 만드는 것과 3c)지문 등록을 포함한 모든 등록 절차는 약 2시간이 걸릴 것입니다.
[본론 2] 오후에 할 일	3d)In the afternoon, you will be guided by a mentor, the senior director of the finance department. He will take you to the cafeteria and have lunch with you, so don't hesitate to ask him any questions. 4)After lunch, he will briefly show you around the facilities and take you to your desk.	3d)오후에는, 재무부의 상급 담당자인 멘토에게 안내를 받을 것입니다. 그가 당신을 구내식당으로 데려가 점심을 같이 먹을 것이므로, 주저하지 말고 그에게 어떤 질문이라도 물어보세요. 4)점심 식사 후, 그는 시설들을 간단히 안내하고 당신의 책상으로 데려다 줄 것입니다.
[본론 3] 추가 내용 및 당부	5)Lastly, you may be aware that only half of our interns will be converted to full-time hires. Therefore, your performance will be assessed during your internship period to determine your eligibility for continued employment.	5)마지막으로, 당신은 인턴 중 절반만이 정규직으로 전환된다는 것을 알고 있을 것입니다. 그러므로, 당신을 계속해서 고용할 수 있는 자격을 결정하기 위해 인턴십 기간 동안 당신의 성과는 평가될 것입니다.

[마무리 인사]	If you have any questions or require special needs, please feel free to get in touch with me by e-mail at jenniferpitz@argonlibre.com. We hope that this internship period can provide you with the opportunity to gain valuable experience and make ⁷⁾connections in professional fields for your career path.	만약 질문이 있거나 특별히 필요한 것이 있다면, 자유롭게 저에게 jenniferpitz@argonlibre.com의 이메일로 연락하세요. 이 인턴십 기간이 당신에게 귀중한 경험을 얻고 당신의 진로를 위한 전문 분야에서 ⁷⁾인맥을 쌓는 기회를 제공할 수 있기를 바랍니다.
[보내는 사람]	Sincerely, *Jennifer Pitz* Human Resources Director	진심을 담아, 제니퍼 피츠 인사부장

🗣 **어휘**

corporation 기업, 회사 notify 알리다, 통보하다 be accepted for ~에 합격하다 position (일)자리 adjust 조정하다, 맞추다 exact 정확한 obligation 해야 할 일, 의무 simply 그저, 단지 text 문자 human resources 인사과 date 날짜를 기입하다 personnel 인사과 employee 직원 turn in 제출하다 copy 사본; 복사하다 driver's license 운전면허증 passport 여권 whole 모든, 전체의 register 등록하다 process 절차, 과정 access card 출입 카드 fingerprint 지문 registration 등록 approximately 약, 대략 senior 상급의 director 담당자, 감독관 finance department 재무 부서 cafeteria 구내 식당 don't hesitate to V 주저 말고 ~하다 briefly 간단히, 잠시 show ~ around (둘러보도록) 안내하다 facility 시설 aware 알고 있는 convert 전환하다, 바꾸다 full-time 상근의, 정규직의 hire 신입 사원 therefore 그러므로 performance 성과, 실적 assess 평가하다 determine 결정하다 eligibility 자격 continued 계속되는, 끊임없는 employment 고용, 채용 require 필요로 하다 need 필요한 것 feel free to ~ 자유롭게 ~하다 get in touch 연락하다 provide A with B A에게 B를 제공하다 opportunity 기회 gain 얻다 valuable 귀중한 connection 인맥 field 분야 career path 직업 진로

1. Why did Jennifer Pitz write to Samantha Pedini?

   (a) to complain about a starting date
   (b) to inquire about a company policy
   (c) to ask about negotiating a higher salary
   (d) to give details about an internship role

2. What is true about the starting date?

   (a) It can be changed by contacting Jennifer.
   (b) It must be decided before the project ends.
   (c) It will be the day when Samantha receives her salary.
   (d) It must be modified in person.

3. According to the article, what will Samantha NOT do on the morning of her first day?

   (a) sign a document in front of an employee
   (b) bring a copy of her valid identification
   (c) have fingerprint recorded
   (d) meet her guide at the orientation

4. How could Samantha be able to learn about the company's facilities?

   (a) by getting a recommendation letter from personnel staff
   (b) by asking Jennifer some questions in the cafeteria
   (c) by going on a tour with her advisor after a meal
   (d) by finishing her first responsibility with her team members

5. Based on the letter, how could Samantha probably become a full-time employee?

   (a) by completing the internship without any mistakes
   (b) by getting a good evaluation during the internship
   (c) by satisfying specific requirements of the company's goal
   (d) by giving a good impression to the board

6. In the context of the passage, turn in means _____.

   (a) convey
   (b) handle
   (c) reach
   (d) shift

7. In the context of the passage, connections means _____.

   (a) agreements
   (b) contacts
   (c) applications
   (d) alliances

why / J / write / S (왜 / J가 / 쓰다 / S에게) 주제/목적

1. Why did Jennifer Pitz write to Samantha Pedini?

(a) to complain about a starting date
(b) to inquire about a company policy
(c) to ask about negotiating a higher salary
(d) to give details about an internship role
      └ notify   └ position

제니퍼 피츠는 왜 사만다 페디니에게 편지를 썼는가?

(a) 시작 날짜에 대해 항의하기 위해
(b) 회사 정책을 문의하기 위해
(c) 더 높은 급여에 대한 협상을 요청하기 위해
(d) 인턴십 역할에 대해 자세히 설명하기 위해

정답 시그널 This is to notify you that ※첫 번째 문제는 첫 문단에 시그널이 있을 확률이 높다.

해설 본문 1단락의 "This is to notify you that you have been accepted for a position in Argon Libre Corporation's 3-month internship program."(이것은 당신이 아르곤 리브르 사의 3개월 인턴십 프로그램에 합격했음을 알려드리기 위한 것입니다.)과 편지의 전반적인 내용을 근거로 정답은 (d)이다. 참고로 Part 4의 주제를 물어보는 유형의 문제는 직접적인 근거 문장 없이 전체적인 내용을 이해해야 풀 수 있는 경우도 있으므로 유의한다.

패러프레이징 notify you ~ accepted for a position ➡ give details about an internship role | position ➡ role ≒ duty(업무), job(직업), slot(자리)

어휘 complain 항의하다 inquire 문의하다 company policy 회사 정책 negotiate 협상하다 salary 급여 give details about ~에 대해 자세히 설명하다 role (사회, 조직 내의) 역할

what / true / starting date (무엇 / 사실 / 시작 날짜) 사실관계

2. What is true about the starting date?
                            └ starting day

(a) It can be changed by contacting Jennifer.
                          └ email, text

(b) It must be decided before the project ends.
(c) It will be the day when Samantha receives her salary.
(d) It must be modified in person.

시작 날짜에 대한 설명으로 옳은 것은?

(a) 제니퍼에게 연락해서 변경될 수 있다.
(b) 프로젝트가 끝나기 전에 결정되어야 한다.
(c) 사만다가 급여를 받는 날이 될 것이다.
(d) 직접 변경되어야 한다.

정답 시그널 starting day

해설 본문 1단락에서 "we can adjust the exact starting day if you have other obligations, so simply let me know by either texting or calling (042) 382–4030"(당신에게 다른 할 일이 있다면 정확한 시작일을 조정할 수 있으므로, (042) 385–4030으로 문자나 전화를 통해 알려만 주세요)를 근거로 정답은 (a)이다. (b), (c)는 편지에서 근거를 찾을 수 없고, (d)의 경우도 무조건 직접 알려야 한다는 내용도 편지에 나와있지 않기 때문에 오답이다.

패러프레이징 starting day ➡ starting date | email, text ➡ contact ≒ keep(get) in touch(연락하다), reach(연락하다), communicate(소통하다)

어휘 contact ~에게 연락하다 decide 결정하다 receive 받다 modify 변경하다 in person 직접

3. According to the article, <u>what</u> will <u>Samantha</u> <u>NOT</u> <u>do</u> on the <u>morning of her first day</u>?

(a) sign a document in front of an employee
(b) bring a copy of her valid identification
　　 └ turn in　　　　　　└ driver's license, passport
(c) have fingerprint recorded
(d) meet her guide at the orientation

기사에 따르면, 사만다는 첫날 아침에 무엇을 하지 않을 것인가?

(a) 직원 앞에서 서류에 서명할 것이다
(b) 유효한 신분증 사본을 가져올 것이다
(c) 그녀의 손가락을 기록할 것이다
(d) 오리엔테이션에서 가이드를 만날 것이다

정답 시그널 the morning of your first day

해설 본문 2단락에서 (a)는 "you will have to sign and date it in front of a personnel employee"(인사과 직원 앞에서 서명을 하고 날짜를 기입하셔야 할 것입니다), (b)는 "You will also need to turn in a copy of your driver's license or passport"(운전면허증이나 여권 사본도 제출해야 한다), (c)는 "fingerprint registration"(지문 등록)에 해당하므로 답이 될 수 없다. 본문 3단락에서 "In the afternoon, you will be guided by a mentor"(오후에는, 멘토에게 안내를 받을 것입니다)라는 말이 있으므로 (d)가 정답이 된다.

패러프레이징 (a) have to sign and date it in front of a personnel employee ➡ sign the document in front of an employee
(b) turn in a copy of your driver's license or passport ➡ bring a copy of her valid identification | turn in ➡ bring ≒ hand in, present(제출하다), give(주다)
(c) fingerprint registration ➡ have fingerprint recorded | registration ➡ recorded ≒ scanned(스캔이 된)

어휘 employee 직원　valid 유효한　identification 신분증　record 기록하다

4. <u>How</u> could <u>Samantha</u> <u>be able to learn</u> about the <u>company's facilities</u>?

(a) by getting a recommendation letter from personnel staff
(b) by asking Jennifer some questions in the cafeteria
(c) by going on a tour with her advisor after a meal
(d) by finishing her first responsibility with her team members

사만다는 어떻게 회사 시설에 대해 배울 수 있었을까?

(a) 인사과 직원에게 추천서를 받음으로써
(b) 구내 식당에서 제니퍼에게 몇 가지 질문을 함으로써
(c) 조언자와 함께 식사 후에 견학을 감으로써
(d) 팀원들과 함께 첫 번째 업무를 완수함으로써

정답 시그널 show around, facilities

해설 본문 3단락의 "After lunch, he will briefly show you around the facilities and take you to your desk."(점심 식사 후, 그는 시설들을 간단히 안내하고 당신의 책상으로 데려다 줄 것입니다.)를 근거로 정답은 (c)이다.

패러프레이징 show around ➡ go on a tour ≒ visit/drop/stop by(들르다), expedition, excursion(짧은 여행) | mentor ➡ advisor ≒ guide(가이드), coach(코치), instructor/tutor(강사), teacher(선생님), trainer(트레이너) | lunch ➡ meal ≒ breakfast(아침), dinner/supper(저녁 식사), luncheon(오찬)

어휘 recommendation letter 추천서　personnel staff 인사팀 직원　responsibility 책무

5. Based on the letter, how could Samantha probably become a full-time employee?
　　└ full-time hires

(a) by completing the internship without any mistakes

(b) by getting a good evaluation during the internship
　　　　　　　└ assess

(c) by satisfying specific requirements of the company's goal

(d) by giving a good impression to the board

편지에 의하면, 사만다는 어떻게 정규 직원이 될 수 있을까?

(a) 실수 없이 인턴십을 완료함으로써

(b) 인턴십 동안 좋은 평가를 받음으로써

(c) 회사 목표의 구체적인 요구 조건을 충족함으로써

(d) 이사회에 좋은 인상을 줌으로써

정답 시그널 full-time hires ※마지막 문제는 주로 본문의 끝부분에서 출제된다.

해설 본문 4단락의 "Lastly, you may be aware that only half of our interns will be converted to full-time hires. Therefore, your performance will be assessed during your internship period to determine your eligibility for continued employment."(마지막으로, 당신은 인턴 중 절반만이 정규직으로 전환된다는 것을 알고 있을 것입니다. 그러므로, 당신을 계속해서 고용할 수 있는 자격을 결정하기 위해 인턴십 기간 동안 당신의 성과는 평가될 것입니다.)를 근거로 정답은 (b)이다.

패러프레이징 employee ➡ hires ≒ recruits(신입), staff/representative/worker/staff/personnel/agent(직원) | assess ➡ evaluation ≒ check(확인하다), determine(결정하다), appraise(평가하다), gauge(측정하다), judge(심사하다), estimate(추정하다)

어휘 complete 완료하다 mistake 실수 evaluation 평가 satisfy 충족시키다 specific 구체적인, 특정한 requirement 요구 조건 impression 인상 the board 이사회

　　　어휘

6. In the context of the passage, turn in means _____.

(a) convey　　　(b) handle
(c) reach　　　(d) shift

본문의 맥락에서 turn in은 _____를 의미한다.

(a) 전달하다　　(b) 처리하다
(c) 도달하다　　(d) 바꾸다

해설 본문 2단락에서 "You will also need to turn in a copy of your driver's license or passport, so please don't forget to bring them."(운전면허증이나 여권 사본도 제출해야 하니, 부디 그것들을 가져오는 것을 잊지 마세요.)에서 turn in은 '제출하다'의 의미로 사용되었으므로 정답은 (a)이다. 어휘 문제에 동사구가 가끔 출제되기도 하니 유의하자.

　　　어휘

7. In the context of the passage, connections means _____.

(a) agreements　　**(b) contacts**
(c) applications　　(d) alliances

본문의 맥락에서 connections는 _____를 의미한다.

(a) 동의　　　**(b) 지인**
(c) 신청　　　(d) 동맹

해설 본문 6단락에서 "We hope that this period can provide you with the opportunity to gain valuable experience and make connections in professional fields for your career paths."(이 인턴십 기간이 당신에게 귀중한 경험을 얻고 당신의 진로를 위한 전문 분야에서 인맥을 쌓는 기회를 제공할 수 있기를 바랍니다.)라는 문장의 connections는 '인맥'의 의미로 사용되었으므로 정답은 (b)이다.

Jim Woodland
94 Queens Street, Auckland City
University of Shackleton
Hamilton, New Zealand

Dear Jim:

We have been informed by Skybuds, the world's largest provider of database management software, that a recent data security breach involved information on alumni, donors, and other related groups from the University of Shackleton.

In June 2019, Skybuds was the victim of a cyberattack that attempted to encrypt their systems. The cybercriminal responsible was able to take copies of information belonging to many universities and charities around the world. Although the encrypted data included contact details and dates of birth as well as information regarding donations and engagement with the university, it did not include passwords or credit card details.

The university took the following <u>measures</u> to assess the impact on the individuals affected. We informed the Office of the Privacy Commissioner of the data breach, alerted all University of Shackleton alumni, donors, and other affected groups, and posted information about the data breach and the response on the university's main public website.

Additionally, Skybuds negotiated to protect the stolen data and paid a ransom to the attacker in return for an assurance that the data would be destroyed.

We have upgraded our security so that this will not happen again. However, we urge you to remain <u>vigilant</u> for any unusual activity. If so, please contact us by phone at +64 (0) 662 6222 or by email at skybuds-response@shackleton.ac.nz.

Jenny Paxon
Jenny Paxon
Vice Chancellor
University of Shackleton

1. What is the purpose of Jenny Paxon's letter?

   (a) to announce a system update
   (b) to request feedback on software
   (c) to suggest changing some credentials
   (d) to give details about a recent issue

2. How most likely would the cyberattack affect Jim?

   (a) He has to register for university courses again.
   (b) The university would not be able to donate to charity in the future.
   (c) His personal information could be in the hands of someone else.
   (d) The criminal may misuse his credit card.

3. What is NOT a step that the university took to assess the impact of the cyberattack?

   (a) It informed the government authorities.
   (b) It warned Jim's university classmates.
   (c) It compensated the donors for the stolen data.
   (d) It posted details on the server.

4. How did Skybuds ensure that the stolen data would be protected?

   (a) by communicating with the criminal who stole the data
   (b) by paying money to the victims of the cyberattack
   (c) by restoring the data that was destroyed
   (d) by hiring an alternative security company

5. Based on the letter, what should Jim probably do if he finds unusual activity?

   (a) He should call the police right away.
   (b) He should contact the academy.
   (c) He should cancel his credit card.
   (d) He should alert his alumni.

6. In the context of the passage, measures means _____.

   (a) weights
   (b) actions
   (c) estimates
   (d) needs

7. In the context of the passage, vigilant means _____.

   (a) cautious
   (b) intelligent
   (c) distinctive
   (d) demanding

★ 정답 및 해설 p.56

Chapter 3

청취

전략 맛보기

* 청취 영역 구성: 전체 Direction(1분 30초) → 파트 Direction(30초) → 질문(1분 30초) → 지문(3~4분) → 질문(1분 30초) → 다음 파트로 이동

❶ 파트별 지시문을 들으며 보기의 동사와 명사 등 키워드에 밑줄을 치거나 해석을 한다.

❷ 처음 질문을 들려줄 때는 질문의 키워드를 요약 및 스키밍(skimming)한다.

– 청취 영역의 질문은 시험지에 나오지 않으므로 따로 요약해 적어 두어야 한다.

– 의문사, 주어, 동사, 목적어 또는 보어 위주로 요약하는 연습을 한다.

❸ 질문의 키워드와 그에 따른 정답의 시그널을 본문에서 찾아 듣고 정답을 고른다.

– 지문의 순서대로 문제가 주로 출제된다. 첫 번째 문제는 본문 초반에, 마지막 문제는 후반부에서 정답을 찾는다.

– 정답은 본문 그대로 나오는 것이 아니라 패러프레이징(paraphrasing)되어 나온다.

❹ 답이 바로 나오지 않으면 다음 질문으로 과감하게 넘어가 ❸을 반복한다.

– 다음 질문의 키워드를 먼저 들었다면 이전 문제의 답을 지나친 것이므로 다음 질문에 집중한다.

❺ 질문을 다시 들려줄 때는 다음 파트로 넘어가 ❶을 반복한다.

▶ 청취 구성 및 공략

청취 출제 경향

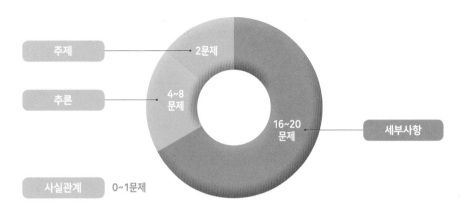

주제 — 2문제

추론 — 4~8 문제

세부사항 — 16~20 문제

사실관계 — 0~1문제

청취 영역 소개

① 문항: 26문제 (27~52번)

② 문제와 지문: 대화(2명)나 담화(1명)를 듣고, 각 파트별 6~7개 문제에 대한 정답 고르기

③ 전체 시험 중간에 듣기 방송(약 20분)이 나오며 질문 → 지문 → 질문 반복 순으로 진행됨

출제 유형

PART	유형	문항 수 (번호)	내용	전개	문제유형
PART 1	일상 대화	7 (27~33)	두 남녀의 생활 속 경험에 대한 대화	인사 → 주제에 관한 대화 → 질문과 응답 → 다음 할 일	*주제 또는 목적 *세부사항 when, where, what, who, why, how로 시작 *추론 probably, most likely, could be, suggested가 주로 문제에 포함되고, 정답이 지문에 명시되지 않아 내용을 바탕으로 유추해야 하는 문제 *사실관계(True or Not True)는 나오지 않는 추세
PART 2	강연 & 발표	6 (34~39)	광고나 상업적 목적의 발표 또는 행사 안내 및 강연	인사 → 강연 & 발표 목적 소개 → 특징과 정보 제공 → 마무리 인사 및 할인 안내	
PART 3	협상	6 (40~45)	두 가지 옵션에 대한 두 남녀의 장단점 논의 및 합의	인사 → 고민 상황 제시 → 두 옵션의 장단점 비교 → 마지막 결정	
PART 4	과정 & 팁	7 (46~52)	특정 주제에 대한 단계적 설명	인사 → 주제 소개 → 과정 또는 팁 제시 → 마무리 인사	

지텔프 청취 영역은 지문에 언급된 순서대로 문제가 출제된다. 먼저 문제를 들려줄 때 지문의 흐름을 예상하면서 키워드 위주로 메모하는 연습이 필요하다. 문제에 자주 출제되는 다음 표현을 반드시 익혀 두자!

주제 / 목적

각 파트의 첫번째 문제로 주제나 목적을 묻는 문제가 주로 출제된다. 주로 지문의 첫 부분에 주제 및 목적이 등장하므로 앞부분을 집중해서 들으면 충분히 맞힐 수 있다.

What is the **subject** of the talk?
이 대화의 주제는 무엇인가?

What **topic** is the speaker **mainly speaking**?
화자가 주로 말하고 있는 주제는 무엇인가?

What is the **talk/conversation/presentation** about?
이 대화/담화/발표는 무엇에 관한 것인가?

세부사항

세부사항을 묻는 문제는 파트별로 4~5문항 정도로 가장 많이 출제되는 문제 유형이다. 육하원칙(when, where, what, who, why, how)이 포함된 정보는 최대한 많이 메모해 두자. 전부 적어 두기 어렵다면 맥락상 중요해 보이는 정보만이라도 적어 놓는 연습을 해야 한다.

When is the appropriate time to hold a meeting with your director?
당신의 관리자와 미팅을 하기에 적합한 때는 언제인가?

Where can the participants find the information desk?
참가자들은 어디서 안내소를 찾을 수 있는가?

What did Sally ask Jake to do to help her?
샐리는 제이크에게 그녀를 돕기 위해 무엇을 해달라고 부탁했는가?

Who should one keep in mind while creating a new blog?
새로운 블로그를 만들 때 누구를 염두에 두어야 하는가?

Why did Jane tell Thomas not to be pessimistic?
제인은 왜 토마스에게 비관적이지 말라고 말했는가?

How can a student earn extra credit?
학생은 어떻게 추가 학점을 얻을 수 있는가?

추론 문제도 파트별로 1~2문항씩 출제되는 추세이다. most likely, likely, probably와 같은 부사(구)와 함께 자주 사용되기 때문에 질문에서 이 표현이 들린다면 추론 유형이라는 것을 파악하자.

Why **most likely** is time a deciding factor?
시간이 왜 결정적인 요인이 될 가능성이 가장 높은가?

What will Amy **probably** do next?
에이미는 다음에 무엇을 할 것 같은가?

Based on the conversation, what will Emily **likely** decide to do?
대화에 따르면, 에밀리는 무엇을 하기로 결정했을까?

★ 가장 난이도가 높은 추론 유형의 문제는 고득점을 목표로 하지 않는다면 과감히 포기하자! 못 들은 것에 아쉬워하기 보다 확실히 들은 문제에 시간을 투자하는 것이 바람직하다.

 파트별 빈출 문제 예시

Part 1 & 3

Part 1과 3는 2인 대화로 구성된다. 각각의 인물이 언급한 내용을 묻는 문제가 세부사항 유형으로 출제된다. 특히 **마지막 문제**는 Part 1은 대화를 끝낸 후 할 행동에 대해, Part 3은 남성 또는 여성이 할 **선택이 추론 유형으로 고정**으로 출제되므로 끝까지 집중해서 들어야 한다.

What will Andy **most likely do after the conversation**?
앤디는 대화 이후 무엇을 할 것 같은가?

What did Sally **probably decide to do**?
샐리는 무엇을 하기로 결정하였는가?

Part 2 & 4

Part 2와 4는 1인 담화로 구성된다. 화자가 설명하고 있는 중심 화제나 소재를 묻는 문제가 주제/목적 유형으로 출제된다. Part 2는 **마지막 문제**로 담화 끝에 나오는 **할인**이나 **혜택**에 관한 문제가 주로 출제되고, Part 4의 경우 과정이나 단계를 순서대로 설명하기 때문에 연결어 뒤에 나오는 부분이 세부사항 유형으로 출제될 가능성이 높다.

What was the **purpose** of the establishment of the organization?
그 단체의 설립 목적은 무엇인가?

How can a customer **receive discount**?
고객이 어떻게 할인을 받을 수 있는가?

PART 1 일상 대화

출제 경향

PART 1은 7문제(27~33번)로 구성되어 두 남녀의 일상 생활에서 일어난 사건이나 경험을 바탕으로 한 대화가 출제된다.

학교 생활, 여행, 여가 활동, 애완 동물, 행사, 비즈니스, 교육, 문화 예술, 음식 및 서비스 등 다양한 주제가 나온다.

두 남녀의 만남과 인사로 시작하여, 대화의 주제를 시작으로 각자의 의견, 질문과 응답, 문제 해결에 이어 다음 일정 및 계획으로 마무리가 된다.

32~50점 목표를 위한 공략 Tip!

PART 1의 첫 번째와 두 번째 질문의 키워드는 대화의 초반에 숨겨져 있을 확률이 매우 높으므로 잘 듣고 두 문제를 꼭 맞히도록 하자! 질문의 키워드를 적지 못했거나 대화의 흐름을 놓쳤다면, 과감하게 다음 파트로 넘어가 질문이 나올 때까지 보기 (a)~(d)를 미리 분석한다.

지텔프 청취 영역은 지문에 언급된 순서대로 문제가 출제되므로 먼저 질문을 들으며 키워드를 파악한 후, 지문에서 그 키워드와 정답의 근거가 되는 문장을 찾는다면 문제를 수월하게 풀 수 있다. 총 3번에 걸쳐 각각 1회, 3회, 5회를 반복해 들려주는 질문을 듣고 받아 적는 연습을 해 보자. 잘 들리지 않더라도 반복해서 들어보며 최대한 받아 적는 것을 추천한다!

🎧 1_1.mp3

1. _____ ?
해석

2. _____ ?
해석

3. _____

_____ ?
해석

4. _____ ?
해석

5. _____ ?
해석

6. _____

_____ ?
해석

7. _____

_____ ?
해석

★ 아예 들리지 않는다면 뒤의 해설을 보면서 질문과 지문을 먼저 읽고 풀어본 후 다시 이 페이지로 돌아와 문제를 들어보고 적는 것을 추천한다.

구성	주말 영화 수업	
[인사 및 주제] 주말 수업	M: Hi, Esther! You seem happy today. Did you have a great weekend? F: Good morning, Johnny. Do I? 1)It is probably because of my weekend class yesterday. I had such a great time. M: Weekend class? Aren't you supposed to go to church on Sundays? F: I went to the class after church. I recently applied for a weekend class run by our school. M: I see. What did you learn?	남: 안녕, 에스더! 너 오늘 기분 좋아 보인다. 주말 잘 보냈니? 여: 좋은 아침이야, 조니. 그런가? 1)어제 주말 수업 때문인가 봐. 정말 즐거운 시간을 보냈거든. 남: 주말 수업? 너는 일요일에 교회에 가기로 되어 있지 않니? 여: 교회 끝나고 수업 들으러 갔어. 최근에 학교에서 운영하는 주말 수업을 신청했거든. 남: 그렇구나. 무엇을 배웠는데?
[본론 1] 영화의 초창기 역사	F: I learned about movie history, film shooting techniques, and the colors used in movies. M: Okay. Can you tell me about it? F: Sure. First, I learned about the history of movies. Do you know who created the first video? M: I have no idea. Who was it? F: 2)It's Eadweard Muybridge. He created the first video by making a bet with his friends. M: Eadweard Muybridge? Who is that? F: He's a famous photographer. When he was drinking with friends, they argued about whether all the hooves of horses would hit the ground at the same time or not. M: Ah, I get it. 3)They would not know for sure because there wasn't a proper camera for video recording back then. F: Yes. So, he installed 24 cameras in a row to film some horses running and took shots with a time lapse. The pictures lined up were known as the first "motion picture." M: But how could they see the pictures as a movie? Weren't they just a series of pictures? F: 4)That's why he invented a projector called the zoopraxiscope. It allowed him to see pictures in motion like a movie!	여: 영화 역사, 영화 촬영 기법, 그리고 영화에서 사용되는 색에 대해 배웠어. 남: 알겠어. 그것에 대해 말해 줄 수 있을까? 여: 당연하지. 먼저, 나는 영화의 역사에 대해 배웠어. 너는 누가 최초의 영상을 만들었는지 아니? 남: 전혀 모르겠어. 누구였니? 여: 2)에드워드 머이브릿지야. 그는 친구들과 내기를 하면서 최초의 영상을을 만들었지. 남: 에드워드 머이브릿지? 누구인데? 여: 그는 유명한 사진작가야. 그가 친구들과 술을 마셨을 때, 그들은 말의 모든 발굽이 동시에 땅에 닿는지 아닌지에 대해 논쟁을 벌였어. 남: 아, 알겠다. 3)그때는 영상 녹화를 위한 적절한 카메라가 없었기 때문에 확실하게 알지 못했을 거야. 여: 맞아. 그래서, 그는 말들이 달리는 모습을 촬영하기 위해 24대의 카메라를 일렬로 설치했고 시간 차를 두고 사진을 찍었어. 줄지어 선 사진들은 최초의 '영화'로 알려졌어. 남: 하지만 그들은 어떻게 사진들을 영화로 볼 수 있었을까? 그것들은 단지 사진들의 연속 아니었어? 여: 4)그것이 그가 주프락시스코프라고 불리는 영사기를 발명한 이유야. 그것은 그가 움직이는 사진들을 영화처럼 볼 수 있게 해주었거든!

[본론 2] 최초의 영화	M:	Wow, that's amazing! Then, what was the first movie?
	F:	The first movie was the Lumiere Brothers' *The Arrival of the Mail Train*. It vividly captures an actual train arriving at a station. Some of the audience thought an actual train was coming toward them and ran out of the movie theater.
[본론 3] 영화 촬영 기법	M:	Interesting. What else did you learn?
	F:	I learned about the filming technique called "hand-held." You hold the camera in your hand, but you have to shake it on purpose. 5)By doing that, you can capture the urgency and anxiety of the character in the scene.
	M:	I think I may have seen that in a movie called *Saving Private Ryan*. It made me feel like I was in a real war zone.
[본론 4] 영화에서의 색 사용	F:	Lastly, I learned about the use of colors in movies. Colors are one of the essential elements in movies. For example, red has various meanings.
	M:	How? Doesn't red usually mean "passion"?
	F:	That's right. But the meaning of it varies depending on the movie genre. You know that red is used a lot in costumes in hero movies, right? Superman's cloak, Spider-Man's suit, and so on. The meaning of the red used there can be seen as "strength and power." In romance movies, 6)red is often used in costumes, props, and lighting. Usually, it means "love" there.
[마무리] 다음 할 일	M:	Listening to you, I want to take a movie class, too.
	F:	7)You can go to the school website, download the application form, and fill it out. And submit it to the administration office.
	M:	Thank you, Esther. I will do it after lunch.

남: 와, 대단하다! 그러면, 최초의 영화는 무엇이었어?

여: 최초의 영화는 뤼미에르 형제의 '열차의 도착'이야. 그것은 역에 도착하는 실제 열차를 생생하게 포착했지. 몇몇 관객들은 실제 열차가 자신들을 향해 달려오는 줄 알고 영화관을 뛰쳐나왔대.

남: 흥미롭다. 또 무엇을 배웠니?

여: 나는 '핸드헬드'라는 영화 촬영 기법에 대해 배웠어. 손에 카메라를 들고 일부러 흔들어야 해. 5)그렇게 함으로써, 장면에서 캐릭터의 긴박함과 불안함을 포착할 수 있지.

남: '라이언 일병 구하기'라는 영화에서 그것을 본 것 같기도 해. 마치 내가 진짜 전쟁 지역에 있는 것 같은 느낌이 들게 만들었어.

여: 마지막으로, 영화에서 색의 사용에 대해 배웠어. 색은 영화에서 매우 중요한 요소 중 하나야. 예를 들어, 빨간색은 다양한 의미를 가지고 있어.

남: 어떻게? 빨간색은 보통 '열정'을 의미하지 않아?

여: 맞아. 하지만 영화 장르에 따라 그 의미가 달라져. 영웅 영화에서 의상으로 빨간색이 많이 쓰이는 거, 알지? 슈퍼맨의 망토나 스파이더맨의 의상 등등. 거기에서 사용된 빨간색의 의미는 '힘과 권력'으로 볼 수 있어. 로맨스 영화에서는, 6)빨간색이 의상이나 소품, 조명에서 종종 쓰여. 주로, 거기서는 '사랑'을 의미하지.

남: 네 얘기를 들으니, 나도 영화 수업 듣고 싶어.

여: 7)학교 홈페이지에 들어가서 신청서를 다운받고 작성해. 그리고 행정실에 제출하면 돼.

남: 고마워, 에스더. 점심 식사 후에 해야겠어.

probably 아마도 be supposed to V ~하기로 되어 있다 apply for 지원하다 shooting technique 촬영 기법 make a bet 내기하다 photographer 사진작가 argue about ~에 대해 논쟁하다, 다투다 whether A or not A이든 아니든 hoof (pl. hooves) 말발굽 at the same time 동시에 for sure 확실히 proper 적절한 back then 그때 당시에 install 설치하다 in a row 일렬로 film 촬영하다 take a shot of ~의 사진을 찍다 time lapse 시간 차 lined up 줄지어 있는 see A as B A를 B로 보다 series 연속 invent 발명하다 projector 영사기 amazing 놀라운 vividly 생생하게, 선명하게 capture 포착하다, 사로잡다 station 정류장 audience 관객 actual 실제의 on purpose 일부러, 고의로 urgency 긴급 상황 anxiety 불안함 character 인물 war zone 전쟁 지역 lastly 마지막으로 wonder 궁금하다 function 작동하다, 작용하다 essential 중요한 element 요소 various 다양한 meaning 의미 depending on ~에 따라 theme 주제 passion 열정 vary 다르다 costume 복장 cloak 망토 suit 옷, 정장 strength 힘 power 권력 prop 소품 lighting 조명 application form 신청서 fill out 채워 넣다 submit 제출하다 administration office 행정실

🎧 1_3.mp3

1. (a) because she attended a weekend class yesterday
   (b) because she went to church on Sunday
   (c) because she doesn't have to go to school on weekends
   (d) because she watched a movie with Johnny

2. (a) by arguing with his students
   (b) by making a bet with his buddies
   (c) by riding horses with his family
   (d) by taking photographs with his colleagues

3. (a) because people weren't professional enough
   (b) because people didn't have adequate equipment
   (c) because people hadn't invented cameras yet
   (d) because people were afraid of making movies

4. (a) to set up the cameras in a row
   (b) to capture the hooves of the horses closely
   (c) to help him see the pictures in motion like an actual film
   (d) to entertain the audience in the theater

5. (a) It shakes the camera automatically.
   (b) It captures the character's feeling of nervousness.
   (c) It handles emergency situations in movies.
   (d) It provides sound effects for war-related scenes.

6. (a) It usually represents fashionable characters.
   (b) It is hardly used in hero movies.
   (c) It can be seen as "strength and power" in the romance genre.
   (d) It is often used in clothing that actors put on.

7. (a) He will go see a movie with Esther.
   (b) He will film a movie at school.
   (c) He will visit the school website.
   (d) He will contact a famous photographer.

---

 why / E / feel / happy (왜 / E / 느끼다 / 기쁜) 　세부사항

1. <u>Why</u> does <u>E</u>sther <u>feel</u> <u>happy</u> today?

(a) **because she attended a weekend class yesterday**

(b) because she went to church on Sunday

(c) because she doesn't have to go to school on weekends

(d) because she watched a movie with Johnny

에스더는 오늘 왜 기분이 좋은가?

(a) 어제 주말 수업을 들었기 때문에
(b) 일요일에 교회에 갔기 때문에
(c) 주말에 학교에 가지 않아도 되기 때문에
(d) 조니와 영화를 봤기 때문에

정답 시그널 happy ※참고로 첫 번째 문제는 대화의 초반에 있다.

해설 대화에서 "It is probably because of my weekend class yesterday. I had such a great time."(어제 주말 수업 때문인가 봐. 정말 즐거운 시간을 보냈거든.)을 근거로 정답은 (a)이다. (b)는 사실이지만 오늘 기분이 좋은 것에 대한 이유가 아니다.

어휘 attend 참석하다　don't have to ~할 필요가 없다　on weekends 주말마다

---

 how / E. M. / make / first video (어떻게 / E.M / 만들다 / 최초의 영상) 　세부사항

2. <u>How</u> did <u>E</u>adweard <u>M</u>uybridge make the <u>first</u> <u>video</u>?

(a) by arguing with his students

(b) **by making a bet with his** buddies
　　　　　　　　　　　└ friends

(c) by riding horses with his family

(d) by taking photographs with his colleagues

에드워드 머이브릿지는 어떻게 최초의 영상을 만들었을까?

(a) 학생들과 논쟁함으로써
(b) 친구들과 내기를 함으로써
(c) 가족과 함께 말을 타면서
(d) 동료들과 사진을 찍음으로써

정답 시그널 first video, Eadweard Muybridge

해설 대화에서 "It's Eadweard Muybridge. He made the first video by making a bet with his friends."(에드워드 머이브릿지야. 그는 친구들과 내기를 하면서 최초의 영상을 만들었지.)를 근거로 정답은 (b)이다. (a)는 학생이 아니라 지인들과 논쟁이 있었고, (c), (d)는 대화에서 찾을 수 없는 내용이므로 오답이다.

패러프레이징 making a bet with his friends ➡ making a bet with his buddies | friend ➡ buddy ≒ companion(벗), associate(동료), colleague(직장 동료)

어휘 ague 논쟁하다　make a bet 내기하다　buddy 친구　take a photograph 사진을 찍다　colleague 직장 동료

J / why / people / probably / not able to make / movie / past
(J / 왜 / 사람 / 추론 / 만들 수 없다 / 영화 / 과거)

3. According to Johnny, why were people probably not able to make a movie in the past?

(a) because people weren't professional enough
(b) because people didn't have adequate
   equipment   └ proper camera
(c) because people hadn't invented cameras yet
(d) because people were afraid of making movies

조니에 따르면, 과거에 왜 사람들은 영화를 만들 수 없었을까?

(a) 충분히 전문적이지 않았기 때문에
(b) 적절한 장비를 가지고 있지 않았기 때문에
(c) 아직 카메라가 발명되지 않았기 때문에
(d) 영화를 만드는 것을 두려워했기 때문에

정답 시그널 back then

해설 대화에서 "They would not know for sure because there wasn't a proper camera for video recording back then."(그때는 비디오 녹화를 위한 적절한 카메라가 없었기 때문에 확실하게 알지 못했을 거야.)을 근거로 정답은 (b)이다. (a), (d)는 대화에서 찾을 수 없는 내용이고, (c)는 적절한 카메라가 발명되지 않은 것에 대해서만 언급했기 때문에 카메라가 아직 발명되지 않은 것에 대해서는 대화를 통해서 알 수 없으므로 오답이다.

패러프레이징 there wasn't a proper camera ➡ didn't have the adequate equipment │ proper ➡ adequate ≒ suitable(적합한), appropriate(적절한), fitting(어울리는) │ camera ➡ equipment ≒ device(장치), gear(장비), machinery(기계), apparatus(기구)

어휘 be able to V ~할 수 있다 professional 전문적인 adequate 적절한 equipment 장비 invent 발명하다 afraid 두려워하는

---

 why / E. M. / invent / z (왜 / E.M / 발명하다 / z)

4. Why did Eadweard Muybridge invent the zoopraxiscope?

(a) to set up the cameras in a row
(b) to capture the hooves of the horses closely
(c) to help him see the pictures in motion like
   an actual film
(d) to entertain the audience in the theater

에드워드 머이브릿지는 왜 주프락시스코프를 발명했을까?

(a) 카메라를 일렬로 세우기 위해
(b) 말발굽을 가까이에서 찍기 위해
(c) 그가 실제 영화처럼 움직이는 사진들을 볼 수 있기 위해
(d) 극장에서 관객을 즐겁게 하기 위해

정답 시그널 invented a projector called the zoopraxiscope

해설 대화에서 "That's why he invented a projector called the zoopraxiscope. It allowed him to see pictures in motion like a movie!"(그것이 그가 주프락시스코프라고 불리는 영사기를 발명한 이유야. 그것은 그가 움직이는 사진들을 영화처럼 볼 수 있게 해주었거든!)를 근거로 정답은 (c)이다. (a), (b)는 대화 내용에 있지만 주프락시스코프를 발명한 이유가 될 수 없고, (d)는 대화에서 찾을 수 없는 내용이므로 오답이다.

어휘 set up 세우다, 설치하다 in a row 일렬로 capture 사로잡다, 찍다 hoof (pl. hooves) 말발굽 closely 가까이에서 pictures in motion 움직이는 사진 actual 실제 entertain 즐겁게 하다 audience 관객

🔑 what / is / effect / hand-held technique (무엇 / 이다 / 효과 / 핸드헬드 기법)

5. What is the effect of the "hand-held" technique?

(a) It shakes the camera automatically.
(b) **It captures the character's** feeling of
    nervousness.
    └─ urgency and anxiety
(c) It handles emergency situations in movies.
(d) It provides sound effects for war-related
    scenes.

'핸드헬드' 기법의 효과는 무엇인가?

(a) 카메라를 자동으로 흔든다.
(b) **캐릭터의 긴장감을 포착한다.**
(c) 영화의 긴급 상황을 처리한다.
(d) 전쟁과 관련된 장면들에 음향 효과를 준다.

정답 시그널 hand-held technique

해설 대화에서 "By doing that, you can capture the urgency and anxiety of the character in the scene."(그렇게 함으로써, 장면에서 캐릭터의 긴박함과 불안함을 포착할 수 있지.)을 근거로 정답은 (b)이다.

패러프레이징 the urgency and anxiety of the character ➡ the character's feeling of nervousness

어휘 effect 효과 automatically 자동으로 nervousness 불안감 handle 처리하다 emergency situation 비상 상황 provide 주다, 제공하다 sound effect 음향 효과 war-related 전쟁과 관련된 scene 장면

🔑 what / is / true / color red / movies (무엇 / 이다 / 사실 / 빨간색 / 영화)

6. Based on the conversation, what is true about the color red in the movies?

(a) It usually represents fashionable characters.
(b) It is hardly used in hero movies.
(c) It can be seen as "strength and power" in the
    romance genre.
(d) **It is often used in** clothing that actors put
    on.
    └─ costumes

대화에 따르면, 영화 속 빨간색에 대한 설명으로 옳은 것은?

(a) 보통 유행하는 캐릭터를 상징한다.
(b) 영웅 영화에서는 거의 사용되지 않는다.
(c) 로맨스 장르에서는 '힘과 권력'으로 보여질 수 있다.
(d) **종종 연기자가 입는 의복에 사용된다.**

정답 시그널 red

해설 대화에서 "red is often used in costumes"(빨간색이 의상에 종종 쓰여)를 근거로 정답은 (d)이다. (a)와 (b)는 대화에서 찾을 수 없는 내용이고, (c)는 로맨스 장르가 아니라 영웅 영화에 해당되는 내용이므로 오답이다.

패러프레이징 red is often used in costumes ➡ It is often used in clothing that actors put on | costume ➡ clothing ≒ clothes(옷), dress(의상), uniform(제복), suit(정장), attire(복장), apparel(의류), garment(의복)

어휘 usually 보통, 주로 represent 상징하다, 표현하다 fashionable 유행하는, 세련된 hardly 거의 ~하지 않는 clothing 의류 put on 입다

7. What is Johnny most likely going to do after lunch?

(a) He will go see a movie with Esther.
(b) He will film a movie at school.
(c) He will visit the school website.
(d) He will contact a famous photographer.

조니는 점심 식사 후에 무엇을 할 것 같은가?

(a) 에스더와 영화를 보러 갈 것이다.
(b) 학교에서 영화를 촬영할 것이다.
(c) 학교 웹사이트를 방문할 것이다.
(d) 유명 사진작가에게 연락할 것이다.

정답 시그널 will do it after lunch

※청취의 모든 마지막 문제는 대화 마지막 부분에 대한 문제가 출제되고 Part 1에서는 남성 또는 여성의 다음 할 일이 주로 출제된다.

해설 대화의 마지막에서 "You can go to the school website, download the application form, and fill it out. And submit it to the administration office."(학교 홈페이지에 들어가서 신청서를 다운받고 작성해. 그리고 행정실에 제출하면 돼.)와 "Thank you, Esther. I will do it after lunch."(고마워, 에스더. 점심 식사 후에 해야겠어.)를 근거로 정답은 (c)이다. (a), (b), (d) 모두 대화에서 찾을 수 없는 내용이므로 오답이다.

어휘 film 촬영하다　contact 연락하다

🎧 1_4.mp3

1. (a) He was on his way to meet his friends.
    (b) He was sitting on a campus bench by himself.
    (c) He was thinking about the upcoming holiday.
    (d) He was purchasing tickets for his trip.

2. (a) buying flight tickets for her friends
    (b) going to France by herself
    (c) traveling to Europe in the peak season
    (d) deciding where to sleep during the trip

3. (a) looking for hotels far away from the city
    (b) comparing the costs and feedback
    (c) finding the cheapest accommodations
    (d) making a reservation as late as possible

4. (a) because it is the most reliable site among the public
    (b) because she could receive a markdown
    (c) because she could get a $30 discount
    (d) because it has membership-only accommodations

5. (a) She will spend more money on buying things.
    (b) She will visit more tourist attractions.
    (c) She will find more expensive accommodations.
    (d) She will prepare for her next trip.

6. (a) Jamie can eat a delicious breakfast at a low price.
    (b) Jamie can stay at a five-star hotel in the region.
    (c) Jamie can swim at the nearby beach.
    (d) Jamie can use the free Internet service.

7. (a) She will take Samuel to an eatery.
    (b) She will pay for the tickets.
    (c) She will meet her friends.
    (d) She will choose the hotel.

★ 정답 및 해설 p.61

PART 2 강연 & 발표

출제 경향

PART 2는 6문제(34~39번)로 구성되어 한 명의 화자가 행사 등의 특별한 장소에서 정보를 제공하는 발표나 강연을 하는 담화가 출제된다.

신제품, 서비스, 프로그램, 비즈니스, 기관 및 단체, 행사 등을 소개하거나 정보 공유, 채용, 강의, 광고 등 다양한 주제가 나온다.

인사와 함께 강연 또는 발표의 주제를 소개하는 것으로 시작해, 세부적인 내용을 알려주고 할인 등 추가 혜택을 받을 수 있는 정보를 언급하며 마무리한다.

32~50점 목표를 위한 공략 Tip!

PART 2의 첫 번째 문제는 주제를 물어보는 문제가 출제되고, 마지막 문제는 추가 혜택에 관한 문제가 고정적으로 출제되기 때문에 대화의 초반과 마지막 부분을 잘 듣는다면 꼭 맞힐 수 있다. 질문의 키워드를 적지 못했거나 대화의 흐름을 놓쳤다면, 과감하게 다음 파트로 넘어가 질문이 나올 때까지 보기 (a)~(d)를 미리 분석한다.

지텔프 청취 영역은 지문에 언급된 순서대로 문제가 출제되므로 먼저 질문을 들으며 키워드를
파악한 후, 지문에서 그 키워드와 정답의 근거가 되는 문장을 찾는다면 문제를 수월하게 풀 수
있다. 총 3번에 걸쳐 각각 1회, 3회, 5회를 반복해 들려주는 질문을 듣고 받아 적는 연습을 해
보자. 잘 들리지 않더라도 반복해서 들어보며 최대한 받아 적는 것을 추천한다!

🎧 2_1.mp3

1. _____?

해석

2. _____

_____?

해석

3. _____

_____?

해석

4. _____

_____?

해석

5. _____

_____?

해석

6. _____?

해석

★ 아예 들리지 않는다면 뒤의 해설을 보면서 질문과 지문을 먼저 읽고 풀어본 후 다시 이 페이지로 돌아와 문제를
들어보고 적는 것을 추천한다.

2_2.mp3

구성	고양이 사료 신제품 소개	
[인사 및 주제] 사료 신제품 소개	Hello, everyone. Are you all enjoying the World's Best Cat Fair? First of all, thank you for coming to our booth. I'm Emma, the promotion team manager of the "EcoCat" company. Most of you who are here own cats. What kind of food do you usually buy for your precious cats? It's always challenging to find something that's not too expensive and won't affect the health of your cat. And even if you choose a healthy food, [2]your cats may not want to eat it because they are picky for no reason. [1]Let me introduce "EcoCat Premium," our new product which can satisfy all three elements; reasonably priced, healthy, and a good taste.	안녕하세요, 여러분. 세계 최고의 고양이 박람회에서 즐거운 시간을 보내고 계신가요? 우선, 저희 부스에 와 주셔서 감사합니다. 저는 '에코캣'의 홍보팀장 엠마입니다. 여기에 오신 대부분이 고양이가 있으실 텐데요. 여러분의 소중한 고양이를 위해 주로 어떤 종류의 사료를 구매하시나요? 너무 비싸지 않으면서 고양이의 건강에 영향을 미치지 않을 것을 찾는 것은 언제나 어렵습니다. 그리고 건강에 좋은 사료를 고른다 할지라도, [2]여러분의 고양이가 아무 이유 없이 까다롭기 때문에 그것을 먹고 싶지 않을 수도 있죠. 합리적인 가격, 건강함, 그리고 좋은 맛이라는 모든 세 가지 요소를 충족시킬 수 있는 [1]저희 신제품인 '에코캣 프리미엄'을 소개해 드리겠습니다.
[본론 1] 신제품을 만든 배경	What do you think is cats' favorite food? Many think it's fish. Maybe that's why there are a lot of fish-based foods and snacks. In fact, cats are carnivores. [3]They were once predators hunting wild birds, mice, and rabbits. Since it's natural that cats instinctively prefer meat, we went through various meat-flavored foods during our testing process. As a result, we have found out that cats prefer chicken among a selection of five varieties of meats. With these chicken-flavored samples, we have perfected the taste of our food through the participation of a thousand taste-testing groups over the past year. Now, we have a perfect food that even the most sensitive cats can enjoy.	여러분은 고양이가 제일 좋아하는 음식은 무엇이라고 생각하시나요? 많은 사람들은 생선이라고 생각합니다. 아마도 그것이 생선을 이용한 사료와 간식이 많이 있는 이유일 것입니다. 사실, 고양이는 육식 동물입니다. [3]그들은 한때 야생의 새, 쥐, 토끼 등을 사냥하는 포식자였습니다. 고양이들이 본능적으로 육류를 더 선호하는 것은 당연하기 때문에, 저희는 테스트 과정에서 다양한 고기 맛이 나는 음식을 검토했습니다. 그 결과, 저희는 고양이들이 준비된 다섯 종류의 고기 중에서 닭고기를 선호한다는 것을 알아냈습니다. 이 닭고기 맛이 나는 샘플을 사용하여, 저희는 지난 1년간 천여 명의 시식단의 참여를 통해 사료의 맛을 완벽하게 만들어왔습니다. 이제 저희는 가장 예민한 고양이들도 즐길 수 있는 완벽한 사료를 갖게 되었습니다.
[본론 2] 신제품 특징 1	And of course, we have taken extra care to include only the best nutrients in our product, putting more effort into it than ever. [4]Our product is organic and filled with nutrients and vitamins that cats need most. As I said earlier, cats are carnivores, so protein is an essential nutrient. Proteins are made up of amino acids, and there are at least 20 types of them.	그리고 당연하게도, 저희는 그 어느 때보다 많은 노력을 기울이며, 제품에 최고의 영양소만을 포함시키기 위해 각별히 신경을 썼습니다. [4]저희 제품은 유기농이고 고양이가 가장 필요한 영양소와 비타민으로 채워져 있습니다. 앞서 말했듯이, 고양이는 육식 동물이기 때문에, 단백질은 필수 영양소입니다. 단백질은 아미노산으로 구성되어 있고, 최소한 20가지의 아미노산이 존재합니다.

	Cats can't produce some of these, so they will need to be sourced from their diet. Either too little or too much intake of these essential amino acids can be a problem. That's why we did a lot of research in finding the appropriate proportion for our products.	고양이들은 이 중 몇 가지를 만들지 못해서, 식단에서 그것들을 공급받아야 합니다. 이런 필수 아미노산을 너무 적게 또는 너무 많이 섭취하는 것도 문제가 될 수 있습니다. 이것이 저희가 사료의 적절한 비율을 찾는 것에 많은 연구를 한 이유입니다.
[본론 3] 신제품 특징 2	In addition, cats cannot combine certain vitamins, for example, vitamin A and niacin. [5]If cats lack vitamin A, they will lose their eyesight and have skin problems. A lack of niacin can cause them to lose weight and their health to deteriorate no matter how much food they consume. But you don't have to worry about that anymore! Because "EcoCat Premium" will provide your cats with both nutrients and vitamins.	또한, 고양이는 비타민 A과 니아신과 같은 특정 비타민도 합성할 수 없습니다. [5]고양이들이 비타민 A가 부족하다면, 시력을 잃게 되고 피부 문제가 생깁니다. 니아신 부족은 고양이들이 아무리 많은 음식을 섭취한들 살을 빠지게 하고 건강을 악화시킬 수 있습니다. 하지만 여러분은 더 이상 그것에 대해 걱정하지 않으셔도 됩니다! '에코캣 프리미엄'이 여러분의 고양이들에게 영양소와 비타민 모두를 제공해줄 것이기 때문입니다.
[본론 4] 신제품 특징 3	Now, considering all the nutrients and excellent flavor of our product, you might be wondering, "Won't it be too expensive?" But let me tell you that the price won't be different from any other organic foods in the market. "EcoCat Premium" will be available here at the booth or on our website starting from today. Also, the shipping fee will be free when you buy in bulk, so ask your friends or people you know who own cats if they are interested.	지금, 저희 제품의 모든 영양소와 뛰어난 맛을 고려했을 때, 여러분은 "너무 비싸지 않을까?"라고 생각하고 있을지도 모릅니다. 하지만 가격은 시장에 나와 있는 다른 유기농 사료들과 다르지 않을 것이라고 말씀드릴 수 있습니다. '에코캣 프리미엄'은 오늘부터 여기 부스 또는 저희 웹사이트에서 구입이 가능합니다. 또한, 대량으로 구매하면 배송비는 무료이므로, 고양이가 있는 친구들이나 아는 사람들에게 관심이 있는지를 물어보세요.
[결론] 할인 및 혜택	[6]Lastly, if you download the "EcoCat" app and sign up today, we will provide a 10% discount coupon. So, don't miss this great opportunity! If you have any questions about our product, please come and talk to me or the staff at the booth and we'll kindly explain in more detail. Thank you for listening and have a good day, everyone!	[6]마지막으로, 오늘 '에코캣' 어플을 다운받고 가입한다면, 10 퍼센트 할인 쿠폰을 제공해 드립니다. 그러니, 이 좋은 기회를 놓치지 마세요! 저희 제품에 대해 질문이 있다면, 저 또는 부스에 있는 직원에게 오셔서 얘기해 주시면 친절하게 더 자세히 설명해 드리겠습니다. 들어주셔서 진심으로 감사드리고, 모두 좋은 하루 보내세요!

fair 박람회 first of all 우선 promotion 홍보 own 갖다, 소유하다 food 먹이 precious 소중한 challenging 도전적인, 어려운 affect 영향을 미치다 even if ~할지라도 picky 까다로운 taste 맛, 맛보다 satisfy 충족시키다 element 요소 reasonably priced 적정한 가격의 carnivore 육식 동물 once 한때 predator 포식자 instinctively 본능적으로 go through 검토하다 various 다양한 process 과정 as a result 그 결과 find out 알아내다 prefer 선호하다 selection 준비된 것, 선택해 뽑은 것 perfect 완벽하게 하다 participation 참여 sensitive 예민한 take care of ~에 신경 쓰다 put effort into ~에 노력을 기울이다 nutrient 영양소 organic 유기농의 protein 단백질 essential 필수적인 be made up of ~로 구성되어 있다 amino acid 아미노산 be sourced from ~에서 얻다, 공급받다 diet 식단 intake 섭취 appropriate 적절한 proportion 비율 combine 혼합하다, 합성하다 certain 특정한 niacin 니아신(니코틴산) lack 부족 eyesight 시력 deteriorate 악화되다 no matter how 아무리 ~해도 consume 섭취하다 considering ~를 고려하면 wonder ~일까 생각하다 shipping fee 배송비 in bulk 대량으로 sign up 가입하다 opportunity 기회 provide 제공하다 staff 직원 in detail 자세히

1. (a) adopting a cat as a pet
    (b) promoting the world's largest pet fair
    (c) introducing a new product
    (d) providing tips for choosing cat food

2. (a) because there are so many products in the market
    (b) because cat foods are normally costly
    (c) because cat foods are made up of unhealthy ingredients
    (d) because some cats may not prefer its taste

3. (a) because their favorite food is fish
    (b) because they used to hunt small animals
    (c) because they are not carnivores anymore
    (d) because they only eat chicken

4. (a) by using natural ingredients
    (b) by adding various amino acids
    (c) by producing 20 types of vitamins
    (d) by giving guidelines for the appropriate intake

5. (a) They cannot produce certain vitamins.
    (b) They may become blind in the future.
    (c) They will lose some weight
    (d) They could consume too much food.

6. (a) by making a reservation today
    (b) by purchasing the product in bulk
    (c) by installing an application
    (d) by talking to the speaker at the booth

문제 해설 정답 시그널과 패러프레이징을 통해 문제를 심층적으로 풀어 봅시다.

🔑 what / is / S / talking (무엇 / 화자 / 말하고 있다) 주제

1. What is the speaker mainly talking about?

   (a) adopting a cat as a pet
   (b) promoting the world's largest pet fair
   (c) introducing a new product
   (d) providing tips for choosing cat food

화자는 주로 무엇에 대해 이야기하고 있는가?
(a) 고양이를 반려동물로 입양하기
(b) 세계에서 가장 큰 규모의 반려동물 박람회 홍보하기
(c) 신제품 소개하기
(d) 고양이 사료 선택 팁 제공하기

정답 시그널 introduce "EcoCat Premium"
※Part 2의 첫 번째 문제는 주제를 묻는 유형으로 고정되어 있고, 그에 대한 정답은 주로 담화 초반에 등장한다. 담화 초반에 정답을 고르지 못했어도 당황하지 말고 전체적인 내용을 듣고 답을 고르면 된다.

해설 담화 1단락에서 "Let me introduce "EcoCat Premium," our new product"(저희 신제품인 '에코캣 프리미엄'을 소개해 드리겠습니다)를 근거로 정답은 (c)이다. (d)는 사료를 선택하는 팁을 제공하는 것이 아닌 사료를 소개하고 있는 것이기 때문에 오답이다.

어휘 adopt 입양하다 promote 홍보하다 fair 박람회 introduce 소개하다

🔑 Why / probably / challenging / to buy / cat food (왜 / 추론 / 어려운 / 사는 것 / 고양이 사료) 추론

2. Why is it probably challenging to buy the right cat food?

   (a) because there are so many products in the market
   (b) because cat foods are normally costly
   (c) because cat foods are made up of unhealthy ingredients
   (d) because some cats may not prefer its taste
          └ want

적절한 고양이 사료를 사는 것이 왜 어려울까?
(a) 시장에 매우 많은 제품이 나와 있기 때문에
(b) 고양이 사료는 보통 비싸기 때문에
(c) 고양이 사료는 몸에 좋지 않은 재료로 구성되어 있기 때문에
(d) 일부 고양이들이 사료 맛을 선호하지 않을 수 있어서

정답 시그널 challenging

해설 담화 1단락에서 "your cats may not want to eat it because they are picky for no reason"(여러분의 고양이가 아무 이유 없이 까다롭기 때문에 그것을 먹고 싶지 않을 수도 있죠)를 근거로 정답은 (d)이다. (a), (b), (c)는 모두 담화에서 찾을 수 없는 내용이므로 오답이다.

패러프레이징 cats may not want to eat it because they are picky for no reason ➡ cats may not prefer its taste | want ➡ prefer ≒ wish(바라다), would like(원하다), desire(열망하다), crave(갈망하다)

어휘 right 적절한, 옳은 normally 보통, 일반적으로 costly 비싼 unhealthy 몸에 좋지 않은, 건강에 해로운 ingredient 재료, 성분 prefer 선호하다

3. According to the speaker, why do cats prefer meat?

(a) because their favorite food is fish
(b) **because they used to** hunt small animals
⌐ hunting wild birds, mice, and rabbits ⌐
(c) because they are not carnivores anymore
(d) because they only eat chicken

화자에 따르면, 고양이는 왜 고기를 선호하는가?

(a) 가장 좋아하는 음식이 생선이기 때문에
(b) **작은 동물들을 사냥하곤 했기 때문에**
(c) 더 이상 육식 동물이 아니기 때문에
(d) 닭고기만 먹기 때문에

정답 시그널 cats instinctively prefer meat

해설 담화 2단락에서 "They were once predators hunting wild birds, mice, and rabbits."(그들은 한때 야생의 새, 쥐, 토끼 등을 사냥하는 포식자였습니다.)를 근거로 정답은 (b)이다. 육식 동물이었기 때문에 본능적으로 고기를 선호한다는 것이다. (a)는 많은 사람들의 생각일 뿐 사실이 아니기 때문에 정답이 될 수 없다.

패러프레이징 hunting wild birds, mice, and rabbits ➡ hunt small animals

어휘 prefer 선호하다 favorite 가장 좋아하는 used to V ~하곤 했다 carnivore 육식 동물 anymore 더 이상 ~않는

---

4. How did the company take extra care to make a good product?

(a) **by** using natural ingredients
⌐ product is organic
(b) by adding various amino acids
(c) by producing 20 types of vitamins
(d) by giving guidelines for the appropriate intake

그 회사는 어떻게 좋은 제품을 만들기 위해 각별히 신경 썼는가?

(a) **천연 재료를 사용함으로써**
(b) 다양한 아미노산을 첨가함으로써
(c) 20가지의 비타민을 생산함으로써
(d) 적절한 섭취에 대한 지침을 제공함으로써

정답 시그널 take extra care

해설 담화 3단락에서 "Our product is organic and filled with nutrients and vitamins that cats need most."(저희 제품은 유기농이고 고양이가 가장 필요한 영양소와 비타민으로 채워져 있습니다.)를 근거로 정답은 (a)이다. (b)는 단백질이 아미노산으로 만들어졌다는 것이지 아미노산을 제품에 첨가했다는 것이 아니므로 오답이다. (c)는 2020가지의 아미노산이 있다고 했을 뿐 비타민의 종류와 그것의 생산에 관한 것은 담화에서 찾을 수 없는 내용이며, (d)의 아미노산 섭취에 대한 지침 역시 담화에서 찾을 수 없는 내용이므로 오답이다.

패러프레이징 Our product is organic ➡ using natural ingredients | organic ➡ natural ≒ environmental friendly/eco-friendly(친환경적인), pure(맑은), green(환경 친화적인), 100% [식물](~만으로 만들어진)

어휘 natural 천연의, 자연의 various 다양한 produce 생산하다 guideline 지침 appropriate 적절한 intake 섭취

what / most likely / happen / cats / lack / vitamin A (무엇 / 추론 / 일어남 / 부족 / 비타민 A) 추론

5. Based on the talk, <u>what</u> will <u>most likely</u> <u>happen</u> if <u>cats</u> <u>lack</u> <u>vitamin A</u>?

   (a) They cannot produce certain vitamins.

   (b) They may become blind in the future.
          └ lose their eyesight

   (c) They will lose some weight.

   (d) They could consume too much food.

담화에 따르면, 고양이에게 비타민 A가 부족하다면 무슨 일이 일어날 것 같은가?

   (a) 특정한 비타민을 생산할 수 없다.
   (b) 미래에 눈이 멀게 될 수도 있다.
   (c) 살이 빠질 것이다.
   (d) 음식을 너무 많이 섭취할 수 있다.

정답 시그널 If cats lack vitamin A

해설 담화 4단락에서 "If cats lack vitamin A, they will lose their eyesight"(고양이들이 비타민 A가 부족하다면, 시력을 잃게 되고)를 근거로 정답은 (b)이다. (a)는 비타민 A가 부족할 때 나타나는 현상이 아니고, (c), (d)는 담화에서 찾을 수 없는 내용이므로 오답이다.

패러프레이징 lose their eyesight ➡ become blind | blind ➡ lose eyesight ≒ visionless(시력이 없는), unsighted(눈이 보이지 않는), sightless(눈이 먼)

어휘 happen 일어나다 lack 부족하다 certain 특정한 lose weight 살이 빠지다 consume 섭취하다

🔑 how / people / receive / discount (어떻게 / 사람들 / 받다 / 할인 쿠폰) 세부사항

6. <u>How</u> can <u>people</u> <u>receive</u> a 10% <u>discount</u> voucher?
                            └ coupon

   (a) by making a reservation today

   (b) by purchasing the product in bulk

   (c) by installing an application
          └ download the "EcoCat" app

   (d) by talking to the speaker at the booth

사람들은 어떻게 10% 할인 상품권을 받을 수 있을까?

   (a) 오늘 예약함으로써
   (b) 대량으로 그 제품을 구매함으로써
   (c) 애플리케이션을 설치함으로써
   (d) 부스에서 화자에게 이야기함으로써

정답 시그널 provide a 10% discount coupon

해설 담화 6단락에서 "Lastly, if you download the "EcoCat" app and sign up today, we will provide a 10% discount coupon."(마지막으로, 오늘 '에코캣' 어플을 다운받고 가입한다면, 10 퍼센트 할인 쿠폰을 제공해 드립니다.)를 근거로 정답은 (c)이다. (a)는 대화에서 찾을 수 없는 내용이고, (b)는 배송비가 무료인 방법에 관한 내용이며, (d)는 제품에 대한 추가적인 질문을 묻기 위한 방법과 관련된 내용이므로 모두 오답이다.

패러프레이징 download the "EcoCat" app ➡ installing an application | coupon ➡ voucher ≒ gift certificate(상품권) | download ➡ install ≒ set up(설치하다)

어휘 receive 받다 voucher 상품권, 상품 교환권 make a reservation 예약하다 purchase 구매하다 in bulk 대량으로 install 설치하다 application 애플리케이션, 앱

🎧 2_4.mp3

1. (a) It has the most off-line stores in the nation.
   (b) It operates online shopping malls globally.
   (c) It uses natural materials for its products.
   (d) It launches new lines of products every winter.

2. (a) lead a fashion trend globally
   (b) create the best fibers for its clients
   (c) satisfy the customers with eco-friendly products
   (d) support vegans in the nation

3. (a) They are available only at Jenny's Secret.
   (b) They are familiar to the people at the event.
   (c) They went through animal experiments.
   (d) They are certified by government authorities.

4. (a) because animal cosmetics will be banned
   (b) because more people are seeking vegan cosmetics
   (c) because vegan cosmetics companies are increasing dramatically
   (d) because the beauty market trends are changing quickly

5. (a) They will reduce allergic reactions.
   (b) They will last longer than other products.
   (c) They will be inexpensive compared to other cosmetics.
   (d) They will be distributed in simple packaging.

6. (a) by providing feedback
   (b) by participating in the event
   (c) by visiting the company's website
   (d) by joining the membership program

★ 정답 및 해설 p.66

PART 3 협상

출제 경향

PART 3에서는 6문제(34~39번)가 출제되며 두 남녀가 특정 주제에 대해 장단점을 비교하고 그에 따라 결정을 하는 협상적 대화가 등장한다. 현장 판매 vs 온라인 판매, 일반 제품 vs 유기농 제품, 혼자 공부하기 vs 그룹으로 공부하기, 일반 대학 vs 사이버 대학, 근무 중 소셜 미디어 사용 찬성 vs 반대, 웹 세미나 vs 대면 세미나, 태블릿으로 수업 듣기 vs 교과서로 수업하기 등 다양한 주제가 나온다. 두 남녀의 만남 후 대화의 주제를 언급한 후, 각자의 찬성과 반대 의견, 또는 장점과 단점에 이어 한 가지를 선택하는 것으로 마무리가 된다.

32~50점 목표를 위한 공략 Tip!

PART 3의 첫 번째와 두 번째 질문의 키워드는 대화 초반에 있을 확률이 매우 높으므로 초반에 집중해 두 문제를 꼭 맞히도록 하자! 질문의 키워드를 적지 못했거나 대화의 흐름을 놓쳤다면, 과감하게 다음 파트로 넘어가 질문이 나올 때까지 보기 (a)~(d)를 미리 분석한다. **마지막 문제는 항상 두 가지 선택권 중 하나를 고르는 문제**가 고정으로 출제된다. 두 선택의 장점과 단점을 비교하는 내용이 나오므로 관련 어휘를 알고 있으면 핵심 내용을 파악하고 정답을 고르는데 도움이 된다.

장점	단점	장단점
merit (장점)	demerit (단점)	pros and cons
benefit (이점)	drawback (문제점)	advantages and disadvantages
strong/good point (강점)	defect/flaw/shortcoming (결점)	
strength (강점)	weakness (약점)	
upside (괜찮은 면, 좋은 점)	downside (불리한 면, 부정적인 면)	

지텔프 청취 영역은 지문에 언급된 순서대로 문제가 출제되므로 먼저 질문을 들으며 키워드를 파악한 후, 지문에서 그 키워드와 정답의 근거가 되는 문장을 찾는다면 문제를 수월하게 풀 수 있다. 총 3번에 걸쳐 각각 1회, 3회, 5회를 반복해 들려주는 질문을 듣고 받아 적는 연습을 해보자. 잘 들리지 않더라도 반복해서 들어보며 최대한 받아 적는 것을 추천한다!

🎧 3_1.mp3

1. _____ ?
해석

2. _____
_____ ?
해석

3. _____
_____ _____ ?
해석

4. _____ ?
해석

5. _____
_____ ?
해석

6. _____ _____ _____ _____ _____ ?
해석

★ 아예 들리지 않는다면 뒤의 해설을 보면서 질문과 지문을 먼저 읽고 풀어본 후 다시 이 페이지로 돌아와 문제를 들어보고 적는 것을 추천한다.

🎧 3_2.mp3

구성	개인 미용실 vs 프랜차이즈 미용실	
[인사 및 주제] 개인 미용실 vs 프랜차이즈 미용실	M: Hi, Grace. It's nice to see you again. You look different today! Did you get a haircut? W: Hello, David. Yes, I went to the hair salon yesterday, and I'm very happy with how it turned out. M: It's time for me to get a haircut too, but I'm still thinking about where to go. W: Why haven't you decided yet? M: ¹⁾I can't decide whether I should go to a private or a franchise hair salon. W: I used to go to a franchise, but I have recently changed to a private hair salon. So, maybe I can help you to decide.	남: 안녕, 그레이스. 다시 만나서 반가워. 너 오늘 달라보인다! 머리 잘랐니? 여: 안녕, 데이비드. 맞아, 어제 미용실에 갔는데, 결과에 매우 만족해. 남: 나도 이발할 때가 되었는데, 어디로 갈 지 여전히 고민 중이야. 여: 왜 아직 결정을 못했는데? 남: ¹⁾개인 미용실에 가야 할지 프랜차이즈 미용실에 가야 할지 결정할 수 없어. 여: 난 프렌차이즈 미용실에 가곤 했는데, 개인 미용실로 최근에 바꿨거든. 그래서 네가 결정하는 것을 도와줄 수 있을 것 같아.
[본론 1] 개인 미용실의 장점	M: Wow! Perhaps you can tell me the advantages and disadvantages of the two! First, what are the benefits of going to a private hair salon? W: ²⁾I prefer the private hair salon because I can communicate with the stylist in more detail. I can discuss things like my hair type, the length of my hair, the color, and the style that will suit me with the stylist. You know, we all have different face shapes, skin tones, and hair types, so if you need more personalized recommendations from professionals, private hair salons are definitely the best option.	남: 와! 네가 나에게 두 곳의 장점과 단점을 말해줄 수 있겠다. 먼저, 개인 미용실에 가는 것의 이점은 무엇이니? 여: ²⁾나는 미용사와 더 자세히 대화할 수 있기 때문에 개인 미용실을 선호해. 나는 내 모발의 유형, 머리 길이, 색상, 그리고 나에게 어울리는 스타일 같은 것들을 미용사와 상의할 수 있어. 알다시피, 우리는 모두 다른 얼굴형, 피부색, 모발 유형을 가지고 있어서, 네가 전문가로부터 더 맞춤형 추천이 필요하다면, 개인 미용실이 확실히 가장 좋은 선택이야.
[본론 2] 개인 미용실의 단점	M: That's interesting! But can you tell me about the downsides as well? W: Well, for one thing, it's harder to get a reservation compared to a franchise hair salon. ³⁾Since it's privately operated, there are limited slots for customers per day, which makes it hard to get a booking for the day you would like. I usually make a reservation by calling them or using the online booking system at least a week in advance. Also, ³⁾it takes longer to get your hair done because stylists usually work alone.	남: 흥미롭네. 그런데 결점에 대해서도 말해줄 수 있니? 여: 음, 우선 첫째로, 프랜차이즈 미용실과 비교했을 때 예약을 하기가 더 어려워. ³⁾개인적으로 운영되기 때문에, 하루에 고객들에게 시간대가 한정되어 있고, 이건 네가 원하는 날에 예약을 하기 어렵게 만들어. 나는 최소한 1주일 전에 그곳에 전화를 하거나 온라인 예약 시스템을 사용해서 예약을 해. 또, ³⁾미용사는 주로 혼자 일하기 때문에 머리를 하는데 더 오래 걸려.

[본론 3] 프랜차이즈 미용실의 장점	M: Okay. Now let's talk about franchise hair salons. What are the advantages of going to a franchise hair salon? W: Let's see. First, it will obviously be faster and easier to make a reservation at a franchise hair salon. And 4)the overall price is a bit cheaper than that of a private hair salon. Since most franchise hair salons have established their names and brands, they can offer various promotions and discount options.	남: 그렇구나. 그럼 이제 프랜차이즈 미용실에 대해 얘기해보자. 프랜차이즈 미용실에 가는 것의 장점들은 무엇일까? 여: 어디 보자. 첫 번째로는, 프랜차이즈 미용실에서 예약하는 것이 확실히 더 빠르고 쉬울 거야. 그리고 4)전반적인 가격이 개인 미용실보다 조금 더 저렴하지. 대부분의 프랜차이즈 미용실은 이름과 브랜드를 확립해왔기 때문에, 다양한 홍보와 할인 옵션을 제공할 수 있어.
[본론 4] 프랜차이즈 미용실의 단점	M: Yeah. 4)I get a haircut every month, but I don't want to spend too much money on it. So I always look for the cheapest franchise hair salon nearby. Then, what do you think are the disadvantages? W: There are sometimes cases where an inexperienced stylist takes care of you. I went to a franchise hair salon once, and my hair got damaged because the assistant stylist made a basic mistake! M: Oh no! That sounds terrible! But weren't you able to choose a stylist who is experienced? W: Yeah, it's true that there are some top stylists who have good careers, but they may make their assistants or trainees do trivial work. Not only that, 5)you need to make reservations with them beforehand, just like a private hair salon! Then what's the point of going there, right?	남: 맞아. 4)나는 한달에 매달 이발을 하는데, 그것에 돈을 너무 많이 쓰고 싶지 않더라고. 그래서 나는 항상 근처에서 가장 저렴한 프랜차이즈 미용실을 항상 찾아. 그렇다면, 단점은 무엇이라고 생각해? 여: 가끔 미숙한 미용사가 너를 맡는 경우도 있어. 프랜차이즈 미용실에 예전에 갔었는데, 보조 미용사가 기초적인 실수를 해서 내 모발이 손상되었어! 남: 오 안돼! 끔찍하다! 근데 경험이 풍부한 미용사를 고를 수 없었니? 여: 좋은 경력을 가진 몇몇 최고의 미용사들이 있는 건 사실이지만, 그들은 조수나 훈련생들에게 사소한 일을 시키도록 할 수도 있어. 그뿐 아니라, 5)마치 개인 미용실처럼 미리 예약을 해야 해! 그럼 거기에 가는 것이 무슨 소용이야, 그렇지?
[결론] 남자의 선택	M: Hmmm … You're totally right, Grace. I think I have made a choice now. Thanks for helping me. W: No worries. So, what have you decided? M: 6)I want to try something new this time because I've always wondered how it feels to spend a bit more money on grooming. Besides, I have some extra money this month, so I will get a personalized haircut. W: Sounds like a good plan.	남: 흠… 네 말이 전적으로 맞아. 그레이스. 난 이제 선택을 내린 것 같아. 도와줘서 고마워. 여: 천만에. 그래서, 너는 무엇을 결정했니? 남: 6)나는 이번에는 새로운 것을 시도하고 싶은 이유가 항상 몸치장에 돈을 좀 더 쓰는 것이 어떤 느낌인지 궁금했거든. 게다가 이번 달에 여분의 돈이 있어서 나는 맞춤형 이발을 받아볼 거야. 여: 좋은 계획인 것 같아.

get a haircut 머리를 자르다 turn out 되다, 끝나다 private 개인적인, 사적인 used to ～하곤 했다 recently 최근에 advantage 장점 disadvantage 단점 benefit 이점 prefer 선호하다 communicate 대화하다, 소통하다 in detail 자세히 discuss 상의하다 length 길이 suit ～에 어울리다 skin tone 피부색 personalized 맞춤형의, 개인화된 recommendation 추천 definitely 확실히, 틀림없이 downside 결점, 부정적인 면 as well ～도 for one thing 우선 첫째로 reservation 예약 compared to ～와 비교하면 operate 운영하다 limited 한정된, 제한된 slot 시간대 customer 고객 per ～당, ～마다 booking 예약 at least 최소한, 적어도 in advance 미리 obviously 확실히 overall 전반적인 a bit 조금, 약간 establish 확립하다 promotion 홍보 nearby 가까이에 inexperienced 미숙한, 경험이 부족한 take care of ～을 책임지다, 떠맡다 assistant 보조 career 경력 trainee 훈련생 trivial 사소한, 하찮은 not only that 그뿐 아니라 beforehand 미리, 사전에 what's the point of ～하는 것이 무슨 소용이야 make a choice 선택하다 no worries 천만에 groom 손질하다, 다듬다 besides 게다가

1. (a) which type of hair salon he would like to go
   (b) what kind of hair salon he wants to open
   (c) how he will become a hairstylist
   (d) whether he will take a haircut course

2. (a) because she can talk to the hairdresser more specifically
   (b) because she doesn't have any preference for her hairstyle
   (c) because it is easy to make a reservation
   (d) because the hairdresser is more skillful

3. (a) because it has a long waiting list
   (b) because the hairdresser needs to rest
   (c) because the workspace is small
   (d) because the stylist works on his or her own

4. (a) He can consult with the stylist personally.
   (b) He can save some more money.
   (c) He can get a regular discount.
   (d) He can learn some skills from the hairdresser.

5. (a) because staff often make mistakes
   (b) because some top stylists are lazy
   (c) because the overall price is too expensive
   (d) because it is similar to visiting a private salon

6. (a) open a barbershop with his friend
   (b) get a haircut from a franchise salon
   (c) go to a privately operated hair salon
   (d) participate in the hair education class

🔑 what / D / is trying / to decide (무엇 / D / 시도 중이다 / 결정하는 것)   세부사항

1. What is David trying to decide?

(a) **which type of hair salon he would like to go**
(b) what kind of hair salon he wants to open
(c) how he will become a hairstylist
(d) whether he will take a haircut course

데이비드는 무엇을 결정하려고 하는가?

(a) **어떤 종류의 미용실에 가고 싶은 것인지**
(b) 어떤 종류의 미용실을 개업하고 싶은지
(c) 어떻게 그가 미용사가 될 것인지
(d) 헤어스타일 강좌를 들을 것인지

정답 시그널 can't decide ※Part 3의 주제는 주로 대화의 초반에서 찾을 수 있다.

해설 대화에서 "I can't decide whether I should go to a private or a franchise hair salon."(개인 미용실에 가야 할지 프랜차이즈 미용실에 가야 할지 결정할 수 없어.)을 근거로 정답은 (a)이다. (b), (c), (d)는 대화에서 찾을 수 없는 내용이므로 오답이다.

어휘 try to V ~하는 것을 시도하다 hairstylist 미용사 take a course 강좌를 듣다 haircut 이발, 헤어스타일

🔑 G / why / prefer / to go / private salon (G / 왜 / 선호하다 / 가는 것 / 개인 미용실)   세부사항

2. According to Grace, why does she prefer to go to a private salon?

(a) **because she can** talk to the hairdresser more specifically
    └ communicate with the stylist in more detail

(b) because she doesn't have any preference for her hairstyle
(c) because it is easy to make a reservation
(d) because the hairdresser is more skillful

그래이스에 따르면, 그녀는 왜 개인 미용실에 가는 것을 선호하는가?

(a) **미용사에게 더 구체적으로 말할 수 있어서**
(b) 헤어스타일에 선호하는 것이 없어서
(c) 예약하기가 쉬워서
(d) 미용사가 더 능숙해서

정답 시그널 prefer the private hair salon

해설 대화에서 "I prefer the private hair salon because I can communicate with the stylist in more detail."(나는 미용사와 더 자세히 대화할 수 있기 때문에 개인 미용실을 선호해.)을 근거로 정답은 (a)이다. (b), (c)는 대화와 일치하지 않는 내용이고, (d)는 대화에서 찾을 수 없는 내용이므로 오답이다.

패러프레이징 communicate with the stylist in more detail ➡ talk to the hairdresser more specifically
communicate ➡ talk ≒ tell(이야기하다), chat/converse(대화하다), speak(말하다)
stylist ➡ hairdresser ≒ hair designer(헤어 디자이너), beautician(미용사), beauty expert/specialist(미용 전문가)
in more detail ➡ more specifically ≒ carefully(세밀히), concretely(구체적으로), meticulously(꼼꼼하게), thoroughly(철저하게)

어휘 prefer 선호하다 hairdresser 미용사 specifically 구체적으로, 분명하게 preference 선호(하는 것) skillful 솜씨 좋은, 능숙한

why / probably / private salon / accept / limited customers / a day
(왜 / 추론 / 개인 미용실 / 받다 / 제한된 고객들 / 하루에)

추론

3. Why probably does a private salon accept limited customers a day?

(a) because it has a long waiting list
(b) because the hairdresser needs to rest
(c) because the workspace is small
(d) because the stylist works on his or her own
            └ alone

왜 개인 미용실은 하루에 제한된 손님들을 받을까?

(a) 대기자 명단이 길기 때문에
(b) 미용사가 쉬어야 하기 때문에
(c) 작업 공간이 좁기 때문에
(d) 미용사가 혼자 일을 하기 때문에

정답 시그널 limited slots for customers per day

해설 대화에서 "Since it's privately operated, there are limited slots for customers per day, which makes it hard to get a booking for the day you would like."(개인적으로 운영되기 때문에, 하루에 고객들에게 시간대가 한정되어 있고, 이건 네가 원하는 날에 예약을 하기 어렵게 만들어.)와 "it takes longer to get your hair done because stylists usually work alone"(미용사는 주로 혼자 일하기 때문에 머리를 하는데 더 오래 걸려)을 근거로 정답은 (d)이다. (a), (b), (c)는 대화에서 찾을 수 없는 내용이므로 오답이다.

패러프레이징 alone ➡ on one's own ≒ by oneself(혼자), single-handed(홀로)

어휘 accept 받다 limited 제한된 waiting line 대기자 명단 rest 쉬다 workspace 작업 공간 on one's own 스스로, 혼자

---

what / most likely / be / benefit / D / goes / franchise salon
(무엇 / 추론 / 혜택이다 / D / 가는 것 / 프랜차이즈 미용실)

추론

4. What, most likely, will be the benefit if David goes to a franchise salon?

(a) He can consult with the stylist personally.
(b) He can save some more money.
(c) He can get a regular discount.
(d) He can learn some skills from the hairdresser.

데이비드가 프랜차이즈 미용실에 간다면 이점은 무엇일 것 같은가?

(a) 미용사와 개인적으로 상담할 수 있다.
(b) 돈을 좀 더 아낄 수 있다.
(c) 정기 할인을 받을 수 있다.
(d) 미용사에게 몇몇 기술을 배울 수 있다.

해설 대화에서 "the overall price is a bit cheaper than that of a private hair salon."(전반적인 가격이 개인 미용실보다 조금 더 저렴하지.)와 "I get a haircut once a month, because I don't want to spend too much money on it."(나는 몸단장에 너무 많은 돈을 쓰고 싶지 않아서 보통 한 달에 한 번 이발을 해.)를 근거로 정답은 (b)이다. (a)는 프랜차이즈 미용실에 가는 것보다 개인 미용실에 갈 때의 혜택에 가깝고, (c)와 (d)는 본문에서 근거를 찾을 수 없기 때문에 오답이다.

어휘 benefit 이점 consult with ~와 상담하다 personally 개인적으로 save 절약하다, 아끼다 regular 정기적인, 규칙적인

G / why / not be a point / going / franchise salon
(G / 왜 / 소용이 없음 / 가는 것 / 프랜차이즈 미용실)

5. According to Grace, <u>why</u> might there <u>NOT be a</u> <u>point</u> in <u>going</u> to a <u>franchise salon</u>?

(a) because staff often make mistakes
(b) because some top stylists are lazy
(c) because the overall price is too expensive
(d) **because it is** similar to **visiting a private**
    salon
       └ like

그레이스에 따르면, 프랜차이즈 미용실에 가는 것이 왜 소용이 없을지도 모르는가?

(a) 직원들이 종종 실수해서
(b) 일부 최고 미용사들이 게을러서
(c) 전체적인 가격이 너무 비싸서
(d) 개인 미용실에 가는 것과 비슷해서

정답 시그널   what's the point of going there

해설   대화에서 "you need to make reservations with them beforehand, just like a private hair salon! Then what's the point of going there, right?"(마치 개인 미용실처럼 미리 예약을 해야 해! 그럼 거기에 가는 것이 무슨 소용이야, 그렇지?)를 근거로 정답은 (d)이다. (a)는 제니가 경험한 내용으로 질문과 상관없는 내용이고, (b), (c)는 대화에서 찾을 수 없는 내용이므로 오답이다.

패러프레이징   just like a private hair salon ➡ similar to visiting a private hair salon
like ➡ similar to ≒ alike(비슷한), resemble(닮다), nearly same(거의 같다)

어휘   **point** 소용, 의미 **staff** 직원 **lazy** 게으른 **overall** 전체적인, 전반적인 **expensive** 비싼 **similar to** ~와 비슷한 **visit** ~에 가다

---

 what / D / decided / to do (무엇 / D / 결정하다 / 하는 것)

6. <u>What has David decided to do</u>?

(a) open a barbershop with his friend
(b) get a haircut from a franchise salon
(c) **go to a privately operated hair salon**
(d) participate in the hair education class

데이비드는 무엇을 하기로 결정했는가?

(a) 친구와 이발소를 차린다
(b) 프랜차이즈 미용실에서 머리를 자른다
(c) 개인적으로 운영되는 미용실에 간다
(d) 헤어 교육 수업에 참가한다

정답 시그널   decided ※Part 3의 마지막 문제는 두 개의 선택 중에 하나를 고르는 것으로 고정 출제된다.

해설   대화에서 "I want to try something new this time because I've always wondered how it feels to spend a bit more money on grooming. Besides, I have some extra money this month so I will get a personalized haircut."(나는 이번에는 새로운 것을 시도하고 싶은 이유가 항상 몸치장에 돈을 좀 더 쓰는 것이 어떤 느낌인지 궁금했거든. 게다가 이번 달에 여분의 돈이 있어서 나는 맞춤형 이발을 받아볼 거야.)을 근거로 정답은 (c)이다.

어휘   **barbershop** 이발소 **participate in** 참여하다, 참가하다 **education** 교육

🎧 3_4.mp3

1. (a) because she wanted to give it to a friend as a gift
   (b) because she didn't have anything good to wear
   (c) because the fall season is coming soon
   (d) because she always shops at NY Mall

2. (a) There are competitive prices.
   (b) Sales events are hosted more often.
   (c) Discounts are provided to newcomers.
   (d) Everyone can have a user-friendly experience.

3. (a) because the merchandise was delivered late
   (b) because the goods were not attractive on the website
   (c) because he wasn't satisfied with the color
   (d) because the product was damaged

4. (a) They can make shopping more fun.
   (b) They can give advice on the clothes.
   (c) They can provide financial aid.
   (d) They can drive her to the mall.

5. (a) Both men and women prefer offline shopping to online shopping.
   (b) Women do not buy clothes from used markets.
   (c) Both men and women prefer buying online to offline.
   (d) Most men like to buy clothes from second-hand markets.

6. (a) read the article with Amy again
   (b) buy clothes at a shopping center with Amy
   (c) choose some clothes on the Internet with Amy
   (d) treat Amy to lunch right away

★ 정답 및 해설 p.71

DAY 17 PART 4 과정 & 팁

출제 경향

PART 4에서는 7문제(46~52번)가 출제되며 한 명의 화자가 특정 주제에 대한 절차나 과정 또는 팁을 설명한다.

제품을 만들거나 꾸미는 과정, 업무의 절차 및 노하우, 경력을 쌓는 조언, 면접 관련 팁, 소통 방법 또는 갈등 해결 방법 등 다양한 주제가 나온다.

인사와 함께 주제 소개부터 시작하여, 주제에 대한 절차나 과정 또는 팁을 순서대로 열거하여 설명한다.

32~50점 목표를 위한 공략 Tip!

PART 4의 첫 번째 문제는 주제를 묻는 유형이 나오고 그 이후에는 6~7개의 절차나 과정 또는 팁이 순서대로 나온다. 만약 두 번째 문제부터 질문의 키워드를 적지 못했거나 대화의 흐름을 놓쳤다면, 다음 절차 또는 팁으로 넘어가거나 과감하게 다음 독해 파트로 넘어가는 것을 추천한다.

지텔프 청취 영역은 지문에 언급된 순서대로 문제가 출제되므로 먼저 질문을 들으며 키워드를
파악한 후, 지문에서 그 키워드와 정답의 근거가 되는 문장을 찾는다면 문제를 수월하게 풀 수
있다. 총 3번에 걸쳐 각각 1회, 3회, 5회를 반복해 들려주는 질문을 듣고 받아 적는 연습을 해
보자. 잘 들리지 않더라도 반복해서 들어보며 최대한 받아 적는 것을 추천한다!

🎧 4_1.mp3

1. _____?

해석

2. _____

_____?

해석

3. _____

_____?

해석

4. _____

_____?

해석

5. _____

_____?

해석

6. _____

_____?

해석

7. _____

_____?

해석

★ 아예 들리지 않는다면 뒤의 해설을 보면서 질문과 지문을 먼저 읽고 풀어본 후 다시 이 페이지로 돌아와 문제를
들어보고 적는 것을 추천한다.

🎧 4_2.mp3

구성	파워포인트 발표 자료 제작 팁	
[인사 및 주제] 좋은 발표 자료 만들기	Hello, everyone. Welcome to "Our Home Computer" Podcast. [1]Today, we're going to talk about how to make good presentation materials using PowerPoint. When making PowerPoint slides for an important meeting or lecture, one of the hardest things is keeping your audience focused on your presentation. So I'll give you some basic tips for simple and efficient PowerPoint slides to keep your audience engaged and impressed with your presentation skills.	안녕하세요, 여러분. '아워 홈 컴퓨터' 팟캐스트에 오신 것을 환영합니다. [1]오늘 저희는 파워포인트를 사용해서 좋은 발표 자료를 만드는 방법에 대해 이야기할 것입니다. 중요한 회의나 강의를 위해 파워포인트 슬라이드를 만들 때, 가장 어려운 것 중 하나가 당신의 발표에 청중들이 집중한 상태를 유지시키는 것입니다. 그래서 청중들이 여러분의 발표 기술에 몰입하고 감명을 받도록 간단하고 효율적인 파워포인트 슬라이드를 위한 기본적인 비법들을 말해주겠습니다.
[비법 1] 목적 찾기	First, the most important thing is to know what your presentation is for. [2]I always write down the purpose and subject of my presentation before I start preparing it. If the PowerPoint slides are for presenting purposes only, I recommend organizing each slide with simple and short keywords. On the other hand, if it is for submitting or printing purposes, it should include sentences with core details on each slide.	첫 번째로, 가장 중요한 것은 당신의 발표가 무엇을 위한 것인지 아는 것입니다. [2]저는 발표를 준비하기 시작하기 전에 항상 제 발표의 목적과 주제를 적습니다. 파워포인트 슬라이드가 발표하는 목적만을 위한 것이라면, 간단하고 짧은 핵심어들로 각각의 슬라이드를 구성할 것을 추천합니다. 한편, 제출하거나 인쇄하는 목적을 위한 것이라면, 그것은 각 슬라이드에 가장 중요한 세부 사항이 있는 문장들을 포함해야 합니다.
[비법 2] 대상 알아내기	[3]Second, you need to identify the target audience of the presentation when using PowerPoint. The content and design of your presentation materials will vary depending on the type of target. Who are you going to show it to? Your superiors? Or your clients? [3]When I prepare a presentation for my managers at a meeting, I try to reflect their preferences. And when I prepare a meeting for my clients, I always consider what their needs are and include visual elements on the slides.	[3]두 번째로, 파워포인트를 사용할 때 발표의 목표 청중을 확인해야 합니다. 발표 자료의 내용과 디자인은 목표 대상의 유형에 따라 다를 것입니다. 누구에게 그것을 보여줄 것인가요? 당신의 상사? 또는 당신의 고객? [3]저는 회의에서 관리자들을 위한 발표를 준비할 때면, 그들이 선호하는 것을 반영하려고 노력합니다. 그리고 제가 고객들을 위한 미팅을 준비할 때, 저는 항상 그들이 필요로 하는 것은 무엇인지 고려하고 슬라이드에 시각적 요소를 추가합니다.
[비법 3] 도입부 만드는 방법	The third tip is to make the introduction page as clear as possible. Since you will put a lot of effort into the presentation materials, you would like your audience to figure out exactly what the presentation is about when they look at the very first page of your slides. Then, the main title should be the topic of	세 번째 비법은 서문 페이지를 가능한 명확하게 만드는 것입니다. 발표 자료에 많은 노력을 기울일 것이기 때문에, 당신은 청중들이 슬라이드의 첫번째 페이지를 보고 정확히 발표가 무엇에 대한 것인지 파악할 수 있기를 바랄 것입니다. 그렇다면 주 제목이 발표의 주제가 되어야하며,

	your presentation with the subtitle supporting the main title in more detail. 4)Keep everything simple because the audience may become confused or lose interest at the beginning of the introduction if it is not clear enough.	부제목은 주 제목을 더 자세하게 뒷받침 해야 합니다. 4)충분히 명확하지 않다면 서문의 첫 부분에서 청중들은 혼란스러 워하거나 흥미를 잃을지도 모르니 모든 것을 단순하게 유지하세요.
[비법 4] 목차 포함하기	Fourth, add a table of contents. If you put the table of contents after the introduction, the audience will be able to easily follow your presentation. Also, put the slide numbers of the items for each topic. In this way, the attendees can look at the table of contents and come back even if they get lost during the presentation.	넷째. 목차를 추가하세요. 만약 당신이 서문 뒤에 목차를 놓는다면, 청중들은 당 신의 발표를 쉽게 따라올 수 있을 것입니 다. 또한, 각각의 주제에 대한 항목들의 슬라이드 번호를 넣으세요. 이 방법으로, 참석자들은 발표 중간에 길을 잃어도 목 차를 보고 다시 돌아올 수 있습니다.
[비법 5] 본문 구성 방법	The fifth tip is about how to organize the body. 5)One of the techniques I use is "KISS." It is an acronym for "Keep It Simple and Short" or "Keep It Simple, Stupid!" Don't try to explain everything in one slide; just smartly display core keywords or sentences.	다섯 번째 비법은 본론을 정리하는 방법 에 관한 것입니다. 5)제가 사용하는 기술 들 중 하나는 'KISS'입니다. 이것은 '간단 하고 짧게 유지해라' 또는 '간단하게 유 지해, 멍청아'의 약자입니다. 한 슬라이 드에서 모든 것을 설명하려고 노력하지 마세요; 그냥 핵심 키워드나 문장들을 깔 끔하게 보여주세요.
[비법 6] 시청각 자료 활용 방법	The sixth tip is using audiovisual elements appropriately. If the presentation includes visual data such as pictures, figures, or graphs, it is better to use a larger picture so that the audience can see it from the back. And I suggest not putting too many auditory effects in the slides because 6)I once made a mistake by putting too many sound effects which annoyed my audience.	여섯 번째 비법은 시청각 요소를 적절하 게 사용하는 것입니다. 발표가 사진, 그 림. 그래프 같은 시각 데이터를 포함하는 경우, 청중이 뒤에서 볼 수 있도록 더 큰 그림을 사용하는 것이 더 좋습니다. 그리 고 6)언젠가 너무 많은 음향 효과를 넣어 서 제 청중을 짜증나게 한 실수를 한 적 이 있기 때문에 저는 슬라이드에 너무 많 은 청각 효과를 넣지 않는 것을 권합니 다.
[비법 7] 결론 부분 팁	The last tip is about the conclusion. 7)In your conclusion, it is better to summarize the topic of the presentation. Also, don't forget to add "Thank You" or a Q&A section on the last slide for the audience, but make sure that it will not exceed the time allocated to your presentation.	마지막 비법은 결론에 대한 것입니다. 7)결론에서는, 발표의 주제를 요약하는 것이 좋습니다. 또, 청중들을 위해 '감사 합니다' 또는 질문과 답변 부분을 마지막 슬라이드에 추가하는 것을 잊지 마세요, 하지만 이것이 당신의 발표에 할당된 시 간을 초과하지 않도록 하세요.
[마무리 인사]	I'm confident that these tips will help you make a successful and good presentation using PowerPoint. Thank you for listening and I'll see you next time.	저는 이러한 비법들이 파워포인트를 이용 해 성공적이고 좋은 발표를 만드는데 도 움이 될 것이라고 확신합니다. 들어 주셔 서 감사하고 다음 시간에 뵙겠습니다.

presentation 발표 material 자료, 재료 lecture 강의, 강연 audience 청중, 관객 focused on ~에 집중하는 basic 기본적인 tip 비법, 조언 efficient 효율적인 engaged 몰두한 impressed 감명을 받은 find out 알아내다 purpose 목적 subject 주제 prepare 준비하다 present 발표하다, 보여주다 recommend 추천하다, 권장하다 organize 구성하다, 정리하다 on the other hand 한편 submit 제출하다 core 가장 중요한, 핵심의 detail 세부 사항 identify 확인하다, 알아보다 content 내용물 vary 다르다 depending on ~에 따라 superior 상사, 윗사람 client 고객, 의뢰인 manager 관리자 reflect 반영하다 preference 선호하는 것 consider 고려하다 need 필요(로 하는 것) visual 시각적인 element 요소 introduction 소개, 서문 as ~ as possible 가능한 ~한 clear 명확한, 알기 쉬운 put effort into ~에 노력을 기울이다 would like ~ to V ~가 ~하기를 바라다 figure out 파악하다, 이해하다 exactly 정확히 topic 논제, 주제 subtitle 부제 supporting 뒷받침하는 confused 혼란스러운 lose interest 흥미를 잃다 beginning 첫 부분, 시작 add 추가하다 table of contents 목차 attendee 참석자, 참가자 get lost 길을 잃다 body 본문 acronym 약자 explain 설명하다 smartly 깔끔하게, 재빨리 display 내보이다, 드러내다 keyword 키워드, 핵심 단어 audiovisual 시청각의 appropriately 적절하게, 알맞게 amount 양 so that ~하기 위해 auditory 청각의 figure (문서의) 삽화, 그림 make a mistake 실수를 하다 sound effect 음향 효과 annoy 짜증나게 하다 conclusion 결론 summarize 요약하다 section 부분, 구역 make sure ~하도록 하다 exceed 초과하다 allocated 할당된, 나눠준 confident 확신하는 successful 성공적인

 4_3.mp3

1. (a) how to create good presentation materials
   (b) how to set up an important meeting
   (c) how to organize a successful lecture
   (d) how to impress a hostile audience

2. (a) after removing the short keywords
   (b) before starting to prepare the presentation
   (c) before figuring out the type of your audience
   (d) after including the supporting details

3. (a) by printing out the slides for his superiors
   (b) by identifying his managers' likes and dislikes
   (c) by preparing for the meeting with the clients
   (d) by adding more visual elements to the slides

4. (a) The audience is not able to understand the context clearly.
   (b) The subtitle could cover up the main title.
   (c) The listeners may lose interest from the start.
   (d) The table of contents can be confusing.

5. (a) Keep It Short and Stupid
   (b) Keep It Smart and Short
   (c) Keep It Simple and Smart
   (d) Keep It Simple and Short

6. (a) He used inappropriate visual elements.
   (b) He chose pictures that were too small.
   (c) He put too many sounds effects.
   (d) He turned up the sound too much.

7. (a) audiovisual elements
   (b) a summary of the topic
   (c) a brief survey
   (d) the expected completion time

🔑 what / is / talk / about (무엇 / 이다 / 담화 / 대하여)   주제

1. What is the talk all about?

(a) **how to create good presentation materials**
      └ make

(b) how to set up an important meeting
(c) how to organize a successful lecture
(d) how to impress a hostile audience

담화는 무엇에 관한 것인가?

(a) **좋은 발표 자료를 만드는 방법**
(b) 중요한 회의를 준비하는 방법
(c) 성공적인 강의를 주최하는 방법
(d) 적대적인 청중에게 깊은 인상을 남기는 방법

정답 시그널 첫 번째 문제는 대화 초반에 주로 나온다. 참고로 Part 4의 첫 번째 문제는 주제를 묻는 유형으로 고정되어 있지만, 대화 초반에 답이 나오지 않더라도 당황하지 않고 전체적인 내용을 듣고 답을 고르는 것이 좋다.

해설 담화 1단락에서 "Today, we're going to talk about how to make good presentation materials using PowerPoint."(오늘은 저희는 파워포인트를 사용해서 좋은 발표 자료를 만드는 방법에 대해 이야기할 것입니다.)를 근거로 정답은 (a)이다. (b), (c), (d) 모두 본문에서 찾을 수 없는 내용이므로 오답이다.

패러프레이징 make ➡ create ≒ produce(생산하다), form(형성하다), manufacture(제작하다)

어휘 create 만들다 quality 질 좋은 set up 준비하다, 설치하다 organize 주최하다, 조직하다 impress 깊은 인상을 주다 hostile 적대적인

🔑 when / one / write down / purpose & subject / presentation
(언제 / 사람 / 받아 적다 / 목적 & 주제 / 발표)   세부사항

2. Based on the talk, when should one write down the purpose and subject of the presentation?

(a) after removing the short keywords
(b) **before starting to prepare the presentation**
(c) before figuring out the type of your audience
(d) after including the supporting details

담화에 따르면, 언제 발표의 목적과 주제를 적어야 하는가?

(a) 짧은 핵심 단어들을 없앤 후에
(b) **발표 준비를 시작하기 전에**
(c) 청중의 유형을 파악하기 전에
(d) 뒷받침하는 세부사항을 포함한 후에

정답 시그널 write down the purpose and subject

해설 담화 2단락에서 "I always write down the purpose and subject of my presentation before I start preparing it."(저는 발표를 준비하기 시작하기 전에 항상 제 발표의 목적과 주제를 적습니다.)를 근거로 정답은 (b)이다. (a), (c), (d) 모두 본문에서 찾을 수 없는 내용이므로 오답이다.

어휘 write down ~을 적어 두다 purpose 목적 remove 제거하다 figure out 파악하다 include 포함하다 support 뒷받침하다

3. How most likely does the speaker prepare a presentation for his managers?

(a) by printing out the slides for his superiors
(b) **by identifying his managers' likes and dislikes**
(c) by preparing for the meeting with the clients
(d) by adding more visual elements to the slides

화자는 그의 관리자들을 위해 어떻게 발표를 준비할 것 같은가?

(a) 상사를 위해 슬라이드를 출력함으로써
(b) **관리자들의 호불호를 알아봄으로써**
(c) 고객과의 미팅을 준비함으로써
(d) 슬라이드에 시각적 요소를 더 추가함으로써

정답 시그널 prepare a presentation for my managers

해설 담화 3단락에서 "Second, you need to identify the target audience of the presentation when using PowerPoint."(두 번째로, 파워포인트를 사용할 때 발표의 목표 청중을 확인해야 합니다.)와 "When I prepare a presentation for my managers at a meeting, I try to reflect their preferences."(저는 회의에서 매니저들을 위한 발표를 준비할 때면, 그들이 선호하는 것을 반영하려고 노력합니다.)를 근거로 정답은 (b)이다. (a), (c), (d)는 모두 본문에 유사한 내용이 있으나 관리자를 대상으로 한 발표와 관련이 없는 내용이므로 오답이다.

패러프레이징 reflect their preferences ➡ identifying his managers' likes and dislikes

어휘 print out 인쇄하다 identify 알아보다, 확인하다 likes and dislikes 호불호, 좋아하는 것과 싫어하는 것 add A to B A를 B에 추가하다

4. What will happen if the introduction page is not clear?

(a) The audience is not able to understand the context clearly.
(b) The subtitle could cover up the main title.
(c) **The listeners may lose interest from the start.**
   └ beginning
(d) The table of contents can be confusing.

서문 페이지가 명확하지 않으면 어떤 일이 일어나는가?

(a) 청중은 맥락을 명확하게 이해할 수 없다.
(b) 부제목이 주요 제목을 가릴 수 있다.
(c) **청자들은 처음부터 흥미를 잃을 수 있다.**
(d) 목차가 혼란스러울 수 있다.

정답 시그널 introduction if it is not clear enough

해설 담화 4단락에서 "Keep everything simple because the audience may become confused or lose interest at the beginning of the introduction if it is not clear enough."(충분히 명확하지 않다면 서문의 첫 부분에서 청중들은 혼란스러워하거나 흥미를 잃을지도 모르니 모든 것을 단순하게 유지하세요.)를 근거로 정답은 (c)이다. (a)와 (b)는 본문에서 찾을 수 없는 내용이고, (d)는 목차가 아니라 청중이 혼란스러운 것이기 때문에 오답이다.

패러프레이징 beginning ➡ start ≒ introduction(도입), opening(개시), origin(기원), outset(처음), commencement(시작)

어휘 context 맥락, 문맥 clearly 명확하게 cover up (덮어) 가리다 from the start 처음부터 confusing 혼란스러운

s / what / is / meaning / KISS technique (s / 무엇 / 이다 / 의미 / KISS 기술)

5. According to the speaker, <u>what is</u> one <u>meaning</u> of the "KISS" <u>technique</u>?

(a) Keep It Short and Stupid
(b) Keep It Smart and Short
(c) Keep It Simple and Smart
(d) Keep It Simple and Short

화자에 따르면, 'KISS' 기술의 한 가지 의미는 무엇인가?

(a) 짧고 멍청하게 유지해라
(b) 똑똑하고 짧게 유지해라
(c) 간단하고 똑똑하게 유지해라
(d) 간단하고 짧게 유지해라

정답 시그널 techniques I use is "KISS"

해설 담화 6단락에서 "One of the techniques I use is "KISS." It is an acronym for "Keep It Simple and Short" or "Keep It Simple, Stupid!"(제가 사용하는 기술들 중 하나는 'KISS'입니다. 이것은 '간단하고 짧게 유지해라' 또는 '간단하게 유지해, 멍청아!'의 약자입니다.)를 근거로 정답은 (d)이다.

---

 what / mistake / s / make / he / annoyed / audience
(어떤 / 실수 / 화자 / 만들다 / 그 / 짜증나게 했다 / 청중)

6. What <u>mistake</u> did the speaker <u>make</u> when <u>he</u> <u>annoyed</u> the <u>audience</u>?

(a) He used inappropriate visual elements.
(b) He chose pictures that were too small.
(c) He put too many sounds effects.
(d) He turned up the sound too much.

화자가 청중을 짜증나게 했을 때 어떤 실수를 했는가?

(a) 부적절한 시각적 요소를 사용했다.
(b) 너무 작은 사진들을 선택했다.
(c) 음향 효과를 너무 많이 넣었다.
(d) 소리를 너무 많이 높였다.

정답 시그널 made a mistake, annoyed

해설 담화 7단락에서 "I once made a mistake by putting too many sound effects which annoyed my audience"(언젠가 너무 많은 음향 효과를 넣어서 제 청중을 짜증나게 한 실수를 한 적이 있다)를 근거로 정답은 (c)이다. (a), (b), (d) 모두 본문에서 찾을 수 없는 내용이므로 오답이다.

어휘 inappropriate 부적절한, 안 어울리는 element 요소 sound effect 음향 효과 turn up (소리를) 높이다

7. According to the speaker, what should be included in the <u>conclusion</u>?

(a) audiovisual elements
(b) a summary of the topic
(c) a brief survey
(d) the expected completion time

화자에 따르면, 무엇이 결론에 포함되어야 하는가?

(a) 시청각 요소
(b) 주제의 요약
(c) 짧은 설문 조사
(d) 예상 완료 시간

정답 시그널 conclusion ※참고로 청취 영역의 모든 마지막 문제는 담화 마지막에서 출제된다.

해설 담화 8단락에서 "In conclusion, it is better to summarize the topic of the presentation."(결론에서는, 발표의 주제를 요약하는 것이 좋습니다.)를 근거로 정답은 (b)이다. (a), (c), (d)는 모두 본문에서 찾을 수 없는 내용으로 오답이다.

어휘 summary 요약, 개요　brief 짧은, 간략한　survey (설문) 조사　expected 예상되는　completion 완료, 완성

Practice

1. (a) how to run a franchise café
   (b) how to study about coffee in an academy
   (c) how to maintain a coffee maker
   (d) how to prepare for opening a café

2. (a) because they can communicate with the customers
   (b) because they can compete with the franchise cafés
   (c) because they can sell coffee for a reasonable price
   (d) because they can work at a café for two years

3. (a) enter a barista academy
   (b) study basic finance
   (c) do some research on the spot
   (d) work at café in the region

4. (a) posting ads on online social media
   (b) putting an advertisement on television
   (c) promoting using a local publication
   (d) trying to acquire your own patrons

5. (a) because the pies attracted more customers
   (b) because his wife wanted to sell her handmade pies
   (c) because customers wanted something to eat with coffee
   (d) because his café didn't have a signature menu item

6. (a) when he opens his business every day
   (b) when he takes breaks
   (c) before he goes to sleep at night
   (d) after customers leave the café

7. (a) having a meal
   (b) reading a novel
   (c) watching a movie
   (d) going shopping

★ 정답 및 해설 p.76

Test

실전
모의고사

GRAMMAR
LISTENING
READING AND VOCABULARY

시험 시간 90분

시험 준비하기

1. 휴대폰 전원 끄고 시계 준비하기
2. Answer Sheet, 컴퓨터용 사인펜, 수정 테이프 준비하기
3. 노트테이킹 할 필기구 준비하기

시작 시간 : _____ 시 _____ 분
종료 시간 : _____ 시 _____ 분

GRAMMAR SECTION

DIRECTIONS:

The following items need a word or words to complete the sentence. From the four choices for each item, choose the best answer. Then blacken in the correct circle on your answer sheet.

Example:

The boys _____ in the car.

(a) be
(b) is
(c) am
(d) are

The correct answer is (d), so the circle with the letter (d) has been blackened.

ⓐ ⓑ ⓒ ●

NOW TURN THE PAGE AND BEGIN

1. Dennis is a private tutor, and he recently met a student who keeps on postponing the class right before the class starts. If he had known that the student was so irresponsible, he _____ to teach her.

   (a) would not have decided
   (b) will not decide
   (c) would not decide
   (d) had not decided

2. Alamo Fashion, the largest fashion retailer in eastern Asia, has participated in the Isenberg Fashion Trade Show every year to show its newest collection. However, in the next event, it _____ this year's collection despite the public's expectations.

   (a) has not displayed
   (b) did not display
   (c) will not be displaying
   (d) had not been displaying

3. Prestigious schools help students to shape their future. Their success lies in having a faculty full of passionate and caring teachers. In fact, teachers who truly enjoy _____ have a strong impact on students' academic achievements.

   (a) to teach
   (b) having taught
   (c) to have taught
   (d) teaching

4. We lost our dog Buzz a week ago, and he finally came back home today. The whole family was worried because we _____ for him over five days before he showed up today.

   (a) had been searching
   (b) would search
   (c) has searched
   (d) is searching

5. It is very important that all employees make sure they sign in whenever they start their shift. Otherwise, their working hours _____ be reflected inaccurately in the following paycheck.

   (a) should
   (b) shall
   (c) must
   (d) may

6. As one of our most loyal patrons, we invite you to an exclusive event on August 7th. At the event, you will find the latest models of our products and get a chance to receive up to 40 percent off the normal price. If you decide _____ the event, please write your name, customer account number, and phone number in the reply.

   (a) having attended
   (b) to attend
   (c) to be attended
   (d) attending

7. Muhammad is Muslim and Ivy is Catholic and they are engaged. Muhammad wants his future children to follow the faith of their father. However, Ivy says she _____ herself if she didn't baptize her children in the Catholic Church.

(a) is not forgiving
(b) might not forgive
(c) might have not forgiven
(d) didn't forgive

8. Find the best accommodations in Bali on our site. You can see the biggest discounts for rooms, starting at $8 per night! However, we strongly suggest _____ rooms at least 8 weeks in advance during the peak season.

(a) booking
(b) to book
(c) having booked
(d) to have booked

9. We arrived at the station and decided to eat something before catching the train. However, we accidentally confused the departure time of the train, so we _____ lunch at the restaurant when our train arrived at the station.

(a) still having
(b) are still having
(c) were still having
(d) had still had

10. This letter is to notify you that we've decided to accept your résumé to become a flight attendant at our airline. Your oral interview is scheduled for 10:15 on Friday, August 31st. We also recommend that you _____ speaking in English for that day.

(a) practiced
(b) have practiced
(c) will be practicing
(d) practice

11. An investigator is a person whose occupation is to examine a crime, problem, statement, etc., to discover the truth. They gather evidence and facts accurately and completely. However, all investigative activities must comply with national privacy law _____ their titles.

(a) in case of
(b) other than
(c) rather than
(d) regardless of

12. Sonny has become a famous soccer player around the world. He appeared in a famous TV show and was asked how he succeeded in his career. He said, "If I had not received my father's guidance, I _____ it this far."

(a) would not have made
(b) would not make
(c) will not make
(d) have not made

13. Joony Pie has opened its second branch in the center of the city. The owner of the café said that she could not miss the opportunity _____ her business. Its official opening will be held on Sunday, with a special ribbon-cutting ceremony and a vocal performance by the owner's son.

(a) to expand
(b) expanding
(c) having expanded
(d) being expanded

14. Jill and Ross have been close friends since elementary school and founded a hat company, JR-Hat, together. They will retire in the upcoming December, and when they retire, they _____ quality hats for 25 years.

(a) are selling
(b) had sold
(c) will have been selling
(d) have been selling

15. It was believed that the kiwi's large eggs were a trait of much larger flightless ancestors. _____, research in the early 2010s suggested that kiwis were descended from smaller birds that flew to New Zealand.

(a) Regardless
(b) On the other hand
(c) Furthermore
(d) At the same time

16. When referring to people who have a condition that is unfamiliar, it is preferable to use appropriate terminology that focuses on their abilities rather than their disabilities. Therefore, people should stop _____ terms such as "handicapped" and "disabled."

(a) using
(b) to use
(c) having been used
(d) to be used

17. George Washington served as the first president of the United States. He was somewhat reserved and did not crave wealth in his life. If George Washington had been a more power-hungry man, America _____ a lot different today.

(a) would be
(b) had been
(c) would have been
(d) will be

18. Evan is trying his best to become an automobile designer. He _____ design classes at the Berlin Design Institute for one year now. While studying there, he is learning hands-on design techniques and seeing various famous works with his own eyes.

(a) attends
(b) will be attending
(c) has been attending
(d) is attending

19. Crime is forcing federal, state, and local government officials _____ billions of dollars on public protection, prisons, and the court system. It is also compelling citizens and companies to purchase massive amounts of private protection.

(a) having spent
(b) to spend
(c) to be spending
(d) spending

20. We are providing opportunities to actors of all experience levels and ages. We are looking for passionate and unique actors _____. The advertisement will be posted on our site approximately one month before the audition.

(a) who can also dance, sing, and rap
(b) which can also dance, sing, and rap
(c) what can also dance, sing, and rap
(d) whom can also dance, sing, and rap

21. Were Martin Luther King alive, he_____ to tell the world how important it is for us to love each and every person who walks this earth. Unfortunately, he was assassinated by a white supremacist on April 4, 1968.

(a) could have continued
(b) is continuing
(c) could continue
(d) will continue

22. Fully empowered managers make good decisions and delegate effectively to develop each employee. Also, it is crucial that every manager _____ their staff equal chances to prove themselves capable of their given duties.

(a) has given
(b) is giving
(c) will give
(d) give

23. My wife and I like to shop for Halloween costumes and decorations every October. My wife _____ for new stuff online to decorate our house at the present time. We will invite our friends and have fun together this month.

(a) has been shopping
(b) will shop
(c) is shopping
(d) shopped

24. The typhoon that unexpectedly hit the southern coast won't leave for a while. The number of city buses near the coastal area will be limited until the weather clears up, so commuters _____ prepare for longer waits than usual.

(a) will
(b) could
(c) should
(d) may

25. John realized that the credit card payment is due tomorrow. However, he will be on a flight to Chicago this afternoon, and it will be too late to pay by the time he arrives. If the flight were to arrive earlier than the estimated time of arrival, he _____ the penalty.

(a) was avoiding
(b) could have avoided
(c) has avoided
(d) could avoid

26. The minimum height requirement to ride an adult roller coaster is 125 cm, and riders should not weigh less than 30 kg. On the other hand, children's roller coasters, _____ for young riders to enjoy safely, follow different standards than adult roller coasters.

(a) that are designed
(b) who are designed
(c) which are designed
(d) where are designed

LISTENING SECTION

DIRECTIONS:

The Listening Section has four parts. In each part you will hear a spoken passage and a number of questions about the passage. First you will hear the questions. Then you will hear the passage. From the four choices for each question, choose the best answer. Then blacken in the correct circle on your answer sheet.

Now you will hear a sample question. Then you will hear a sample passage.

Now listen to the sample question.

(a) one
(b) two
(c) three
(d) four

Bill Johnson has four brothers, so the best answer is (d). The circle with the letter (d) has been blackened.

NOW TURN THE PAGE AND BEGIN

27. (a) visit her friend's house
    (b) go back to her hometown
    (c) visit her relatives in Europe
    (d) spend time by herself

31. (a) decorating the tree with her parents
    (b) singing carols with her siblings
    (c) receiving gifts from Santa Claus
    (d) shopping for presents with her dad

28. (a) because his relatives will come to his house this year
    (b) because his friends have always gathered on holidays
    (c) because the priests will drop by for a Christmas party
    (d) because his siblings will visit from foreign countries

32. (a) The English and the French eat the same dishes.
    (b) The English only eat fruit for dessert.
    (c) Americans eat cake that looks like firewood.
    (d) The French enjoy an interestingly shaped dessert.

29. (a) go on a date with their partners
    (b) watch a movie about Jesus Christ
    (c) prepare Christmas dishes with family
    (d) plant the Christmas tree in their yards

33. (a) helping her to choose a present
    (b) looking for other transportation
    (c) driving her to his house
    (d) contacting her parents

30. (a) It was a religious tradition in the 16th century.
    (b) It was started by a priest after a spiritual event.
    (c) It was a common thing among people in Western culture.
    (d) It was practiced among priests in the Middle Ages.

34. (a) to collect them as a hobby
    (b) to make them guard the door
    (c) to overcome loneliness after retirement
    (d) to experiment pet-related products

35. (a) bringing a big dog
    (b) putting leashes on pets
    (c) being accompanied by a small pet
    (d) carrying food that smells

36. (a) They are famous in the fashion industry.
    (b) They are offered in many different sizes.
    (c) They have a limited quantity.
    (d) They are manufactured by independent designers.

37. (a) the first floor
    (b) the second floor
    (c) the third floor
    (d) the fourth floor

38. (a) by taking pictures at the photo zone
    (b) by recording a video of the first meeting
    (c) by receiving a complimentary T-shirt
    (d) by answering quiz questions from the staff

39. (a) obtain the coupon in the brochure
    (b) install a mobile application
    (c) ask for a coupon at the ticket office
    (d) come back with a friend next year

Part 3. *You will hear a conversation between two people. First you will hear questions 40 through 45. Then you will hear the conversation. Choose the best answer to each question in the time provided.*

40. (a) because they are all busy with work these days
    (b) because they've resided in the same place for a long time
    (c) because his siblings have kids
    (d) because Richard got a job in the city

41. (a) a garage
    (b) an attic
    (c) a kitchen
    (d) a shed

42. (a) because a dog was too noisy in the neighborhood
    (b) because it was more expensive than she thought
    (c) because she had to pay high maintenance fees
    (d) because its security was as not good as an apartment

43. (a) You can easily find hospitals nearby.
    (b) An apartment complex is quiet and clean.
    (c) You can buy an apartment at a reasonable price.
    (d) Most apartments are spacious to live in.

44. (a) His siblings already have a loan to pay.
    (b) He and his siblings can't afford the place.
    (c) Apartments in outskirts of a city do not allow pets.
    (d) Apartments are more costly than houses.

45. (a) take his dog back to his house
    (b) apply for a loan from a bank
    (c) find a house on the outskirts of the city
    (d) look for a cheap apartment in the city

46. (a) how to prepare a quick breakfast
    (b) how to make a delectable jam
    (c) how to bake a simple bread
    (d) how to plan a healthy diet

47. (a) to prevent fruit from rotting
    (b) to eat sweeter food for a long time
    (c) to find an alternative to sugar
    (d) to create a special recipe using honey

48. (a) leave it in water for a long time
    (b) add a few drops of vinegar
    (c) put a spoonful of sugar in the water
    (d) put it in hot boiling water

49. (a) before adding the sugar
    (b) before the pot starts to boil
    (c) after adding the lemon juice
    (d) after heating the pot for a while

50. (a) by examining its color
    (b) by checking its sourness
    (c) by using a wooden cutlery
    (d) by putting jam into cold water

51. (a) The jam will have less sweetness.
    (b) The jam will be preserved longer.
    (c) The jam will taste sour.
    (d) The jam will get moldy.

52. (a) share it with peers at work
    (b) sell it to friends and coworkers
    (c) post it on the website
    (d) try it with some baked scones

READING AND VOCABULARY SECTION

Bill Johnson lives in New York. He is 25 years old.
He has four brothers and two sisters.

How many brothers does Bill Johnson have?

(a) one
(b) two
(c) three
(d) four

The correct answer is (d), so the circle with the letter (d) has been blackened.

ⓐ ⓑ ⓒ ●

NOW TURN THE PAGE AND BEGIN

Part 1. Read the following biography article and answer the questions. The underlined words in the article are for vocabulary questions.

TENZING NORGAY

Tenzing Norgay was a famous Nepalese mountaineer, known as a Sherpa, who set a climbing altitude record in 1952 by climbing most of Mt. Everest, the tallest mountain in the world. However, he is more recognized to the public as a climbing partner of Edmund Hillary, a famous mountaineer, and together they became the first two people to reach its summit.

He was known to be born in May 1914 in Solu Khumbu, Nepal. His family were Buddhists who worshiped Mt. Everest as a holy mountain. At the age of 17, Norgay went to Darjeeling, India, hoping to be employed by that year's British expedition. He couldn't get a job at first, but British mountaineer Eric Shipton chose him to assist in a hike to explore the area around Everest in 1935.

In 1953, Norgay was asked to be part of a British expedition to reach the top of Mt. Everest. New Zealander Edmund Hillary and Tenzing Norgay were reportedly the most rugged and unrivaled mountaineers on the team. A camp was built at 27,900 feet, and the two men spent the night of May 28th there. When their oxygen supply was running low during the night, they carried on eating and drinking, hoping to conserve their energy for the climb ahead. The next day, they crawled out of the tent, put on their goggles and oxygen equipment, and headed out into the piercing cold. After a long and dangerous climb through icy and snow-covered mountain paths, they were standing on the top of the world at the summit. Hillary took a picture of Norgay, but since Norgay did not know how to use a camera, Hillary's ascent was not recorded.

After this great feat, Norgay is seen as a celebrated hero by many Nepalese people, as well as Indian people. He was awarded Britain's George Medal and the Star of Nepal (Nepal Tara), among other honors and prizes. He published an autobiography called *Man of Everest* in 1955. Despite speaking seven languages, he never learned to write, so the book was written by dictating it to others.

He passed away on May 9th, 1986, in Darjeeling, leaving a legacy in the history of mountain climbing. Nevertheless, throughout his life until his death, Norgay was very modest and never let his fame go to his head.

53. What is Tenzing Norgay most notable for?

   (a) ascending many mountains in the world
   (b) reaching Mt. Everest's summit on his own
   (c) conquering Mt. Everest with his partner
   (d) climbing mountains faster than any other people

54. How did Norgay start his job as a mountain climber?

   (a) He was hired in the year he moved to Darjeeling.
   (b) He was succeeding his family's tradition.
   (c) He was offered a job when he was 17 years old.
   (d) He was employed by a foreign mountain climber.

55. What is NOT true about Norgay and Hillary's Mt. Everest expedition in 1953?

   (a) They were the best climbers on the team.
   (b) They carried on consuming food to save energy.
   (c) They headed out with broken equipment on the last day.
   (d) They had to climb through unsafe trails to reach the peak.

56. According to the article, why most likely was Hillary's historical climb not recorded?

   (a) because Norgay had not used a camera before
   (b) because the camera was damaged during the expedition
   (c) because Hillary forgot to bring the camera
   (d) because Hillary was not able to make it to the top

57. According to the article, what is true about Norgay's autobiography?

   (a) It was given an award by the British government.
   (b) It was translated into seven different languages.
   (c) It was put in writing by others using Norgay's words.
   (d) It was published after Norgay's death.

58. In the context of the passage, holy means _____.

   (a) garish
   (b) spiritual
   (c) challenging
   (d) vivid

59. In the context of the passage, piercing means _____.

   (a) biting
   (b) symbolic
   (c) crucial
   (d) scorching

Part 2. Read the following magazine article and answer the questions. The underlined words in the article are for vocabulary questions.

NASA INVESTIGATING UFOS

UFOs, unidentified flying objects, have been the subject of many sci-fi books and movies for decades. However, it seems that science fiction could become science fact as NASA starts analyzing UFO sightings.

The National Aeronautics and Space Administration (NASA) has recently started making announcements about UFOs by holding official press conferences and publicizing them via the media. It is said that they are starting a new team that will be tasked with investigating flying objects that are not man-made or naturally occurring.

One spokesperson from NASA said, "NASA believes that the tools of scientific discovery are powerful and apply here also. We have the tools and team who can help us improve our understanding of the unknown."

Many videos about UFOs and strange objects flying erratically through the air have surfaced over the years among science buffs. These videos have long been ignored by the scientific community, but now that is about to change. One U.S. Navy pilot, Alex Dietrich, identified a UFO in 2004 while flying in a training exercise in California. She had seen a "spinning top-like" object flying towards her very quickly and strangely. She described it as "unsettling" and claimed that she was not able to tell what it was. The object was filmed on an infrared camera, and it will be analyzed by NASA.

The project will cost no more than $100,000 and will take nine months. It will be completely open to the public, with no use of secret military data. However, many people criticize the project because they feel that the money could be spent on more worthwhile projects.

It is yet to be seen if the project will find anything concrete to prove or disprove whether extraterrestrial life really exists. U.S. lawmakers are also analyzing if the project could become a national security threat or not. But NASA has said they are committed to finding out the truth.

So far, despite all the money put into the project, nothing has been found yet, much to the disappointment of ufologists. But there is still hope as the team has not ruled out the possibility of finding extraterrestrial life.

60. What is the main idea of the article?

    (a) that UFOs have been proven to be
        real
    (b) that NASA is publishing science
        fiction books
    (c) that NASA is analyzing movies
        about UFOs
    (d) that UFOs are being examined by
        NASA

61. According to the article, how most
    likely will NASA investigate UFOs?

    (a) by holding many conferences
    (b) by publicizing their findings through
        the media
    (c) by forming a special group
    (d) by producing a new tool

62. What is NOT true about the UFO
    identified by a U.S. Navy pilot?

    (a) It was seen during a military
        exercise.
    (b) It was found throughout the nation.
    (c) It was portrayed as "unsettling" by
        the pilot.
    (d) It was recorded by a device that
        can detect infrared rays.

63. According to the article, why might
    people criticize the project?

    (a) because it will cost no more than
        other projects
    (b) because it may take too long
    (c) because it will be open to the
        public
    (d) because it could be a waste of
        money

64. Based on the article, what disappointed
    ufologists?

    (a) the fact that extraterrestrial life
        doesn't exist
    (b) the fact that U.S. lawmakers are
        halting the project
    (c) the fact that no proof has been
        discovered yet
    (d) the fact that the team will be
        disassembled

65. In the context of the passage, buffs
    means _____.

    (a) enthusiasts
    (b) theses
    (c) hounds
    (d) representatives

66. In the context of the passage,
    committed means _____.

    (a) devoted
    (b) attached
    (c) recognized
    (d) respected

Part 3. *Read the following encyclopedia article and answer the questions. The underlined words in the article are for vocabulary questions.*

THE METAVERSE

The metaverse refers to a three-dimensional virtual world where social, economic, and cultural activities take place as in the real world. Through the metaverse, people can experience life involving both augmented reality and virtual reality. The word is a combination of the words "meta," which means transcending or comprehensive, and "universe." It was coined in the novel *Snow Crash* (1992).

Virtual reality (VR) involves wearing a 3D near-eye display and using pose-tracking technology that gives an immersive experience. It has been used to simulate games to make them feel real, but it has many other uses too. For example, promising experiments that show VR can be used to help rehabilitate people with Alzheimer's disease have been conducted. Other applications include military training and architectural design.

Augmented reality (AR), also known as mixed reality, is similar to VR, except that AR is a mix of real life and virtual, while VR is purely digital. AR can be experienced on such devices as mobile phones. It works by using matching alignment technology to mix videos of the real world with images generated by computers. One of the main uses of AR is in archaeology. Archaeological sites and landscapes can be virtually recreated showing how they would have looked when they first existed centuries ago.

The main criticism of the metaverse is privacy issues. To create such things as VR and AR, companies need to collect and store large amounts of personal data from users. And this may lead to worries about misinformation and loss of personal privacy. Another huge concern is in the area of sexual crime. A BBC News investigation found that minors were involved in sexually explicit VR chatrooms. To prevent this, those that develop and maintain the metaverse have agreed to abide by the general laws that apply to the web to bring a sense of uniformity, security, and transparency within its ecosystem.

The metaverse is seen as the future of humanity. It is growing exponentially, and many companies have started to change to take advantage of the metaverse, including Facebook, which has changed its name to Meta.

67. What best describes the metaverse?

    (a) It is a type of social media application.
    (b) It does not have any impact on the real world.
    (c) It literally means the transcendent world.
    (d) It was first introduced in a movie.

68. How, most likely, can people use the metaverse other than playing games?

    (a) They can create new pose-tracking technology.
    (b) They can meet game characters in the real world.
    (c) They can cure Alzheimer's disease completely.
    (d) They can build a virtual house in the metaverse.

69. According to the article, how is AR different from VR?

    (a) It combines real and virtual life.
    (b) It is composed of a purely digital world.
    (c) It can only be experienced on mobile phones.
    (d) It cannot be utilized in the field of archaeology.

70. Based on the article, why does the metaverse have privacy issues?

    (a) because it requires the collection of personal data
    (b) because it causes a complete loss of users' privacy
    (c) because it is open to everyone, including children
    (d) because its creators have accepted the same laws used for the traditional Internet

71. According to the article, what did Facebook do recently?

    (a) It has brought security to the metaverse.
    (b) It has created a metaverse company.
    (c) It has merged with many rival companies.
    (d) It has rebranded with a different name.

72. In the context of the passage, rehabilitate means _____.

    (a) manage
    (b) praise
    (c) recover
    (d) detect

73. In the context of the passage, explicit means _____.

    (a) disclosed
    (b) graphic
    (c) accurate
    (d) illegal

To: Will Ladd
From: Haivich Group

Dear Mr. Ladd:

This email is sent only to those who have previously visited our resort. The new year is truly upon us, and we have some great things to keep you entertained in December!

If you are planning to travel to Jeju Island this winter, enjoy a distinctive luxury experience with our "Winter Special" package. Take your stay to to the Haivich Resort and experience our most exquisite afternoon tea at the Luna Rooftop, available on Saturdays and Sundays. And during the weekdays, you can check out our other Jeju Island activities, including fishing and collecting sea creatures at the nearby beach.

And don't miss your chance to plan ahead for the Christmas holiday our resort! Bring your whole family to stay with one of our "Family Special" packages and enjoy every moment in a premium family suite at no additional cost. In addition, there will be a lot of fun activities to experience with tickets offered at half price! Drop by our newest attraction, the Trick-Eye Museum, and the best mandarin farms for picking mandarins yourself. Or take the kids to the Hello Kitty Park, where you can see the famous animated character "Hello Kitty" all over the place!

Lastly, for those who stay on Jeju Island during the New Year's holiday, join us in celebrating the countdown to the New Year at our high-end Lounge Bar with a fireworks display at 11:30 p.m. on December 31st.

Should you have any questions about reservations or package pricing, you can visit our website at haivich.jejuisland.kr. If you no longer wish to receive emails from the Haivich Group, sent us an email with "unsubscribe" in the body.

See you soon!
Haivich Group

74. What is the purpose of the letter?

    (a) to give an answer to the client's inquiry
    (b) to advertise various seasonal services
    (c) to acknowledge the receipt of an application
    (d) to introduce a newly opened resort

75. What can Mr. Ladd enjoy at the Luna Rooftop?

    (a) an exciting special winter show
    (b) a distinctive fireworks display
    (c) the great scenery of the island
    (d) a delicious afternoon tea

76. What does the Haivich Resort offer to families for no extra fee during the Christmas holiday?

    (a) premium accommodation
    (b) art museum tickets
    (c) a visit to a mandarin orchard
    (d) an experience at a character-themed park

77. What, most likely, will happen at the Lounge Bar on the last day of December?

    (a) People can sign up for fishing activities.
    (b) People can try various kinds of seafood.
    (c) People can celebrate the countdown.
    (d) People can see a dance performance.

78. What should Mr. Ladd do if he doesn't want to receive emails from the Haivich Group?

    (a) give a call to customer service
    (b) visit the company's website
    (c) follow the link in the email
    (d) send a reply to the email

79. In the context of the passage, luxury means _____.

    (a) fancy
    (b) vital
    (c) reasonable
    (d) noble

80. In the context of the passage, body means _____.

    (a) physique
    (b) text
    (c) letter
    (d) post

★ 정답 및 해설 p.82

G-TELP

※ TEST DATE

MO.	DAY	YEAR

감확
독
관인

성 명

등급 ① ② ③ ④ ⑤

성
명
란

초성 / 중성 / 종성

수 험 번 호

1) Code 1.

2) Code 2.

3) Code 3.

주민등록번호 앞자리 — 고유번호

문항	답 란	문항	답 란	문항	답 란	문항	답 란	문항	답 란	문항	답 란
1	ⓐⓑⓒⓓ	21	ⓐⓑⓒⓓ	41	ⓐⓑⓒⓓ	61	ⓐⓑⓒⓓ	81	ⓐⓑⓒⓓ		
2	ⓐⓑⓒⓓ	22	ⓐⓑⓒⓓ	42	ⓐⓑⓒⓓ	62	ⓐⓑⓒⓓ	82	ⓐⓑⓒⓓ		
3	ⓐⓑⓒⓓ	23	ⓐⓑⓒⓓ	43	ⓐⓑⓒⓓ	63	ⓐⓑⓒⓓ	83	ⓐⓑⓒⓓ		
4	ⓐⓑⓒⓓ	24	ⓐⓑⓒⓓ	44	ⓐⓑⓒⓓ	64	ⓐⓑⓒⓓ	84	ⓐⓑⓒⓓ		
5	ⓐⓑⓒⓓ	25	ⓐⓑⓒⓓ	45	ⓐⓑⓒⓓ	65	ⓐⓑⓒⓓ	85	ⓐⓑⓒⓓ		
6	ⓐⓑⓒⓓ	26	ⓐⓑⓒⓓ	46	ⓐⓑⓒⓓ	66	ⓐⓑⓒⓓ	86	ⓐⓑⓒⓓ		
7	ⓐⓑⓒⓓ	27	ⓐⓑⓒⓓ	47	ⓐⓑⓒⓓ	67	ⓐⓑⓒⓓ	87	ⓐⓑⓒⓓ		
8	ⓐⓑⓒⓓ	28	ⓐⓑⓒⓓ	48	ⓐⓑⓒⓓ	68	ⓐⓑⓒⓓ	88	ⓐⓑⓒⓓ		
9	ⓐⓑⓒⓓ	29	ⓐⓑⓒⓓ	49	ⓐⓑⓒⓓ	69	ⓐⓑⓒⓓ	89	ⓐⓑⓒⓓ		
10	ⓐⓑⓒⓓ	30	ⓐⓑⓒⓓ	50	ⓐⓑⓒⓓ	70	ⓐⓑⓒⓓ	90	ⓐⓑⓒⓓ		
11	ⓐⓑⓒⓓ	31	ⓐⓑⓒⓓ	51	ⓐⓑⓒⓓ	71	ⓐⓑⓒⓓ				
12	ⓐⓑⓒⓓ	32	ⓐⓑⓒⓓ	52	ⓐⓑⓒⓓ	72	ⓐⓑⓒⓓ	password			
13	ⓐⓑⓒⓓ	33	ⓐⓑⓒⓓ	53	ⓐⓑⓒⓓ	73	ⓐⓑⓒⓓ				
14	ⓐⓑⓒⓓ	34	ⓐⓑⓒⓓ	54	ⓐⓑⓒⓓ	74	ⓐⓑⓒⓓ				
15	ⓐⓑⓒⓓ	35	ⓐⓑⓒⓓ	55	ⓐⓑⓒⓓ	75	ⓐⓑⓒⓓ				
16	ⓐⓑⓒⓓ	36	ⓐⓑⓒⓓ	56	ⓐⓑⓒⓓ	76	ⓐⓑⓒⓓ				
17	ⓐⓑⓒⓓ	37	ⓐⓑⓒⓓ	57	ⓐⓑⓒⓓ	77	ⓐⓑⓒⓓ				
18	ⓐⓑⓒⓓ	38	ⓐⓑⓒⓓ	58	ⓐⓑⓒⓓ	78	ⓐⓑⓒⓓ				
19	ⓐⓑⓒⓓ	39	ⓐⓑⓒⓓ	59	ⓐⓑⓒⓓ	79	ⓐⓑⓒⓓ				
20	ⓐⓑⓒⓓ	40	ⓐⓑⓒⓓ	60	ⓐⓑⓒⓓ	80	ⓐⓑⓒⓓ				

지텔프의 정석 43⁺ Level 2

2023. 1. 18. 1판 1쇄 발행
2024. 1. 10. 1판 2쇄 발행

지은이 | 오정석
펴낸이 | 이종춘
펴낸곳 | **BM** ㈜도서출판 **성안당**

주소 | 04032 서울시 마포구 양화로 127 첨단빌딩 3층(출판기획 R&D 센터)
10881 경기도 파주시 문발로 112 파주 출판 문화도시(제작 및 물류)

전화 | 02) 3142-0036
031) 950-6300

팩스 | 031) 955-0510
등록 | 1973. 2. 1. 제406-2005-000046호
출판사 홈페이지 | www.cyber.co.kr
ISBN | 978-89-315-5906-4 (13740)
정가 | 19,800원

이 책을 만든 사람들

책임 | 최옥현
진행 | 김은주
편집 · 교정 | 김은주, 정지현
본문 디자인 | 나인플럭스
표지 디자인 | 나인플럭스
홍보 | 김계향, 유미나, 정단비, 김주승
국제부 | 이선민, 조혜란
마케팅 | 구본철, 차정욱, 오영일, 나진호, 강호묵
마케팅 지원 | 장상범
제작 | 김유석

■ 도서 A/S 안내

성안당에서 발행하는 모든 도서는 저자와 출판사, 그리고 독자가 함께 만들어 나갑니다.
좋은 책을 펴내기 위해 많은 노력을 기울이고 있습니다. 혹시라도 내용상의 오류나 오탈자 등이 발견되면 **"좋은 책은 나라의 보배"**로서 우리 모두가 함께 만들어 간다는 마음으로 연락주시기 바랍니다. 수정 보완하여 더 나은 책이 되도록 최선을 다하겠습니다.
성안당은 늘 독자 여러분들의 소중한 의견을 기다리고 있습니다. 좋은 의견을 보내주시는 분께는 성안당 쇼핑몰의 포인트(3,000포인트)를 적립해 드립니다.
잘못 만들어진 책이나 부록 등이 파손된 경우에는 교환해 드립니다.

케임브리지 대학 출판부의 베스트셀러 문법 교재
\<GRAMMAR IN USE\> 시리즈!

초급 Basic Grammar in use 4/e

전 세계 수백만 명의 학습자가 사용하는 영문법 교재입니다. 이 책의 구성은 스스로 공부하는 학생과 영어 수업의 필수 참고서로 적합한 교재입니다. 학습가이드를 통하여 영문법을 익히고 연습문제를 통하여 심화학습 할 수 있습니다. 쉽고 간결한 구성으로 Self-Study를 원하는 학습자와 강의용으로 사용하는 모두에게 알맞은 영어교재입니다.

❙ Book with answers and Interactive eBook 978-1-316-64673-1
❙ Book with answers 978-1-316-64674-8

초급 Basic Grammar in use 한국어판

한국의 학습자들을 위하여 간단 명료한 문법 해설과 2페이지 대면 구성으로 이루어져 있습니다. 미국식 영어를 학습하는 초급 단계의 영어 학습자들에게 꼭 필요한 문법을 가르치고 있습니다. 또한 쉽게 따라 할 수 있는 연습문제는 문법 학습을 용이하도록 도와줍니다. 본 교재는 Self-Study 또는 수업용 교재로 활용이 가능합니다.

❙ Book with answers 978-0-521-26959-9

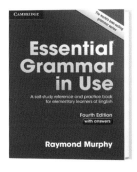

초급 Essential Grammar in use 4/e

영어 초급 학습자를 위한 필수 문법교재 입니다. 학습가이드와 연습문제를 제공하며 Self-Study가 가능하도록 구성되어 있습니다.

❙ Book with answers and Interactive eBook 978-1-107-48053-7
❙ Book with answers 978-1-107-48055-1

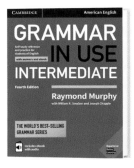

중급 Grammar in use Intermediate 4/e

미국식 영어학습을 위한 중급 문법교재입니다. 간단한 설명과 명확한 예시, 이해하기 쉬운 설명과 연습으로 구성되어 Self-Study와 강의용 교재 모두 사용 가능합니다.

❙ Book with answers and interactive eBook 978-1-108-61761-1
❙ Book with answers 978-1-108-44945-8

BM (주)도서출판 성안당   ⟨CAMBRIDGE⟩   CAMBRIDGE │ 도서문의 031-950-6394

중급 **Grammar in use Intermediate 한국어판**

이해하기 쉬운 문법 설명과 실제 생활에서 자주 쓰이는 예문이 특징인 \<Grammar in use Intermediate 한국어판\>은 미국 영어를 배우는 중급 수준의 학습자를 위한 문법 교재입니다. 총 142개의 Unit로 구성되어 있는 이 교재는, Unit별로 주요 문법 사항을 다루고 있으며, 각 Unit은 간단명료한 문법 설명과 연습문제가 대면 방식의 두 페이지로 구성되어 있습니다. 문법과 전반적인 영어를 공부하고 하는 사람은 물론 TOEIC, TOEFL, IELTS 등과 같은 영어능력 시험을 준비하는 학습자에게도 꼭 필요한 교재입니다.

❙ Book with answers 978-0-521-14786-6

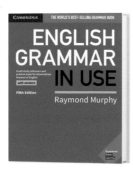

중급 **English Grammar in use 5/e**

최신판으로 중급 학습자를 위한 첫 번째 선택이며, 해당 레벨에서 필요한 모든 문법을 학습할 수 있는 교재입니다. \<IN USE\> 시리즈는 전 세계 누적 판매 1위의 영문법 교재로 사랑받고 있습니다. 145개의 Unit으로 이루어져 있으며, Study guide를 제공하여 Self-Study에 적합하며 강의용 교재로 활용할 수 있습니다.

❙ Book with answers and Interactive eBook 978-1-108-58662-7
❙ Book with answers 978-1-108-45765-1

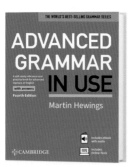

고급 **Advanced Grammar in use 4/e**

영어 심화 학습자를 위한 영문법 교재입니다. Study planner를 제공하여 자율학습을 용이하게 합니다. 포괄적인 문법 범위와 친숙한 구성으로 고급레벨 학습자에게 적합합니다. 이미 학습한 언어 영역을 다시 확인할 수 있는 Grammar reminder 섹션을 제공합니다. Cambridge IELTS를 준비하는 학생들에게 이상적인 교재입니다.

❙ Book with Online Tests and eBook 978-1-108-92021-6
❙ eBook with Audio and Online Tests 978-1-009-36801-8

BM (주)도서출판 성안당   CAMBRIDGE   도서문의 031-950-6394

지텔프의 정석 43+

경찰·소방·군무원 대비

LEVEL 2

해설집

BM (주)도서출판 성안당

지텔프의 정석 43⁺

LEVEL 2

해설집

오정석 (키위쌤) 지음

BM (주)도서출판 성안당

Chapter 1 문법

DAY 01 시제 - 단순 진행

1 현재진행

> **Exercise**

1. is searching
2. is practicing
3. is considering
4. are figuring out
5. is trying
6. is getting
7. is increasing
8. am teaching
9. is gaining
10. is ripping

1. 지금, 내 남동생은 할로윈 의상을 지역 상가에서 찾고 있다.
> **근거** Right now는 현재진행 시제와 사용되는 부사구이다.

2. 줄리엣은 전국 댄스 경연 대회에서 우승하기 위해 요즘 댄스 기술을 연습하고 있다.
> **근거** nowadays는 현재진행 시제와 사용되는 부사이다.

3. 마르쿠스는 체육관에서 며칠 전 부상을 입었고, 그는 현재 병원에 가는 것을 고려하고 있다.
> **근거** currently는 현재진행 시제와 사용되는 부사이다.

4. 연구원들은 현재 유전 미생물의 배열 과정을 알아내려는 중이다.
> **근거** at the present time은 현재진행 시제와 사용되는 부사구이다.

5. 지금, 정부는 대도시에서 현금을 사용하지 않는 버스를 운영하려고 시도 중이다.
> **근거** at the moment는 현재진행 시제와 사용되는 부사구이다.

6. 오늘날, 지구 온난화와 온실가스 효과 때문에 날씨는 더 더워지고 있다.
> **근거** today는 현재진행 시제와 자주 사용되는 부사이다.

7. 통계에 따르면, 연하 남성과 연상 여성 커플의 수가 요즘 증가하고 있다.
> **근거** these days는 현재진행 시제와 자주 사용되는 부사구이다.

8. 내가 어렸을 때 나는 운 좋게도 박 박사님으로부터 영어를

배웠고, 현재 나는 마침내 전국적으로 유명한 선생님이 되었다. 그가 미래 세대들을 위해 책을 출판하면서 그의 업적을 쌓고 있는 동안 나는 강의실에서 학생들을 가르치고 있다.
> **근거** while은 동시 상황을 나타내는 부사로 한 문장에 사용되는 시제가 동일해야 한다. while 뒤에 is building up이라는 현재진행 시제가 쓰였으므로 while 앞에도 현재진행 시제가 쓰여야 한다.

9. 내셔널 포피 데이(양귀비의 날)는 미국 현충일 전주의 금요일이다. 평범한 빨간 양귀비 꽃은 세계 1차 대전 이후로 군의 희생을 상징해왔고 매년 미국에서 더 많은 관심을 받고 있다.
> **근거** every year는 현재진행 시제와 자주 사용되는 부사구이며, 반복을 의미하기 때문에 반복적인 사건뿐만 아니라 가까운 미래를 뜻할 수도 있다.

10. 오늘날 가족들은 종종 연로한 부모님들을 위한 믿을 수 있고, 신뢰할 수 있는 요양원을 찾느라 애쓴다. 그러나 만약 당신이 신뢰하는 요양원이 지금 이 순간에도 당신의 가족과 사랑하는 사람들에게 바가지를 씌우고 있는지 아닌지를 어떻게 알 수 있을까?
> **근거** at this moment는 현재진행 시제와 사용되는 부사구이다.

> **Practice**

1. (a) 2. (d) 3. (c) 4. (b) 5. (d) 6. (b)

1. 5년 전, 우리 회사는 직장인들을 세대별로 분류하여 은퇴 이후 비용에 대한 계획을 세우는 법을 측정하는 고유의 방식을 만들었다. 그리고 오늘날 다수의 고객들은 그들이 계획했던 대로 은퇴가 확실히 진행되게 하는 것에 대해 더 상식이 풍부해지고 있다.

> **풀이 방법**
> ① 선택지를 먼저 읽고 Form 유형인 것을 파악한다.
> ② 빈칸이 포함된 문장에서 today는 현재진행 시제와 자주 사용되는 부사임을 기억한다.
> ③ 현재진행 시제인 (a) are becoming을 고른다.

> **어휘** unique 고유의, 독특한 measure 측정하다 post-retirement expense 은퇴 후 비용 categorize 분류하다 savvy 상식 있는 ensure 확실히 하다 retirement 은퇴, 퇴직

2. 지난 5년간 부동산 가격이 치솟아 왔지만, 은행의 금융 지원 액수도 평균 소득도 그것을 따라가지 못하고 있다. 그 결과,

중하위 계층 가정들은 현재 집을 사는 데 더 어려움을 겪고 있다.

풀이 방법

① 선택지를 먼저 읽고 Form 유형인 것을 파악한다.

② 빈칸이 포함된 문장에서 at the present time은 현재진행 시제와 사용되는 부사구임을 기억한다.

③ 현재진행 시제인 (d) are having을 고른다.

어휘 real estate 부동산 soar 치솟다 amount 액수, 양 financial aid 금융 지원 neither A nor B A도 B도 아닌 average 평균(의) income 수입 keep up 따라가다 as a result 결과적으로 lower- and middle-class 중하위 계층 have a tough time ~ing ~하느라 어려움을 겪다

3. 아내와 나는 10월마다 할로윈 의상과 장식을 구매하는 것을 좋아한다. 사실, 그녀는 지금 이 순간에도 집을 장식할 새로운 물건들을 온라인으로 구매하고 있다. 우리는 지난 번처럼 친구들을 초대하고 함께 즐거운 시간을 보낼 것이다.

풀이 방법

① 선택지를 먼저 읽고 Form 유형인 것을 파악한다.

② 빈칸이 포함된 문장에서 at the moment는 현재진행 시제와 사용되는 부사임을 기억한다. 단, at the moment는 문맥에 따라 다른 시제와도 함께 사용되니 주의해야 한다.

③ 현재진행 시제인 (c) is shopping을 고른다.

어휘 costume 의상 decoration 장식 in fact 사실 stuff 물건

4. 말할 필요도 없이, 슈퍼히어로 영화들이 현재 엄청나게 다시 유행하고 있다. 이런 특정한 경향은 2008년에 '아이언 맨'이 정말 잘 된 이후로 다른 영화들을 제치고 관심을 차지하고 있는 중이다. 그 이후로 많은 글로벌 회사들은 글로벌 시장을 쟁취하기 위해 슈퍼히어로들을 활용하는 마케팅 전략을 시행하고 있다.

풀이 방법

① 선택지를 먼저 읽고 Form 유형인 것을 파악한다.

② 빈칸이 포함된 문장에서 currently는 현재진행 시제와 사용되는 부사임을 기억한다.

③ 현재진행 시제인 (b) are making을 고른다.

어휘 needless to say 말할 필요도 없이 comeback 재유행, 복귀 currently 현재, 요즘 particular 특정한, 특별한 trend 유행, 경향 upstage 관심을 차지하다 implement 시행하다 strategy 전략, 계획 win 쟁취하다, 이기다

5. BCS 라디오 방송국의 소유주인 에이브 마빈은 그의 회사가 다른 회사들과 똑같은 문제로 어려움을 겪어 왔다는 것을 밝히고 있다. 그는 회사가 요즘 어떠한 계약도 맺지 못하고 있다고 말하며, 그것은 지금 그가 누구도 채용할 수 없다는 것을 의미한다.

풀이 방법

① 선택지를 먼저 읽고 Form 유형인 것을 파악한다.

② 빈칸이 포함된 문장에서 nowadays는 현재진행 시제와 사용되는 부사임을 기억한다.

③ 현재진행 시제인 (d) is not getting을 고른다.

어휘 owner 소유주 indicate 밝히다, 나타내다 struggle with ~로 어려움을 겪다 contract 계약 hire 채용하다, 고용하다

6. 증가하는 소득 수준의 격차와 높아지는 학비는 엄청나게 많은 양의 빚으로 이어져 왔다. 요즘 일부 가정들은 그들의 아이들에게 2년제 학위, 지역 전문대, 또는 사이버 대학을 알아볼 것을 권하기까지 하고 있다.

풀이 방법

① 선택지를 먼저 읽고 Form 유형인 것을 파악한다.

② 빈칸이 포함된 문장에서 these days는 현재진행 시제와 사용되는 부사구임을 기억한다.

③ 현재진행 시제인 (b) are even encouraging을 고른다.

어휘 increase 증가하다 tuition fee 학비, 수업료 lead to ~로 이어지다 encourage 권하다 tremendous 엄청난 debt 빚 encourage 권고하다, 격려하다 two-year degree 2년제 학위 community college 지역 전문대

2 과거진행

Exercise

1. were debating
2. was writing
3. wasn't trying
4. were living
5. was falling
6. was traveling
7. was exercising
8. was cheering
9. was still looking
10. were screaming

1. 전 세계 지도자들은 어제 지구 온난화의 중요한 정책에 대해 토론하고 있었다.

근거 yesterday는 과거진행 시제와 사용되는 부사이다.

2. 마사는 자신의 방에서 몇 분 전까지 이메일을 쓰고 있었는데 지금은 사라졌다.

근거 a few minutes ago는 과거진행 시제와 사용되는 부사이다.

3. 제시는 자신의 노력이 아무런 가치가 없다고 느낀 후에, 대회에서 우승하려고 열심히 노력하고 있지 않았다.

근거 'After + 과거 시제(felt)'가 나왔으므로 과거진행 시제가 사용되어야 한다.

4. 1990년에 부모님은 서울에 살고 계셨고, 그들은 일 년 후에 시골로 이사했다.

근거 'In 1990'은 과거의 연도를 나타내므로 과거진행 시제가 사용되어야 한다.

5. 일기 예보의 예측과는 반대로, 어젯밤 내내 폭우가 쏟아지고 있었다.

근거 last night은 과거진행 시제와 사용되는 부사구이다.

6. 아내가 대학 재학생이었을 때, 나는 뉴질랜드를 여행하고 있었다.

근거 at the time은 다양한 시제와 함께 사용될 수 있다. 이 문장에서는 과거 시제(was)와 함께 사용되었으므로 문장 전체가 과거 시제로 쓰여야 한다. 따라서 과거진행 시제인 was traveling이 사용되어야 한다.

7. 나는 헬스클럽에서 운동하던 도중에 실수로 근육을 접질렸다.

근거 한 문장에서는 같은 시제가 사용되어야 한다. 앞부분에서 pulled라는 과거 시제가 나왔으므로 뒤에도 과거진행 시제인 was exercising이 나와야 한다.

8. 배달원이 문 앞에 도착했을 때, 방안의 모든 사람들은 월드컵 국가 대표팀을 응원하고 있었다.

근거 'when + 과거 시제(arrived)'라는 과거의 기준 시점에서 한창 진행 중인 동작을 나타내므로 과거진행 시제가 사용되어야 한다.

9. 조플린은 몇 달 전 일자리를 구하기 위해 마을을 떠나 더 큰 도시로 이사했다. 최근에 그는 전화해서 나에게 완벽한 회사를 여전히 찾고 있다고 말해주었다.

근거 시제 문제에서 근거가 될 만한 시간 부사 표현이 없으면 앞의 문장이나 전체적인 문맥을 읽고 알맞은 시제를 판단해야 한다. 이 문장에서 그가 나에게 전화하고 말했던 시점에도 여전히 회사를 찾는 중이라고 했으므로 과거진행 시제가 쓰여야 한다.

10. 중국 정부는 코로나 바이러스를 막기 위해 주요 도시들을 폐쇄하는 막대한 제재를 가했다. 나는 유튜브에서 최근에 한 영상을 보았는데 어떤 주민들은 비명을 지르고 음식과 생필품들을 소리쳐 구하고 있었다.

근거 시제 문제에서 근거가 될 만한 시간 부사 표현이 없으면 앞의 문장이나 전체적인 문맥을 읽고 알맞은 시제를 판단해야 한다. 내가 영상을 본 시점이 과거이기 때문에 과거진행 시제가 쓰여야 한다.

Practice

1. (a) **2.** (b) **3.** (a) **4.** (d) **5.** (c) **6.** (a)

1. 진도 9.0의 지진이 2011년 일본 동부를 강타했고 그 누구도 급작스러운 재해를 예상하지 못했다. 땅이 흔들리고 건물들이 무너지는 동안, 사람들은 그들의 목숨을 보호해 줄 장소를 찾고 있었다.

풀이 방법

① 선택지를 먼저 읽고 Form 유형인 것을 파악한다.

② 빈칸이 포함된 문장에서 'while + 과거진행 시제(was shaking, were collapsing)'가 사용되었음을 확인한다.

③ 한 문장 안에서 같은 시제가 사용되어야 하므로 과거진행 시제인 (a) were searching을 고른다.

어휘 magnitude 진도 earthquake 지진 strike 강타하다 expect 예상하다, 기대하다 sudden 급작스러운 disaster (자연) 재해 ground 땅, 지면 collapse 무너지다 search for ~를 찾다 shelter 보호하다; 대피처

2. 타이타닉 호는 겨우 20개의 구명정을 실었고, 그중 4분의 1은 조립하는데 시간이 필요했다. 따라서 배가 가라앉는 동안 그것들은 물에 띄우기가 어려웠다. 또한, 그것들은 탑승객들의 절반 정도만 실을 수 있었다.

풀이 방법

① 선택지를 먼저 읽고 Form 유형인 것을 파악한다.

② 빈칸이 포함된 문장에서 과거 시제(were hard to launch)가 사용되었음을 확인한다.

③ 한 문장 안에서 같은 시제가 사용되어야 하므로 과거진행 시제인 (b) was sinking을 고른다.

어휘 lifeboat 구명정 quarter 4분의 1 require 필요로 하다 assemble 조립하다, 모으다 therefore 따라서 launch 물에 띄우다; 시작하다 sink 가라앉다 the number of ~의 수 passenger on board (배, 비행기) 탑승객

3. 후에 에드워드 7세로 왕위에 오른 웨일스 공은 1862년에 오른팔에 예루살렘 십자가 문신을 새겼다. 곧, 일본의 장인 호리 치요(Hori Chiyo)에게 문신을 받은 그의 아들을 포함하여 모든 사람들이 문신을 과시하고 있었다.

풀이 방법

① 선택지를 먼저 읽고 Form 유형인 것을 파악한다.

② 빈칸이 포함된 문장에서 답을 찾을 수 없으므로 앞의 문장이나 전체적인 문맥을 읽고 알맞은 시제를 판단해야 한다.

③ 앞문장에서 1862년(과거 시점)이 나왔고, 곧 이어 모든 사람이 문신을 과시했다는 것은 이미 지나간 시점이므로 과거진행 시제인 (a) was showing off을 정답으로 고른다.

어휘 ascend 계승하다 throne 왕좌 tattoo ~한 문신을 새기다; 문신 show off 과시하다 maestro 장인

4. 존은 모바일 게임 중독 때문에 최근에 직장에서 해고되었다. 심지어 상사가 근무 태만으로 그를 책망하기 위해 부를 때조차, 존은 사무실에서 여전히 모바일 게임을 하고 있었다.

풀이 방법

① 선택지를 먼저 읽고 Form 유형인 것을 파악한다.

② 빈칸이 포함된 문장에서 'when + 과거 시제(called)'는 과거진행 시제와 사용되는 부사구이다. at that moment는 문맥에 따라 의미하는 시제가 다양하므로 주의해야 한다.

③ 과거진행 시제인 (d) was still playing을 고른다.

어휘 get fired 해고되다 due to ~때문에 addiction to ~의 중독 supervisor 상사, 관리자 blame A for B B때문에 A를 탓하다 neglect 태만, 소홀

5. 내 교수님의 아들은 미국에서 잘 알려진 래퍼이다. 그는 지난 주에 한국에 왔고 나는 마침내 그를 어제 내 집 근처의 카페에서 만날 기회가 있었다. 그는 벙거지 모자와 금목걸이를 하고 있었기 때문에 그야말로 래퍼처럼 보였다.

풀이 방법
① 선택지를 먼저 읽고 Form 유형인 것을 파악한다.
② 빈칸이 포함된 문장에서 과거 시제(looked)와 그 전 문장에 쓰인 yesterday로 과거진행 시제임을 확인한다.
③ 과거진행 시제인 (c) was wearing을 고른다.

어휘 rapper 래퍼 literally 그야말로, 문자 그대로 bucket hat 벙거지 모자

6. 기상 캐스터인 짐은 자동차 사고에 연루된 후 선택적 기억상실증이 있는 것으로 진단받았다. 그는 제시카와 함께 그의 오랜 대학 친구들을 다시 만남으로써 과거를 찾는 것을 시작했다. 결국 그들의 서로에 대한 감정은 그들이 시간을 함께 보낼 때마다 점점 더 커져갔다.

풀이 방법
① 선택지를 먼저 읽고 Form 유형인 것을 파악한다.
② 빈칸이 포함된 문장에서 'whenever + 과거 시제(spent)'는 과거진행 시제와 사용되는 부사구임을 확인한다.
③ 빈칸에 들어갈 것으로 정답인 (a) were growing을 고른다.

어휘 weather presenter 기상 캐스터 be diagnosed with ~으로 진단받다 selective amnesia 선택적 기억상실증 set out to ~하기 시작하다 revisit 다시 방문하다 eventually 결국 each other 서로

3 미래진행

Exercise

1. will be going
2. will be taking
3. will be working
4. will be releasing
5. will be driving
6. will be following
7. will be increasing
8. will be relocating
9. will be visiting
10. will be setting

1. 몇몇 관리자들은 내일 유럽으로 출장을 갈 예정이다.
근거 tomorrow는 미래진행 시제와 사용되는 부사이다.

2. 마르코는 그의 아들들에게 다음 주에 새로운 놀이 공원에 그들을 데려갈 것이라고 말해왔다.
근거 next week은 미래진행 시제와 사용되는 부사구이다.

3. 당신은 다음 분기까지 계산대에서 일하고 있을 것이다.
근거 'until + 미래 시점(next quarter)'은 미래진행 시제와 사용되는 부사구이다.

4. 우리 회사는 다음 9월에 최신형 무선 텔레비전 화면을 출시할 예정이다.
근거 'next + 미래 시점(September)'은 미래진행 시제와 사용되는 부사구이다.

5. 과학 잡지에 따르면, 우리는 2080년에 우주선을 운전하고 있을 것이다.
근거 'in + 미래 시점(2080)'은 미래진행 시제와 사용되는 부사구이다.

6. 다음 주를 시작으로, 곧 있을 영상 녹화를 위해 나는 저칼로리 식단을 따르고 있을 것이다.
근거 starting next week과 upcoming은 미래진행 시제와 사용되는 부사(구)이다.

7. 대한항공은 내년부터 탑승권 가격을 인상할 예정이라고 발표해왔다.
근거 'as of + 미래 시점(next year)'은 미래진행 시제와 사용되는 부사구이다.

8. 만약 카일이 그 직책을 수락한다면 그는 해외로 전근가게 될 것이다.
근거 'if + 현재 시제(accepts)'는 주절에 미래 시제와 함께 사용되는 부사구이다. 여기에는 미래진행, 단순 미래, 미래완료진행이 있으나 지텔프에서 단순 미래는 출제되지 않으며 미래완료진행은 기간이 함께 나와야 한다. 따라서 미래진행 시제가 정답이다.

9. 미아가 내일 휴가에서 돌아온다면, 그녀는 새 지사를 방문할 예정이다.
근거 tomorrow는 미래진행 시제와 함께 사용되는 부사이다. 또한 when절의 현재 시제(returns)는 미래를 나타내므로 주절은 미래 시제를 써야 한다. 미래 시제에는 미래진행, 단순 미래, 미래완료진행이 있으나 지텔프에서 단순 미래는 출제되지 않으며 미래완료진행은 기간이 함께 나와야 한다. 따라서 미래진행 시제가 정답이다.

10. 종업원들은 레스토랑의 로비에 예약된 손님들이 도착할 때쯤이면 테이블을 차릴 것이다.
근거 by the time절의 현재 시제(arrive)는 미래를 나타내므로 주절은 미래 시제를 써야 한다. 미래 시제에는 미래진행, 단순 미래, 미래완료진행이 있으나 지텔프에서 단순 미래는 출제되지 않으며 미래완료진행은 기간이 함께 나와야 한다. 따라서 미래진행 시제가 정답이다.

1. (a) **2.** (b) **3.** (d) **4.** (b) **5.** (a) **6.** (c)

1. 에이엘은 신제품인 "StanbyMe" 모델을 다가올 CES(소비자 전자 박람회)에서 선보일 것이다. 그 새로운 모델은 이전 모델에 비해 더 높은 해상도와 더 큰 사이즈의 모니터로 나올 것이다. 또한 그것은 당신의 집에 우아함과 아름다움을 더할 교체 가능한 천 커버를 특징으로 할 것이다.

풀이 방법

① 선택지를 먼저 읽고 Form 유형인 것을 파악한다.

② 빈칸이 포함된 문장에서 upcoming은 미래진행 시제와 사용되는 부사임을 기억한다.

③ 미래진행 시제인 (a) will be displaying을 고른다.

어휘 display 선보이다 consumer 소비자 electronics 전자 come out 나오다 resolution 해상도 compared to ~와 비교하면 previous 이전의 feature ~을 특징으로 하다 interchangeable 교체 가능한 fabric 천 elegance 우아함 beauty 아름다움

2. 오늘, 나의 아들은 NCAA 남자 대학 농구 결승전에서 주전 선수로 경기를 뛸 것이다. 내가 야근하지 않아도 된다면 그가 경기하는 것을 보러 가겠다고 그에게 약속했다. 내 일을 모두 끝냈기 때문에, 그는 내가 경기장에 도착할 때쯤이면 여전히 코트 위에서 뛰고 있을 것이다.

풀이 방법

① 선택지를 먼저 읽고 Form 유형인 것을 파악한다.

② 빈칸이 포함된 문장에서 시간 부사절 'by the time + 현재 시제(arrive)'가 나왔으므로 주절에는 미래진행 시제나 미래완료진행 시제가 와야 한다. 미래완료진행은 기간과 함께 사용되는데 이 문장에서의 since는 '~때문에'라는 뜻의 접속사로 쓰였기 때문에 기간을 나타내는 표현이 아니다.

③ 미래진행 시제인 (b) will still be playing을 고른다.

어휘 NCAA (National Collegiate Athletic Association) 전미대학경기협회 overtime 야근, 초과 근무

3. 저희 회사를 귀사 호텔의 공급자로 선택해 주셔서 감사합니다. 다음 주에 저희 제품의 샘플을 보내드릴 것이며 시험해 보시고 서비스에 가장 적합한 것을 고르시면 됩니다.

풀이 방법

① 선택지를 먼저 읽고 Form 유형인 것을 파악한다.

② 빈칸이 포함된 문장에서 next week은 미래 시제와 사용되는 부사임을 기억한다.

③ 미래진행 시제인 (d) will be sending을 고른다.

어휘 choose *sb* to V ~를 ~하는 것으로 선택하다 firm 회사 supplier 공급업체 try A out A를 시도해보다 fit 어울리다

4. 내일 오후에 소방 훈련이 있을 예정이고 모든 직원들은 각부서장의 지시 사항을 따라야 한다. 그들은 오후 2시에 화재 경보기가 울릴 때 빨간 조끼를 입고 있을 것이다.

풀이 방법

① 선택지를 먼저 읽고 Form 유형인 것을 파악한다.

② 빈칸이 포함된 문장에서 'when + 현재 시제(rings)'는 미래진행 시제 또는 미래완료진행 시제가 와야 한다. 이 지문에서는 기간이 사용된 표현이 없어서 미래완료진행은 답이 될 수 없다.

③ 따라서 정답으로 (b) will be wearing을 고른다.

어휘 fire drill 소방 훈련 employee 직원 direction 지시 사항 respective 각각의 department 부서 fire alarm 화재 경보기

5. 내 친척들은 이번 주말 뉴질랜드에서 우리를 방문하러 올 것이므로, 우리는 내일 집을 청소할 것이다. 부모님이 집을 청소하는 동안, 언니들과 나는 동네 시장에서 식료품을 살 것이다.

풀이 방법

① 선택지를 먼저 읽고 Form 유형인 것을 파악한다.

② 빈칸이 포함된 문장에서 시간 부사절 'while + 현재 시제(clean)'는 미래진행 시제 또는 미래완료진행 시제가 와야 한다. 이 지문에서는 기간이 사용된 표현이 없어서 미래완료진행은 답이 될 수 없다.

③ 따라서 정답으로 (a) will be purchasing을 고른다.

어휘 relative 친척 purchase 구매하다 grocery 식료품

6. 윌리엄은 7년 동안 대학 교수로 일해왔다. 그는 다음 주에 시작되는 첫 안식년에 혼자 하와이에서 빨리 서핑하고 태닝하고 싶어한다. 그는 그곳에 있는 동안 어떤 업무나 과제도 걱정하지 않을 것이다.

풀이 방법

① 선택지를 먼저 읽고 Form 유형인 것을 파악한다.

② 빈칸이 포함된 문장에서 시간 부사절 'while + 현재 시제(is)'는 미래진행 시제 또는 미래완료진행 시제가 와야 한다.

③ 따라서 정답으로 (c) won't be worrying을 고른다.

어휘 can't wait to V 빨리 ~하고 싶다 spend A ~ing ~하면서 A를 보내다 tan 태닝하다, 햇볕에 태우다 by oneself 혼자 sabbatical 안식년 duty 업무, 의무 assignment 과제

DAY 02 시제 – 완료 진행

1 현재완료진행

Exercise

1. have been taking
2. has been clapping
3. have been asking
4. have been showing
5. has been working
6. has been saving up
7. have been declining
8. have been selling
9. have been studying
10. have been preparing

1. 나는 작년부터 보컬 레슨을 받아오고 있다.

근거 ▶ 'since + 과거 시점(last year)'은 현재완료진행 시제와 사용되는 부사구이다.

2. 영화가 끝난 후 10분 동안 관객들은 박수를 치고 있다.

근거 ▶ 'for + 기간(10 minutes)'만 보면 두 시제 모두 가능하지만 'after + 과거(ended)'가 나왔으므로 시점이 과거를 포함해야 하기 때문에 미래진행 시제는 나올 수 없다. 그러므로 정답은 현재완료진행 시제이다.

3. 지금까지, 사람들은 제퍼슨 씨에게 제 2차 세계 대전 동안 그의 생존 이야기를 질문해오고 있다.

근거 ▶ up to now는 현재완료진행 시제와 사용되는 부사구이다.

4. 그 새로운 백신은 바이러스를 치료하기 위해 개발되었고, 그 결과는 지금까지 좋은 진전을 보여오고 있다.

근거 ▶ so far은 현재완료진행 시제와 사용되는 부사구이다.

5. 로라는 둘째 딸이 태어난 이후 줄곧 재택근무를 해오고 있다.

근거 ▶ '(ever) since + 과거 시제(was born)'는 현재완료진행 시제와 사용되는 부사구이다.

6. 지난 2년 동안, 제이슨은 새 스포츠카를 사기 위해 돈을 모아오고 있다.

근거 ▶ 'over the last + 기간(two years)'은 현재완료진행 시제와 사용되는 부사구이다.

7. 그 회사의 이익은 최근에 감소해오고 있지만, 시장 점유율을 계속 높이고 곧 회사의 대차 대조표를 강화할 것이다.

근거 ▶ lately는 이미 지나간 시점을 의미하기 때문에 과거(진행), 현재완료(진행) 시제와 어울리는 표현이며 미래진행 시제는 나올 수 없다. 그러므로 정답은 현재완료진행 시제이다.

8. 지난 몇 주 동안 호주에서 열리는 테니스 토너먼트의 티켓은 잘 팔려오고 있다.

근거 ▶ 'in the past + 기간(few weeks)'은 현재완료진행 시제와 사용되는 부사구이다.

9. 하루 종일 수업 시간에 공부해온 것들의 목록을 적어주세요.

근거 ▶ 문맥상 하루 종일 '공부를 하는 중인(are studying)' 것보다 '공부해왔던(have been studying)' 것이 더 자연스럽기 때문에 현재완료진행 시제가 들어가야 한다.

10. 주말 동안, 많은 학생들이 내일 마케팅 수업을 위한 발표를 준비해오고 있다.

근거 ▶ 'during +기간(the weekend)'만 보면 두 시제 모두 가능하지만, 문맥상 내일 있을 시험을 준비하기 위해서 주말 동안 '준비를 하는 중인(are preparing)'보다 '준비를 해왔던(have been preparing)'이 더 자연스럽기 때문에 현재완료진행 시제가 들어가야 한다.

Practice

1. (b) **2.** (a) **3.** (b) **4.** (d) **5.** (a) **6.** (c)

1. 영화 흥행 기록은 배우들의 즉흥 연기에 의존하지 않고 이미 짜여진 코미디 대본을 사용한 덕분에 '브로맨스'를 특징으로 하는 성인용 코미디 영화가 90년대 후반 인기를 끌었다는 것을 보여준다. 성인용 코미디 영화는 영화 행오버(The Hangover)가 개봉된 이후 다른 장르를 제치고 인기를 얻고 있는 중이다.

풀이 방법

① 선택지를 먼저 읽고 Form 유형인 것을 파악한다.

② 빈칸이 포함된 문장에서 'since +과거 시제(was released)'는 현재완료진행 시제와 어울리는 부사절임을 기억한다.

③ 현재완료진행 시제인 (b) have been upstaging을 고른다.

어휘 box office record (영화,연극,배우의) 흥행 기록 R-rated 성인용의 feature 특징으로 하다 bromance 브로맨스(남성들 사이에 우정) popularity 인기 script 대본 instead of ~대신에 rely on ~에 의지하다 improvisation 즉흥 행위 adult-rated 성인 등급의 upstage ~을 제치고 인기를 얻다 release 공개하다

2. 한국의 이혼율이 치솟았고 사회는 한부모 가정을 받아들이기 시작했다. 그에 따라 이혼과 재혼을 다루는 TV 프로그램의 인기가 지난 몇 년 동안 꾸준히 증가해오고 있다.

풀이 방법

① 선택지를 먼저 읽고 Form 유형인 것을 파악한다.

② 빈칸이 포함된 문장에서 'over the last + 기간(few years)'은 현재완료진행 시제와 어울리는 표현임을 기억한다.

③ 현재완료진행 시제인 (a) has been rising을 고른다.

어휘 divorce rate 이혼율 skyrocket 치솟다 single-parent family 한부모 가정 accordingly 그에 따라 cover 다루다 remarriage 재혼 rise 증가하다, 상승하다 steadily 꾸준히, 서서히

3. 젠슨은 크게 걱정하는 것 같지 않고 자신의 팀이 국제 토론 대회에서 1등을 할 것이라고 확신한다. 그들은 이제 거의 3개월 동안 연습해오고 있다.

풀이 방법

① 선택지를 먼저 읽고 Form 유형인 것을 파악한다.

② 빈칸이 포함된 문장에서 'for +기간(three months)'은 현재완료진행 시제와 어울리는 표현임을 기억한다. 참고로 now는 지금 현재 시점까지 3개월 동안 연습이 계속되었다는 것을 알려주는 표현이다.

③ 현재완료진행 시제인 (b) has been practicing을 고른다.

어휘 seem ~인 것 같다 overly 지나치게, 몹시 concerned 걱정하는 confident 확신에 찬, 자신 있는 win a prize 상을 타다 international 국제의 debate 토론 competition 대회 nearly 거의

4. 저는 로스앤젤레스 교외에 부동산을 소유하고 있습니다. 최근, 저희 정원에 심각한 해충 문제가 생기고 있고, 당신이 저를 도와주길 바라고 있습니다. 방문 일정을 잡기 위해 662–6222로 전화 주세요.

풀이 방법

① 선택지를 먼저 읽고 Form 유형인 것을 파악한다.

② recently는 lately와 더불어 이미 지나간 시점을 의미하기 때문에 과거(진행), 현재 완료(진행) 시제와 어울리는 표현이다. 그러므로 정답은 현재완료진행 시제이다.

③ 현재완료진행 시제인 (d) have been having을 고른다.

어휘 own 소유하다 property 부동산 suburb 교외 pest 해충 give A a call A에게 전화하다 schedule ~의 일정을 잡다

5. 스콧은 독실한 기독교인 부모 밑에서 자랐다. 하지만 그는 낙태 시술자로서 직업을 선택한 이후 교회에 가는 것을 그만두었다. 가족들이 그의 신앙을 되살리도록 독려했지만, 그는 현재까지 교회에 다니지 않고 있다.

풀이 방법

① 선택지를 먼저 읽고 Form 유형인 것을 파악한다.

② 빈칸이 포함된 문장에서 until now는 현재완료진행 시제와 어울리는 표현임을 기억한다.

③ 현재완료진행 시제인 (a) hasn't been attending을 고른다.

어휘 bring up (아이를) 기르다 devout 독실한 career 직업, 일 abortionist 낙태 시술사 encourage 장려하다 renew 되살리다, 갱신하다 faith 신앙, 믿음 attend ~에 다니다, 참여하다

6. 한국에서 지난 10년 동안 과도한 식사와 음주의 유병률이 급증해오고 있다. 더욱이 이것은 상당한 건강상의 문제와 부정적인 결과를 수반할 수 있다.

풀이 방법

① 선택지를 먼저 읽고 Form 유형인 것을 파악한다.

② 빈칸이 포함된 문장에서 'during the past +기간(decade)'은 현재완료진행 시제와 어울리는 표현임을 기억한다.

③ 현재완료진행 시제인 (c) has been surging을 고른다.

어휘 prevalence rate 유병률 excessive 과도한, 지나친 drinking 음주 surge 급증하다 decade 10년 moreover 더욱이, 게다가 entail ~을 수반하다 substantial 상당한 adverse 부정적인 consequence 결과

2 과거완료진행

Exercise

1. had been waiting
2. had been working
3. had been spending
4. had been sitting
5. had been hiding
6. had been playing
7. had been trying
8. had been fighting
9. had been working
10. had been achieving

1. 버스가 정거장에 오기 전에 나는 15분 동안 기다리고 있었다.

근거 'for + 기간(15 minutes)'과 'before + 과거 시제(came)'는 과거완료진행 시제와 사용되는 표현이다. 버스가 온 과거 시점보다 내가 기다린 것이 더 앞선 시점이기 때문에 과거완료(진행)가 나와야 한다.

2. 나는 매니저가 나에게 그만하라고 말할 때까지, 쉬는 시간 없이 과제를 해오고 있었다.

근거 'until + 과거 시제(told)'는 과거완료진행 시제와 사용되는 표현이다. 매니저가 나에게 그만하라고 한 시점보다 내가 과제를 하고 있었던 상황이 더 앞선 시점이기 때문에 과거완료(진행)가 나와야 한다.

3. 수천 명의 사람들은 작년 미국 슈퍼볼이 시작되기 전에 일주일 동안 경기장 밖에서 밤을 지새우고 있었다.

근거 'prior to +과거시점(for a week prior to the U.S. Super Bowl last year)'은 이미 지나간 상황이다. 작년에 슈퍼볼이 시작한 시점보다 사람들이 밤을 보낸 시점이 더 앞선 상황이기 때문에 과거완료(진행)가 나와야 한다. 참고로 'prior to + 시점'은 시점에 따라 시제가 달라질 수 있기 때문에 문맥을 보고 파악해야 한다.

4. 로리 씨의 없어진 수하물이 직원들에 의해 발견되기 전에, 그는 분실물 보관소에서 4시간 동안 앉아 있었다.

근거 'before + 과거 시제(was found)'는 과거완료진행 시제와 사용되는 표현이다. 직원들이 로리 씨의 수하물을 찾은 시점보다 그가 분실물 보관소에 앉아 있던 기간이 더 앞선 시점이기 때문에 과거완료(진행)가 나와야 한다.

5. 경찰은 범인이 검거될 때 즈음에는 그가 대략 두 달 동안 숨어 있었다고 말했다.

근거 'for + 기간(two months)'과 'by the time + 과거 시제 (got)'는 과거완료진행 시제와 사용되는 표현이다. 참고로 경찰들이 범인을 검거한 시점보다 그가 숨어 있던 기간이 더 앞선 시점이기 때문에 과거완료(진행)가 나와야 한다.

6. 지진이 그 지역을 강타했을 때 그는 컴퓨터 게임을 하고 있었다.

근거 when절에서 말한 지진이 온 시점보다 그가 게임을 하고 있었던 상황이 더 앞선 시점이기 때문에 과거완료(진행)이 나와야 한다.

7. 찰스는 오전에 그녀에게 연락하려고 노력해오고 있었지만, 그는 오늘 오후까지 연락을 할 수 없었다.

근거 'till + 과거 시점(this afternoon)'은 과거완료진행 시제와 사용되는 표현이다. 오후에 연락이 닿은 시점보다 그가 오전에 나에게 연락을 한 상황이 더 앞선 시점이기 때문에 과거완료진행 시제가 나와야 한다.

8. 1953년까지, 저스틴은 오랫동안 암과 싸워오고 있었다.

근거 'by +과거 시점(1953)'은 이미 지나간 상황이고 저스틴이 암과 싸워 왔던 상황이 더 앞선 시점이기 때문에 과거완료(진행)가 나와야 한다. 참고로 'by + 시점'은 시점에 따라 시제가 달라질 수 있기 때문에 문맥을 보고 파악해야 한다.

9. 헤이글 씨가 유치원 교사로 5년간 근무해오고 있었던 후에, 호주로 이민을 갔다.

근거 'after ~ for + 기간(5 years), 주어 + 과거 동사 (emigrated)'는 과거완료진행 시제와 사용되는 표현이다. 참고로 헤이글 씨가 유치원 교사로 일한 기간이 호주로 이민간 시점보다 더 앞선 시점이기 때문에 과거완료(진행)가 나와야 한다.

10. 그 회사는 비트코인에 투자해서 주로 이윤의 증가를 달성해오고 있었지만, 나중에는 위기를 직면하기 시작했다.

근거 'then later + 과거 시제(began)'는 이미 지나간 상황이다. 회사가 위기를 직면한 시점보다 비트코인에 투자해서 이윤 증가를 이룬 시점이 더 앞선 상황이기 때문에 과거완료(진행)가 나와야 한다. 참고로 then later는 시점에 따라 시제가 달라질 수 있기 때문에 문맥을 보고 파악해야 한다.

Practice

1. (a) **2.** (c) **3.** (b) **4.** (d) **5.** (c) **6.** (b)

1. 카디르 누르만은 바쁜 베를린 사람들에게 손쉽게 먹을 수 있는 간식을 제공하기 위해 샌드위치를 만들자는 아이디어를 낸 첫 번째 사람이라고 한다. 그러나, 많은 사람들은 베를린이 자신의 것이라고 주장하기 훨씬 전부터 중동 지역의 사람들이 샌드위치를 먹어오고 있었다고 주장한다.

풀이 방법

① 선택지를 먼저 읽고 Form 유형인 것을 파악한다.

② 빈칸이 포함된 문장에서 'before + 과거 시제(claimed)'는 과거완료진행 시제와 어울리는 표현임을 기억한다.

③ 과거완료진행 시제인 (a) had been eating을 고른다.

어휘 it is said that ~라고 한다 provide A with B A에게 B를 제공하다 on-the-go snack (바쁠 때) 손쉽게 먹는 간식 argue 주장하다 claim A as B A를 B라고 주장하다 long before ~하기 오래 전부터 own 자신의

2. 이니셜인 RFK와 별명인 바비로도 알려진 로버트 케네디는 엠배서더 호텔에서 시르한 시르한에게 총을 맞기 전까지 존 F. 케네디 도서관 법인의 회장으로 일해오고 있었다.

풀이 방법

① 선택지를 먼저 읽고 Form 유형인 것을 파악한다.

② 빈칸이 포함된 문장에서 'until +과거 시제(was shot)'는 과거완료진행 시제와 어울리는 표현임을 기억한다.

③ 과거완료진행 시제인 (c) had been serving을 고른다.

어휘 initial 이니셜, 머리글자 nickname 별명 serve as ~로 일하다 president 회장 corporation 법인, 기업 shoot (총을) 쏘아 죽이다

3. 티파니와 존은 지난 4년 동안 행복하게 사귀어 왔다. 존이 뉴욕대학교의 연말 파티에서 티파니를 처음 봤을 때, 그녀는 뉴욕대학교에서 2년 동안 경제학을 가르쳐오고 있었다.

풀이 방법

① 선택지를 먼저 읽고 Form 유형인 것을 파악한다.

② 빈칸이 포함된 문장에서 'when + 과거 시제(saw)'는 과거완료진행 시제와 어울리는 표현임을 기억한다.

③ 과거완료진행 시제인 (b) had been teaching을 고른다.

어휘 year-end party 연말 파티 economics 경제학

4. 웨일스 출신의 뮤지션이자 벨벳 언더그라운드의 공동 설립자인 존 케일은 비참한 어린 시절을 보냈다. 그의 어머니는 유방암에 걸렸고, 그의 할머니는 그것을 그의 출생 탓으로 돌렸다. 12살 때, 케일은 음악 수업을 받아오고 있는 동안 교회 오르간 연주자에게 성추행을 당했었다.

① 선택지를 먼저 읽고 Form 유형인 것을 파악한다.

② 문맥상 그가 성추행을 당했던 시점보다 음악 수업을 받았던 상황이 더 앞서 일어난 시점이기 때문에 과거완료(진행)가 나와야 한다. 따라서 '과거, while + 과거완료진행' 표현을 기억한다.

③ 과거완료진행 시제인 (d) had been receiving을 고른다.

어휘 Welsh 웨일스 사람(의) co-founder 공동 설립자 miserable 비참한 childhood 어린 시절, 유년기 ill with ~에 걸린 breast cancer 유방암 blame A on B A를 B의 탓으로 돌리다 birth 출산, 출생 molest 성추행하다 organist 오르간 연주자

5. 파웰 씨는 작년에 인테리어 회사에서 퇴직해서 유튜브 크리에이터로 일하기 시작했다. 그는 처음에는 무료로 상담을 해오고 있었지만, 최근에는 상담에 대해 요금을 청구하기로 결정했다.

풀이 방법

① 선택지를 먼저 읽고 Form 유형인 것을 파악한다.

② 앞 문장에서 작년에 파웰 씨가 퇴직한 과거 시점임을 파악하고, 최근 그가 요금을 청구한 시점보다 무료로 상담을 했던 상황이 더 앞선 시점이라는 것을 파악한다. 참고로 빈칸이 포함된 문장만으로 답을 찾을 수 없는 시제 문제는 전체적인 문맥을 읽고 알맞은 시제를 판단해야 한다.

③ 과거완료진행 시제인 (c) had been giving을 고른다.

어휘 retire 퇴직하다 creator 크리에이터; 생산자 consultation 상담 for free 무료로 in the beginning 처음에 charge for ~에 대해 요금을 청구하다

6. 최근 연구들은 공룡들이 매우 높은 수치의 이산화탄소로 이루어진 과열된 공기 때문에 멸종되었다는 것을 보여준다. 수백만 년 동안 가스들이 화산에서 쏟아져 나오고 있고 그것은 결국에는 공룡들이 살기 어렵도록 만들었다.

풀이 방법

① 선택지를 먼저 읽고 Form 유형인 것을 파악한다.

② 앞 문장에서 공룡이 멸종한 것은 과거 시점임을 파악하고, 문맥상 가스들이 화산에서 쏟아져 나온 상황이 공룡들이 살기 어려웠던 상황보다 더 앞선 시점이기 때문에 시제로는 과거완료(진행)가 나와야 한다. 참고로 빈칸이 포함된 문장만으로 답을 찾을 수 없는 시제 문제는 전체적인 문맥을 읽고 알맞은 시제를 판단해야 한다.

③ 과거완료진행 시제인 (b) had been pouring을 고른다.

어휘 recent 최근의 extinct 멸종된, 사라진 due to ~ 때문에 overheated 과열된 level 수치; 수준 carbon dioxide 이산화탄소 pour out of ~에서 쏟아져 나오다 volcano 화산 millions of 수백만의 eventually 결국, 마침내

3 미래완료진행

Exercise

1. will have been working
2. will have been learning
3. will have been playing
4. will have been saving
5. will have been operating
6. will have been studying
7. will have been traveling
8. will have been hiking
9. will have been living
10. will have been waiting

1. 8월에, 나는 회사에서 5년 동안 근무해오고 있을 것이다.

근거 'for + 기간(5 years)'과 'in + 미래 시점(August)'은 미래완료진행 시제와 함께 사용되는 표현이다.

2. 만약 다음 달에 오스틴이 이 강좌를 마친다면, 그는 1년 동안 스페인어를 배워오고 있을 것이다.

근거 'if + 현재동사(finishes)'와 'for + 기간(a year)'은 미래완료진행 시제와 함께 사용되는 표현이다.

3. 서른 살이 되면 나는 21년 동안 바이올린을 연주해오고 있을 것이다.

근거 'when+ 현재 시제(turn)'와 'for +기간(twenty-one years)'은 미래완료진행 시제와 함께 사용되는 표현이다.

4. 아내와 나는 내년 말까지는 집을 살 수 있을 만한 돈을 5년 동안 저축해오고 있을 것이다.

근거 'until + 미래 시점(the end of next year)'은 미래진행 또는 미래완료진행 시제와 함께 사용되는 표현이다. 이 문장에서는 과거진행을 사용할 수 없으므로 미래완료진행이 정답이다.

5. 성심당은 내년이면 대략 65년 동안 운영해오고 있을 것이다.

근거 'for + 기간(65 years)'과 'by + 미래 시점(next year)'은 미래완료진행 시제와 함께 사용되는 표현이다.

6. 케빈은 다음 주면 한 달 동안 영어를 공부해오고 있을 것이다.

근거 'for + 기간(one month)'과 'by + 미래 시점(next week)'은 미래완료진행 시제와 함께 사용되는 표현이다.

7. 톰은 버스가 목적지에 도착할 때까지 6시간 넘게 여행해오고 있을 것이다.

근거 'for + 기간(over 6 hours)'과 'by the time + 현재 시제(arrives)'는 미래완료진행 시제와 함께 사용되는 표현이다.

8. 그가 산꼭대기에 도달한다면, 그는 하루 종일 하이킹을 해오고 있을 것이다.

근거 'when + 현재 시제(reaches)'는 미래진행이나 미래완료진행 시제와 함께 사용되는 표현이다. 이 문장에서는 과거진행을 사용할 수 없으므로 미래완료진행이 정답이다. 참고로 all day이라는 표현은 다양한 시제와 함께 올 수 있기 때문에 문맥으로 시제를 파악해야 한다.

9. 다음 달이면, 나는 대전에서 이사 온 이후로 서울에 4년 동안 살고 있을 것이다.

근거 '미래 시점(Next month)'과 'since + 과거 시제(moved)'는 과거부터 미래 시점까지 진행을 의미하므로 미래완료진행 시제와 어울리는 표현이다. 참고로 'since + 과거 시제'는 현재완료진행도 가능하며 이 문장에서는 과거진행은 사용할 수 없으므로 정답은 미래완료진행이다.

10. 나는 보통 6시에 일이 끝나지만, 다음주 화요일에 야근을 해야 할지도 모른다. 그렇게 되면, 내가 그날 집에 도착할 때쯤에는, 나의 아내는 몇 시간 동안 기다리고 있을 것이다.

근거 'by the time + 현재 시제(get)'는 미래진행 또는 미래완료진행 시제와 함께 사용되는 표현이다. 문맥을 파악해보면 앞문장에서는 내가 다음주 화요일에 야근을 해야 할지도 모른다고 언급하였고 if so(그렇게 되면)라고 했으므로 정답은 미래완료진행이다. 이 문장에서는 현재진행은 사용할 수 없다.

Practice

1. (c) **2.** (c) **3.** (d) **4.** (b) **5.** (a) **6.** (d)

1. 켄지 씨는 가을에 있을 그의 결혼식에 대한 초대장을 동료들에게 나눠줄 것이다. 하지만, 초대장이 보내졌을 때면 신규 입사 직원들이 겨우 한 달 동안 근무해오고 있을 것이기 때문에 그는 그들을 초대해야 할지 결정하지 못했다.

풀이 방법
① 선택지를 먼저 읽고 Form 유형인 것을 파악한다.
② 빈칸이 포함된 문장에서 'when + 현재 시제(are sent)'와 'for + 기간(a month)'은 미래완료진행 시제와 어울리는 표현임을 기억한다.
③ 미래완료진행 시제인 (c) will have been working을 고른다.

어휘 give out ~을 나눠 주다 invitation 초대(장) coworker 동료 invite 초대하다 newly 새로, 최근에 hired 고용된 employee 직원

2. 제이크는 현재 철인 3종 경기를 준비하고 있고 그는 내일 영국에서 프랑스까지 수영할 계획이다. 한다. 그가 프랑스에 도착할 때쯤이면 그는 연속으로 13시간 넘게 수영을 하고 있을 것이다.

풀이 방법

① 선택지를 먼저 읽고 Form 유형인 것을 파악한다.
② 빈칸이 포함된 문장에서 'for + 기간(thirteen hours)'과 'by the time + 현재 시제(reaches)'는 미래완료진행 시제와 어울리는 표현임을 기억한다.
③ 미래완료진행 시제인 (c) will have been swimming을 고른다.

어휘 triathlon 철인 3종 경기, 트라이애슬론 plan on ~할 계획이다, 하려고 하다 straight 연속해서 reach 도달하다

3. 세계 랭킹 4위의 테니스 선수가 2008년 베이징 올림픽 1 라운드에서 신인 선수에게 패배했다. 인터뷰 도중 그는 "경기가 시작하기 전에 저는 겨우 3일의 준비할 시간이 있었습니다. 다음 경기쯤에는, 저는 경기에서 승리하기 위해 2주 반 동안 훈련을 해오고 있을 것입니다."라고 말했다.

풀이 방법
① 선택지를 먼저 읽고 Form 유형인 것을 파악한다.
② 빈칸이 포함된 문장에서 '미래 시점(Next time)'과 'for + 기간(two and a half weeks)'은 미래완료진행 시제와 어울리는 표현임을 기억한다.
③ 미래완료진행 시제인 (d) will have been training을 고른다.

어휘 rookie 신참, 신인 선수 round (스포츠 대회) 라운드, 회전 train 훈련하다

4. 최근 우기 동안 태풍이 우리 지방을 강타해 장마 기간을 연장시켰다. 만약 내일 또 비가 온다면 12일 동안 계속해서 비가 오고 있을 것이다. 많은 사람들은 밖으로 나갈 수 있도록 비가 곧 멈추기를 바라고 있다.

풀이 방법
① 선택지를 먼저 읽고 Form 유형인 것을 파악한다.
② 빈칸이 포함된 문장에서 'for + 기간(twelve days)'과 'if + 현재 시제(rains)'는 미래완료진행 시제와 어울리는 표현임을 기억한다.
③ 미래완료진행 시제인 (b) will have been raining을 고른다.

어휘 recently 최근에, 요즘 typhoon 태풍 province 지방 monsoon 우기, 장마(철) extend 연장하다, 확대하다 rainy season 우기, 장마철 in a row 계속해서, 연달아

5. 미국에서 의사가 되려면, 4년제 학부 과정과 의과 대학을 각각 완료해야 한다. 졸업 후에는, 전공과 신체 부위에 따라, 3년에서 7년 동안 레지던트로서 일해야 한다. 당신이 면허가 있는 의사가 될 때쯤이면, 그것을 위해 총 10년에서 15년을 노력해오고 있을 것이다!

풀이 방법
① 선택지를 먼저 읽고 Form 유형인 것을 파악한다.
② 빈칸이 포함된 문장에서 'by the time + 현재 시제 (become)'와 '기간(10 to 15 years)'은 미래완료진행 시제

와 어울리는 표현임을 기억한다.

③ 미래완료진행 시제인 (a) will have been working을 고른다.

어휘 complete 완료하다 undergraduate program 학부 과정 medical school 의과 대학 respectively 각각, 각자 graduate 졸업하다 resident 레지던트, 수련의 depending on ~에 따라 specialty 전공, 전문 (분야) region (신체) 부위 licensed 면허를 소지한 work toward ~을 위해 노력하다 in total 모두 합해서, 총

6. 로렌 씨는 오늘 오후부터 인기 있는 연속극을 시청해오고 있다. 그녀는 <u>오후 6시쯤이면 몇 시간 동안 그것을 시청해오고 있을 것이기</u> 때문에 아이들이 학교에서 돌아오기 전인 오후 6시에 TV를 끌 것이다.

풀이 방법

① 선택지를 먼저 읽고 Form 유형인 것을 파악한다.

② 문맥을 통해 빈칸이 포함된 문장에서 '미래 시제(will turn off)', 'for + 기간(several hours)'와 'by + 미래 시점 (then)'은 미래완료진행 시제와 어울리는 표현임을 기억한다. 참고로 by then(그때까지)은 문맥에 따라 다양한 시제가 나올 수 있다. 이 문장에서 since는 '~때문에'라는 뜻의 접속사로 쓰였으므로 현재완료진행과 답을 혼동해서는 안 된다.

③ 미래완료진행 시제인 (d) will have been watching을 고른다.

어휘 soap opera 연속극, 드라마 turn off ~을 끄다 come back 돌아오다 several (몇)몇의, 여럿의 then 그때

DAY 03 가정법

1 가정법 과거

Exercise

1. would talk	**6.** would participate
2. could release	**7.** might reevaluate
3. might purchase	**8.** could buy
4. could travel	**9.** would ask
5. would forward	**10.** could find

1. 내가 너라면, 의사와 이야기할 텐데.

근거 'if + 과거 시제(were)'는 가정법 과거에 사용되는 표현이다. 따라서 가정법 과거의 주절에는 'would/could/might + 동사원형'이 와야 한다.

2. 회사가 재정적으로 건강하다면, 새로운 제품군을 출시할 수 있을 것이다.

근거 'if + 과거 시제(were)'는 가정법 과거에 사용되는 표현이다. 따라서 가정법 과거의 주절에는 'would/could/might + 동사원형'이 와야 한다.

3. 제이슨이 돈을 더 절약한다면, 내년에 새 휴대폰을 살 수 있을지도 모른다.

근거 'if + were + to부정사'는 가정법 과거에 사용되는 표현이다. 따라서 가정법 과거의 주절에는 'would/could/might + 동사원형'이 와야 한다.

4. 수잔이 조금 더 사교적이라면, 혼자가 아니라 다른 사람과 함께 여행할 수 있을 텐데.

근거 'if + 과거 시제(were)'는 가정법 과거에 사용되는 표현이다. 따라서 가정법 과거의 주절에는 'would/could/might + 동사원형'이 와야 한다.

5. 팀의 이메일 주소를 알고 있다면, 내가 파일을 그에게 전달할 텐데.

근거 'if + 과거 시제(knew)'는 가정법 과거에 사용되는 표현이다. 따라서 가정법 과거의 주절에는 'would/could/might + 동사원형'이 와야 한다.

6. 로렌이 주말에 바쁘지 않다면, 가족 모임에 참여할 텐데.

근거 'if + were + to부정사'는 가정법 과거에 사용되는 표현이다. 따라서 가정법 과거의 주절에는 'would/could/might + 동사원형'이 와야 한다.

7. 바톤 주식회사는 유통업자들이 계약 조건을 따르지 않는다면 그들과의 사업 관계를 재평가해야 할 지도 모른다.

근거 'if + 과거 시제(did not follow)'는 가정법 과거에 사용

되는 표현이다. 따라서 가정법 과거의 주절에는 'would/could/might + 동사원형'이 와야 한다.

8. 그 신발이 더 저렴하다면, 나는 오늘 그것들을 살 수 있을 텐데.

근거 'if + 과거 시제(were)'는 가정법 과거에 사용되는 표현이며, 여기서 if가 생략되면 주어(the shoes)와 동사(were)의 위치가 바뀐다. 빈칸에는 가정법 과거의 주절에 쓰이는 'would/could/might + 동사원형'이 와야 한다.

9. 제임스가 리디아를 좋아한다면, 그가 그녀에게 함께 프롬에 가자고 요청할 텐데.

근거 'if + were + to부정사'는 가정법 과거에 사용되는 표현이며, if가 생략되면 주어(James)와 동사(were)의 위치가 바뀐다. 빈칸에는 가정법 과거의 주절에 쓰이는 'would/could/might + 동사원형'이 와야 한다.

10. 로라가 이달 안에 일을 구할 수 있다면, 그녀는 그 나라에서 1년 더 살 수 있을 것이다.

근거 주절에 'would/could/might + 동사원형'이 나온 것을 보고 가정법 과거임을 파악한다. 따라서 빈칸에는 'if + 과거 시제(could find)'가 나와야 한다.

Practice

1. (c) **2.** (a) **3.** (a) **4.** (d) **5.** (d) **6.** (b)

1. 존은 여행에 너무 많은 돈을 쓰면서 항상 충분한 돈이 없는 것을 불평한다. 만약 그가 여행에 대한 열정을 포기한다면, 올해 멋진 차를 살 수 있을 텐데.

풀이 방법

① 선택지를 먼저 읽고 Form 유형인 것을 파악한다.

② 빈칸이 포함된 문장에서 'if + were + to부정사'는 가정법 과거에 사용되는 표현임을 기억한다.

③ 주절에는 'would/could/might + 동사원형'인 (c) could buy를 고른다.

어휘 spend A on B B에 A를 쓰다 complain about ~에 대해 불평하다 give up 포기하다 passion 열정

2. 노라는 옆집의 리모델링 소음 때문에 일주일 내내 잠을 잘수 없었기 때문에 매우 속상해 한다. 만약 내가 그녀라면, 그 소음으로부터 멀어지기 위해 여행을 갈 텐데.

풀이 방법

① 선택지를 먼저 읽고 Form 유형인 것을 파악한다. 보기에 동사가 다양한 조동사와 시제로 나왔으므로 가정법이나 시제 유형임을 예상한다.

② 빈칸이 포함된 문장에서 'if + 과거 시제(were)'는 가정법 과거에 사용되는 표현임을 기억한다.

③ 주절에는 'would/could/might + 동사원형'인 (a) might go를 고른다.

어휘 upset 속상한 whole 전체의, 전부의 due to ~때문에 noise 공사 소음 next door 옆집 (사람) get away from ~에서 벗어나다, 도망치다

3. 나는 어렸을 때부터 수학 문제를 푸는 것을 잘해 본 적이 없다. 반면에, 나의 형은 수학에 굉장한 재능이 있어서 전국 수학 대회에서 우승까지 했다! 만약 내가 형처럼 수학을 잘한다면, 나는 그것에 대한 스트레스를 받지 않을 텐데.

풀이 방법

① 선택지를 먼저 읽고 Form 유형인 것을 파악한다. 보기에 동사가 다양한 조동사와 시제로 나왔으므로 가정법이나 시제 유형임을 예상한다.

② 빈칸이 포함된 문장에서 'if + were + to부정사'는 가정법 과거에 사용되는 표현임을 기억한다.

③ 주절에는 'would/could/might + 동사원형'인 (a) would not have를 고른다.

어휘 be good at ~을 잘하다, 뛰어나다 solve 풀다 mathematical 수학의 on the other hand 반면에 talent 재능 national 전국적인; 국가의 mathematics 수학 contest 대회

4. 신디는 다가오는 어머니의 날을 위해 고급 목걸이를 살 생각을 하고 있다. 하지만, 그녀는 최근에 옷을 사는 데 너무 많은 돈을 썼다는 것을 깨달았다. 그녀가 충동 구매를 조절한다면 그녀가 원하는 브랜드에서 어머니를 위해 보석을 살 수 있을 텐데.

풀이 방법

① 선택지를 먼저 읽고 Form 유형인 것을 파악한다. 보기에 동사가 다양한 조동사와 시제로 나왔으므로 가정법이나 시제 유형임을 예상한다.

② 빈칸이 포함된 문장에서 'if + 과거 시제(controlled)'는 가정법 과거에 사용되는 표현임을 기억한다. 참고로 if절이 주절 뒤로 갈 때에는 쉼표를 사용하지 않으므로 if절의 위치를 잘 파악해야 한다.

③ 주절에는 'would/could/might + 동사원형'인 (d) could get을 고른다.

어휘 luxury 고급의, 비싼 upcoming 다가오는 mother's day 어머니의 날 realize 깨닫다 impulse buying 충동 구매

5. 그린피스는 과거의 개발로부터 전세계 바다를 보호하고 회복하기 위해 해양 생물 보존을 위한 캠페인을 벌이고 있다. 사실, 그린피스 활동가들의 노력이 아니었다면 고래 종의 수는 지금쯤 훨씬 줄었을 것이다.

풀이 방법

① 선택지를 먼저 읽고 Form 유형인 것을 파악한다.

② 빈칸이 포함된 문장에서 'were it not for ~'는 'if it were

not for ~'(만약 ~이 없다면)에서 if가 생략되어 주어와 동사가 도치된 형태로 가정법 과거에 사용되는 표현임을 기억한다. 참고로 if절이 주절 뒤로 갈 때에는 쉼표를 사용하지 않으므로 if절의 위치를 잘 파악해야 한다. 또한 by now(지금쯤)는 가정법 과거와 가정법 과거 완료에서 모두 사용될 수 있다.

③ 주절에는 'would/could/might + 동사원형'인 (d) would be far reduced를 고른다.

어휘 campaign 캠페인을 벌이다 marine life 해양 생물 preservation 보존, 보전 protect 보호하다 recover 회복하다 exploitation 개발; 착취 the number of ~의 수 species 종 reduce 줄이다 activist 활동가 effort 노력

6. 나는 엄마의 잔소리가 지긋지긋하다. 엄마는 내가 방을 치우지 않을 때마다 소리를 지른다. 하지만 나는 이해가 되는 것이 솔직히, 나에게 만약 매일 방을 어지럽히는 아이가 있다면 나도 그 아이에게 소리를 지를 것이기 때문이다.

풀이 방법
① 선택지를 먼저 읽고 Form 유형인 것을 파악한다.
② 빈칸이 포함된 문장에서 'if + 과거 시제(had)'는 가정법 과거에 사용되는 표현이며 if가 생략되면 주어(I)와 동사(had)의 위치를 바꾼다.
③ 주절에는 'would/could/might + 동사원형'인 (b) would also shout를 고른다.

어휘 sick of ~이 지긋지긋한 nag 잔소리를 하다 yell at ~에게 소리치다 whenever ~할 때마다 tidy up ~을 치우다 to be honest 솔직히 말하자면 messy 지저분한 as well 또한

2 가정법 과거완료

Exercise

1. would have called
2. would have won
3. might have gotten
4. would have bought
5. wouldn't have missed
6. had complied
7. could not finish
8. could be alive
9. would arrive
10. Had I started

1. 어제가 부모님의 20주년이라는 것을 제니가 기억했다면, 그녀는 그들에게 전화를 걸고 선물을 보냈을 텐데.
근거 'if + 과거완료(had remembered)'는 가정법 과거완료에 사용되는 표현이다. 가정법 과거완료의 주절에는 'would/could/might + have p.p.'가 와야 한다.

2. 손이 지난 경기에서 한 골을 더 넣었더라면, 프리미어 리그의 골든 부트 상을 단독으로 수상했을 텐데.
근거 'if + 과거완료(had scored)'는 가정법 과거완료에 사용되는 표현이다. 가정법 과거완료의 주절에는 'would/could/might + have p.p.'가 와야 한다.

3. 그가 면접을 미리 준비했다면, 취직을 했을지도 모를 텐데.
근거 'if + 과거완료(had prepared)'는 가정법 과거완료에 사용되는 표현이다. 가정법 과거완료의 주절에는 'would/could/might + have p.p.'가 와야 한다.

4. 마커스는 최신 노트북이 그렇게 빠르게 매진될 줄 알았다면 그것을 샀었을 것이다.
근거 'if + 과거완료(had known)'는 가정법 과거완료에 사용되는 표현이다. 가정법 과거완료의 주절에는 'would/could/might + have p.p.'가 와야 한다.

5. 제인이 늦게 일어나지 않았다면 오늘 아침 맛있는 아침 식사를 놓치지 않았을 텐데.
근거 'if + 과거완료(had woken up)'는 가정법 과거완료에 사용되는 표현이다. 가정법 과거완료의 주절에는 'would/could/might + have p.p.'가 와야 한다.

6. 기술자들이 모든 안전조치를 따랐다면, 사고는 일어나지 않았을 것이다.
근거 주절에 가정법 과거완료 시제(would not have occurred)가 나왔으므로, 빈칸이 있는 if절에는 가정법 과거완료 had p.p.(had complied)가 와야 한다. 이처럼 if절이 있는 문장에서 주절의 시제를 묻는 문제가 아닌 주절을 주고 if절을 묻는 문제가 나올 수 있다.

7. 네가 없었다면, 나는 오늘 그 일을 끝낼 수 없었을 텐데.
근거 'if + 과거완료(had not been)'는 가정법 과거완료에 사용되는 표현이다. 하지만 주절에는 today(오늘)라는 현재/미래를 나타내는 표현이 있으므로 혼합가정법으로 판단하여 'would/could/might + 동사원형'이 와야 한다.

8. 그 무고한 민간인들은 전쟁이 시작되지 않았다면 지금 살아있을 수 있었을 것이다.
근거 'if + 과거완료(had started)'는 가정법 과거완료에 사용되는 표현이다. 하지만 주절에는 by now(지금쯤)라는 표현이 있으므로 혼합가정법으로 판단하여 'would/could/might + 동사원형'이 와야 한다. 참고로 by now는 문맥에 따라 가정법 과거와 과거완료 모두 사용 가능하며, 이 문제에서는 can be alive는 나올 수 없으므로 정답은 could be alive이다.

9. 내가 기차를 놓치지 않았다면 나는 지금 서울역에 도착했을 텐데.
근거 'if + 과거완료(had not missed)'는 가정법 과거완료에 사용되는 표현이며, if가 생략되면 주어(I)와 조동사(had)의 위치를 바꾼다. 하지만 주절에는 now(지금)라는 현재를 나타내는 표현이 있으므로 혼합가정법으로 판단하여 'would/could/might + 동사원형'이 와야 한다.

10. 내가 영어 공부를 더 일찍 시작했더라면, 지난 시험에서 더 높은 점수를 받을 수 있었을 텐데.

근거 주절에 'would/could/might + have p.p.'를 보고 가정법 과거완료임을 판단한다. 따라서 'if + 과거완료(had started)'가 나와야 하며, if가 생략되면 주어(I)와 조동사(had)의 위치를 바꿔야 한다.

Practice

1. (c)　**2.** (b)　**3.** (c)　**4.** (d)　**5.** (a)　**6.** (b)

1. 제이슨은 지난 주말 그의 가장 친한 친구인 케니의 결혼식에 함께 할 수 없어서 굉장히 미안했다. 그의 가족이 다른 날에 가족 모임을 하기로 정했다면, 그는 다른 사람들과 함께 결혼식에서 직접 가장 친한 친구를 축하할 수 있었을 텐데.

풀이 방법

① 선택지를 먼저 읽고 Form 유형인 것을 파악한다. 보기에 동사가 다양한 조동사와 시제로 나왔으므로 가정법이나 시제 유형임을 예상한다.

② 빈칸이 포함된 문장에서 'if + 과거완료 시제(had decided)'는 가정법 과거완료에 사용되는 표현임을 기억한다.

③ 주절에는 'would/could/might + have p.p.'인 (c) could have congratulated을 고른다.

어휘 join 함께 하다, 참여하다　congratulate 축하하다　in person 직접　ceremony 예식, 의식

2. 새 CEO는 경기 침체에 대처하기 위한 가장 야심 찬 계획을 가지고 있다고 말했다. 애초에 그가 채용됐다면 그 회사는 지난 해에 소비 부진으로 인한 가장 큰 타격을 피할 수 있었을 것이다.

풀이 방법

① 선택지를 먼저 읽고 Form 유형인 것을 파악한다. 보기에 동사가 다양한 조동사와 시제로 나왔으므로 가정법이나 시제 유형임을 예상한다.

② 빈칸이 포함된 문장에서 'if + 과거완료 시제(had been hired)'는 가정법 과거완료에 사용되는 표현임을 기억한다.

③ 주절에는 'would/could/might + have p.p.'인 (b) would have avoided을 고른다.

어휘 ambitious 야심 찬　initiative 계획, 주도권　address ~에 대처하다　economic downturn 경기 침체　in the first place 애초에　sluggish 저조한　consumption 소비

3. 그 홍수는 남아프리카 동쪽 해안의 300명이 넘는 사람의 목숨을 잃어갔다. 많은 시설과 인프라가 심하게 손상됐고, 지역 주민들은 전력과 물 부족에 직면해야 했다. 이 비극은 정부가 미리 극심한 기후 변화에 대처하도록 준비했다면 막을 수 있었을 것이다.

풀이 방법

① 선택지를 먼저 읽고 Form 유형인 것을 파악한다. 보기에

동사가 다양한 조동사와 시제로 나왔으므로 가정법이나 시제 유형임을 예상한다.

② 빈칸이 포함된 문장에서 'if + 과거완료 시제(had prepared)'는 가정법 과거완료에 사용되는 표현임을 기억한다. 참고로 if절이 주절 뒤로 갈 때에는 쉼표를 사용하지 않으므로 if의 위치를 잘 파악해야 한다.

③ 주절에는 'would/could/might + have p.p.'인 (c) could have been prevented을 고른다.

어휘 flood 홍수　eastern 동부의　coast 해안　facility 시설　infrastructure 인프라, 사회기반시설　heavily 심하게, 많이　damage ~에 피해를 주다　community 지역사회　face ~에 직면하다　power 전력, 전기　shortage 부족　tragedy 비극　prevent 막다　deal with ~에 대처하다　extreme 극심한

4. 2016년 6월, 문제가 인터넷에 유출된 이후로 50만 명 이상의 학생들이 국가고시를 다시 치러야 했다. 부정행위를 막기 위해, 알제리 정부는 전국적으로 2시간 동안 인터넷 차단을 시행하기로 결정했다. 학생들에게 양심이 더 있었다면, 정부는 그러한 급진적인 결정을 내리지 않았을 것이다.

풀이 방법

① 선택지를 먼저 읽고 Form 유형인 것을 파악한다. 보기에 동사가 다양한 조동사와 시제로 나왔으므로 가정법이나 시제 유형임을 예상한다.

② 빈칸이 포함된 문장에서 'if + 과거완료 시제(had had)'는 가정법 과거완료에 사용되는 표현임을 기억하며, if가 생략되면 주어(the students)와 조동사(had)의 위치를 바꾼다.

③ 주절에는 'would/could/might + have p.p.'인 (d) might not have made을 고른다.

어휘 national examination 국가고시　leak 유출하다　cheating 부정행위　implement 시행하다　nationwide 전국적인　blockade 차단, 봉쇄　conscience 양심　radical 급진적인　decision 결정

5. 아랍에미리트(UAE)의 대통령이자 아부다비의 통치자인 셰이크 할리파는, 2014년 심장마비를 앓은 후, 73세의 나이로 금요일에 사망했다. 그가 건강을 잘 관리했다면, 그는 지금 살아 있었을 것이고 아마 더 오래 살았을 것이다.

풀이 방법

① 선택지를 먼저 읽고 Form 유형인 것을 파악한다.

② 빈칸이 포함된 문장에서 'if + 과거완료 시제(had managed)'는 가정법 과거완료에 사용되는 표현임을 기억한다. 하지만 주절에는 now(지금)라는 현재를 나타내는 표현이 있으므로 혼합가정법으로 판단하여 'would/could/might + 동사원형'이 와야 한다.

③ 주절에는 'would/could/might + 동사원형'인 (a) might be alive를 고른다.

어휘 ruler 통치자　suffer from ~을 겪다　heart attack 심장마비　manage 관리하다　alive 살아 있는　perhaps 아마도

6. 나는 옷에 감각이 없었지만 운좋게도 웹사이트에서 패션 컨설턴트를 찾을 수 있었고, 그는 나를 머리부터 발끝까지 지도해 주었다. 만약 내가 컨설턴트를 만나지 않았다면 내 패션 감각은 발전하지 않았을 것이라고 생각한다.

풀이 방법

① 선택지를 먼저 읽고 Form 유형인 것을 파악한다.

② 주절에 'couldn't have improved'을 보고 가정법 과거완료임을 판단한다. 따라서 if절에는 '과거완료 시제(had met)'가 나와야 한다.

③ if절에는 'had p.p.'인 (b) hadn't met를 고른다.

어휘 have bad taste 감각이 없다, 안목이 없다 consultant 상담가 guide 인도하다, 이끌다 from top to toe 머리부터 발끝까지

DAY 04 준동사 - 동명사

Exercise

1. making	**21.** dancing
2. listening	**22.** traveling
3. drinking	**23.** getting
4. closing	**24.** residing
5. talking	**25.** selling
6. having	**26.** returning
7. making	**27.** singing
8. eating	**28.** falling
9. smoking	**29.** eating
10. seeing	**30.** smoking
11. designating	**31.** leaving
12. cheating	**32.** seeing
13. providing	**33.** completing
14. riding	**34.** being isolated
15. going	**35.** asking
16. skiing	**36.** talking
17. exploring	**37.** using
18. preparing	**38.** having
19. learning	**39.** recognizing
20. placing	**40.** buying

1. 정부는 부동산 정책에서 실수한 것을 인정했다.
근거 admit은 동명사를 목적어로 취하는 동사다.

2. 아이들은 무서운 이야기 듣는 것을 아주 좋아한다.
근거 adore는 동명사를 목적어로 취하는 동사다.

3. 그 의사는 탄산음료 대신 생수를 마시는 것을 조언했다.
근거 advise는 동명사를 목적어로 취하는 동사다.

4. 그 쇼핑 센터의 매니저는 토요일마다 늦게 폐점하는 것을 지지해왔다.
근거 advocate는 동명사를 목적어로 취하는 동사다.

5. 그 선생님은 수업 중에 말하는 것을 허용하지 않는다.
근거 allow는 동명사를 목적어로 취하는 동사다.

6. 케이트는 휴가 때 좋은 시간을 보내기를 기대한다.
근거 anticipate는 동명사를 목적어로 취하는 동사다.

7. 우리에게 연락하기 위해 당신이 노력한 것을 감사하게 여긴다.
근거 appreciate는 동명사를 목적어로 취하는 동사다.

8. 사람들은 인스턴트 음식을 먹는 것을 피해야 한다.

근거 avoid는 동명사를 목적어로 취하는 동사다.

9. 그 새로운 법은 공공장소에서 흡연하는 것을 사실상 금지한다.

근거 ban은 동명사를 목적어로 취하는 동사다.

10. 며칠 동안 고통을 겪은 후, 나의 여동생은 마침내 치과에 가는 것을 고려하게 되었다.

근거 consider는 동명사를 목적어로 취하는 동사다.

11. 수년 동안. 시의회는 레드 밸리를 국립 공원으로 지정하는 것을 미뤄왔다.

근거 delay는 동명사를 목적어로 취하는 동사다.

12. 그는 기말고사 때 부정행위 한 것을 부인했다.

근거 deny는 동명사를 목적어로 취하는 동사다.

13. 그 시는 이민자들에게 무료 의료보험을 제공하는 것을 중단했다.

근거 discontinue는 동명사를 목적어로 취하는 동사다.

14. 나는 놀이공원을 가는 것을 좋아하지만, 더 자이언트 백드롭 같은 익스트림 놀이기구 타는 것은 몹시 무서워한다.

근거 dread는 동명사를 목적어로 취하는 동사다.

15. 당신이 30대에 운동을 하지 않으면, 50대가 되면 결국 매달 병원에 가게 될 것이다.

근거 end up은 동명사를 목적어로 취하는 동사구다.

16. 여기 리조트에 있는 동안 당신은 스키 타는 것을 즐길 수 있다.

근거 enjoy는 동명사를 목적어로 취하는 동사다.

17. 당신은 관광하는 동안 도시의 경치가 좋은 지역들을 답사하는 것도 경험할 수 있다.

근거 experience는 동명사를 목적어로 취하는 동사다.

18. 우리 팀은 내일 미팅 준비하는 것을 막 끝냈다.

근거 finish는 동명사를 목적어로 취하는 동사다.

19. 나는 영어를 배우는 것을 포기하고 싶지만 여기서 멈출 수는 없다.

근거 give up은 동명사를 목적어로 취하는 동사구다.

20. 명상은 당신이 생각을 정리하는 것을 상상하도록 도와줄 수 있다.

근거 imagine은 동명사를 목적어로 취하는 동사다.

21. 우리 학교의 방과 후 활동은 춤추는 것과 노래 부르는 것을 포함한다.

근거 include는 동명사를 목적어로 취하는 동사다.

22. 이 직책은 한 달에 한 번 해외로 출장 가는 것을 필요로 한다.

근거 involve는 동명사를 목적어로 취하는 동사다.

23. 부모에게 말대답하는 것은 체벌 받는 것을 정당화하지 않는다.

근거 justify는 동명사를 목적어로 취하는 동사다.

24. 크리스는 뉴질랜드에 거주했던 것을 그리워한다.

근거 miss는 동명사를 목적어로 취하는 동사다.

25. 싱가포르는 껌을 판매하는 것을 허용하지 않는다.

근거 permit은 동명사를 목적어로 취하는 동사다.

26. 수잔은 고향에 돌아가는 것을 미뤄왔다.

근거 postpone은 동명사를 목적어로 취하는 동사다.

27. 요즘, 우리 반은 곧 있을 학교 축제를 위해 노래하는 것을 연습하고 있다.

근거 practice는 동명사를 목적어로 취하는 동사다.

28. 나는 잠드는 것을 막기 위해 방금 커피 세 잔을 마셨다.

근거 prevent는 동명사를 목적어로 취하는 동사다.

29. 이슬람교는 술뿐만 아니라 돼지고기로 만든 모든 제품들을 먹는 것을 금지한다.

근거 prohibit은 동명사를 목적어로 취하는 동사다.

30. 오웬은 그의 첫째 딸이 태어난 이후로 담배 피우는 것을 끊었다.

근거 quit은 동명사를 목적어로 취하는 동사다.

31. 토마스는 식당에 신용 카드를 두고 온 것을 기억해 냈다.

근거 recall은 동명사를 목적어로 취하는 동사다.

32. 그 목격자는 사건 후에 범죄자가 달아나는 것을 본 것을 신고했다.

근거 report는 동명사를 목적어로 취하는 동사다.

33. 이 언어 자격증은 3개 강좌를 이수하는 것을 필요로 한다.

근거 require는 동명사를 목적어로 취하는 동사다.

34. 많은 사람들은 도시 봉쇄 때문에 고립되는 것에 분개해왔다.

근거 resent는 동명사를 목적어로 취하는 동사다.

35. 어떤 사람들은 다른 사람들에게 도움을 요청하는 것을 참을 수 없다.

근거 ▶ resist는 동명사를 목적어로 취하는 동사다.

36. 두 정당은 다음 주에 소년법에 대해 논의하는 것을 재개할 것이다.

근거 ▶ resume은 동명사를 목적어로 취하는 동사다.

37. 그 군대는 사병들이 휴대폰 사용하는 것을 용납해주기 시작했다.

근거 ▶ tolerate는 동명사를 목적어로 취하는 동사다.

38. 나는 오늘 점심으로 파스타와 스테이크가 먹고 싶다.

근거 ▶ feel like -ing(~하고 싶다)는 동명사를 사용하는 관용 표현이다.

39. 벤은 항상 얼굴을 인식하는 데 어려움을 겪는다.

근거 ▶ have difficulty -ing(~하는데 어려움을 겪다)는 동명사를 사용하는 관용 표현이다.

40. 한 세계적인 유명 인사가 한국에서 불법 약물을 매매하다가 잡혔다.

근거 ▶ be caught -ing(~하다가 잡히다)는 동명사를 사용하는 관용 표현이다.

Practice

1. (c) **2.** (b) **3.** (d) **4.** (b) **5.** (c) **6.** (a)

1. 홈메이드 도넛을 만들기 위해서는: 첫째, 밀가루, 효모, 소금과 설탕을 섞어라. 둘째, 우유를 따뜻할 때까지 데워라. 이것을 밀가루 혼합물에 넣고 저어라. 그리고 나서, 큰 냄비에 기름을 데우기 시작해라. 나는 튀김용 냄비를 사용하는 것을 추천하고, 절대 뜨거운 기름을 그대로 놔두지 않는다.

풀이 방법
① 선택지를 먼저 읽고 Form 유형인 것을 파악한다. 보기 모두 준동사로 이루어져 있으므로 준동사 유형임을 파악한다.
② 빈칸이 포함된 문장에서 recommend는 동명사를 목적어로 취하는 동사임을 기억한다. 참고로 준동사의 완료형인 (b) having used와 (d) to have used는 정답으로 출제되지 않으므로 먼저 제거해도 된다.
③ 정답 (c) using을 고른다.

어휘 ▶ combine 혼합하다 flour 밀가루 yeast 효모, 이스트 heat 데우다 warm 따뜻한 mixture 혼합물 saucepan 냄비 recommend 추천하다 deep-fat fryer 튀김용 냄비 leave (~한 상태로) 놔두다 unattended 방치된

2. 레이먼드는 정맥에 문제가 좀 있었다. 그는 계속해서 걷는데 어려움을 겪었고 피로를 느꼈다. 따라서, 그는 의사의 진찰을 받아야 했고 수술을 받기로 결정했다. 회복 후, 그는 놀라울 만한 호전을 보였다.

풀이 방법
① 선택지를 먼저 읽고 Form 유형인 것을 파악한다. 보기 모두 준동사로 이루어져 있으므로 준동사 유형임을 파악한다.
② 빈칸이 포함된 문장에서 kept(기본형 keep)는 동명사를 목적어로 취하는 동사임을 기억한다. 참고로 준동사의 완료형인 (a) having had와 (d) to have had는 정답으로 출제되지 않으므로 먼저 제거해도 된다.
③ 정답 (b) having을 고른다.

어휘 ▶ vein 정맥 have trouble -ing ~하기 어렵다 fatigued 피로한 see a doctor 진찰을 받다 procedure 수술 recovery 회복 remarkable 놀랄 만한 improvement 호전, 향상

3. 의학 협회 학술지에 따르면, 출장을 가는 사람들은 출발하기 전에 척추를 지탱하기 위해 몸에 있는 근육을 강화하는 가벼운 운동을 해야 한다. 저자는 여행 전, 도중과 그후에 부상을 피하기 위한 예방책을 마련할 것을 제안한다.

풀이 방법
① 선택지를 먼저 읽고 Form 유형인 것을 파악한다. 보기 모두 준동사로 이루어져 있으므로 준동사 유형임을 파악한다.
② 빈칸이 포함된 문장에서 suggest는 동명사를 목적어로 취하는 동사임을 기억한다. 참고로 준동사의 진행형 (a) to be taking과 완료형인 (c) having taken는 정답으로 출제되지 않으므로 먼저 제거해도 된다.
③ 정답 (d) taking을 고른다.

어휘 ▶ medical 의학의 association 협회 journal 학술지, 저널 business traveler 출장 가는 사람 light 가벼운 strengthen 강화하다 support 지탱하다 spine 척추 set out (여행을) 출발하다, 떠나다 author 저자 avoid 피하다 injury 부상, 상처 take precautions 예방책을 마련하다

4. 켄은 현재 나라에서 최고의 마술사로 여겨진다. 다른 사람들과 달리, 그는 자신의 기술과 정보를 동료 마술사들과 또는 심지어 대중과도 공유하는 것을 꺼리지 않았다. 그는 자신의 행동이 다음 세대의 마술사들에게 좋은 영향을 줄 것이라고 믿었다.

풀이 방법
① 선택지를 먼저 읽고 Form 유형인 것을 파악한다. 보기 모두 준동사로 이루어져 있으므로 준동사 유형임을 파악한다.
② 빈칸이 포함된 문장에서 mind는 동명사를 목적어로 취하는 동사임을 기억한다. 참고로 준동사의 진행형 (c) having shared와 (d) to be sharing는 정답으로 출제되지 않으므로 먼저 제거해도 된다.
③ 정답 (b) sharing을 고른다.

어휘 ▶ talent 재능 recognize 인정하다 be regarded as ~로 여겨지다 currently 현재 unlike ~와 달리 mind 꺼리다 share 공유하다 fellow 동료의 the public 대중 have influence on ~에 영향을 미치다 generation 세대

5. 이든이 에이미를 처음 만났을 때, 그녀는 부유한 호주인 변호사와 약혼했었다. 그러나 그녀는 그를 놓칠 위험을 무릅쓸 수 없었기 때문에 변호사를 버리고 이든에게 가는 것에 모든 것을 포기했다. 그들은 2년 전에 약혼했고 작년에 결혼했다.

풀이 방법

① 선택지를 먼저 읽고 Form 유형인 것을 파악한다. 보기 모두 준동사로 이루어져 있으므로 준동사 유형임을 파악한다.

② 빈칸이 포함된 문장에서 risk는 동명사를 목적어로 취하는 동사임을 기억한다. 참고로 준동사의 진행형 (a) having lost와 (b) to be losing는 정답으로 출제되지 않으므로 먼저 제거해도 된다.

③ 정답 (c) losing을 고른다.

어휘 engaged to ~와 약혼한 wealthy 부유한 lawyer 변호사 throw ~ aside ~을 내던지다. 포기하다 leave A for B A를 버리고 B에게 가다 risk ~의 위험을 무릅쓰다 lose 잃다

6. 나는 'CSI'의 열렬한 팬이고 그 시리즈가 처음 나왔을 때 사람들이 그 드라마에 대해 이야기하지 않을 수 없었던 것을 기억한다. 모든 사람들은 그 드라마의 잘 구성된 각본과 멋진 등장인물들에 마음을 사로잡혔다.

풀이 방법

① 선택지를 먼저 읽고 Form 유형인 것을 파악한다. 보기 모두 준동사로 이루어져 있으므로 준동사 유형임을 파악한다.

② 빈칸이 포함된 'can/could not help -ing'는 동명사를 목적어로 취하는 관용 표현임을 기억한다. 참고로 준동사의 진행형 (c) having talked와 완료형 (d) to have talked는 정답으로 출제되지 않으므로 먼저 제거해도 된다.

③ 정답 (a) talking을 고른다.

어휘 CSI(Crime Scene Investigation) TV 드라마(과학 수사물) come out 나오다; 드러나다 fascinate ~의 마음을 사로잡다 well-structured 잘 구성된 scenario 각본, 시나리오 character 등장인물, 캐릭터

DAY 05 준동사 – to부정사

1 to부정사: 목적어 자리

Exercise

1. to see	**16.** to tell
2. to finalize	**17.** to get
3. to help	**18.** to visit
4. to return	**19.** to swim
5. to rise	**20.** to open
6. to interview	**21.** to give
7. to see	**22.** to apply
8. to quit	**23.** to open
9. to go	**24.** to recognize
10. to join	**25.** to be
11. to know	**26.** to take
12. to leave	**27.** to change
13. to become	**28.** to purchase
14. to arrive	**29.** to sit
15. to escape	**30.** to have

1. 나는 누가 한국의 다음 대통령이 될 지 몹시 보고 싶다.
근거 wait는 to부정사를 목적어로 취하는 동사이다. 참고로 can't wait는 '~를 몹시 바라다'라는 뜻을 가진 동사구이다.

2. 수상은 즉시 그 협정을 마무리하려고 시도했다.
근거 attempt는 to부정사를 목적어로 취하는 동사이다.

3. 테레사는 나의 공예 프로젝트를 도와주기로 했다.
근거 agree는 to부정사를 목적어로 취하는 동사이다.

4. 나는 5년 안에 고향으로 돌아갈 것을 목표로 하고 있다.
근거 aim은 to부정사를 목적어로 취하는 동사이다.

5. 온라인 교육의 유행이 팬데믹 동안 서서히 증가하는 것처럼 보였다.
근거 appear는 to부정사를 목적어로 취하는 동사이다.

6. 회사는 오늘 오후 2시에 케이티를 인터뷰하기 위한 준비를 했다.
근거 arrange는 to부정사를 목적어로 취하는 동사이다.

7. 피고의 변호사는 검사에게 증거를 보여 달라고 요청했다.
근거 ask는 to부정사를 목적어로 취하는 동사이다.

8. 당신이 일을 그만두기로 선택하면, 먼저 상사에게 그만둔다고 말해라.
근거 choose는 to부정사를 목적어로 취하는 동사이다.

9. 토니는 신혼여행으로 하와이에 가기로 결정했다.
근거 decide는 to부정사를 목적어로 취하는 동사이다.

10. 켈리는 회의가 끝나고 파티에 참여하는 것을 사양했다.
근거 decline은 to부정사를 목적어로 취하는 동사이다.

11. 면접관은 그가 그 자리에 지원한 이유를 알려줄 것을 요구했다.
근거 demand는 to부정사를 목적어로 취하는 동사이다.

12. 어느 날, 내 친구들 중 한 명이 한국을 영원히 떠나기로 결심했다.
근거 determine는 to부정사를 목적어로 취하는 동사이다.

13. 그는 의학 TV 시리즈를 본 후 의사가 되기로 선택했다.
근거 elect는 to부정사를 목적어로 취하면서 '～하기로 선택하다'라는 뜻으로 쓰이는 동사이다.

14. 우리는 공항에 일찍 도착할 것으로 예상하고 있다.
근거 expect는 to부정사를 목적어로 취하는 동사이다.

15. 그 수감자는 감옥에서 탈출하는 것에 실패했다.
근거 fail은 to부정사를 목적어로 취하는 동사이다.

16. 나의 아들은 가끔 내게 개인적인 문제들을 말하는 것을 망설인다.
근거 hesitate는 to부정사를 목적어로 취하는 동사이다.

17. 프레드는 올해 직업을 얻기를 희망한다.
근거 hope는 to부정사를 목적어로 취하는 동사이다.

18. 나의 아내와 나는 올 여름에 호주를 방문할 생각이다.
근거 intend는 to부정사를 목적어로 취하는 동사이다.

19. 모든 사람은 비상 상황의 경우에 수영을 배워야 한다.
근거 learn는 to부정사를 목적어로 취하는 동사이다.

20. 그들은 열쇠 없이 문을 간신히 열 수 있었다.
근거 manage는 to부정사를 목적어로 취하는 동사이다.

21. 그 자선단체는 난민들에게 재정적인 도움을 주겠다고 제안했다.
근거 offer는 to부정사를 목적어로 취하는 동사이다.

22. 나의 여동생은 내년에 로스쿨에 지원할 것을 계획하고 있다.
근거 plan는 to부정사를 목적어로 취하는 동사이다.

23. 젠슨은 가게 개업하는 것을 준비하고 있을 것이다.
근거 prepare는 to부정사를 목적어로 취하는 동사이다.

24. 맥스는 술집에서 나를 못 알아본 척했다.
근거 pretend는 to부정사를 목적어로 취하는 동사이다.

25. 알로는 선생님에게 수업에 늦지 않겠다고 약속했다.
근거 promise는 to부정사를 목적어로 취하는 동사이다.

26. 그 건물주는 담배를 피우는 세입자를 받기를 거부한다.
근거 refuse는 to부정사를 목적어로 취하는 동사이다.

27. 토마스의 부모님은 그의 꿈을 바꾸려고 노력했지만, 그는 안 된다고 말했다.
근거 seek는 to부정사를 목적어로 취하는 동사이다 참고로 seek은 '추구하다, 찾다'라는 뜻으로 주로 사용되지만 seek to V는 '～하려고 노력하다'는 뜻으로도 사용될 수 있음을 알아둔다.

28. 아무도 존슨의 낡은 차를 구매하지 않는 것 같았다.
근거 seem은 to부정사를 목적어로 취하는 동사이다.

29. 나는 밖에 앉아서 지나가는 사람들을 보는 것이 재미있다고 생각한다.
근거 'find + it + 형용사'는 가목적어 it을 활용하여 뒤에 to부정사가 진목적어로 나온다.

30. 많은 사람들은 십대 운동선수들이 기본적인 학력을 갖는 것이 중요하다고 생각한다.
근거 'think + it + 형용사'는 가목적어 it을 활용하여 뒤에 to부정사가 진목적어로 나온다.

Practice

1. (a) **2.** (b) **3.** (c) **4.** (d) **5.** (b) **6.** (a)

1. 많은 부모들은 자녀들에게 더 나은 교육 환경으로 성공을 위한 발판을 만들어 주기를 원한다. 자녀들의 학업 성취도를 높이기 위해, 자가용으로 한 시간 거리이든 아니든 그들은 아이들을 명문 학교에 보내려고 노력한다.

풀이 방법
① 선택지를 먼저 읽고 Form 유형인 것을 파악한다. 보기 모두 준동사로 이루어져 있으므로 준동사 유형임을 파악한다.
② 빈칸이 포함된 문장에서 wish는 to부정사를 목적어로 취하는 동사임을 기억한다. 참고로 준동사의 완료형인 (b) having set와 (d) to have set는 정답으로 출제되지 않으므로 먼저 제거한다.
③ 정답 (a) to set을 고른다.

어휘 set *sb* up (성공 등을 하도록) ~에게 발판을 만들어 주다 **path** 길 **match** 맞추다 **prestigious school** 명문 학교 **whether or not** ~이든 아니든

2. 대부분의 전문 변호사들은 윤리적이며 좋은 평판과 신뢰도를 가지고 있다. 그들은 전문적인 훈련을 통해 그 원칙들을 유지하려고 애쓴다. 그렇지 않으면, 일단 법원 밖에서 실수를 하기 시작하면 소문이 업계에서 빠르게 퍼질 것이다.

풀이 방법

① 선택지를 먼저 읽고 Form 유형인 것을 파악한다. 보기 모두 준동사로 이루어져 있으므로 준동사 유형임을 파악한다.

② 빈칸이 포함된 문장에서 strive는 to부정사를 목적어로 취하는 동사임을 기억한다. 참고로 준동사의 완료형인 (c) to have maintained와 (d) having been maintained는 정답으로 출제되지 않으므로 먼저 제거한다.

③ 정답 (b) to maintain을 고른다.

어휘 professional 전문적인 lawyer 변호사 reputation 평판, 명성 credibility 신뢰도, 신뢰성 strive ～하려고 애쓰다 principle 원칙, 원리 training 훈련 otherwise 그렇지 않으면 gossip 소문, 가십 spread 퍼지다 court 법원

3. 가토 밸리는 요즘 문제에 직면하고 있다. 실업률은 11% 이상에 달했고, 의욕적인 주민들이 그 도시를 떠나는 경향이 있기 때문에 도시 전역의 기업들은 그 지역에서 채용하는 것을 어려워했다.

풀이 방법

① 선택지를 먼저 읽고 Form 유형인 것을 파악한다. 보기 모두 준동사로 이루어져 있으므로 준동사 유형임을 파악한다.

② 빈칸이 포함된 문장에서 tend는 to부정사를 목적어로 취하는 동사임을 기억한다. 참고로 준동사의 완료형 (a) having left과 진행형 (b) to be leaving은 정답으로 출제되지 않으므로 먼저 제거한다.

③ 정답 (c) to leave를 고른다.

어휘 face 직면하다 unemployment rate 실업률 reach 도달하다 throughout ～전역에 recruit 채용하다, 모집하다 locally 그 지역에서 ambitious 의욕적인, 야심 찬 resident 거주자 tend ～하는 경향이 있다

4. 매직 아이 갤러리는 GW 갤러리에서 7월 8일부터 8월 7일까지 열리는 100점에 가까운 매직 아이 이미지를 보여주는 전시회입니다. 그것은 전시회에 온 모든 사람들을 깜짝 놀라게 하게 될 것이므로 이 놀라운 예술 전시를 보러 오세요! 티켓은 갤러리에서 또는 웹사이트에서 모두 구매할 수 있습니다.

풀이 방법

① 선택지를 먼저 읽고 Form 유형인 것을 파악한다. 보기 모두 준동사로 이루어져 있으므로 준동사 유형임을 파악한다.

② 빈칸이 포함된 문장에서 turn out은 to부정사를 목적어로 취하는 동사임을 기억한다. 참고로 준동사의 수동태 (a) to be astounded와 진행형 (c) having astounded는 정답

으로 출제되지 않으므로 먼저 제거한다.

③ 정답 (d) to astound를 고른다.

어휘 exhibition 전시회 gallery 갤러리, 화랑 feature 보여주다, 특징으로 삼다 nearly 거의 turn out to V (결국) ～이 되다 astound 깜짝 놀라게 하다 display 전시 purchase 구매하다

5. 아칸소 주는 1974년 주 헌법에 따라 주 복권을 금지했지만, 최근 그 개정안이 통과되었다. 그러나, 보수 단체들과 종교 단체들은 이 새로운 조치에 반대하고 있으며, 그들은 시위를 벌일 것을 맹세한다.

풀이 방법

① 선택지를 먼저 읽고 Form 유형인 것을 파악한다. 보기 모두 준동사로 이루어져 있으므로 준동사 유형임을 파악한다.

② 빈칸이 포함된 문장에서 vow는 to부정사를 목적어로 취하는 동사임을 기억한다. 참고로 준동사의 진행형 (a) having held와 완료형 (d) to have held는 정답으로 출제되지 않으므로 먼저 제거한다.

③ 정답 (b) to hold를 고른다.

어휘 ban 금지하다 state 주 lottery 복권 under ～에 따라 constitution 헌법 amendment 개정, 수정 recently 최근에 pass 통과하다 conservative group 보수 단체 religious 종교의 oppose 반대하다 measure 조치, 정책 vow 맹세하다 hold a protest 항의 시위를 벌이다

6. 심리학자 월터 미쉘은 "마시멜로 테스트"라고 불리는 실험을 수행했다. 마시멜로가 아이 앞에 놓아졌는데, 아이가 15분 동안 마시멜로를 참아내는 것을 해낸다면 마시멜로를 보상으로 하나 더 받게 되었다.

풀이 방법

① 선택지를 먼저 읽고 Form 유형인 것을 파악한다. 보기 모두 준동사로 이루어져 있으므로 준동사 유형임을 파악한다.

② 빈칸이 포함된 'try는 to부정사, V-ing를 모두 취하는 관용 표현임을 기억한다. 'try to V'는 '～하는 것을 위해 애쓰다, 노력하다' 라는 뜻이고, 'try V-ing'는 '～하는 것을 시도하다'를 의미한다. 문맥상 아이가 15분 동안 마시멜로를 먹지 않으려고 노력하거나 애쓰는 것(try to V)이 더 적절하다. 참고로 준동사의 진행형 (b) to be resisting과 완료형 (c) having resisted는 정답으로 출제되지 않으므로 먼저 제거한다.

③ 정답 (a) to resist를 고른다.

어휘 conduct 수행하다 experiment 실험 reward 보상

2 to부정사: 목적격보어 자리

1. to see   **6.** to finish
2. to recycle   **7.** to communicate
3. to hang   **8.** to get
4. to sell   **9.** to participate
5. to face   **10.** to pay

1. 마일로는 메이브에게 그녀의 아픈 고양이를 위해 수의사를 만나보라고 조언했다.

근거 advise는 to부정사를 목적격보어로 취하는 동사이다.

2. 환경부는 시민들에게 병과 종이를 재활용할 것을 강력히 권고한다.

근거 urge는 to부정사를 목적격보어로 취하는 동사이다.

3. 카이는 오렐리아에게 주말에 그와 놀러 나갈 것을 요청했다.

근거 ask는 to부정사를 목적격보어로 취하는 동사이다.

4. 뉴질랜드는 노점상들이 주류 허가증 없이 술을 파는 것을 허용하지 않는다.

근거 permit은 to부정사를 목적격보어로 취하는 동사이다.

5. 과도한 스테로이드 사용은 많은 보디빌더들이 갑작스러운 죽음을 직면하는 것을 야기했다.

근거 cause는 to부정사를 목적격보어로 취하는 동사이다.

6. 그 선생님은 학생들이 이번 주까지 과제를 끝내기를 원한다.

근거 want는 to부정사를 목적격보어로 취하는 동사이다.

7. 소셜 미디어는 우리가 소통하는 것을 그 어느 때보다도 더 편리하게 해 주었다.

근거 allow는 to부정사를 목적격보어로 취하는 동사이다.

8. 오스카는 강아지를 키우도록 부모님을 설득하려고 노력했지만, 그는 실패했다.

근거 persuade는 to부정사를 목적격보어로 취하는 동사이다.

9. 세미나 참석자는 두 개의 별도 세션에 참여해야 한다.

근거 require는 to부정사를 목적격보어로 취하는 동사이다. 참고로 be required는 수동태이므로 뒤에 목적어 없이 바로 to부정사가 온다.

10. 아일랜드에서 사람들이 술집 안에서 담배를 피우는 것은 허용되지 않는다. 그렇지 않으면 그들은 벌금을 내야 한다.

근거 have to(~해야 한다)는 to부정사를 취하는 관용 표현이다.

1. (d)   **2.** (a)   **3.** (b)   **4.** (d)   **5.** (c)   **6.** (c)

1. 단백질은 건강한 생활 방식의 필수적인 부분이며 체중 감소의 열쇠이다. 그것은 당신이 더 오래 배부른 상태를 유지하도록 도울 수 있고 음식에 대한 갈망을 막아줄 것이다. 하지만, 추가적인 단백질 섭취는 정상 수치보다 높은 혈중 지방질과 심장 질환으로 이어질 수도 있다.

풀이 방법

① 선택지를 먼저 읽고 Form 유형인 것을 파악한다. 보기 모두 준동사로 이루어져 있으므로 준동사 유형임을 파악한다.

② 빈칸이 포함된 문장에서 help는 to부정사를 목적격보어로 취하는 동사임을 기억한다. 참고로 준동사의 진행형 (a) to be staying 과 완료형인 (c) having stayed는 정답으로 출제되지 않으므로 먼저 제거한다.

③ 정답 (d) to stay를 고른다.

어휘 protein 단백질 essential 필수적인 healthy 건강한 lifestyle 생활 방식 key 열쇠, 비결 weight 체중 loss 감소 full 배부른 prevent 방지하다, 막다 craving 갈망, 열망 extra 추가의 intake 섭취 lead to ~로 이어지다 elevated (정상 수치보다) 높은 blood lipid 혈중 지방질 heart disease 심장 질환

2. 세계 동물원수족관 협회(WAZA)는 일본의 돌고래 사냥에 연루되었다는 혐의를 받아왔다. 만약 이것이 사실로 드러난다면, 제네바 민사 법원은 WAZA에게 윤리 강령을 집행하도록 강제하고 그 잔인한 사냥을 비난할지도 모른다.

풀이 방법

① 선택지를 먼저 읽고 Form 유형인 것을 파악한다. 보기 모두 준동사로 이루어져 있으므로 준동사 유형임을 파악한다.

② 빈칸이 포함된 문장에서 force는 to부정사를 목적격보어로 취하는 동사임을 기억한다. 참고로 준동사의 진행형인 (c) to be enforcing과 완료형인 (d) having enforced는 정답으로 출제되지 않으므로 먼저 제거한다.

③ 정답 (a) to enforce를 고른다.

어휘 association 협회 aquarium 수족관 be accused of ~라는 혐의를 받다 complicit 연루된, 공모한 prove 드러나다, 판명되다 civil court 민사 법원 force 강요하다, 강제하다 enforce 시행하다, 실시하다 code of ethics 윤리 강령 condemn 비난하다 cruel 잔인한 hunt 사냥; 사냥하다

3. 위테리아 기술 대학(WTI)은 용접 기술, 전기 공학과 컴퓨터 수리 강좌를 다음 학기부터 대학의 웹사이트를 통해 제공

할 것이다. 그 소식을 널리 알리기 위해, WTI는 모든 학생들이 30일 무료 체험을 이번 달에 시도해 보도록 장려하고 있다.

풀이 방법

① 선택지를 먼저 읽고 Form 유형인 것을 파악한다. 보기 모두 준동사로 이루어져 있으므로 준동사 유형임을 파악한다.

② 빈칸이 포함된 문장에서 encourage는 to부정사를 목적격 보어로 취하는 동사임을 기억한다. 참고로 준동사의 완료형 (c) to have tried 와 (d) having tried는 정답으로 출제되지 않으므로 먼저 제거한다.

③ 정답 (b) to try를 고른다.

어휘 technical 기술의 institute 대학, 연구소 welding 용접 (기술) electrical engineering 전기 공학 repair 수리 lecture 강좌, 강의 via ~를 통해 semester 학기 spread the word 널리 알리다 encourage 장려하다, 격려하다 trial 체험 (기간)

4. 세금 공제 문제는 사람들이 조카들에게 부분적인 지원만 제공할 때 발생할 수 있다. 예를 들어, 레오는 그의 여동생의 세 아이를 부양하고 있었고, 그는 그것에 대한 공제를 받을 자격이 있다고 믿었다. 그러나, 아이들이 그와 함께 살지 않았기 때문에 공제를 받을 자격이 없었다.

풀이 방법

① 선택지를 먼저 읽고 Form 유형인 것을 파악한다. 보기 모두 준동사로 이루어져 있으므로 준동사 유형임을 파악한다.

② 빈칸이 포함된 문장에서 entitle는 to부정사를 목적격 보어로 취하는 동사이며 'be entitled'는 수동태로 뒤에 목적어 없이 바로 to부정사가 온다. 참고로 준동사의 완료형 (b) to have taken과 (c) having taken는 정답으로 출제되지 않으므로 먼저 제거한다.

③ 정답 (d) to take를 고른다.

어휘 tax 세금 deduction 공제 arise 발생하다 partial 부분적인 support 지원; 부양하다 niece 여자 조카 nephew 남자 조카 be entitle to ~라는 자격이 주어지다 qualify for ~받을 자격이 있다

5. 최근 공립학교의 자격 미달인 교사의 수가 증가해오고 있다. 수습 중인 교사들은 그 일을 할 자격이 있고 그 일에 자신의 시간을 헌신할 수 있는 멘토들의 지원이 필요하다. 결국, 교육은 훈련된 전문가들에 의해 지도되고 이끌어져야 한다.

풀이 방법

① 선택지를 먼저 읽고 Form 유형인 것을 파악한다. 보기 모두 준동사로 이루어져 있으므로 준동사 유형임을 파악한다.

② 빈칸이 포함된 문장에서 qualify는 to부정사를 목적격보어로 취하는 동사이며 be qualified는 수동태로 뒤에 목적어 없이 바로 to부정사가 온다. 참고로 준동사의 진행형 (a) having done과 완료형 (d) to have done는 정답으로 출

제되지 않으므로 먼저 제거한다.

③ 정답 (c) to do를 고른다.

어휘 the number of ~의 수 unqualified 자격 미달인 public school 공립 학교 increase 증가하다 lately 최근 trainee teacher 수습 교사 be qualified to ~할 자격이 있다 devote A to B B를 A를 헌신하다 guide 지도하다 trained 훈련된 professional 전문가

6. 2019년, 한 스타 운동선수는 국내 축구 팀과 경기를 하기로 계약이 됐었지만, 대신 그는 교체 선수 벤치에 머무르기로 결정했다. 또한 경기 후 팬미팅에도 참석하기로 되어 있었지만, 그는 경기 직후 그 나라를 떠났다.

풀이 방법

① 선택지를 먼저 읽고 Form 유형인 것을 파악한다. 보기 모두 준동사로 이루어져 있으므로 준동사 유형임을 파악한다.

② 빈칸이 포함된 'be supposed to(~하기로 되어 있다)'는 to부정사 관용 표현임을 기억한다. 참고로 준동사의 완료형 (b) to have attended 와 (d) having attended는 정답으로 출제되지 않으므로 먼저 제거한다.

③ 정답 (c) to attend를 고른다.

어휘 athlete 운동선수 be contracted to ~하기로 계약하다 against ~에 대항하여 national 국내의 sub 교체 선수 instead 대신에 be supposed to ~하기로 되어 있다 attend 참석하다 right after 직후에

3 to부정사: 형용사적 용법

Exercise

1. to choose	**6.** to drink
2. to refuse	**7.** to enjoy
3. to respond	**8.** to enter
4. to negotiate	**9.** to open
5. to keep	**10.** to relax

1. 보니는 원자재 공급업체를 선택할 권한이 있다.
근거 to부정사는 앞에 있는 명사인 authority를 꾸며주는 형용사 역할을 한다.

2. 항공사는 난폭한 승객의 탑승을 거부할 권리가 있다.
근거 to부정사는 앞에 있는 명사인 right를 꾸며주는 형용사 역할을 한다.

3. 전 직원은 고객의 문의에 24시간 이내에 응답하려는 노력을 한다.
근거 to부정사는 앞에 있는 명사인 effort를 꾸며주는 형용사 역할을 한다.

4. 경찰은 테러리스트들과 협상할 충분한 시간이 없었다.

`근거` to부정사는 앞에 있는 명사인 time을 꾸며주는 형용사 역할을 한다.

5. 여기 고혈압에 걸리는 것으로부터 여러분을 지키는 7가지 방법이 있습니다.

`근거` to부정사는 앞에 있는 명사인 way를 꾸며주는 형용사 역할을 한다.

6. 인터뷰 대상자들은 시작하기 전에 마실 것이 있는지 물어 볼지도 모른다.

`근거` to부정사는 앞에 있는 명사인 something을 꾸며주는 형용사 역할을 한다. 참고로 -thing, -body, -one으로 끝나는 대명사는 모두 형용사가 뒤에서 수식을 한다.

7. 그 박물관은 한국 유물의 정수를 즐길 수 있는 기회의 역할을 한다.

`근거` to부정사는 앞에 있는 명사인 opportunity를 꾸며주는 형용사 역할을 한다.

8. 에밀리는 기밀 구역에 들어가기 위한 허가가 필요했다.

`근거` to부정사는 앞에 있는 명사인 permission을 꾸며주는 형용사 역할을 한다.

9. 그 시는 어린이 공원 옆에 개들을 위한 놀이터를 열기로 결정했다.

`근거` to부정사는 앞에 있는 명사인 decision을 꾸며주는 형용사 역할을 한다.

10. 카페는 휴식을 취하고 동료들과 이야기를 나누기에 좋은 장소이다.

`근거` to부정사는 앞에 있는 명사인 place를 꾸며주는 형용사 역할을 한다.

4 to부정사: 부사적 용법

Exercise

1. to secure	**6.** to aid
2. to provide	**7.** to disappoint
3. to place	**8.** to sit
4. to accommodate	**9.** to hear
5. to update	**10.** to believe

1. 예약을 확보하기 위해 금요일까지 보증금 50달러를 저희에게 보내주세요.

`근거` 빈칸 앞에 완벽한 문장이 나왔고, '~하기 위해서'라는 목적의 의미로 해석하는 것이 가장 자연스럽기 때문에 빈칸에는 부사적 용법(목적)으로 사용된 to secure가 들어가야 한다.

2. 당신에게 무료로 대체품을 제공하게 되어 기쁘다.

`근거` 빈칸 앞에 완벽한 문장이 나왔고, '~하게 되어서'라는 이유의 의미로 해석하는 것이 가장 자연스럽기 때문에 빈칸에는 부사적 용법(이유)으로 사용된 to provide가 들어가야 한다.

3. 웹사이트에 광고를 내기 위해서는, 제출 서류를 classiads @worldbusiness.com로 보내세요.

`근거` in order/so as to부정사를 취하는 표현이다. 또한 '~하기 위해서'라는 목적의 의미로 해석하는 것이 가장 자연스럽기 때문에 빈칸에는 부사적 용법(목적)으로 사용된 to place가 들어가야 한다.

4. 우리는 광범위한 일정을 수용하기 위해 다양한 워크숍을 제공한다.

`근거` 빈칸 앞에 완벽한 문장이 나왔고, '~하기 위해서'라는 목적의 의미로 해석하는 것이 가장 자연스럽기 때문에 빈칸에는 부사적 용법(목적)으로 사용된 to accomodate가 들어가야 한다.

5. 연락처 정보를 업데이트하기 위해서는 당신의 계정에 접속하기만 하면 된다.

`근거` 빈칸 앞에 완벽한 문장이 나왔고, '~하기 위해서'라는 목적의 의미로 해석하는 것이 가장 자연스럽기 때문에 빈칸에는 부사적 용법(목적)으로 사용된 to update가 들어가야 한다.

6. 모든 재정 기부금은 도움이 필요한 사람들을 돕기 위해 사용될 것이다.

`근거` 빈칸 앞에 완벽한 문장이 나왔고, '~하기 위해서'라는 목적의 의미로 해석하는 것이 가장 자연스럽기 때문에 빈칸에는 부사적 용법(목적)으로 사용된 to aid가 들어가야 한다.

7. 당신을 실망시켜서 정말 미안하지만, 당신이 요청한 회의 실은 이미 예약이 되었다.

`근거` 빈칸 앞에 완벽한 문장이 나왔고, '~하게 되어서'라는 이유의 의미로 해석하는 것이 가장 자연스럽기 때문에 빈칸에는 부사적 용법(이유)으로 사용된 to disappoint가 들어가야 한다.

8. 이 신상 소파는 앉아 있기에 매우 편안하다.

`근거` 빈칸 앞에 완벽한 문장이 나왔고, '~하기에'라는 정도의 의미로 해석하는 것이 가장 자연스럽기 때문에 빈칸에는 부사적 용법(정도)으로 사용된 to sit이 들어가야 한다.

9. 벤자민은 해외에서 공부하기 위해 여자친구가 다음 달에 떠날 것이라는 소식을 듣게 되어 매우 좌절했다.

`근거` 빈칸 앞에 완벽한 문장이 나왔고, '~하게 되어서'라는 이유의 의미로 해석하는 것이 가장 자연스럽기 때문에 빈칸에는 부사적 용법(이유)으로 사용된 to hear가 들어가야 한다.

10. 소피아는 자신이 동료에게 속았다는 것을 믿기 어렵다고 생각했다.

`근거` 빈칸 앞에 완벽한 문장이 나왔고, '~하게 되어서'라는 이유의 의미로 해석하는 것이 가장 자연스럽기 때문에 빈칸에는 부사적 용법(이유)으로 사용된 to believe가 들어가야 한다. 참고로 이 문제는 'find it 형용사'는 가목적어 it을 활용하여 뒤에 to부정사를 진목적어로 고르는 고난이도 유형이다.

`Practice`

1. (a) **2.** (b) **3.** (c) **4.** (d) **5.** (a) **6.** (a)

1. 많은 사람들이 팬데믹 기간 동안 새로운 사람들을 만나는 것을 두려워하고 나가는 것을 불안해했다. 하지만 고립은 당신의 사회 생활에 영향을 미칠 수 있고, 최악의 경우 대인 기피증을 유발할 수 있기 때문에 팬데믹을 극복하는 이상적인 방법이 아니다.

`풀이 방법`
① 선택지를 먼저 읽고 Form 유형인 것을 파악한다. 보기 모두 준동사로 이루어져 있으므로 준동사 유형임을 파악한다.
② 빈칸이 포함된 문장에서 빈칸은 앞에 있는 명사인 way를 꾸며주는 형용사 역할을 하는 것임을 확인한다. 참고로 준동사의 완료형인 (c) having overcome과 수동태 (d) being overcome은 정답으로 출제되지 않으므로 먼저 제거한다.
③ 정답 (a) to overcome을 고른다.

`어휘` fear 두려워하다 anxious 불안한 pandemic 팬데믹, (전 세계적) 전염병 isolation 고립 ideal 이상적인 influence 영향을 주다 in the worst case 최악의 경우에 provoke 유발하다 socio phobia 대인 기피증

2. 건강 보험 플랜을 선택할 때, 당신은 현재 복용 중인 약이 보험에 포함되는지 확인해야 한다. 그리고 당신이 돈을 절약하는 것을 도울 완벽한 플랜이 있을 것이기 때문에 여러 플랜들 전체에서 비용을 비교해야 한다.

`풀이 방법`
① 선택지를 먼저 읽고 Form 유형인 것을 파악한다. 보기 모두 준동사로 이루어져 있으므로 준동사 유형임을 파악한다.
② 빈칸이 포함된 문장에서 빈칸은 앞에 있는 명사인 plan을 꾸며주는 형용사 역할을 하는 것임을 확인한다. 참고로 준동사의 진행형 (a) to being helped와 완료형 (c) having helped는 정답으로 출제되지 않으므로 먼저 제거한다.
③ 정답 (b) to help을 고른다.

`어휘` select 선택하다 insurance 보험 make sure 확인하다 medication 약, 약물 currently 현재 take (약을) 먹다 cover 포함하다 compare 비교하다 across ~ 전체에 걸쳐 cost 비용

save 절약하다

3. 새로운 광고에 대해 화가 난 고객들로부터 많은 항의를 받은 후, 이사회는 상황을 평가하기 위한 조사를 실시하기로 결정했다. 그들은 내일 결과를 발표하고 기자 회견을 열어 대중들과 공유할 것이다.

`풀이 방법`
① 선택지를 먼저 읽고 Form 유형인 것을 파악한다. 보기 모두 준동사로 이루어져 있으므로 준동사 유형임을 파악한다.
② 빈칸이 포함된 문장에서 빈칸은 앞에 있는 명사인 decision을 꾸며주는 형용사 역할을 하는 것임을 확인한다. 참고로 준동사의 진행형 (a) being carried out과 완료형인 (b) having carried out은 정답으로 출제되지 않으므로 먼저 제거한다.
③ 정답 (c) to carry out을 고른다.

`어휘` receive 받다 complaint 항의, 불만 upset 화가 난 customer 고객, 소비자 advertisement 광고 board 이사회 make a decision 결정하다 carry out 실시하다, 행하다 study 조사, 연구 assess 평가하다 release 발표하다, 공개하다 finding 결과, 발견 hold ~을 열다 press conference 기자 회견 share 공유하다 the public 대중

4. 당신이 재향군인회 회원들이 특별한 리본을 나눠주는 것을 보면, 그것들을 당신의 친구, 가족, 동료들과 공유하세요. 받은 기부금 모두 참전 용사, 전사자, 의료 및 재정이 필요한 그들의 가족들을 지원하는 데 사용될 것입니다.

`풀이 방법`
① 선택지를 먼저 읽고 Form 유형인 것을 파악한다. 보기 모두 준동사로 이루어져 있으므로 준동사 유형임을 파악한다.
② 빈칸이 포함된 문장에서 빈칸 앞에 문장은 완벽하고, '~하기 위해서'라는 목적의 의미로 해석하는 것이 가장 자연스럽기 때문에 빈칸에는 부사적 용법(목적)으로 사용된 to부정사가 들어가야 한다. 참고로 준동사의 완료형인 (b) to have supported와 (c) having supported는 정답으로 출제되지 않으므로 먼저 제거한다.
③ 정답 (d) to support을 고른다.

`어휘` Veterans Association 재향군인회 distribute 나눠 주다, 배포하다 colleague 동료 donation 기부(금) receive 받다 support 지원하다 war veteran 참전 용사 deceased 사망한 military 군(대)의 medical 의료의 financial 재정의 need 필요, 어려움

5. 캘리포니아 아보카도 위원회는 지난 10년간 공식적으로 6월을 캘리포니아 아보카도의 달로 기념해 왔습니다. 위원회는 이 멋진 행사를 계속해서 축하하게 되어 기쁩니다. 올해의 행사에는 유명한 요리사들이 초대되어 우리 아보카도를 특징으로 하는 맛있는 요리법을 만듭니다.

풀이 방법

① 선택지를 먼저 읽고 Form 유형인 것을 파악한다. 보기 모두 준동사로 이루어져 있으므로 준동사 유형임을 파악한다.

② 빈칸이 포함된 문장에서 빈칸 앞에 문장은 완벽하고, '~하게 되어서'라는 이유의 의미로 해석하는 것이 가장 자연스럽기 때문에 빈칸에는 부사적 용법(이유)으로 사용된 to부정사가 들어가야 한다. 참고로 준동사의 완료형인 (b) having continued와 (c) to have continued는 정답으로 출제되지 않으므로 먼저 제거한다.

③ 정답 (a) to continue을 고른다.

어휘 commission 위원회 officially 공식적으로 observe 기념하다, 지키다 celebrate 축하하다, 기념하다 invite 초대하다 recipe 요리법 feature ~을 특징으로 하다

6. 쇼핑객 여러분께 안내 말씀드립니다! 동쪽 출입문은 5월 14일까지 고객을 위한 높은 수준의 편안함을 유지하기 위해 보수 공사를 받을 예정입니다. 보수 공사가 진행 중일 동안, 건물의 남문을 이용해 주세요.

풀이 방법

① 선택지를 먼저 읽고 Form 유형인 것을 파악한다. 보기 모두 준동사로 이루어져 있으므로 준동사 유형임을 파악한다.

② 빈칸이 포함된 문장에서 빈칸 앞에 문장은 완벽하고, '~하기 위해서'라는 목적의 의미로 해석하는 것이 가장 자연스럽기 때문에 빈칸에는 부사적 용법(목적)으로 사용된 to부정사가 들어가야 한다. 참고로 준동사의 완료형인 (b) to have maintained와 (d) having maintained는 정답으로 출제되지 않으므로 먼저 제거한다.

③ 정답 (a) to maintain을 고른다.

어휘 attention 안내 드립니다, 주목하세요 gate 출입문, 문 undergo 받다, 겪다 renovation 보수 공사 maintain 유지하다 comfort 편안함 underway 진행 중인

DAY 06 조동사

Exercise

1. could	**11.** might
2. should	**12.** couldn't
3. can	**13.** can
4. must	**14.** must
5. will	**15.** should
6. should	**16.** may
7. may	**17.** might
8. must	**18.** could
9. would	**19.** will
10. might	**20.** would

1. 우리는 가게에서 최신 스마트워치 특별판을 살 수 있도록 몇 시간을 더 기다렸다.
근거 문맥상 특별판을 살 수 있기 위해 기다린 것인 can(능력: ~할 수 있다)이 더 적절하다.

2. 훌륭한 교육자는 어려운 개념을 쉬운 방식으로 설명할 수 있어야 한다.
근거 문맥상 어려운 개념을 더 쉽게 설명할 수 있어야 하는 것인 should(당연: ~해야 한다)가 더 적절하다.

3. 우리가 지금 치료제를 찾지 않으면, 미래에 또다시 다른 종류의 질병이 발생할 수 있다.
근거 문맥상 미래에 또 다른 종류의 질병이 발생할 수 있다는 것인 can(가능성: ~할 수 있다)이 더 적절하다.

4. 사무실을 떠나는 마지막 직원은 반드시 불을 꺼야 한다.
근거 문맥상 불을 꺼야 한다는 것인 must(의무: ~해야 한다)가 더 적절하다.

5. 엠마는 내일 아침에 고객과 약속이 있고 인턴들을 데리고 갈 것이다.
근거 문맥상 내일 아침에 인턴을 데려갈 것인 will(예정: ~할 것이다)이 더 적절하다.

6. 정부는 음주운전에 대해 더 엄격한 처벌을 가해야 한다.
근거 문맥상 처벌을 가해야 한다는 것인 should(의무: ~해야 한다)가 더 적절하다.

7. 산불은 건조한 날씨나 담배 때문에 발생할 지도 모른다.
근거 문맥상 건조한 날씨나 담배 때문에 발생할 수 있다는 것인 may(추측: ~일지도 모른다)가 더 적절하다.

8. 그의 유니폼으로 보아하니, 그는 우리 회사의 직원임에 틀림없다.

근거 문맥상 유니폼을 보고 직원이 확실하다고 한 것인 must(확실한 추측: ~임에 틀림없다)가 더 적절하다. 참고로 shall은 지텔프 문법에 정답으로 출제되지 않는다.

9. 어제, 벤자민은 그의 아이들에게 놀이공원에 데려갈 것이라고 말했다.

근거 문맥상 과거 시점에서 그의 아이들에게 놀이 공원에 데려가겠다는 것인 would(의지: ~할 것이다)가 더 적절하다.

10. 두 회사의 최근 합병은 그들에게 아주 좋은 소식이었을지 모르는 것처럼 보였지만, 그렇지 않았다.

근거 문맥상 합병이 그들에게 아주 좋은 소식일 것 같았지만 아니었던 것인 might(불확실한 추측: ~이었을 지도 모른다)가 더 적절하다.

11. 우리 부서장은 모두에게 오늘 야근을 해야 할 지도 모른다고 말했다.

근거 문맥상 야근을 해야 할지도 모른다는 것인 might(불확실한 추측: ~이었을 지도 모른다)가 더 적절하다. 참고로 'can/could/should/must'는 have to와 함께 사용하지 않는다.

12. 진행 중인 사무실 보수 작업 때문에 지난 며칠 동안 당신을 도울 수 없었던 것에 대해 유감스럽다.

근거 문맥상 도울 수 없었던 것이므로 couldn't(능력: ~할 수 없었다)가 더 적절하다.

13. 요즘 대부분의 사람들은 MSG가 들어 있지 않은 음식을 거의 찾을 수 없다.

근거 문맥상 거의 찾을 수 없다는 것이므로 can(가능성: ~할 수 있다)이 더 적절하다. 참고로 hardly는 can과 may와 관용적으로 자주 사용된다.

14. 사막에서 살아남기 위해서 사람들은 직사광선을 피할 그늘을 찾아야 한다.

근거 문맥상 살아남기 위해 그늘을 반드시 찾아야 하는 것인 must(의무/필수: ~해야 한다)가 더 적절하다.

15. 이메일에 악성 프로그램이 들어있을지도 모르기 때문에, 사람들은 임의의 링크를 클릭하는 것을 삼가는 것이 좋다.

근거 문맥상 클릭하는 것을 삼가는 것이 좋은 것인 should(충고/제안: ~하는 것이 좋다)가 더 적절하다.

16. 수면 부족이 있는 사람들은 우울증과 약해진 면역체계에 관한 잠재적인 문제가 있을지도 모른다.

근거 문맥상 잠재적인 문제가 있을지도 모르는 것인 may(추측: ~일지도 모른다)가 더 적절하다.

17. 역사학자들은 '지팡이'가 과거에 무기나 종교적인 목적으로 폭넓게 사용되었을지도 모른다고 추정한다.

근거 문맥상 과거에 사용되었을 것이라는 추측하는 것이므로 might(약한 추측)이 더 적절하다. 'should have p.p.(~했어야 했는데)'는 과거에 대한 후회를 표현한다.

18. 일부 과학자들은 새롭게 발견된 행성의 표면에 생명체가 있을 수 있었다고 조심스럽게 생각한다.

근거 문맥상 조심스럽게 생명체가 있을 수 있다고 생각하는 것인 could(약한 가능성: ~일 수 있었다)이 더 적절하다. must는 강한 확신을 표현할 때 사용한다.

19. 모든 한국인들은 한국의 나이 계산 시스템의 공식적인 변경에 따라 한 살 또는 두 살 더 젊어질 것이다.

근거 문맥상 더 젊어질 것이라는 예정을 표현하는 will(예정: ~할 것이다)이 더 적절하다.

20. 윌리엄은 학교에서 집으로 돌아온 후 항상 컴퓨터 앞에 있었을 뿐만 아니라 가족과 함께 저녁을 먹자마자 다시 그의 컴퓨터 방으로 사라지곤 했다.

근거 문맥상 윌리엄이 습관적으로 방으로 사라지곤 했다는 것이므로 would(습관/반복: ~하곤 했다)이 더 적절하다.

Practice

1. (c) **2.** (a) **3.** (a) **4.** (d) **5.** (d) **6.** (b)

1. 약혼반지는 반지를 끼고 있는 사람이 결혼할 예정으로 약혼이 된 것을 나타낸다. 서구 문화에서, 많은 착용자들은 이것을 왼손의 네 번째 손가락에 주로 끼는데, 왜냐하면 그들은 이 손가락이 심장에 바로 연결된 혈관을 가지고 있다고 믿기 때문이다.

풀이 방법

① 선택지를 먼저 읽고 보기가 조동사로 구성된 Meaning(의미) 유형인 것을 파악한다.

② 빈칸 앞뒤의 문장을 해석하고 문장에서 논리적으로 연결되는 조동사를 골라야 한다. 문맥상 '네 번째 손가락에 약혼 반지를 주로 낀다'라는 뜻에 맞는 will(습관, 규칙: 의례 ~하다)이 가장 적절하다. 참고로 will이 습관이나 규칙을 나타낼 때에는 often/usually/normally와 자주 쓰인다.

③ 정답 (c) will을 고른다.

어휘 engagement ring 약혼 반지 indicate 나타내다 be engaged 약혼한 상태이다 western culture 서구 문화 wearer 착용자 wear 끼다, 착용하다 vein 혈관, 정맥 directly 바로, 직접적으로 connect 연결하다

2. 옷장에 있는 겨울옷과 봄옷을 버리든 여름 방학 기간을 준비하고 싶든, 당신은 필요한 모든 것을 우리 팩토리 스토어에서 찾을 수 있습니다! 재고는 한정되어 있으니, 지금 저희를 방문하거나 웹사이트 www.FactoryStore.com을 확인해 보세요.

① 선택지를 먼저 읽고 보기가 조동사로 구성된 Meaning(의미) 유형인 것을 파악한다.

② 빈칸 앞뒤의 문장을 해석하고 문장에서 논리적으로 연결되는 조동사를 골라야 한다. 문맥상 '필요한 모든 것을 상점에서 찾을 수 있다'라는 뜻에 맞는 can(높은 가능성: ~할 수 있다)이 가장 적절하다. 참고로 shall은 지텔프 문법에 정답으로 출제되지 않으며, can 〉 could 〉 may 〉 might 순으로 높은 가능성을 뜻하는 조동사이다.

③ 정답 (a) can을 고른다.

어휘 whether A or B A이든 아니면 B이든 get rid of ~을 버리다, 처분하다 closet 옷장 get ready (for) (~할) 준비를 하다 summer break 여름 방학 season 기간, 시기 supply 재고(량), 공급(량) limited 한정된

3. 흥미롭게도, 초콜릿은 모든 음식 중에서 그것을 먹기 전과 후의 정서적 척도에서 불안과 행복 사이의 가장 큰 격차를 기록했다. 우리는 초콜릿이 그것을 섭취하는 사람들에게 즐거움을 가져올 뿐만 아니라 긴장감을 줄인다고 추정할 수도 있다.

① 선택지를 먼저 읽고 보기가 조동사로 구성된 Meaning(의미) 유형인 것을 파악한다.

② 빈칸 앞뒤의 문장을 해석하고 문장에서 논리적으로 연결되는 조동사를 골라야 한다. 문맥상 앞 문장에서 초콜릿을 먹기 전과 후 가장 큰 정서적 척도를 기록했다고 했으므로, 빈칸이 포함된 문장에는 '초콜릿은 즐거움을 가져오고 긴장감을 감소시킨다고 추정할 수 있다'는 뜻에 맞는 may(약한 추측: ~할 수도 있다)가 가장 적절하다. 참고로 shall은 지텔프 문법에 정답으로 출제되지 않으며, must 〉will 〉would 〉 should 〉may 〉might 순으로 확실한 추측을 뜻하는 조동사이다.

③ 정답 (a) may을 고른다.

어휘 interestingly 흥미롭게도 score 기록하다 gap 격차, 간격 anxiety 불안 happiness 행복 emotional 정서적인 scale 척도, 범위 assume 추정하다 consumer 섭취하는 사람 joy 즐거움 reduce 줄이다 nervousness 긴장, 불안

4. 매년 등록금 비용이 상승함에 따라, 시티 은행은 학부모를 위한 학생 예금 플랜을 출시했다. 이 새로운 플랜은 부모들이 비과세 계좌로 돈을 예금할 수 있게 할 것이다. 그러나 모든 수익금은 교육 목적으로만 사용되어야 한다.

① 선택지를 먼저 읽고 보기가 조동사로 구성된 Meaning(의미) 유형인 것을 파악한다.

② 빈칸 앞뒤의 문장을 해석하고 문장에서 논리적으로 연결되는 조동사를 골라야 한다. 문맥상 '모든 수익금은 교육 목적으로만 사용되어야 한다'는 뜻에 맞는 must(강한 의무: ~해야 한다)가 가장 적절하다.

③ 정답 (d) must을 고른다.

어휘 cost 비용 tuition 등록금, 수업료 annually 매년, 해마다 launch 출시하다 savings 예금 allow ~을 가능하게 하다 deposit 예금하다 account 계좌 tax-free 비과세 proceeds 수익금 purpose 목적

5. 연구들은 앞을 보기 위해 60세인 사람은 20세인 사람보다 적어도 3배 더 많은 주변 빛이 필요하다는 것을 밝혔다. 좋지 않은 시력은 아마도 발이 걸려 넘어지는 것과 같은 위험으로 그들을 이끌 수도 있다. 시력을 유지하기 위해, 의료 관계자들은 20분마다 20초 동안 20피트 앞을 볼 것을 권장한다.

① 선택지를 먼저 읽고 보기가 조동사로 구성된 Meaning(의미) 유형인 것을 파악한다.

② 빈칸 앞뒤의 문장을 해석하고 문장에서 논리적으로 연결되는 조동사를 골라야 한다. 문맥상 '시력이 나빠지면 넘어지는 것 같은 위험으로 이어질 가능성이 있다'는 뜻에 맞는 could(약한 가능성: ~일 수도 있다)가 가장 적절하다. 참고로 possibly는 will과 must와 잘 사용되지 않는다.

③ 정답 (d) could를 고른다.

어휘 ambient 주위의 poor 좋지 않은 eyesight 시력 possibly 아마도 lead A to B A를 B에 이르게 하다 hazard 위험 trip over 발이 걸려 넘어지다 maintain 유지하다 vision 시력 medical official 의료 관계자 recommend 권장하다

6. 교통사고에서 당신이 머리를 부딪쳤다면, 그것이 경미한 사고이든 아니든, 항상 의사에게 검진을 받아야 한다. 의학 전문가들만이 있을 수 있는 두부 외상과 다른 심각한 부상을 구별할 수 있다.

① 선택지를 먼저 읽고 보기가 조동사로 구성된 Meaning(의미) 유형인 것을 파악한다.

② 빈칸 앞뒤의 문장을 해석하고 문장에서 논리적으로 연결되는 조동사를 골라야 한다. 의사의 건강검진을 철저히 받아야 한다는 것이므로, should(충고/제안)가 가장 적절하다. 참고로 강제성이 있는 의무나 필요는 must를 사용한다.

③ 정답 (b) should를 고른다.

어휘 minor 경미한 medical checkup 건강 검진 medical expert 의학 전문가 distinguish 구별하다 possible 있을 수 있는 head trauma 두부 외상 serious 심각한

DAY 07 should 생략

1 should 생략을 이끄는 동사

Exercise

1. make	11. not express
2. give up	12. be used
3. postpone	13. be banned
4. join	14. wear
5. pick up	15. put on
6. provide	16. submit
7. be fixed	17. attempt
8. be leaked	18. not flush
9. succeed	19. be classified
10. be buried	20. cover

1. 시민 단체는 정부가 저소득층을 위한 추가 예산을 편성해야 한다고 촉구했다.

근거 urge는 that절과 함께 사용하여 should 생략을 이끄는 당위성 동사이다.

2. 일부 단체들은 우리가 금속 도구 사용을 그만두고 원시 생활방식으로 돌아갈 것을 지지한다.

근거 advocate는 that절과 함께 사용하여 should 생략을 이끄는 당위성 동사이다.

3. 경영진은 마감 기한을 다음 주까지 연기하는 것에 합의했다.

근거 agree는 that절과 함께 사용하여 should 생략을 이끄는 당위성 동사이다.

4. 우리는 당신이 고전 문학의 가치를 재발견하는 것에 함께할 것을 부탁드립니다.

근거 ask는 that절과 함께 사용하여 should 생략을 이끄는 당위성 동사이다.

5. 여러분 중 누구든 굶주리는 아이들과 그들의 미래에 대해 관심을 가진다면, 나는 여러분이 저 팸플릿을 집어들 것을 간청합니다.

근거 beg는 that절과 함께 사용하여 should 생략을 이끄는 당위성 동사이다.

6. 화가 난 고객들은 그 상점이 손상된 상품에 대한 환불을 제공해야 한다고 주장했다.

근거 claim은 that절과 함께 사용하여 should 생략을 이끄는 당위성 동사이다.

7. 편집장은 이번 달 호의 표제를 즉시 수정할 것을 명령했다.

근거 command는 that절과 함께 사용하여 should 생략을 이끄는 당위성 동사이다.

8. 계약서는 촬영팀으로부터 어떠한 정보도 유출되지 않도록 규정하고 있다.

근거 impose는 that절과 함께 사용하여 should 생략을 이끄는 당위성 동사이다.

9. 그 사장은 그의 아들이 CEO 자리를 승계하라고 지시했다.

근거 direct는 that절과 함께 사용하여 should 생략을 이끄는 당위성 동사이다.

10. 남편 옆에 묻히고 싶은 것은 다이애나의 바람이었다.

근거 desire는 that절과 함께 사용하여 should 생략을 이끄는 당위성 명사이다. 참고로 당위성을 나타내는 동사의 명사 형태도 should 생략이 가능하다.

11. 지침은 모든 문서가 종교적이거나 또는 성적인 편향을 나타내지 않을 것을 지시한다.

근거 instruct는 that절과 함께 사용하여 should 생략을 이끄는 당위성 동사이다.

12. 알버트 아인슈타인은 핵무기가 전쟁을 위해 사용될 것을 절대 의도하지 않았다.

근거 intend는 that절과 함께 사용하여 should 생략을 이끄는 당위성 동사이다.

13. 방송통신위원회는 어린이들을 위해 낮 시간대에 19금 영화가 금지되도록 제안했다.

근거 move는 that절과 함께 사용하여 should 생략을 이끄는 당위성 동사이다.

14. 시는 위험한 개 품종에게 입마개를 착용할 것을 명령했다.

근거 order는 that절과 함께 사용하여 should 생략을 이끄는 당위성 동사이다.

15. 릴리는 밖이 춥기 때문에 그녀의 딸이 더 따뜻한 코트를 입기를 바란다.

근거 prefer는 that절과 함께 사용하여 should 생략을 이끄는 당위성 동사이다.

16. 그 규정은 방문객이 주차 허가서와 함께 자동차 열쇠를 대리 주차인에게 제출해야 함을 규정하고 있다.

근거 prescribe는 that절과 함께 사용하여 should 생략을 이끄는 당위성 동사이다.

17. 나는 우리가 플라스틱 사용을 최소화하는 방법을 찾기를 시도할 것을 제안한다.

근거 propose는 that절과 함께 사용하여 should 생략을 이끄는 당위성 동사이다.

18. 부디 변기가 막혔을 때 물을 내리지 말 것을 요청 드립니다.

근거 request는 that절과 함께 사용하여 should 생략을 이끄는 당위성 동사이다.

19. 그 대리인은 계약서의 내용이 기밀이 되어야 한다고 강조했다.

근거 stress는 that절과 함께 사용하여 should 생략을 이끄는 당위성 동사이다.

20. 규정 중 하나는 시험은 수업 시간에 이미 다루어진 주제들만 포함해야 한다는 것이다.

근거 stipulation은 that절과 함께 사용하여 should 생략을 이끄는 동사(stipulate)의 명사형이다. 참고로 명사형은 매우 드물게 출제된다.

Practice

1. (a) **2.** (b) **3.** (c) **4.** (d) **5.** (a) **6.** (b)

1 몇몇 직원들이 점심시간 동안 충분한 휴식 시간이 없다고 불평해왔다. 따라서, 그들은 관리자들이 직원들의 생산성을 북돋우기 위해 더 유연한 점심 시간을 제공할 것에 대해 이사회와 협상할 것을 요구해왔다.

풀이 방법

① 선택지를 먼저 읽고 Form(문법) 유형인 것을 파악한다. 참고로 보기에 동사원형이 있으면 should 생략 유형일 가능성이 있다.

② 빈칸이 포함된 문장에서 빈칸 앞에 demand는 that절과 함께 사용하여 should 생략을 이끄는 당위성 동사임을 기억한다.

③ 정답 (a) negotiate를 고른다.

어휘 employee 직원 complain 불평하다 breaktime 휴식시간 therefore 따라서, 그러므로 demand 요구하다 manager 관리자 negotiate 협상하다 executive board 이사회 flexible 유연한, 융통성 있는 boost 북돋우다, 끌어올리다 productivity 생산성

2. 많은 사람들이 병역 의무를 버리고 해외로 나가는 사람들을 비판하고 있다. 그들은 정부가 이중 국적을 가진 시민들의 권리와 의무의 균형을 맞추기 위해 위법자들을 규제해야 한다고 주장한다.

풀이 방법

① 선택지를 먼저 읽고 Form(문법) 유형인 것을 파악한다. 참고로 보기에 동사원형이 있으면 should 생략 유형일 가능성이 있다.

② 빈칸이 포함된 문장에서 빈칸 앞에 insist는 that절과 함께

사용하여 should 생략을 이끄는 당위성 동사임을 기억한다.

③ 정답 (b) regulate를 고른다.

어휘 criticize 비판하다 leave ~ behind ~을 버리고 가다 military duty 병역 의무 insist 주장하다 regulate 규제하다, 감독하다 lawbreaker 위법자 balance 균형을 맞추다 right 권리 obligation 의무, 책임 citizen 시민 dual citizenship 이중 국적

3. 한 청소년이 심각한 수준으로 사춘기를 겪는다면, 가족들은 그들 스스로 문제를 해결하려고 노력하기보다는 전문가나 상담 기관으로부터 도움을 구하는 것이 권고된다.

풀이 방법

① 선택지를 먼저 읽고 Form(문법) 유형인 것을 파악한다. 참고로 보기에 동사원형이 있으면 should 생략 유형일 가능성이 있다.

② 빈칸이 포함된 문장에서 빈칸 앞에 recommend는 that절과 함께 사용하여 should 생략을 이끄는 당위성 동사임을 기억한다.

③ 정답 (c) look for을 고른다.

어휘 teenager 청소년, 십대 go through 겪다 puberty 사춘기 serious 심각한 recommend 권장하다, 추천하다 look for ~을 찾다 professional 전문가 counseling 상담 institution 기관, 시설 rather than 차라리 ~보다 solve 해결하다 on one's own 스스로

4. 사회적 거리두기로 인해 증가된 실내 활동은 높은 비만 위험을 제기한다. 그것을 피하기 위해, 전문가들은 정기적으로 적어도 하루에 1시간을 걷고 채소를 더 먹을 것을 제안한다.

풀이 방법

① 선택지를 먼저 읽고 Form(문법) 유형인 것을 파악한다. 참고로 보기에 동사원형이 있으면 should 생략 유형일 가능성이 있다.

② 빈칸이 포함된 문장에서 빈칸 앞에 suggest는 that절과 함께 사용하여 should 생략을 이끄는 당위성 동사임을 기억한다.

③ 정답 (d) walk를 고른다.

어휘 increased 증가된 indoor activity 실내 활동 due to ~로 인한 social distancing 사회적 거리 두기 pose a risk 위험을 제기하다 obesity 비만 avoid 피하다 expert 전문가 periodically 정기적으로 at least 최소한 vegetable 야채

5. 올해 회사의 공과금은 이전 해보다 훨씬 많이 나왔다. 따라서 이사회는 모든 지점이 왜 비용이 증가했는지에 대한 보고서를 제공할 것을 요구했다.

풀이 방법

① 선택지를 먼저 읽고 Form(문법) 유형인 것을 파악한다. 참고로 보기에 동사원형이 있으면 should 생략 유형일 가능

성이 있다.

② 빈칸이 포함된 문장에서 빈칸 앞에 require는 that절과 함께 사용하여 should 생략을 이끄는 당위성 동사임을 기억한다.

③ 정답 (a) provide를 고른다.

어휘 utility bill 공과금 previous 이전의 board of directors 이사회 require 요구하다 branch 지점, 지사 report 보고서 cost 비용 increase 증가하다

6. 부산 국제 록 페스티벌은 한국에서 가장 오래 운영되고 있는 역동적인 축제 중 하나이다. 올해의 아티스트 라인업과 특징에 대한 더 자세한 정보를 원한다면, 지금 우리 웹사이트를 방문할 것을 권한다.

풀이 방법

① 선택지를 먼저 읽고 Form(문법) 유형인 것을 파악한다. 참고로 보기에 동사원형이 있으면 should 생략 유형일 가능성이 있다.

② 빈칸이 포함된 문장에서 빈칸 앞에 advise는 that절과 함께 사용하여 should 생략을 이끄는 당위성 동사임을 기억한다.

③ 정답 (b) visit를 고른다.

어휘 international 국제적인 operate 운영되다 dynamic 역동적인, 활력이 넘치는 further 그 이상의 lineup 라인업, 구성 feature 특징 advise 조언하다

2 should 생략을 이끄는 형용사

Exercise

1. groom
2. wear
3. check
4. touch
5. let
6. overcome
7. join
8. make
9. be established
10. provide

1. 면접 전에 단장하는 것은 바람직하다.

근거 advisable은 that절과 함께 사용하여 should 생략을 이끄는 이성적 판단 형용사이다.

2. 한국에서 정부는 모든 전동 스쿠터 사용자들에게 안전모를 착용하는 것을 의무화했다.

근거 compulsory는 that절과 함께 사용하여 should 생략을 이끄는 이성적 판단 형용사이다.

3. 민감한 정보를 공유하기 전에 그 사실을 확인하는 것은 대단히 중요하다.

근거 critical은 that절과 함께 사용하여 should 생략을 이끄는 이성적 판단 형용사이다.

4. 서구 문화에서, 결혼식이 끝난 후 신부와 신랑이 사제와 부모의 발을 만지는 것은 관례였다.

근거 customary는 that절과 함께 사용하여 should 생략을 이끄는 이성적 판단 형용사이다.

5. 정부가 흉악한 범죄자들을 사회로 돌아가게 하는 것은 바람직하지 않다.

근거 desirable은 that절과 함께 사용하여 should 생략을 이끄는 이성적 판단 형용사이다.

6. 우리 스타트업 기업은 반드시 재정 위기를 극복해야 한다.

근거 imperative는 that절과 함께 사용하여 should 생략을 이끄는 이성적 판단 형용사이다.

7. 한국에서 18세에서 35세 사이의 남성 시민이 군대에 가는 것은 의무이다.

근거 obligatory는 that절과 함께 사용하여 should 생략을 이끄는 이성적 판단 형용사이다.

8. 당국이 대학생 대출을 더 낮은 금리로 이용할 수 있게 하는 것이 시급하다.

근거 urgent는 that절과 함께 사용하여 should 생략을 이끄는 이성적 판단 형용사이다.

9. 빠르게 고령화 되고 있는 사회 때문에 노인을 위한 근로 환경이 형성되는 것이 필요하다.

근거 necessary는 that절과 함께 사용하여 should 생략을 이끄는 이성적 판단 형용사이다.

10. 비즈니스 호텔이 외국인 사업가들에게 다양한 언어 서비스를 제공하는 것은 필수적이다.

근거 vital은 that절과 함께 사용하여 should 생략을 이끄는 이성적 판단 형용사이다.

Practice

1. (c) **2.** (a) **3.** (d) **4.** (a) **5.** (b) **6.** (a)

1. 수영 선수들은 속도, 근력, 지구력과 호흡 능력을 최대화하기 위해 운동을 한다. 대표적인 운동으로는 웨이트 트레이닝, 줄넘기와 등산이 포함된다. 수영 선수가 최고의 건강 상태에 있도록 규칙적으로 훈련하는 것은 매우 중요하다.

풀이 방법

① 선택지를 먼저 읽고 Form(문법) 유형인 것을 파악한다. 참고로 보기에 동사원형이 있으면 should 생략 유형일 가능성이 있다.

② 빈칸이 포함된 문장에서 빈칸 앞에 important는 that절과 함께 사용하여 should 생략을 이끄는 이성적 판단 형용사임을 기억한다.

③ 정답 (c) train을 고른다.

어휘 work out 운동하다 maximize 최대화하다 muscle 근육 strength 힘 endurance 지구력 breathing 호흡 capacity 능력, 수용력 typical 대표적인, 전형적인 workout 운동 jump rope 줄넘기를 하다 regularly 규칙적으로 supreme 최고의, 최대의 health condition 건강 상태

2. 저희가 이메일 프로그램을 업데이트할 것을 모두에게 알려 드리려 합니다. 내일부터, 여러분은 저희 현재 이메일 시스템에 접속할 수 없습니다. 따라서, 오늘 밤까지 여러분의 메일함에 저장된 모든 중요한 메시지들을 백업하는 것이 매우 중요합니다.

풀이 방법

① 선택지를 먼저 읽고 Form(문법) 유형인 것을 파악한다. 참고로 보기에 동사원형이 있으면 should 생략 유형일 가능성이 있다.

② 빈칸이 포함된 문장에서 빈칸 앞에 crucial은 that절과 함께 사용하여 should 생략을 이끄는 이성적 판단 형용사임을 기억한다.

③ 정답 (a) back up을 고른다.

어휘 would like to ~하고 싶다 as of ~부터 access 접속하다 current 현재의 crucial 매우 중요한, 결정적인 back up (파일 등을) 백업하다 store 저장하다 mailbox 메일함, 우편함

3. 무대 위의 배우들은 당신이 예상하는 것보다 훨씬 더 많이 당신을 볼 수 있다. 그러므로, 손을 흔들거나 공연하고 있을 때 그들과 소통하려고 하는 것 같은, 그들의 집중을 방해하는 무언가를 하는 것을 피하는 것이 아마도 가장 좋다.

풀이 방법

① 선택지를 먼저 읽고 Form(문법) 유형인 것을 파악한다. 참고로 보기에 동사원형이 있으면 should 생략 유형일 가능성이 있다.

② 빈칸이 포함된 문장에서 빈칸 앞에 best는 that절과 함께 사용하여 should 생략을 이끄는 이성적 판단 형용사임을 기억한다.

③ 정답 (d) avoid을 고른다.

어휘 expect 예상하다, 기대하다 probably 아마도 avoid 피하다 distract 집중을 방해하다, 주의를 흩뜨리다 wave 흔들다 communicate (의사)소통하다 perform 공연하다

4. 많은 회사들은 조직에 다양한 지식과 기술을 가진 사람들을 데려오기 위해 외국인 근로자들을 고용한다. 다른 곳에서 온 사람들을 채용하기 전에, 회사는 그들을 수용하기 위해 그들의 문화를 이해하는 것을 배우는 것은 필수적이다.

풀이 방법

① 선택지를 먼저 읽고 Form(문법) 유형인 것을 파악한다. 참고로 보기에 동사원형이 있으면 should 생략 유형일 가능성이 있다.

② 빈칸이 포함된 문장에서 빈칸 앞에 essential은 that절과 함께 사용하여 should 생략을 이끄는 이성적 판단 형용사임을 기억한다.

③ 정답 (a) learn을 고른다.

어휘 hire 고용하다 individual 개인, 사람 diverse 다양한 knowledge 지식 organization 조직 recruit 채용하다 essential 필수적인 accommodate 수용하다

5. 그레이트 배리어 리프는 호주에 있는 세계에서 가장 큰 산호초 생태계이다. 최근 연구들은 그레이트 배리어 리프에 있는 산호초의 4분의 1이 오염과 지나친 관광 때문에 죽었다고 언급했다. 모든 사람들이 이 문제에 대해 아는 것은 의무이다.

풀이 방법

① 선택지를 먼저 읽고 Form(문법) 유형인 것을 파악한다. 참고로 보기에 동사원형이 있으면 should 생략 유형일 가능성이 있다.

② 빈칸이 포함된 문장에서 빈칸 앞에 mandatory는 that절과 함께 사용하여 should 생략을 이끄는 이성적 판단 형용사임을 기억한다.

③ 정답 (b) be informed을 고른다.

어휘 coral reef 산호초 recent 최근의 study 연구 note 언급하다, 주목하다 quarter 4분의 1 pollution 오염 excessive 지나친 tourism 관광 mandatory 의무의 be informed 알고 있다 matter 문제, 사안

6. 한국 기획재정부에 따르면, 2022년 누적된 미납 세액은 100조원에 근접한다. 모든 시민들이 회피하지 않고, 그들 몫의 세금을 내는 것이 공평하다.

풀이 방법

① 선택지를 먼저 읽고 Form(문법) 유형인 것을 파악한다. 참고로 보기에 동사원형이 있으면 should 생략 유형일 가능성이 있다.

② 빈칸이 포함된 문장에서 빈칸 앞에 fair는 that절과 함께 사용하여 should 생략을 이끄는 이성적 판단 형용사임을 기억한다.

③ 정답 (a) pay를 고른다.

어휘 according to ~에 따르면 Ministry of Strategy and Finance 기획재정부 total amount 총액 accumulated 누적된, 축적된 unpaid 미납의 tax 세금 come close to ~에 근접하다 trillion 1조 fair 공평한 citizen 시민 share 몫 avoidance 회피, 방지

DAY 08 연결어

1 전치사

Exercise

1. depending on
2. due to
3. regarding
4. In place of
5. along with
6. in addition to
7. Because of
8. except for
9. Speaking of
10. regardless of

1. 이민자들은 그들이 살고 있는 나라에 따라 의료 서비스에 대한 권리와 직업의 기회를 확보하기 어려울지도 모른다.
근거 ▶ 문맥상 '그들이 어디에 살고 있는지에 따라(depending on)'가 적절하다. as for(~에 관하여)는 주제가 나와야 한다.

2. 오르락 카페는 훌륭한 음식 때문에 그 도시 최고의 카페로 선정되었다.
근거 ▶ 문맥상 '훌륭한 음식 때문에(due to)'가 적절하다. as to(~에 관해)는 주제에 관한 정보가 나와야 한다.

3. 소프트웨어 프로그램과 관련된 문제는 기술 지원부에 문의하세요.
근거 ▶ 문맥상 '프로그램과 관련된(regarding)'이 적절하다. in addition to(~에 더해서는)는 추가 내용이 나와야 한다.

4. CEO는 외부 지원자를 선발하는 대신 딸을 부사장 직책에 임명했다.
근거 ▶ 문맥상 '외부 지원자를 선발하는 대신(in place of)'이 적절하다. considering(~를 고려하여)은 조건이 나와야 한다.

5. 불량품과 함께 구매 증명서를 보내주세요.
근거 ▶ 문맥상 '불량품과 함께(along with)'가 적절하다. in case of(~인 경우에는)는 예상하지 못한 사건이 나와야 한다.

6. 모든 영업 사원들은 이번 분기의 수수료에 더해 상여금을 받을 것이다.
근거 ▶ 문맥상 '수수료에 더해(in addition to)'가 적절하다. except for(~ 이외에도)는 예외가 나와야 한다.

7. 작년 금융 위기 때문에 그 회사의 이익이 50%나 급감했다.
근거 ▶ 문맥상 '작년 금융 위기 때문에(because of)'가 적절하다. rather than(차라리 ~보다)은 비교 대상이 나와야 한다.

8. 카밀라와 다니엘을 제외한 모든 인사부 직원들이 그 회의에 참석했다.
근거 ▶ 문맥상 '카밀라와 다니엘을 제외한(except for)'이 적절하다. in the event of(~의 경우에는)는 특정 상황이 나와야 한다.

9. 파충류에 대해 말하자면, 악어는 기본적으로 1억 년 전에 존재했던 것과 같은 생물이다.
근거 ▶ 문맥상 '파충류에 대해 말하자면(speaking of)'이 적절하다. besides(~ 이외에)는 예외적인 상황이 나와야 한다.

10. 산타클로스라는 이름은 국가에 상관없이 모두가 알고 있다.
근거 ▶ 문맥상 '국가에 상관없이(regardless of)'가 적절하다. aside from(~ 이외에)은 예외적인 상황이 나와야 한다.

Practice

1. (a) **2.** (d) **3.** (c) **4.** (d) **5.** (a) **6.** (b)

1 유명한 축구 선수들 모두가 높은 연봉을 받는 것은 아니다. 일부는 시즌 도중 퇴출될 수 있고, 그들 중 다수가 시즌이 끝난 뒤 계약을 연장을 하지 못한다. 소수의 스타 선수들 이외에는 축구 선수의 평균 연봉은 약 6만 달러이다.
풀이 방법
① 선택지를 먼저 읽고 보기가 연결어-전치사로 구성된 Meaning(의미) 유형인 것을 파악한다.
② 빈칸 앞뒤의 문장을 해석하고 두 문장을 논리적으로 가장 적절하게 연결하는 연결어를 골라야 한다. 문맥상 '스타 축구 선수들 이외에는(other than)'이 가장 적절하다.
③ 정답 (a) other than을 고른다.
어휘 renowned 유명한 kick out ~을 방출하다 extend 연장하다 average 평균의 salary 임금 other than ~ 이외에 including ~을 포함하여

2. 줄리안은 기말고사 공부를 위해 늦게까지 깨어 있어야 해서 밤에 커피 한 잔을 직접 탔다. 그러나 그는 잠에서 깨기보다는 오히려 더 졸렸다. 그가 커피가 아니라 핫초코를 마셨다는 것을 알게 된 것은 다음 날이었다.
풀이 방법
① 선택지를 먼저 읽고 보기가 연결어-전치사로 구성된 Meaning(의미) 유형인 것을 파악한다.
② 빈칸 앞뒤의 문장을 해석하고 두 문장을 논리적으로 가장 적절하게 연결하는 연결어를 골라야 한다. 문맥상 '잠에서 깨기 보다(rather than)'가 가장 적절하다.
③ 정답 (d) rather than을 고른다.
어휘 awake 깨어 있는 final exam 기말 고사 wake up 깨다 find out ~을 알게 되다 aside from ~을 제외하고

3. 기아차는 LA 오토쇼에서 가장 긴 차량 라인인 스포티지의 새롭게 디자인된 모델을 선보일 예정이다. 업데이트된 스포티지는 더 큰 크기에도 불구하고 이전 모델보다 연비가 향상된 친환경적인 외관을 제공할 것이다.

① 선택지를 먼저 읽고 보기가 연결어-전치사로 구성된 Meaning(의미) 유형인 것을 파악한다.

② 빈칸 앞뒤의 문장을 해석하고 두 문장을 논리적으로 가장 적절하게 연결하는 연결어를 골라야 한다. 문맥상 '큰 크기에도 불구하고(despite)'가 가장 적절하다.

③ 정답 (c) despite를 고른다.

어휘 vehicle 차량 line 제품 showcase 선보이다 redesigned 새롭게 디자인된 offer 제공하다 eco-friendly 친환경적인 appearance 외관 improvement 향상 fuel efficiency 연료 효율성, 연비 previous 이전의 instead of ~ 대신에 despite ~불구하고

4. 나의 조부모님은 매일 점심 식사 후에 산책을 하신다. 그들은 건강을 유지하기 위해 오랫동안 이것을 해왔다. 그것이 그들의 나이에도 불구하고 여전히 건강하고 젊어 보이는 이유일 것이다.

풀이 방법

① 선택지를 먼저 읽고 보기가 연결어-전치사로 구성된 Meaning(의미) 유형인 것을 파악한다.

② 빈칸 앞뒤의 문장을 해석하고 두 문장을 논리적으로 가장 적절하게 연결하는 연결어를 골라야 한다. 문맥상 '그들의 나이에도 불구하고(in spite of)'가 가장 적절하다.

③ 정답 (d) in spite of를 고른다.

어휘 take a walk 산책하다 fit 건강한 besides 게다가 in spite of ~에도 불구하고 age 나이

5. 2년 회원증을 받으려면 이 양식을 사진 신분증 사본과 함께 프런트에 제출하세요. 또한, 센터에서 어떠한 인쇄물로 된 자료도 가지고 갈 수 없다는 것에 주의하시기 바랍니다.

풀이 방법

① 선택지를 먼저 읽고 보기가 연결어-전치사로 구성된 Meaning(의미) 유형인 것을 파악한다.

② 빈칸 앞뒤의 문장을 해석하고 두 문장을 논리적으로 가장 적절하게 연결하는 연결어를 골라야 한다. 문맥상 '사진 신분증 사본과 함께(along with)'가 가장 적절하다.

③ 정답 (a) along with를 고른다.

어휘 submit 제출하다 photo identification 사진 신분증 note ~에 주목하다, 주의하다 be allowed to ~하는 것이 허용되다 in place of ~ 대신에 speaking of ~에 대해 말하자면

6. 우리 층의 프린터가 종이 막힘으로 고장 났다. 전원을 끄고 용지를 제거하는 것 대신, 프린터가 켜져 있는 상태에서 누군가가 용지를 제거하려 했다. 우리는 이런 일이 다시는 일어나지 않도록 표지판을 붙일 예정이다.

풀이 방법

① 선택지를 먼저 읽고 보기가 연결어-전치사로 구성된 Meaning(의미) 유형인 것을 파악한다.

② 빈칸 앞뒤의 문장을 해석하고 두 문장을 논리적으로 가장 적절하게 연결하는 연결어를 골라야 한다. 문맥상 '용지를 제거하는 것 대신에(instead of)'가 가장 적절하다.

③ 정답 (b) Instead of를 고른다.

어휘 broken 고장 난 paper jam 종이 걸림 remove 제거하다 prevent A from ~ing A가 ~하는 것을 막다 on account of ~때문에

2 접속사

Exercise

1. While	**6.** Whereas
2. once	**7.** given that
3. When	**8.** although
4. Unless	**9.** If
5. so that	**10.** Since

1. 부상에서 회복하는 동안 켄지는 운 좋게도 지역 체육관에서 아르바이트를 구했다.

근거 문맥상 '회복하는 동안(while)'이 더 적절하다. If(만약 ~라면)'는 조건이 나와야 한다.

2. 일단 시험에 합격하면 오랫동안 영어에 대해 걱정할 필요가 없을 것이다.

근거 문맥상 '일단 합격하면(once)'이 더 적절하다. because(~ 때문에)는 이유가 나와야 한다.

3. 컴퓨터를 교체할 때는 항상 모든 안전 지침을 따르십시오.

근거 문맥상 '교체할 때(when)'가 더 적절하다. since(~ 이래로)는 과거 시점이 나와야 한다. 참고로 since는 접속사로 사용할 때 '~때문에'라는 뜻으로 쓰이기도 한다.

4. 공급업체가 원자재 가격을 낮추지 않는다면, 우리는 제품의 가격을 올려야 한다.

근거 문맥상 '낮추지 않는다면(unless)'이 더 적절하다. if(만약~라면)는 '가격을 낮추면, 제품 가격을 올려야 한다'로 의미가 맞지 않는다.

5. 제임스는 새로운 프로젝트에 기여할 수 있도록 이사로 임명되었다.

근거 문맥상 '기여할 수 있도록(so that)'이 더 적절하다. as soon as(~하자마자)는 시점이 나와야 한다.

6. 윌리엄은 승진 기회에 감사했던 반면에 다른 직업을 택했다.

근거 문맥상 '감사했던 반면에(whereas)'가 더 적절하다. now that(~이므로)은 이유가 나와야 한다.

7. 노아가 가난한 사람들을 도울 수 있다는 점에서 특별 변호사로 고용되었다.

근거 문맥상 '도울 수 있다는 것을 고려해서(given that)'가 더 적절하다. after(~이후에)는 시점이 나와야 한다.

8. 조이는 아팠음에도 불구하고 일하러 갔다.

근거 문맥상 '아팠음에도 불구하고(although)''가 더 적절하다. because(~ 때문에)는 이유가 나와야 한다.

9. 만약 방문자가 유효한 출입증을 소지하고 있지 않다면, 사진 신분증 양식을 제시할 수 있습니다.

근거 문맥상 '만약 소지하지 않는다면(if)'이 더 적절하다. Whether(~이든 아니든)는 정해지지 않는 상황이 나와야 한다.

10. 봄은 가전 제품의 성수기이기 때문에 우리는 매출 증가를 낙관하고 있다.

근거 문맥상 '성수기이기 때문에(since)'가 더 적절하다. so that(~하기 위해서)는 결과가 나와야 한다.

Practice

1. (c) **2.** (b) **3.** (a) **4.** (d) **5.** (d) **6.** (a)

1 베이비 마일스톤은 아기가 통과하는 중요한 발달 단계이다. 아기의 첫 해는 키득거리는 웃음소리부터 기우뚱한 걸음걸이까지 마일스톤으로 가득하다. 비록 당신이 그것을 보지 못할지라도, 당신의 아기 내부에서 놀라운 순간들이 일어나고 있다.

풀이 방법

① 선택지를 먼저 읽고 보기가 연결어-접속사로 구성된 Meaning(의미) 유형인 것을 파악한다.

② 빈칸 앞뒤의 문장을 해석하고 두 문장을 논리적으로 가장 적절하게 연결하는 연결어를 골라야 한다. 문맥상 '비록 ~ 보지 못할지라도(although)'가 가장 적절하다.

③ 정답 (c) although를 고른다.

어휘 milestone 획기적인 단계(사건) significant 중대한 developmental 발달의 pass through ~를 지나가다. 통과하다 be filled with ~로 가득차다 giggle 키득거리는 웃음 wobbly 불안정한, 기우뚱한 remarkable 놀라운

2. 연방거래위원회에 따르면, 온라인 데이트 사이트와 소셜미디어에 만연한 보고된 로맨스 사기 건수가 작년에 거의 70% 증가했다고 한다. 팬데믹 기간 동안 사람들이 직접 만날 수 없기 때문에 코로나19가 완벽한 환경을 만들었다고 한다.

풀이 방법

① 선택지를 먼저 읽고 보기가 연결어-접속사로 구성된 Meaning(의미) 유형인 것을 파악한다.

② 빈칸 앞뒤의 문장을 해석하고 두 문장을 논리적으로 가장 적절하게 연결하는 연결어를 골라야 한다. 문맥상 '만날 수 없기 때문에(as)'가 가장 적절하다.

③ 정답 (b) as를 고른다.

어휘 according to ~에 의하면 Federal Trade Commission 연방거래위원회 report 보고하다 scam 사기 prevailing 만연하고 있는 nearly 거의 environment 환경 pandemic 전 세계적 유행병

3. 데이터 분석 정보는 여행을 갈 때 당신의 삶을 더 쉽고, 안전하고, 더 편리하게 해준다. 그것들은 당신의 이동 시간을 줄이고, 교통 체증을 관리하며, 당신의 차량을 운전하거나 대중교통을 이용할 수 있는 더 안전하고 접근하기 쉬운 방법을 만든다.

풀이 방법

① 선택지를 먼저 읽고 보기가 연결어-접속사로 구성된 Meaning(의미) 유형인 것을 파악한다.

② 빈칸 앞뒤의 문장을 해석하고 두 문장을 논리적으로 가장 적절하게 연결하는 연결어를 골라야 한다. 문맥상 '여행을 갈 때(when)'가 가장 적절하다.

③ 정답 (a) when를 고른다.

어휘 analytics 분석 (정보) convenient 편리한 reduce 줄이다 travel time 이동 시간 traffic congestion 교통 체증 accessible 접근 가능한 vehicle 차량 public transportation 대중교통

4. Research From Home Instead(집에서 대신하는 연구)는 노인들이 우정을 경험하기 위해 반려동물을 반드시 소유할 필요는 없다는 것을 확인시켜 준다. 동물과의 상호작용이 정신적, 육체적 건강함을 향상시키는 것으로 증명되지 않는다면, 노인들은 여전히 그것들 사이에서 외로움을 느낄 수 있다.

풀이 방법

① 선택지를 먼저 읽고 보기가 연결어-접속사로 구성된 Meaning(의미) 유형인 것을 파악한다.

② 빈칸 앞뒤의 문장을 해석하고 두 문장을 논리적으로 가장 적절하게 연결하는 연결어를 골라야 한다. 문맥상 '증명되지 않는다면(unless)'이 가장 적절하다.

③ 정답 (d) Unless를 고른다.

어휘 confirm ~을 확인해주다 senior 노인 companionship 우정 interaction 상호작용 show 증명하다 improve 향상되다 well-being 건강, 복지 among ~ 사이에

5. 그리기 앱은 재미있어야 하고 아이들이 창의력을 표현할 수 있도록 해야 한다. Creative Kids는 사진과 동영상을 꾸밀 수 있는 어린이용 GIF, 프레임, 스티커, 마스크, 그림 도구의 보관소가 있다. 있다. 또한 당신이 어디에 있든, 가지고 있는 모든 장치에서 당신이 저장한 프로젝트에 접속할 수 있다.

풀이 방법

① 선택지를 먼저 읽고 보기가 연결어-접속사로 구성된 Meaning(의미) 유형인 것을 파악한다.

② 빈칸 앞뒤의 문장을 해석하고 두 문장을 논리적으로 가장 적절하게 연결하는 연결어를 골라야 한다. 문맥상 '당신이

어디에 있든(wherever)'이 가장 적절하다.

③ 정답 (d) wherever를 고른다.

어휘 express 표현하다 creativity 창의력 archive 기록 보관소 appropriate 적합한 decorate 꾸미다 access 접속하다 save 저장하다 device 장치

6. 현재 많은 영업 사원들은 스마트 영업 도구를 사용한다. 당신이 제품이나 서비스를 보여주기 위해 시각적으로 매력적인 형식을 사용한다면, 그것은 고객의 관심을 끌 뿐만 아니라 잠재 고객들이 당신을 기억할 수 있는 좋은 방법이 될 것이다.

풀이 방법

① 선택지를 먼저 읽고 보기가 연결어-접속사로 구성된 Meaning(의미) 유형인 것을 파악한다.

② 빈칸 앞뒤의 문장을 해석하고 두 문장을 논리적으로 가장 적절하게 연결하는 연결어를 골라야 한다. 문맥상 '만약 ~ 사용한다면(if)'이 가장 적절하다.

③ 정답 (a) if를 고른다.

어휘 sales representative 영업 담당자 format 형식 appealing 매력적인 present 보여주다 attract one's attention ~의 관심을 끌다 potential 잠재적인 customer 고객

3 접속부사

Exercise

1. Consequently
2. In the meantime
3. However
4. Nevertheless
5. Otherwise
6. Likewise
7. Furthermore
8. For instance
9. Similarly
10. In fact

1. 오웬은 학교에서 반 친구들을 괴롭히다가 여러 번 걸렸다. 결과적으로, 학교 이사진들은 그를 퇴학시키기로 결정했다.

근거 문맥상 '결과적으로(Consequently)'가 더 적절하다. Indeed(사실은/정말로)는 사실 또는 강조 상황이 나와야 한다.

2. 바이올렛은 상품 전단지를 배포했다. 그동안 메이슨은 청중들에게 시연하고 있었다.

근거 문맥상 '그동안(In the meantime)'이 더 적절하다. Otherwise(그렇지 않으면)는 결과가 나와야 한다.

3. 2020년 인도는 일본, 중국, 한국에 이어 아시아에서 네 번째로 큰 자동차 시장이었다. 하지만, 2021년에 일본을 제치고 세계 3위가 되었다.

근거 문맥상 '하지만(However)'이 더 적절하다. Therefore(그러므로)는 결과가 나와야 한다.

4. 카투사에 들어가기 위한 경쟁률이 대략 올해 10:1이다. 그럼에도 불구하고 데릭은 들어갈 수 있었다.

근거 문맥상 '그럼에도 불구하고(Nevertheless)'가 더 적절하다. Moreover(게다가/더욱이)는 추가 설명이 나와야 한다.

5. 호텔 청소부는 체크인 시간 최소 2시간 전에 방을 청소해야 한다. 그렇지 않으면 프런트가 손님을 받지 않을 것이다.

근거 문맥상 '그렇지 않으면(Otherwise)'이 더 적절하다. Hence(그러므로)는 결과가 나와야 한다.

6. 정부는 가정 폭력 피해자들을 위한 법적 지원 서비스에 2천 5백만 달러를 책정했다. 마찬가지로, 정부는 정신 건강 서비스를 위해 3천만 달러 예산을 책정할 것이다.

근거 문맥상 '마찬가지로(Likewise)'가 더 적절하다. Previously(이전에)는 이전 상황이 나와야 한다.

7. 레드와인 한 잔이 심장병의 위험을 줄인다는 연구 결과가 나왔다. 게다가, 그 연구는 레드와인의 화합물이 우울증 증상을 낮출 수 있다는 것도 발견했다.

근거 문맥상 '게다가(Furthermore)'가 더 적절하다. at length(마침내/결국)는 결과가 나와야 한다.

8. 병원에 가서 검사를 받기 전에 간단히 본인 스스로 점검을 할 수 있다. 예를 들어 온라인에서 현재 증상을 빠르게 찾아볼 수 있다.

근거 문맥상 '예를 들어(For instance)'가 더 적절하다. Alternatively(대안으로)는 대체 상황이 나와야 한다.

9. 데이터를 실시간으로 사용하는 스마트 앱은 한 랜드마크에서 다른 랜드마크까지 가는 방법을 알아내는 것을 가능하게 한다. 비슷하게, 그것은 운전자가 교통 체증을 피하고 우회하도록 도울 수 있다.

근거 문맥상 '비슷하게(Similarly)'가 더 적절하다. Nevertheless(그럼에도 불구하고)는 반전 상황이 나와야 한다.

10. 반려동물 소유의 장점은 편안함, 무조건적인 사랑, 오락, 그리고 향상된 기분이다. 실제로, 많은 반려동물 주인들은 반려동물이 없으면 더 외롭고 덜 행복할 것이라는 데 동의한다.

근거 문맥상 '실제로(In fact)'가 더 적절하다. However(하지만)는 반전 상황이 나와야 한다.

Practice

1. (a)　2. (c)　3. (d)　4. (b)　5. (c)　6. (b)

1 귀하의 모든 정보를 철저히 검토한 후 귀하의 개인 대출 신청이 승인되었음을 알려드리게 되어 기쁩니다. 이에 따라, 5만 달러가 다음 주 수요일 오후 1시까지 귀하의 은행 계좌로 입금될 예정입니다.

풀이 방법

① 선택지를 먼저 읽고 보기가 연결어-접속부사로 구성된

Meaning(의미) 유형인 것을 파악한다.

② 빈칸 앞뒤의 문장을 해석하고 두 문장을 논리적으로 가장 적절하게 연결하는 연결어를 골라야 한다. 앞 문장에는 대출이 승인이 되었고, 뒤 문장에는 계좌로 입금이 될 것이라는 결과가 나왔으므로, 문맥상 '그러므로(Therefore)'가 가장 적절하다.

③ 정답 (a) Therefore를 고른다.

어휘 ▶ thoroughly 철저히 delighted 기쁜 inform 알리다. 통지하다 application 신청 loan 대출 deposit 예금하다 bank account 은행 계좌

2. 여행, 교육, 숙박을 포함한 모든 상환 요청에는 각 부서 관리자의 서명이 포함되어야 한다. 그 이후에 매월 말 전에 재무부에 그것들을 전달해야 한다.

풀이 방법

① 선택지를 먼저 읽고 보기가 연결어–접속부사로 구성된 Meaning(의미) 유형인 것을 파악한다.

② 빈칸 앞뒤의 문장을 해석하고 두 문장을 논리적으로 가장 적절하게 연결하는 연결어를 골라야 한다. 앞 문장에는 관리자의 서명이 있어야 한다고 했고, 뒤 문장에는 재무부로 제출하라는 순서가 나왔으므로, 문맥상 '그 이후에(Then)'이 가장 적절하다.

③ 정답 (c) Then을 고른다.

어휘 ▶ reimbursement 상환 accommodation 숙소 signature 서명 respective 각각의 department 부서 forward 보내다. 전달하다 Finance department 재무부 overall 대체로 instead 대신에 likewise 비슷하게

3. 회사 대표는 히나타 인더스트리가 아시아, 유럽 그리고 오세아니아의 새로운 시장으로 확장할 수 있을 것이라고 말한다. 특히 그는 아시아가 히나타 인더스트리 제품군의 유망한 시장으로 부상할 것으로 기대한다.

풀이 방법

① 선택지를 먼저 읽고 보기가 연결어–접속사로 구성된 Meaning(의미) 유형인 것을 파악한다.

② 빈칸 앞뒤의 문장을 해석하고 두 문장을 논리적으로 가장 적절하게 연결하는 연결어를 골라야 한다. 회사가 새로운 시장으로 확장할 수 있을 것을 이야기했고, 뒤 문장에서도 아시아가 유명한 시장으로 부상할 것을 기대한다는 강조 내용이 나왔으므로, 문맥상 '특히(In particular)'가 가장 적절하다.

③ 정답 (d) In particular를 고른다.

어휘 ▶ representative 대표 state ~를 밝히다 expand 확장되다 expect 기대하다 emerge 부상하다. 대두하다 promising 유망한 rather 오히려 as requested 요청받은 대로

4. 귀하의 해밀턴 매거진 구독이 8월 31일에 만료됩니다. 매달 10달러 할인을 위해 구독을 일찍 갱신하세요. 추가로, 지금

갱신하면 BM 출판사에서 제작한 다른 잡지의 할인을 받을 수 있습니다.

풀이 방법

① 선택지를 먼저 읽고 보기가 연결어–접속부사로 구성된 Meaning(의미) 유형인 것을 파악한다.

② 빈칸 앞뒤의 문장을 해석하고 두 문장을 논리적으로 가장 적절하게 연결하는 연결어를 골라야 한다. 앞 문장에는 일찍 갱신하면 할인 혜택이 있다고 하였고, 뒤 문장에는 다른 잡지의 할인을 추가로 받을 수 있다고 하였으므로 문맥상 '추가로(Additionally)'가 가장 적절하다.

③ 정답 (b) Additionally를 고른다.

어휘 ▶ subscription 구독 expire 만료되다 renew 갱신하다 reduce 줄이다 entitle A to B A에게 B의 자격을 주다 publishing 출판(사)

5. 이 통지는 귀하가 1월 15일부터 전화 서비스를 취소하기로 결정했음을 나타냅니다. 따라서 최종 청구서에는 이사하기 전 달의 요금이 포함되어 새 주소로 발송됩니다.

풀이 방법

① 선택지를 먼저 읽고 보기가 연결어–접속부사로 구성된 Meaning(의미) 유형인 것을 파악한다.

② 빈칸 앞뒤의 문장을 해석하고 두 문장을 논리적으로 가장 적절하게 연결하는 연결어를 골라야 한다. 앞 문장에는 전화 서비스를 취소했다는 통보 상황이 나왔고, 뒤 문장에는 새 주소로 전달 요금을 보낸다는 결과가 나왔으므로, 문맥상 '따라서(Accordingly)'가 가장 적절하다.

③ 정답 (c) Accordingly를 고른다.

어휘 ▶ notice 통지서 effective from ~부터 시행되는 include 포함하다 move out 이사 나가다 in fact 사실은 meanwhile 그동안

6. 저희 고객 서비스 센터에 연락해 주셔서 감사합니다. 보증 조건에 따라 새 교체 세트를 무료로 제공해 드립니다. 그러나 귀하는 먼저 불량품과 함께 원본 영수증을 저희에게 보내셔야 합니다.

풀이 방법

① 선택지를 먼저 읽고 보기가 연결어–접속부사로 구성된 Meaning(의미) 유형인 것을 파악한다.

② 빈칸 앞뒤의 문장을 해석하고 두 문장을 논리적으로 가장 적절하게 연결하는 연결어를 골라야 한다. 앞 문장에는 무료로 교체해준다는 내용이 나왔고, 뒤 문장에는 먼저 불량품과 영수증을 보내야 한다는 반전이 나왔으므로, 문맥상 '그러나 (However)'가 가장 적절하다.

③ 정답 (b) However를 고른다.

어휘 ▶ contact 연락하다 under ~에 따라서 term 조항 warranty 보증 replacement 교체 free of charge 무료로 receipt 영수증 defective 결함이 있는 besides 게다가

DAY 09 관계사

Exercise

1. who is from Chile
2. which I bought
3. who will be coordinating the project
4. that detects heart failure
5. who is sitting at the information booth
6. that I ordered
7. whom the staff should guide
8. which you requested
9. who achieved worldwide fame
10. whose last performance was very impressive
11. when the staff evaluation begins
12. where my mother used to live
13. why Riley and Nathan decided to break up
14. how they create the products efficiently
15. when she left South Korea
16. where you can watch the musical closest
17. why my cousin left the country
18. the way the new projector worked
19. which residents can enjoy fitness activities in
20. when the employees were absent

---

1. 칠레 출신의 요리사가 올해 요리 대회에서 우승했다.
근거 ▶ 선행사가 사람(the chef)이므로 관계대명사 who가 와야 한다.

2. 내가 산 핸드폰은 지금은 품절된 상태이다.
근거 ▶ 선행사가 사물(the phone)이므로 관계대명사 which가 와야 한다.

3. 모든 직원은 엘리아나에게 보고할 것이고, 그녀가 그 프로젝트를 조율할 예정이다.
근거 ▶ 선행사가 사람(Eliana)이므로 관계대명사 who가 와야 한다.

4. 한 의사팀이 심부전을 빠르게 감지하는 새로운 장치를 개발했다.
근거 ▶ 선행사가 사물(a new device)이므로 관계대명사 that이 와야 한다.

5. 안내 부스에 앉아 있는 직원이 당신을 도와줄 것이다.
근거 ▶ 선행사가 사람(the employee)이고 관계사절에 주어가 필요하므로 주격 관계대명사인 who가 와야 한다.

6. 내가 주문한 제품이 아직 도착하지 않았다.
근거 ▶ 선행사가 사물(the product)이므로 관계대명사 which/

that 모두 올 수 있지만, 선행사(the product)가 사물로서 whom을 쓸 수 없기 때문에 'that I ordered'가 와야 한다.

7. 직원이 안내해야 할 참석자들이 로비에서 기다리고 있다.
근거 ▶ 선행사가 사람(the participants)이므로 관계대명사 that/whom 모두 올 수 있지만, 쉼표 뒤에는 관계대명사 that을 사용할 수 없다. 따라서 정답은 'whom the staff should guide'이다.

8. 여러분이 세미나를 위해 요청한 자료집은 가져갈 수 있습니다.
근거 ▶ 선행사가 사물(the information packets)이므로 관계대명사 whom을 사용할 수 없다. 따라서 정답은 'which you requested'이다.

9. 레이디 가가는 록 음악 역사상 가장 위대한 가수 중 한 명으로 세계적인 명성을 얻은 프레디 머큐리에게 영감을 받았다.
근거 ▶ 선행사가 사람(Freddie Mercury)이므로 관계대명사 who가 와야 한다. 참고로 소유격 관계대명사 whose 뒤에는 대명사가 아닌 명사로 시작하는 완벽한 문장이 나와야 한다.

10. 지난번 연주가 매우 인상적이었던 피아니스트는 곧 또다른 콘서트를 열 예정이다.
근거 ▶ 선행사가 사람(the pianist)이므로 관계대명사 whose가 와야 한다. 참고로 관계사 what 앞에는 선행사가 올 수 없다.

11. 운영진은 직원 평가가 시작되는 정확한 날짜를 모두에게 알릴 것이다.
근거 ▶ 앞이 완벽한 문장이고 선행사가 시간(the exact date)이므로 관계부사 when이 와야 한다.

12. 이곳은 나의 어머니가 어렸을 때 살던 마을이다.
근거 ▶ 앞이 완벽한 문장이고 선행사가 장소(town)이므로 관계부사 where이 와야 한다.

13. 아무도 라일리와 네이션이 헤어지기로 결정한 이유를 모른다.
근거 ▶ 앞이 완벽한 문장이고 선행사가 이유(the reason)이므로 관계부사 why가 와야 한다.

14. 그들의 사업을 특출하게 만드는 것은 그들이 제품을 효율적으로 만드는 방법이다.
근거 ▶ 앞이 완벽한 문장이고 선행사 없이 방법이 나와야 하므로 관계부사 how가 와야 한다. 참고로 관계부사 how 앞에는 선행사를 쓰지 않고, 선행사 the way를 쓰면 how를 쓰지 않는다.

15. 클로이는 그녀가 한국을 떠난 1999년부터 미국에서 살고 있다.

근거 선행사가 시간(1999)이므로 관계사 which 또는 when 이 올 수 있다. 참고로 관계부사 뒤에는 완벽한 문장이, 관계대명사 뒤에는 불완전한 문장이 나와야 하는데 'she left South Korea'는 완벽한 문장이므로 관계대명사 which는 사용할 수 없다.

16. VIP석은 뮤지컬을 가장 가까이에서 볼 수 있는데 매우 비싸다.
근거 앞에 선행사가 장소(the VIP seats)이므로 관계사 which 또는 where이 올 수 있지만 관계사가 있는 문장이 완벽하므로 where이 와야 한다. 참고로 관계대명사 뒤에는 불완전한 문장이 나와야 하는데 'you can watch the musical closest'는 완벽한 문장이므로 관계대명사 which는 사용할 수 없다.

17. 내 사촌이 출국한 이유는 아직 밝혀지지 않았다.
근거 앞에 선행사가 이유(the reason)이므로 관계사 which 또는 why가 올 수 있는데 뒤에 완벽한 문장이 왔으므로 why 를 써야 한다. 참고로 관계대명사 뒤에는 불완전한 문장이 나와야 하는데 'my cousin left the country'는 완벽한 문장이므로 관계대명사 which는 사용할 수 없다.

18. 부서의 모든 사람들은 새로운 프로젝터가 작동하는 방법을 알아내려고 애쓰고 있었다.
근거 의미상 방법을 나타내므로 선행사 the way가 와야 한다. 'the new projector worked'는 완전한 문장이므로 관계대명사 what은 올 수 없다. 참고로 선행사 the way는 관계부사 how와 같이 쓰지 않는다.

19. 주민 센터는 거주자들이 피트니스 활동을 즐길 수 있는 시설을 제공한다.
근거 앞에 선행사가 장소(a facility)이므로 관계사 which 또는 where이 올 수 있는데 뒤에 문장이 전치사 in의 목적어가 필요한 불완전한 문장이므로 which가 와야 한다. 'residents can enjoy fitness programs in'은 전치사의 목적어가 없는 불완전한 문장이므로 where는 사용할 수 없다.

20. 그 CEO는 직원들이 자리에 없는 정오에 왔다.
근거 앞에 선행사가 시간(noon)이므로 관계사 which 또는 when이 올 수 있는데 'the employees were absent'는 완전한 문장이므로 which는 사용할 수 없다.

Practice

1. (a) **2.** (c) **3.** (d) **4.** (b) **5.** (d) **6.** (b)

1. 사람들은 국립 자연탐방로의 날을 올해에도 다시 기념할 것이다. 수천 명의 사람들은 그들의 관계를 돈독하게 할 오솔길을 걸을 것으로 예상이 된다. 후원자 덕분에, 참가자들은 행사가 끝난 후에 무료 비타민 음료를 받을 것이다.

풀이 방법
① 선택지를 먼저 읽고 보기가 관계사를 포함한 문장으로 구성된 Form 유형인 것을 파악한다.
② 빈칸 앞에 선행사가 사물(the trails)이 나왔으므로 관계대명사 that과 which 둘 다 가능하다. 하지만 관계대명사 뒤에는 불완전한 문장이 나와야 하므로 (b)는 완벽한 문장이기 때문에 오답이다. 선행사가 있으면 관계사 what도 나올 수 없으므로 (d)도 오답이다.
③ 정답 (a) that bring them together을 고른다.

어휘 celebrate 기념하다 national trail 국립 자연탐방로 expect 예상하다 walk on 계속 걷다 trail 오솔길 bring sb together ~의 관계를 돈독하게 하다 thanks to ~덕분에 sponsor 후원자 participant 참가자, 참여자

2. 이 새로운 물질은 환자의 뇌에 당단백질이 축적되는 것을 방지함으로써 효과를 내도록 의도되었다. 이것은 초기 단계에 있는 사람들의 알츠하이머 병의 진행을 늦출지도 모른다.

풀이 방법
① 선택지를 먼저 읽고 보기가 관계사를 포함한 문장으로 구성된 Form 유형인 것을 파악한다.
② 빈칸 앞에 선행사가 사람(people)이 나왔으므로 관계대명사 whom과 who 둘 다 가능하다. 관계사가 있는 문장에서 주어를 찾을 수 없으므로 주격 관계대명사 who가 들어간 것이 정답이다.
③ 정답 (c) who are in the early stages를 고른다.

어휘 substance 물질 intend 의도하다 work (약 등이) 효과가 있다 prevent 방지하다 buildup 증가, 축적 glycoprotein 당단백질 delay 늦추다, 지연시키다 progress 진행, 과정 Alzheimer's disease 알츠하이머병, 노인성 치매 early stage 초기 단계

3. 최근 한 연구는 미국의 다른 인종들보다 히스패닉이 주택 소유에 더 많은 가치를 둔다는 것을 보여주었다. 그러나, 대부분의 히스패닉이 공통으로 가지고 있는 이러한 경향은 많은 다른 사람들이 히스패닉 사람들이 미국에서 그들의 주택 구입을 방해할 수 있다고 생각하게 만들었다.

풀이 방법
① 선택지를 먼저 읽고 보기가 관계사를 포함한 문장으로 구성된 Form 유형인 것을 파악한다.
② 빈칸 앞에 선행사가 사물(tendency)이 나왔으므로 관계대명사 that과 which 둘 다 가능하다. 쉼표 뒤에는 that이 나올 수 없고 선행사가 있으면 what도 나올 수 없으므로 (a)와 (b)는 각각 정답이 될 수 없다. 쉼표 뒤에 쓸 수 있으면서 주격 관계대명사가 포함된 (d)가 정답이다.
③ 정답 (d) which most Hispanics have in common을 고른다.

어휘 recent study 최근 연구 Hispanic 히스패닉, 중남미계 미국인 put value on ~에 가치를 두다. ~를 중시하다 tendency

경향, 성향 homeownership 주택 보유 race 인종 tendency
경향 have ~ in common ~을 공통으로 갖다 hamper 방해하
다 house purchasing 주택 구입 the States 미국

4. 액션에 초점을 맞춘 슈퍼히어로 영화는 어린이들 사이에서
가장 선호되는 장르 중 하나이다. 그것은 2000년대 후반 '블
레이드', '엑스맨', 그리고 '스파이더맨' 3부작 같은 영화들과 함
께 인기를 얻기 시작했다.

풀이 방법

① 선택지를 먼저 읽고 보기가 관계사를 포함한 문장으로 구
  성된 Form 유형인 것을 파악한다.

② 빈칸 앞에 선행사가 사물(movie)이 나왔으므로 관계대명사
  which와 that 둘 다 가능하다. 관계대명사 뒤에는 불완전
  한 문장이 나와야 하지만 (d)는 완벽한 문장이기 때문에 오
  답이다. 선행사가 있으면 관계사 what도 나올 수 없으므로
  (a) 또한 오답이다.

③ 정답 (b) that focuses on actions를 고른다.

어휘 focus on ~에 초점을 맞추다 preferred 선호되는 genre
장르 among ~사이에 gain 얻다 popularity 인기 such as
~과 같은 trilogy 3부작

5. 많은 사람들이 은행에 대출을 신청할 때, 서류 심사 과정에
초점을 맞추는 경향이 있다. 그러나 숫자에 대한 해석은 주관
적일 수 있기 때문에 당신이 이야기하는 은행원에 따라 결과
가 달라질 수 있다.

풀이 방법

① 선택지를 먼저 읽고 보기가 관계사를 포함한 문장으로 구
  성된 Form 유형인 것을 파악한다.

② 빈칸 앞에 선행사가 은행원(teller)이 나왔으므로 관계대명
  사 who와 whom 둘 다 가능하다. 관계대명사 뒤에는 불완
  전한 문장이 나와야 하지만 (b)는 완벽한 문장이기 때문에
  오답이다.

③ 정답 (d) whom you talk to을 고른다.

어휘 apply for ~을 신청하다 loan 대출 tend to ~하는 경향
이 있다 focus on ~에 초점을 맞추다 document 서류
screening 심사 process 과정 result 결과 differ 다르다
depending on ~에 달려 있다 teller 은행원 interpretation
해석 subjective 주관적인

6. 사무엘은 퀘벡의 황야에서 태어나 자랐는데, 그곳에서 그
와 그의 아버지는 함께 산을 넘었고, 시베리안 허스키 7마리와
함께 썰매를 타고 얼어붙은 땅과 호수를 횡단했다. 30년을 개
썰매를 모는 사람으로 보낸 그의 아버지는 곧 은퇴할 것이고,
사무엘이 그의 역할을 넘겨받을 것이다.

풀이 방법

① 선택지를 먼저 읽고 보기가 관계사를 포함한 문장으로 구
  성된 Form 유형인 것을 파악한다.

② 빈칸 앞에 선행사가 사물-장소(Canada)가 나왔으므로 관

계사 that, which, where 모두 가능하다. 하지만 쉼표 뒤
에는 관계대명사 that이 나올 수 없으므로 (a)는 오답이고
관계대명사 which 뒤에는 불완전한 문장이 나와야 하는데
(c)뒤에는 완벽한 문장이기 때문에 오답이다.

③ 정답 (b) where he and his father crossed mountains
  를 고른다.

어휘 be raised 자라다 wilderness 황야 cross 가로지르다
traverse 횡단하다 frozen ground 얼어붙은 땅 sled 썰매
musher 개 썰매를 모는 사람 retire 은퇴하다 take over 넘겨받
다

Chapter 2 독해

DAY 10 PART 1 인물 일대기 (Historical Account)

구성	STAN LEE	스탠 리
1	Stan Lee is a celebrated comic book writer, producer, editor, and publisher from the United States. He established the well-known Marvel Comics from his family's company, originally known as Timely Publications. He was also an [6]ingenious director for over 20 years, [1]creating such renowned titles as *Spider-Man*, *X-Men*, and *Fantastic Four*.	스탠 리는 미국의 유명한 만화책 작가, 제작자, 편집자이자, 발행인이다. 그는 원래 타임리 퍼블리케이션스라고 알려진 그의 가족이 운영하던 회사에서 잘 알려진 마블 코믹스를 설립했다. 그는 또한 20년 넘게 [6]독창적인 책임자였고, [1]'스파이더맨', '엑스맨', '판타스틱 포' 등의 유명한 출판물들을 만들었다.
2	Lee's parents were Jewish immigrants from Romania. He was raised in the Jewish faith, but later in life he claimed to be an agnostic. He grew up in Manhattan, New York City, until he was a teenager. His family then moved to the Bronx, where he attended high school. His parents slept on a sofa bed in the living room, while Lee shared a room with his brother. At the age of 15, Lee entered a weekly essay competition for high school students, and won it for three straight weeks. [2]His teacher suggested he think about writing professionally, which changed his life.	리의 부모는 루마니아에서 온 유대인 이민자였다. 리는 유대교 신앙 아래 자랐지만, 나중에 그는 자신이 불가지론자라 주장했다. 그는 청소년 시기까지 뉴욕의 맨해튼에서 성장했다. 이후 그의 가족은 브롱크스로 이주했고, 그곳에서 그는 고등학교를 다녔다. 리의 부모님은 거실에 있는 접이식 소파에서 잠을 잤고, 리는 형과 방을 같이 썼다. 15세의 나이에, 리는 고등학생들을 위한 주간 에세이 대회에 참가했고, 3주 연속으로 우승을 차지했다. [2]그의 선생님은 그가 전문적으로 글을 쓰는 것에 대해 생각해 볼 것을 제안했고, 이것은 그의 삶을 변화시켰다.
3	In 1939, he joined Timely Publications, a company owned by his cousin's husband. Lee's original family name was Leiber, but he decided to shorten it to Lee when he began his career. In the 1950s, DC Comics started the Justice League, so Lee was tasked with making an equivalent for Marvel Comics. [3]Lee chose to make his superheroes have human [7]flaws, instead of the ideal types in other superhero stories. The first heroes he created were the Fantastic Four, which were immediately successful. Afterwards, he created all the other famous Marvel characters, with the most successful one being Spider-Man.	1939년, 그는 사촌의 남편이 소유한 회사인 타임리 퍼블리케이션스에 입사했다. 리의 원래 성은 리버였으나, 직장 생활을 시작할 때 그는 그것을 리로 줄이기로 결정했다. 1950년대에 DC 코믹스는 저스티스 리그(슈퍼히어로 집단)를 창간했고, 리는 마블 코믹스에서 이에 상당하는 것을 만드는 임무를 맡았다. [3]리는 다른 슈퍼히어로 이야기들에 나오는 이상적인 유형 대신, 그의 슈퍼히어로들에게 인간적인 [7]결점을 갖게 하는 것을 선택했다. 그가 만든 첫 번째 히어로들은 판타스틱 포였는데, 이들은 즉시 성공을 거뒀다. 나중에, 그는 그의 가장 성공적인 캐릭터인 스파이더맨과 더불어 다른 모든 유명한 마블 캐릭터들을 창조했다.

4	4c)Lee also created a sense of community between the Marvel Comics readers and the production crew, which was new and sensational for that time. 4a)He included a credit panel in each comic, naming all the writers and illustrators. Lee encouraged the readers to write to him and allowed them to use his first name. Lee's series continued to grow in popularity, and 4b)he even started to incorporate topical issues into the stories, including the Vietnam War and student activism.	4c)또한 리는 마블 코믹스 독자들과 제작진 사이에 공동체 의식을 만들어냈는데, 이것은 그 당시로서는 새롭고 선풍적인 것이었다. 4a)그는 각 만화책에 제작진 명단을 포함시켜서 모든 내용 작가와 만화 작가의 이름을 밝혔다. 리는 독자들이 그에게 편지를 쓰도록 권장했고 그의 (성이 아닌) 이름을 사용하도록 했다. 리의 연작들은 계속해서 인기를 얻었고, 4b)그는 베트남 전쟁과 학생 운동을 포함한 시사적인 문제들도 이야기에 반영하기 시작했다.
5	In his later life, Lee's creations became more popular than he could have ever imagined when he started. 5)In 2000, the first *X-Men* movie came out, and then many more titles followed. He established POW! Entertainment in 2001 to develop movies and TV shows, as well as video games. He passed away in 2018, but in 2020, Genius Brands bought the rights to his name and created the "Stan Lee Universe" in partnership with POW! Entertainment.	말년에, 리의 창작물은 그가 시작했을 때 상상했던 것보다 더 인기가 많아졌다. 5)2000년에, 첫 번째 '엑스맨' 영화가 나왔고, 그 후 더 많은 영화들이 뒤따라 개봉했다. 그는 비디오 게임 뿐만 아니라 영화와 TV 쇼를 개발하기 위해 2001년에 POW! 엔터테인먼트를 설립했다. 리는 2018년에 세상을 떠났지만, 2020년 지니어스 브랜드 사가 그의 이름에 대한 권리를 사들였고, POW! 엔터테인먼트와 제휴하여 '스탠 리 유니버스'를 만들었다.

어휘 celebrated 유명한 producer 제작자 editor 편집자 publisher 발행인, 출판업자 establish 설립하다 well-known 유명한, 잘 알려진 originally 원래 ingenious 독창적인, 창의적인 director 책임자, 감독 renowned 유명한, 잘 알려진 title 출판물, 발매물 Jewish 유대인 immigrant 이민자 be raised 자라다 faith 신념, 믿음 claim 주장하다, 말하다 agnostic 불가지론자 attend ~에 다니다 sofa bed 접이식 소파 enter 참가하다 essay competition 글쓰기 대회 straight 연속의, 곧은 suggest 제안하다 professionally 전문적으로 join 입사하다, 합류하다 own 소유하다 family name 성 shorten 줄이다 career 직장 생활, 경력 be tasked with ~하는 임무가 주어지다 equivalent 상당하는 것 flaw 결함 instead of ~ 대신에 ideal 이상적인 immediately 즉시 afterwards 나중에 successful 성공적인 a sense of community 공동체 의식 crew 팀 sensational 선풍적인 include 포함하다 credit panel 참여자 명단 name 이름을 밝히다 illustrator 삽화가 encourage 권장하다 allow 허락하다 first name 이름 series 연작, 시리즈 grow in popularity 인기가 높아지다 incorporate A into B A를 B에 반영하다 topical 시사적인 student activism 학생 운동 later life 말년 creation 창작물 come out (책, 음반 등이) 나오다 entertainment 연예기획사 A as well as B B뿐만 아니라 A도 pass away 죽다 rights to ~의 권한, 권리 in partnership with ~와 제휴하여

---

 what / S.L. / best known (무엇 / S.L. / 가장 잘 알려진)　　　**주제**

1. What is Stan Lee best known for?

  (a) illustrating the most popular comic book in the U.S.

  (b) producing *Spider-Man*, *X-Men* and *Fantastic Four*

  (c) managing the biggest comic company for over 20 years

  (d) founding a family-run publishing firm

스탠 리는 무엇으로 가장 잘 알려져 있는가?

(a) 미국에서 가장 유명한 만화책의 삽화를 그린 것

(b) '스파이더맨', '엑스맨', '판타스틱 포'를 제작한 것

(c) 20년 이상 가장 큰 만화 회사를 운영한 것

(d) 가족 운영의 출판사를 설립한 것

해설 본문 1단락의 "creating such renowned titles as *Spider-Man*, *X-Men*, and *Fantastic Four*"('스파이더맨', '엑스맨', '판타스틱 포' 등의 유명한 출판물들을 제작했다)를 근거로 정답은 (b)이다. (c)는 20년 넘게 경영했지만 가장 큰 만화 회사라는 것은 알 수 없기에 오답이다.

패러프레이징 creating ➡ producing ≒ make(만들다), build(짓다), establish(설립하다), invent(발명하다)

어휘 illustrate ~의 삽화를 그리다 produce 제작하다 manage 운영하다 found 설립하다 family-run 가족 운영의 publishing firm 출판사

🔑 how / L / start / career-writer? (어떻게 / Lee / 시작 / 경력-작가)   세부사항

2. How did Lee start his career as a writer?

(a) by listening to his parents' recommendation
(b) by pursuing his dream with his brother
(c) by winning several tournaments in college
(d) by being encouraged by his instructor

리는 작가로서의 경력을 어떻게 시작했는가?

(a) 부모님의 권유를 들음으로써
(b) 동생과 함께 꿈을 추구함으로써
(c) 대학에서 여러 대회에 우승함으로써
(d) 선생님으로부터 격려를 받음으로써

정답 시그널 writing professionally

해설 본문 2단락에서 "His teacher suggested he think about writing professionally, which changed his life."(그의 선생님은 그가 전문적으로 글을 쓰는 것에 대해 생각해 볼 것을 제안했고, 이것은 그의 삶을 변화시켰다.)를 근거로 정답은 (d)이다. (c)에서 참가 및 우승을 한 대회는 고등학생들을 대상으로 한 것이므로 (c)는 정답이 될 수 없다.

패러프레이징 teacher ➡ instructor ≒ guide(지도자), mentor(멘토), educator(교육자)

어휘 career 경력, 일 recommendation 권유, 추천 pursue 추구하다 tournament 대회 encourage 격려하다 instructor 교사, 강사

🔑 why / most likely / L-comics / successful (왜 / 추론 / L-만화 / 성공적)   추론

3. Based on the article, why most likely were Lee's comics successful?

(a) because he produced similar works to beat his company's rival
(b) because the superhero genre was booming in the industry
(c) because he put more humanlike traits in the characters
(d) because he created the most famous superhero in comic book history

기사에 따르면, 왜 리의 만화는 성공적이었을까?

(a) 경쟁사를 이기기 위해 비슷한 작품을 제작했기 때문에
(b) 슈퍼히어로 장르가 그 산업에서 크게 성공하고 있었기 때문에
(c) 캐릭터에 인간적인 특징을 더 많이 넣었기 때문에
(d) 만화책 역사상 가장 유명한 슈퍼히어로를 만들어냈기 때문에

정답 시그널 successful

해설 본문 3단락에서 "Lee chose to make his superheroes have human flaws, instead of the ideal types in other superhero stories. The first heroes he created were the Fantastic Four, which were immediately successful."(리는 다른 슈퍼히어로 이야기들에 나오는 이상적인 유형 대신, 그의 슈퍼히어로들에게 인간적인 결점을 갖게 하는 것을 선택했다. 그가 만든 첫 번째 히어로들은 판타스틱 포였는데, 이들은 즉시 성공을 거뒀다.)"을 근거로 정답은 (c)이다.

패러프레이징 human ➡ humanlike | flaws ➡ traits ≒ characteristic(성격), feature(특징), personality(성격) | superhero ➡ character ≒ figure(인물)

어휘 similar 비슷한 beat 이기다 rival 경쟁자 boom 성공하다; 호황 industry 산업 humanlike 인간적인 trait 특징

4. According to the article, which is NOT a way that Lee made his comic books more appealing to readers?

(a) by inscribing the names of the workers in the book
(b) by covering sensitive social issues of that era in his comics
(c) by developing a community spirit among Marvel Comics enthusiasts and creators
(d) by featuring characters from one comic book to another

기사에 따르면, 리가 독자들에게 만화책을 더 매력적으로 만든 방법이 아닌 것은?

(a) 책에 작업자들의 이름을 적음으로써
(b) 만화책에 그 시대의 민감한 사회 문제를 다룸으로써
(c) 마블 코믹스 팬들과 창작자들 사이에 공동체 의식을 발전시킴으로써
(d) 인물들을 여러 만화책에 등장시킴으로써

정답 시그널 readers, sensational ※NOT 문제는 보기를 먼저 읽고 본문의 키워드와 비교하면서 맞는 보기를 하나씩 제거한다.

해설 본문 4단락의 (a)는 "He included a credit panel in each comic, naming all the writers and illustrators."(그는 각 만화책에 제작진 명단을 포함시켜서 모든 내용 작가와 만화 작가의 이름을 밝혔다.)를 근거로, (b)는 "he even started to incorporate topical issues into the stories, including the Vietnam War and student activism"(그는 베트남 전쟁과 학생 운동을 포함한 시사적인 문제들도 이야기에 반영하기 시작했다)을 근거로, (c)는 "Lee also created a sense of community between the Marvel Comics readers and the production crew, which was new and sensational for that time."(또한 리는 마블 코믹스 독자들과 제작진 사이에 공동체 의식을 만들어냈는데, 이것은 그 당시로서는 새롭고 선풍적인 것이었다.)을 근거로 정답이 될 수 없다. (d)는 본문에서 관련 내용을 찾을 수 없으므로 독자들에게 리가 만화책을 매력적으로 만든 방법으로 볼 수 없으므로 정답이다.

어휘 appealing 매력적인 inscribe 쓰다 cover 다루다 era 시대 community spirit 공동체 의식 enthusiast 팬 feature ~에 출연시키다

---

5. Based on the article, what can be said about Lee's later life?

(a) His productions' reputation decreased after his death.
(b) His series of comics were released in feature-length films.
(c) He founded an online game company.
(d) He secured a contract with a company in 2020.

기사에 따르면, 리의 말년에 대해 무엇을 말할 수 있는가?

(a) 그의 작품들의 명성이 그의 사후에 떨어졌다.
(b) 그의 만화책 시리즈가 장편 영화로 개봉되었다.
(c) 그는 온라인 게임 회사를 설립했다.
(d) 그는 2020년에 한 회사와의 계약을 따 냈다.

정답 시그널 in his later life

해설 "In 2000, the first *X-Men* movie came out, and then many more titles followed."(2000년에, 첫 번째 '엑스맨' 영화가 나왔고, 그 후 더 많은 영화들이 뒤따라 개봉했다.)를 근거로 정답은 (b)이다.

패러프레이징 the first *X-Men* movie came out ➡ comics were released in feature-length films
movie ➡ feature-length films ≒ cinema, motion picture(영화)

어휘 later life 말년 reputation 명성 decrease 떨어지다 release 개봉하다, 공개하다 feature-length 장편의 found 설립하다 secure a contract 계약을 따 내다

6. In the context of the passage, <u>ingenious</u> means

_____.

   (a) original   (b) experienced

   (c) sly   (d) respectful

본문의 맥락에서 <u>ingenious</u>는 _____를 의미한다.

(a) 독창적인   (b) 경험이 많은

(c) 교활한   (d) 공손한

해설 본문 1단락 "He was also an <u>ingenious</u> director for over 20 years(그는 또한 20년 넘게 <u>독창적인</u> 디렉터로 부임했다)"에서 ingenious는 '독창적인, 창의적인'의 의미로 사용되었으므로 정답은 (a)이다.

7. In the context of the passage, <u>flaws</u> means

_____.

   (a) powers   **(b) defects**

   (c) merits   (d) abilities

본문의 맥락에서 <u>flaws</u>는 _____를 의미한다.

(a) 권력   **(b) 결함**

(c) 장점   (d) 능력

해설 본문 3단락 "Lee chose to make his superheroes have human <u>flaws</u>"(리는 그의 슈퍼히어로들에게 인간적인 결점을 갖게 하는 것을 선택했다)에서 flaws는 '단점, 결함'의 의미로 사용되었으므로 정답은 (b)이다.

구성	REVERSING EXTINCTION: THE MAMMOPHANT	멸종을 되돌리기: 매머펀트
1	Turn the clock back over 10,000 years and the earth would be a very different place. Some creatures would look very out of place in today's world. One of these creatures, the woolly mammoth, has been in the public imagination for a long time, but it may be making a [6]comeback in the next few decades. [1]Researchers believe this ancient creature could be used to help to solve modern climate change.	시계를 10,000년 이상 되돌려보면 지구는 매우 다른 곳이었을 것이다. 어떤 생물들은 오늘날의 세상에 맞지 않는 것처럼 보일 것이다. 이 생물들 중 하나인 울리 매머드는, 오랫동안 대중의 상상 속에 있었고, 그것은 다음 수십년 안에는 [6]복귀를 할 지도 모른다. [1]연구자들은 이 고대의 생물은 현대의 기후 문제를 해결하는 데 도움을 주도록 사용될 수 있다고 믿는다.
2	According to archeologists, the woolly mammoth existed across the world, from Africa to Asia to the Americas. [2]Looking at the cave paintings from the Paleolithic Age, they are known to have interacted with prehistoric humans. Exactly why they went extinct still isn't known, but it is thought to be a combination of climate change and hunting.	고고학자들에 따르면, 울리 매머드는 아프리카에서 아시아, 아메리카에 이르기까지, 전 세계에 존재했다. [2]구석기 시대의 동굴 벽화를 보면, 그 동물들은 선사 시대 인간과 교류한 것으로 알려져 있다. 정확히 왜 그들이 멸종했는지는 아직 알려지지 않았지만, 그것은 기후 변화와 사냥의 결합으로 생각된다.
3	The mammoths of Siberia helped to remove tree and vegetation cover, which kept the land cold, therefore reducing the temperature of the region. Once they were gone, the forests grew, thereby warming the area. It is hoped that if the mammoth can be brought back, they can restore the balance and help reduce the temperature once more.	시베리아의 매머드는 땅을 차갑게 유지했던, 따라서 그 지역의 온도를 낮췄던, 나무와 초목의 덮개를 제거하는 데 도움을 주었다. 일단 그들이 사라지자, 숲은 자랐고, 그에 따라 그 지역이 따뜻해졌다. 만약 매머드가 되살려질 수 있다면, 그들은 한 번 더 균형을 되찾고 온도를 낮추는데 도움을 줄 수 있을 것으로 기대된다.
4	Surprisingly, [3]scientists can theoretically revive this lost species with the help of the mammoth's cousin, the elephant. Mammoth cadavers have been [7]preserved in the ice over the centuries, also preserving their DNA. [3]Scientists are now trying to splice together the DNA of the mammoth and the elephant to create a hybrid species that has been dubbed the "mammophant."	놀랍게도, [3]과학자들은 매머드의 사촌인 코끼리의 도움으로 이론적으로 이 사라진 종을 되살릴 수 있다. 매머드 사체들은 수세기 동안 얼음 속에 [7]보존되어 왔으며, 또한 그들의 DNA를 보존해 오고 있었다. [3]과학자들은 현재 '매머펀트'라고 불리는 잡종을 만들기 위해 매머드와 코끼리의 DNA를 접합하려고 노력하고 있다.

5	4a)Many people have criticized the research, especially for the $15 million price tag. 4b)Many critics have said that the effect of bringing back the mammoth will not be a solution to global climate change. Others also say that since the time the mammoths went extinct 10,000 years ago, 4c)the earth has already corrected itself, meaning that reintroducing them could once again break down the ecosystem.	4a)많은 사람들은 그 연구를 비판했는데, 특히 1,500만 달러의 비용에 대한 것이었다. 4b)많은 비평가들은 매머드를 되살리는 효과는 지구의 기후 변화에 대한 해결책이 아니라고 말했다. 다른 사람들은 또한 매머드가 10,000년 전에 멸종한 이후로, 4c)지구는 이미 스스로를 바로잡았고, 매머드를 복원하는 것은 다시 한 번 생태계를 무너뜨릴 수 있다는 것을 의미한다고 말한다.
6	Regardless of the controversy, scientists said the project is very close to the stage of creating a viable embryo. The new creature won't be exactly like the ancient mammoths, but more of a hybrid. Even if we are not able to reintroduce mammoths, the technology for reviving extinct species could be very useful, as we are currently going through another mass extinction. 5)Maybe other species long gone could be making a comeback.	논란과 관계없이, 과학자들은 그 프로젝트가 살아 있는 배아를 만드는 단계에 매우 가까워졌다고 말했다. 이 새로운 생물은 고대 매머드와 정확히 똑같지는 않을 것이고, 잡종에 더 가까울 것이다. 비록 우리가 매머드를 되살릴 수 없더라도, 우리는 현재 또 다른 대멸종을 겪고 있기 때문에, 멸종된 종들을 되살리는 기술은 매우 유용할 수 있다. 5)어쩌면 오래 전에 사라진 다른 종들이 다시 돌아올 수도 있다.

어휘 turn back 되돌리다 creature 생물, 생명체 out of place 맞지 않는, 부적절한 woolly 털이 뒤덮인, 털북숭이의 public 대중의 imagination 상상 decade 10년 ancient 고대의 solve 해결하다 according to ~에 따르면 archeologist 고고학자 cave painting 동굴 벽화 Paleolithic Age 구석기 시대 interact 교류하다, 상호 작용하다 prehistoric 선사의 exactly 정확히, 틀림없이 extinct 멸종된, 사라진 combination 결합, 조합 climate change 기후 변화 ecosystem 생태계 remove 제거하다 vegetation 초목, 식물 therefore 따라서 reduce 낮추다, 줄이다 temperature 온도 region 지역 thereby 그에 따라, 그 결과 it is hoped that ~할 것으로 기대되다 bring back 되살리다 restore 되찾다, 복구하다 balance 균형 surprisingly 놀랍게도 theoretically 이론적으로 revive 되살리다, 부활시키다 lost 사라진 species 종 cadaver 사체, 시체 preserve 보존하다 splice together 접합하다, 잇다 hybrid 잡종 be dubbed ~라고 불리다 criticize 비판하다 price tag 비용, 가격 critic 비평가 effect 효과 solution 해결책 correct 바로잡다 reintroduce 복원하다 break down 무너지다, 고장 나다 regardless of ~와 관계없이 controversy 논란 stage 단계 close 비슷한, 가까운 viable 생존할 수 있는 embryo 배아 more of ~에 가까운 currently 현재 go through ~을 겪다 mass extinction 대멸종

🔑 what / benefit / m-comeback (무엇 / 이점 / m-복귀)

세부사항

1. Based on the article, what would be a benefit of the mammoth's comeback?

(a) It will help us find extraterrestrial lifeforms.
(b) It may bring back extinct species.
(c) It would entertain the public worldwide.
(d) It could troubleshoot the problem of global warming.

기사에 따르면, 매머드가 복귀하면 어떤 이점이 있을까?

(a) 우리가 외계 생명체를 찾는데 도움을 줄 것이다.
(b) 멸종된 종들을 되살릴지도 모른다.
(c) 전 세계에 대중들을 즐겁게 할 것이다.
(d) 지구 온난화 문제를 해결할 수 있다.

정답 시그널 help to solve the modern climate change

해설 본문 1단락의 "Researchers believe this ancient creature could be used to help to solve modern climate change."(연구자들은 이 고대의 생물은 현대의 기후 변화를 해결하는 데 도움을 주도록 사용될 수 있다고 믿는다.)를 근거로 정답은 (d)이다.

🔑 what / true / mammoth (무엇 / 사실 / 매머드) **세부사항**

2. What is true about the mammoth?

  (a) It dwelled in a single region only.

  (b) It had contact with humans in the past.

  (c) It destroyed the forest ecosystem.

  (d) It became extinct for clear reasons.

매머드에 대한 설명으로 옳은 것은?

(a) 한 지역에서만 살았다.

(b) 과거에 인간과 접촉했었다.

(c) 숲의 생태계를 파괴했다.

(d) 분명한 이유로 멸종되었다.

정답 시그널 두 번째 질문은 두 번째 단락 또는 세 번째 단락에 있을 확률이 높다.

해설 본문 2단락에서 "Looking at the cave paintings from the Paleolithic Age, they are known to have interacted with prehistoric humans."(구석기 시대의 동물 벽화를 보면, 그 동물들은 선사 시대 인간과 교류한 것으로 알려져 있다.)를 근거로 정답은 (b)이다.

패러프레이징 interacted with prehistoric humans ➡ had contact with humans in the past

interact ➡ contact ≒ communicate(소통하다), connect(연결하다), approach(접근하다), encounter(만나다)

prehistoric ➡ past ≒ ancient(고대의), archaic(태곳적의), primitive/primeval/primordial(원시의)

어휘 dwell 살다 specific 특정한 contact 접촉 destroy 파괴하다 ecosystem 생태계 extinct 멸종된 clear 분명한

🔑 how / scientists / create / M (어떻게 / 과학자 / 만들어내다 / M) **추론**

3. According to the article, how could scientists create the mammophant?

  (a) by mixing the DNA of two different creatures together

  (b) by preserving elephants in the ice

  (c) by restoring the balance of the earth's temperature

  (d) by protecting endangered elephants

그 기사에 따르면, 과학자들은 어떻게 매머펀트를 만들어낼 수 있었을까?

(a) 서로 다른 두 생물의 DNA를 섞어서

(b) 코끼리를 얼음 속에 보존함으로써

(c) 지구 온도의 균형을 회복함으로써

(d) 멸종 위기에 처한 코끼리를 보호함으로써

정답 시그널 scientists can theoretically revive

해설 본문 4단락에서 "scientists can theoretically revive this lost species with the help of the mammoth's cousin, the elephant"(놀랍게도, 과학자들은 매머드의 사촌인 코끼리의 도움으로 이론적으로 이 멸종된 종을 되살릴 수 있다)와 "Scientists are now trying to splice together the DNA of the mammoth and the elephant to create a hybrid species that has been dubbed the "mammophant."(과학자들은 현재 '매머펀트'라고 불리는 잡종을 만들기 위해 매머드와 코끼리의 DNA를 결합하려고 노력하고 있다.)를 근거로 정답은 (a)이다.

패러프레이징 splice together the DNA of the mammoth and the elephant ➡ mixing the DNA of two different creatures together | splice ➡ mix ≒ blend(혼합하다), mingle(섞다), graft(이식하다), fuse(융합하다), incorporate(통합하다)

어휘 creature 생물 preserve 보존하다 restore 복구하다 balance 균형 protect 보호하다 endangered 멸종 위기에 처한

4. Which is NOT true about people's criticism toward the research?

　(a) It costs too much money to carry out the project.
　(b) It would not resolve the problem of global climate change.
　(c) It may provoke the breakdown of the ecosystem.
　(d) It will help correct the earth's issues immediately.

연구에 대한 사람들의 비판에 대해서 사실이 아닌 것은?

　(a) 그 프로젝트를 수행하는 데 너무 많은 돈이 든다.
　(b) 그것은 지구 기후 변화 문제를 해결하지 못할 것이다.
　(c) 그것은 생태계의 붕괴를 일으킬지도 모른다.
　(d) 그것은 지구의 문제들을 즉시 바로잡는데 도움이 될 것이다.

정답 시그널 Many people have criticized the research

해설 본문 5단락의 (a)는 "Many people have criticized the research, especially for the $15 million price tag."(많은 사람들은 그 연구를 비판했는데, 특히 1,500만 달러의 가격표에 대한 것이었다.), (b)는 "Many critics have said that the effect of bringing back the mammoth will not be a solution to global climate change."(많은 비평가들은 매머드를 되살리는 효과는 지구의 기후 변화에 대한 해결책이 아니라고 말했다.), (c)는 "the earth has already corrected itself, meaning that reintroducing them could once again break down the ecosystem"(지구는 이미 스스로를 바로잡았고, 매머드를 복원하는 것은 다시 한번 생태계를 파괴할 수 있다는 것을 의미한다고 말한다)를 근거로 정답이 될 수 없다. 연구를 통해 문제들을 곧바로 해결한다는 내용은 본문에서 찾을 수 없으므로 (d)가 정답이다.

패러프레이징 (a) criticized the research, especially for the $15 million price tag ➡ costs too much money
(b) not a solution to global climate change ➡ not resolve the problem of global climate change
(c) once again break down the ecosystem ➡ provoke the breakdown of the ecosystem

어휘 criticism 비판　research 연구　cost (비용이) 들게 하다　carry out 수행하다　resolve 해결하다　provoke 야기하다　breakdown 붕괴　ecosystem 생태계　correct 바로잡다　issue 문제점　immediately 즉시

---

5. What will most likely happen if the project succeeds?

　(a) It will create the same mammoths as the ancient ones.
　(b) It will help revive extinct species in the future.
　(c) It will hinder technological advancement.
　(d) It will put existing species in danger.

프로젝트가 성공하면 어떤 일이 일어날 것인가?

　(a) 고대의 것과 똑같은 매머드를 만들 것이다.
　(b) 미래에 멸종된 종들을 되살리는 데 도움이 될 것이다.
　(c) 기술적인 발전을 저해할 것이다.
　(d) 현존하는 종들을 위험에 빠뜨릴 것이다.

정답 시그널 마지막 문제는 마지막 단락에서 출제될 확률이 높다.

해설 본문 6단락에서 "Maybe other species long gone could be making a comeback."(어쩌면 오래 전에 사라진 다른 종들이 다시 돌아올 수 있다.)를 근거로 정답은 (b)이다

패러프레이징 other species could be making a comeback ➡ help revive extinct species

어휘 succeed 성공하다　ancient 고대의　revive 되살리다　extinct 멸종의　hinder 저해하다　technological 기술적인　advancement 발전　in danger 멸종 위기의

6. In the context of the passage, comeback means _____.

(a) resurrection   (b) arrival
(c) debut   (d) opposition

본문의 맥락에서 comeback은 _____를 의미한다.

(a) **부활**   (b) 도착
(c) 데뷔   (d) 반대

해설 본문 1단락 "it may be making a comeback in the next few decades"(그것은 다음 수십년 안에는 복귀를 할 지도 모른다)에서 comeback은 '복귀, 부활'의 의미로 사용되었으므로 정답은 (a)이다.

7. In the context of the passage, preserved means _____.

(a) continued   (b) furnished
(c) retained   (d) planned

본문의 맥락에서 preserved는 _____를 의미한다.

(a) 계속된   (b) 가구를 갖춘
(c) **유지된**   (d) 계획된

해설 본문 4단락 "Mammoth cadavers have been preserved in the ice over the centuries, also preserving their DNA." (매머드 시체들은 수세기 동안 얼음 속에 보존되어 왔으며, 또한 그들의 DNA를 보존하고 있다.)에서 preserved는 '보존된, 유지된'의 의미로 사용되었으므로 정답은 (c)이다.

구성	THE KIWI	키위새
1	[1]The kiwi is a flightless bird native to New Zealand. It is also possibly the smallest living ratite on the planet. Recent studies suggest that it is a [6]descendant of the extinct elephant bird of Madagascar and is a close relative to the emu and the cassowary of Australia, and the extinct moa of New Zealand.	[1]키위새는 뉴질랜드가 원산지인 날지 못하는 새다. 또한 그것은 아마도 지구상에서 가장 작은 살아 있는 주조류일 것이다. 최근 연구들은 그것이 마다가스카르의 멸종된 코끼리새의 [6]후손이며 호주의 에뮤와 화식조, 그리고 뉴질랜드의 멸종된 모아에 가까운 동족임을 나타낸다.
2	[2]The Māori, indigenous Polynesian people of mainland New Zealand, used the word "kiwi" as the name of the bird because of the sound that it makes. They traditionally believed that the kiwi was under the protection of Tāne Mahuta, the god of the forest, and considered themselves the birds' guardians.	[2]뉴질랜드 본토의 폴리네시아 토착민인 마오리족은 새가 내는 소리 때문에 그 새의 이름으로 키위라는 단어를 사용했다. 그들은 전통적으로 키위새가 숲의 신 타네 마후타의 보호 아래에 있다고 믿었고, 그들 스스로는 새들의 수호자라고 여겼다.
3	The kiwi seems to be covered in fur, but [3a]it actually has thin, hair-like feathers, along with a pear-shaped body. [3c]Its wings have degenerated, leaving it with wings the size of an adult human's thumb. [3b]It is nocturnal and mainly feeds on insects, small reptiles, and earthworms by detecting the prey with its nostrils at the end of its beak. [3d]A kiwi can live for between 25 and 50 years, grow up to 35 to 45 cm, and weigh 0.8 to 1.9 kg depending on the species. A female kiwi lays its eggs one at a time, which can weigh up to one-quarter the weight of the female.	키위새는 털로 덮여 있는 것처럼 보이지만, [3a]실제로는 배 모양의 몸통을 가진 얇은 머리카락 같은 깃털을 가지고 있다. [3c]날개는 퇴화되어 성인의 엄지손가락만 한 크기의 날개를 남겼다. [3b]야행성이며 부리 끝에 있는 콧구멍으로 먹이를 감지하여 주로 곤충과 작은 파충류, 지렁이를 먹고 산다. [3d]키위새는 종에 따라 25에서 50년까지 살 수 있고, 35에서 45cm까지 자랄 수 있으며, 몸무게는 0.8에서 1.9kg까지 나갈 수 있다. 암컷 키위새는 암컷의 4분의 1까지 몸무게가 나갈 수 있는 알을 한 번에 하나씩 낳는다.
4	All kiwi species have been listed as vulnerable or threatened due to deforestation and hunting. However, their habitats are well-protected by the government, and a lot of dedicated local groups are helping to prevent kiwis from becoming extinct. In fact, [4]the greatest threats to their survival today are the loss of genetic diversity, inbreeding, and increases in [7]invasive predators such as stoats, ferrets, cats, and dogs.	모든 키위종은 산림 벌채와 사냥 때문에 취약종 또는 준위협종으로 분류되어 왔다. 그러나 그들의 서식지는 정부에 의해 잘 보호되고 있으며, 많은 헌신적인 지역 단체들이 키위새가 멸종되는 것을 막기 위해 돕고 있다. 사실상, [4]오늘날 그것들의 생존에 가장 큰 위협은 유전적 다양성의 상실, 근친 교배, 그리고 담비, 족제비, 고양이, 개와 같은 [7]침습성 포식자들의 증가이다.

In New Zealand, the kiwi is more than just a bird. It is recognized as an icon of New Zealand, and it is even a colloquial expression that New Zealanders use to refer to themselves. Also, [5]the kiwi fruit was originally known as the Chinese gooseberry, but its name was changed later for global exports because it resembles a kiwi bird. However, many of those who are not familiar with the kiwi bird mistakenly believe that the name of the bird is derived from the fruit.

뉴질랜드에서 키위새는 단순한 새 그 이상이다. 그것은 뉴질랜드의 아이콘으로 여겨지고, 심지어는 뉴질랜드 사람들이 그들 스스로를 칭할 때 사용하는 구어체 표현이기도 하다. 또한 [5]과일 키위는 원래 중국 구스베리로 알려졌지만, 키위새를 닮았다고 해서 전 세계적인 수출을 위해 나중에 이름이 바뀌었다. 하지만, 키위새를 잘 알지 못했던 사람들 중 많은 사람들은 키위새의 이름이 과일 키위에서 유래했다고 잘못 믿고 있다.

어휘 flightless 날지 못하는 native 원산지의, 토착의 ratite 주조류, 평형류 the planet 지구 recent 최근의 descendant 자손, 후예 extinct 멸종된 relative 동족, 친척 emu 에뮤(호주 등지에 서식하는 타조와 비슷한 새) cassowary 화식조(뉴기니의 열대 다우림에 서식하는 날지 못하는 큰 새) moa 모아(뉴질랜드에서 발견된 날지 못하는 멸종된 새) indigenous 토착의, 원산의 Polynesia 폴리네시아(태평양 중남부에 있는 여러 섬들의 총칭) mainland 본토 traditionally 전통적으로 protection 보호 consider 여기다 guardian 수호자 pear 배 beak 부리 even though ~에도 불구하고 be covered in ~로 뒤덮이다 fur 털 feather 깃털 nocturnal 야행성의 degenerate 퇴화한 adult 성인 male 수컷, 남성(의) thumb 엄지손가락 mainly 주로 feed on ~을 먹고 살다 reptile 파충류 earthworm 지렁이 detect 감지하다, 알아채다 prey 먹이 nostril 콧구멍 up to ~까지 weigh 무게가 나가다 depending on ~에 따라 female 암컷, 여성(의) lay (알을) 낳다 at a time 한 번에 quarter 4분의 1 so far 지금까지 list 기재하다, 분류하다 vulnerable 취약한 nearly 거의 threatened 위험에 처한 affect 영향을 미치다 deforestation 삼림 벌채 habitat 서식지 government 정부 no longer 더 이상 ~않다 additionally 게다가 dedicated 헌신적인 local 지역의, 현지의 prevent 막다 threat 위협 survival 생존 loss 상실, 손실 genetic 유전의 diversity 다양성 inbreeding 근친 교배 increase 증가 invasive 침습성의, 빠르게 번식하는 predator 포식자 stoat 담비 ferret 족제비 recognize 여기다 colloquial 구어의, 일상 회화체의 expression 표현 originally 원래 resemble 닮다 export 수출 be familiar with ~에 익숙하다, ~을 잘 알다 mistakenly 잘못하여, 틀리게 be derived from ~에서 유래하다

---

 what / makes / K / different / other birds (무엇 / 만들다 / K / 다른 새) **세부사항**

1. What makes the kiwi different from other birds?

(a) **It does not have the ability to travel with wings.**

(b) It could be the world's smallest living thing.

(c) It is called by a different name in Australia.

(d) It is the first bird that ever lived in New Zealand.

무엇이 키위새를 다른 새들과 다르게 만드나?

(a) **날개로 이동할 수 있는 능력이 없다.**
(b) 세상에서 가장 작은 생명체일 수도 있다.
(c) 호주에서 다른 이름으로 불린다.
(d) 지금까지 뉴질랜드에 살았던 최초의 새이다.

정답 시그널 첫 번째 질문은 첫 단락에 있을 확률이 높다.

해설 본문 1단락의 "The kiwi is a flightless bird native to New Zealand."(키위새는 뉴질랜드가 원산지인 날지 못하는 새다.)를 근거로 정답은 (a)이다. 참고로 (b)는 주조류 중에서 가장 작은 생물이므로 오답이고, (b)와 (c)는 본문에서 찾을 수 없는 내용이므로 답이 될 수 없다.

패러프레이징 a flightless bird ➡ not have the ability to travel with wings

어휘 ability 능력, 역량 travel 이동하다, 여행하다 living thing 생명체 ever 지금까지

how / K / get / name (어떻게 / K / 가지다 / 이름)

2. According to the article, <u>how</u> did the kiwi <u>get</u> its name?

(a) from a fruit that looks similar
(b) from the noise that it makes
(c) from a myth of a native god
(d) from the name of a local forest

기사에 따르면, 키위새는 어떻게 이름을 얻었는가?

(a) 비슷해 보이는 과일에서
(b) 그것이 내는 소리에서
(c) 토착신의 신화에서
(d) 현지 숲의 이름에서

정답 시그널 두 번째 질문에 대한 답은 두 번째나 세 번째 단락에 있을 확률이 높다.

해설 본문 2단락에서 "The Māori, indigenous Polynesian people of mainland New Zealand, used the word "kiwi" as the name of the bird because of the sound that it makes."(뉴질랜드 본토의 폴리네시아 토착민인 마오리족은 새가 내는 소리 때문에 그 새의 이름으로 '키위'라는 단어를 사용했다.)를 근거로 정답은 (b)이다.

패러프레이징 the sound that it makes ➡ the noise that it makes | sound ➡ noise ≒ cry(울음 소리), tone(어조), call(부름)

어휘 similar 비슷한 noise 소리 myth 신화, 설화 native 토착의, 토종의 local 현지의, 지역의 forest 숲

---

 which / is / NOT true / K (어느 것 / 사실 X / K)

3. <u>Which</u> of the following <u>is</u> <u>NOT true</u> about the kiwi?

(a) It has a fruit-shaped body with thin feathers.
(b) It usually hunts its prey after the sun sets.
(c) It does not possess any wings due to evolution.
(d) It has varied sizes depending on the species.

다음 중 키위새에 대해 사실이 아닌 것은?

(a) 얇은 깃털을 가진 과일 모양의 몸체를 하고 있다.
(b) 보통 해가 진 후에 먹이를 사냥한다.
(c) 진화 때문에 어떤 날개도 가지고 있지 않다.
(d) 종에 따라 다양한 크기를 가지고 있다.

정답 시그널 NOT 유형은 보기를 먼저 읽고 본문에서 보기의 내용이 나오는 단락에서 하나씩 제거하면서 푸는 것이 좋다.

해설 본문 3단락에서 (a)는 "it actually has a thin, hair-like feathers, along with a pear-shaped body."(실제로는 배 모양의 몸통을 가진 얇은 머리카락 같은 깃털을 가지고 있다), (b)는 "It is nocturnal"(야행성 동물이다), (d)는 "A kiwi can live for between 25 and 50 years, grow up to 35 to 45 cm, and weigh 0.8 to 1.9 kg depending on the species."(키위새는 종에 따라 25에서 50년까지 살 수 있고, 35에서 45cm까지 자랄 수 있으며, 몸무게는 0.8에서 1.9kg까지 나갈 수 있다.)와 일치하므로 정답이 될 수 없다. (c)는 "its wings have degenerated, leaving it with wings the size of an adult human's thumb(날개는 퇴화되어 성인의 엄지손가락만 한 크기의 날개를 남겼다.)을 근거로 날개를 갖고 있지 않은 것이 아니므로 정답이 된다.

패러프레이징 (a) thin, hair-like feathers along with a pear-shaped body ➡ fruit-shaped body with thin feathers
(b) is nocturnal ➡ hunts its prey after the sun sets
(d) grow up to 35 to 45cm ~ depending on the species ➡ has varied sizes depending on the species

어휘 hunt 사냥하다 prey 먹잇감 set (해가) 지다 possess 지니다, 소지하다 evolution 진화 varied 다양한

what / most likely / is / main reason / K-decline / number
(무엇 / 추론 / 주된 이유 / K-감소 / 숫자)

추론

4. What, most likely, is the main reason for the kiwi's decline in number?

(a) There are too few species left now.
(b) Deforestation is damaging its habitat.
(c) Humans illegally hunt them for food.
(d) It is attacked by various foreign mammals.

키위가 개체수가 감소한 주된 이유가 무엇인 것 같은가?

(a) 현재 남아 있는 종이 너무 적다.
(b) 삼림 벌채가 서식지를 파괴하고 있다.
(c) 인간들이 음식을 위해 불법적으로 사냥한다.
(d) 다양한 외래 포유류의 공격을 받는다.

정답 시그널 vulnerable, threatened

해설 본문 4단락에서 "the greatest threats to their survival today are the loss of genetic diversity, inbreeding, and increases in invasive predators such as stoats, ferrets, cats, and dogs"(오늘날 그것들의 생존에 가장 큰 위협은 유전적 다양성의 상실, 근친 교배, 그리고 담비, 족제비, 고양이, 그리고 개와 같은 침습성 포식자들의 증가이다)를 근거로 정답은 (d)이다. (a)와 (c)는 본문에 나와 있는 내용이지만 키위새의 개체수 감소의 주된 원인으로는 부족하고 (b)는 현재 정부에 의해 잘 보호된다고 했으므로 오답이다.

패러프레이징 invasive predators ➡ attacked by various foreign mammals | invasive ➡ foreign ≒ alien(외계의, 생경한), external (외부의), overseas(해외의), introduced(전래된)

어휘 main 주된 decline 감소 left 남아 있는 deforestation 삼림 벌채 illegally 불법적으로 attack 공격하다 foreign 외래의 mammal 포유류

---

why / New Zealanders / probably / change / C.G. / K
(무엇 / 뉴질랜드 사람 / 추론 / 바꾸다 / C.G. / K)

추론

5. Why did New Zealanders probably change the name of the Chinese gooseberry to the kiwi?

(a) to make the kiwi bird an emblem of the country
(b) to import them from China at a reasonable price
(c) to boost exports by its similiarity to the kiwi bird
(d) to acknowledge the kiwi bird internationally

왜 뉴질랜드 사람들은 중국 구스베리라는 이름을 키위로 바꾸었을까?

(a) 키위새를 나라의 상징으로 삼기 위해
(b) 합리적인 가격으로 중국에서 수입하기 위해
(c) 키위새와의 유사성으로 수출을 늘리기 위해
(d) 키위새를 국제적으로 인정하기 위해

정답 시그널 Chinese gooseberry, name was changed

해설 본문 5단락에서 "the kiwi fruit was originally known as the Chinese gooseberry, but its name was changed later for global exports because it resembles a kiwi bird."(과일 키위는 원래 중국 구스베리로 알려졌지만, 키위새를 닮았다고 해서 전 세계적인 수출을 위해 나중에 이름이 바뀌었다.)를 근거로 정답은 (c)이다. 보기 (a), (b), (d)는 모두 본문에서 정답의 근거가 될 수 있는 내용을 찾을 수 없으므로 오답이다.

패러프레이징 resembles a Kiwi bird ➡ similarity to the kiwi bird / for global exports ➡ boost exports

어휘 emblem 상징 import 수입하다 reasonable 합리적인 boost 증대시키다 export 수출 similarity 유사성 acknowledge 인정하다

6. In the context of the passage, <u>descendant</u> means

_____.

(a) heir   **(b) offspring**

(c) seed   (d) product

본문의 맥락에서 <u>descendant</u>는 _____를 의미한다.

(a) 상속인   **(b) 후손**

(c) 씨앗   (d) 생산물

해설 본문 1단락 "it is a <u>descendant</u> of the extinct elephant bird of Madagascar"(그것이 마다가스카르의 멸종된 코끼리새의 <u>후손</u>이다)"에서 descendant는 '후손'이라는 의미로 사용되었으므로 정답은 (b)이다.

7. In the context of the passage, <u>invasive</u> means

_____.

(a) rich   (b) violent

(c) relative   **(d) foreign**

본문의 맥락에서 <u>invasive</u>는 _____를 의미한다.

(a) 풍부한   (b) 폭력적인

(c) 친척의   **(d) 외래의**

해설 본문 4단락 "increases in <u>invasive</u> predators such as stoats, ferrets, cats, and dogs(담비, 족제비, 고양이, 그리고 개와 같은 침습성 포식자들의 증가)"에서 invasive는 '침습성의'라는 뜻으로 문맥상 가장 가까운 정답은 (d)이다.

받는사람	Jim Woodland 94 Queens Street, Auckland City University of Shackleton Hamilton, New Zealand	짐 우드랜드 오클랜드 시티, 퀸즈 스트리트 94번지 섀클턴 대학교 해밀턴, 뉴질랜드
1	Dear Jim: 1)We have been informed by Skybuds, the world's largest provider of database management software, that a recent data security breach involved information on alumni, donors, and other related groups from the University of Shackleton.	안녕하세요 짐: 1)저희는 세계 최대의 데이터베이스 관리 소프트웨어 제공업체인 Skybuds로부터 최근 데이터 보안 침해에 섀클턴 대학의 동문, 기부자 및 기타 관련 그룹에 대한 정보가 포함되었다는 것을 전달받았습니다.
2	In June 2019, Skybuds was the victim of a cyberattack that attempted to encrypt their systems. The cybercriminal responsible was able to take copies of information belonging to many universities and charities around the world. 2)Although the encrypted data included contact details and dates of birth as well as information regarding donations and engagement with the university, it did not include passwords or credit card details.	2019년 6월, Skybuds는 시스템을 암호화하려는 사이버 공격의 피해자가 되었습니다. 사이버 범죄를 저지른 자는 전 세계의 많은 대학과 자선 단체에 속한 정보의 복사본을 가져갈 수 있었습니다. 2)암호화된 데이터에는 대학의 기부 및 업무에 관한 정보는 물론 연락처와 생년월일이 포함되었지만 비밀번호나 신용카드 정보는 포함되지 않았습니다.
3	The university took the following 6)measures to assess the impact on the individuals affected. 3a)We informed the Office of the Privacy Commissioner of the data breach, 3b)alerted all University of Shackleton alumni, donors, and other affected groups, and 3d)posted information about the data breach and the response on the university's main public website.	대학은 영향을 받은 개인들에게 미치는 영향을 검토하기 위해 다음과 같은 6)조치들을 취했습니다. 3a)저희는 개인 정보 보호청(OPC)에 데이터 침해 사실을 알렸고, 3b)섀클턴 대학교 동문, 기부자 및 기타 영향을 받는 모든 그룹에 통보했으며, 3d)데이터 침해와 대응에 대한 정보를 대학의 주요 공공 웹사이트에 게시했습니다.
4	4)Additionally, Skybuds negotiated to protect the stolen data and paid a ransom to the attacker in return for an assurance that the data would be destroyed.	4)추가적으로 Skybuds는 도난당한 데이터를 보호하기 위해 공격자와 협상했으며 데이터가 파기된다는 보장을 대가로 값을 지불했습니다.
5	We have upgraded our security so that this will not happen again. However, 5)we urge you to remain 7)vigilant for any unusual activity. If so, please contact us by phone at +64 (0) 662 6222 or by email at skybuds-response@shackleton.ac.nz.	저희는 앞으로 이런 일이 다시는 일어나지 않도록 보안 시스템을 업그레이드했습니다. 하지만 5)여러분이 어떤 수상한 활동에 대한 7)경계를 유지할 것을 촉구합니다. 만약 그렇다면, +64 (0) 662 6222로 전화하거나 skybuds-response@shackleton.ac.nz로 이메일을 보내 주십시오.

어휘 be Informed that ~라는 알림을 받다 provider 제공업체 management 관리, 운영 security 보안 breach 침해 involve 포함하다 alumni 졸업자, 동문 victim 피해자 cyberattack 사이버 공격 attempt 시도하다 encrypt 암호화하다 cybercriminal 사이버 범죄자 responsible (사고, 범죄)에 책임이 있는 belong to ~에 속하다 charity 자선 단체 include 포함하다 contact detail 연락처 date of birth 생년월일 A as well as B B뿐 아니라 A도 regarding ~관하여 donation 기부 engagement 약속, 업무 take measures 조치를 취하다 following 다음의 assess 평가하다 impact 영향 individual 개인 affect 영향을 주다 the Office of the Privacy Commissioner 개인 정보 보호청 post 게시하다 alert 경고하다, 통보하다 donor 기부자, 기증자 response 대응 additionally 추가적으로 negotiate 협상하다 protect 보호하다 stolen 훔친, 강탈된 ransom 몸값 in return for ~에 대한 대가로 assurance 보장 destroy (문서를) 파기하다 urge 촉구하다 vigilant 경각심을 가진 unusual 특이한 vice chancellor 부총장

---

 what / purpose / J.P. letter (무엇 / 목적 / J.P. 편지) **주제**

1. What is the <u>purpose</u> of <u>Jenny Paxon's</u> <u>letter</u>?

(a) to announce a system update
(b) to request feedback on software
(c) to suggest changing some credentials
(d) to give details about a recent issue

제니 팩슨의 편지의 목적은 무엇인가?

(a) 시스템 업데이트를 공지하려고
(b) 소프트웨어에 대한 의견을 요청하려고
(c) 신분증 몇 가지에 대한 변경을 제안하려고
(d) 최근 문제에 대한 세부사항을 제공하려고

정답 시그널 We have been informed. ※참고로 첫 번째 질문은 첫 단락에 있을 확률이 높다.

해설 본문 1단락의 "We have been informed by Skybuds, the world's largest provider of not-for-profit database management software, that a recent data security breach involved information on alumni, donors, and other related groups from the University of Shackleton."(저희는 세계 최대의 비영리 데이터베이스 관리 소프트웨어 제공업체인 Skybuds로부터 최근 데이터 보안 노출에 섀클턴 대학의 동문, 기증자 및 기타 관련 그룹에 대한 정보가 포함되었다는 것을 전달받았습니다.)를 근거로 정답은 (d)이다.

패러프레이징 recent data security breach ➡ give details about a recent issue
breach ➡ issue ≒ problem/issue/matter/trouble(문제), difficulty/obstacle/challenge(난관, 어려움)

어휘 announce 공지하다, 알리다 request 요청하다 feedback 의견, 피드백 suggest 제안하다 credential 신분증, 출입증 detail 세부사항 issue 문제, 이슈

2. How most likely would the cyberattack affect Jim?

　(a) He has to register for university courses again.
　(b) The university would not be able to donate to charity in the future.
　(c) His personal information could be in the hands of someone else.
　(d) The criminal may misuse his credit card.

사이버 공격이 짐에게 어떻게 영향을 미칠 것 같은가?
(a) 그는 대학 수업에 다시 등록해야 한다.
(b) 대학이 미래에 자선 단체에 기부할 수 없을 것이다.
(c) 그의 개인 정보가 다른 누군가의 수중에 있을 수 있다.
(d) 범죄자가 그의 신용 카드를 남용할 수도 있다.

정답 시그널 cyberattack, contact details and dates of birth

해설 본문 2단락에서 "Although the encrypted data included contact details and dates of birth as well as information regarding donations and engagement with the University, it did not include passwords or credit card details."(암호화된 데이터에는 대학의 기부 및 연대에 관한 정보는 물론 연락처와 생년월일이 포함되었지만 비밀번호나 신용카드 정보는 포함되지 않았습니다.)를 근거로 정답은 (c)이다.

패러프레이징 contact details and dates of births ➡ personal information

어휘 affect 영향을 미치다　register for ~에 등록하다　course 수업, 과정　be able to ~할 수 있다　donate 기부하다　in the hands of ~의 손에 맡겨져, ~의 수중에　criminal 범죄자　misuse 남용하다

---

3. What is NOT a step that the university took to assess the impact of the cyberattack?

　(a) It informed the government authorities.
　(b) It warned Jim's university classmates.
　(c) It compensated the donors for the stolen data.
　(d) It posted details on the server.

사이버 공격의 영향을 평가하기 위해 대학이 취한 조치가 아닌 것은 무엇인가?
(a) 정부 당국에 알렸다.
(b) 짐의 대학 동문들에게 주의를 주었다.
(c) 기증자들에게 도난당한 자료에 대해 보상했다.
(d) 서버에 세부사항을 게시했다.

정답 시그널 The University took the following measures to assess the impact on the individuals affected.

해설 본문 3단락에서 (a)는 "We informed the Office of the Privacy Commissioner of the data breach"(저희는 개인 정보 보호청(OPC)에 데이터 침해 사실을 알렸고), (b)는 "alerted all University of Shackleton alumni, donors, and other affected groups"(섀클턴 대학교 동문, 기부자 및 기타 영향을 받는 모든 그룹에 알렸으며), (d)는 "posted information about the data breach and the response on the University's main public website."(데이터 침해와 대응에 대한 정보를 대학의 주요 공공 웹사이트에 게시했습니다.)에 해당하므로 답이 될 수 없다. (c)는 본문에서 근거를 찾을 수 없는 내용으로 정답이다.

패러프레이징 (a) informed the Office of the Privacy Commissioner ➡ informed the government authorities
(b) alerted all University of Shackleton alumni ➡ warned Jim's university classmates
alumni ➡ classmates ≒ pupil(학생)
(d) posted information ~ on the University's main public website ➡ posted details on the server
information ➡ details ≒ news(소식), fact(사실)
website ➡ server ≒ Internet(인터넷), online(온라인으로), web page(웹페이지), electronically(전자 장치를 이용하여)

어휘 step 조치, 단계　assess 평가하다　impact 영향　inform 알리다　government 정부　authorities 당국　warn 경고하다　classmate 동문, 학과 친구　compensate A for B A에게 B를 보상하다, 배상하다　donor 기증자, 기부자　stolen 도난당한　post 게시하다

4. How did Skybuds <u>ensure</u> that the <u>stolen data</u>
would be <u>protected</u>?

**(a) by communicating with the criminal who
stole the data**
(b) by paying money to the victims of the
cyberattack
(c) by restoring the data that was destroyed
(d) by hiring an alternative security company

Skybuds는 어떻게 도난당한 데이터를 보호할
수 있다고 확신했는가?

(a) 데이터를 훔친 범인과 대화함으로써
(b) 사이버 공격의 피해자들에게 돈을 지불함으로
로써
(c) 파기된 데이터를 복구함으로써
(d) 대체 보안 회사를 고용함으로써

정답 시그널 to protect the stolen data

해설 본문 4단락에서 "Additionally, Skybuds negotiated to protect the stolen data and paid a ransom to the attacker"(추
가적으로 Skybuds는 도난당한 데이터를 보호하기 위해 공격자와 협상했으며 값을 지불했다)를 근거로 정답은 (a)이다.

패러프레이징 negotiated to protect the stolen data ~ attacker ➡ communicating with the criminal who stole the data
negotiate ➡ communicate ≒ talk(말하다), reach out(대화하다), contact(연락하다), interact(소통하다), correspond (교신하다)

어휘 ensure 확신하다 protect 보호하다 communicate 대화하다 criminal 범죄자 victim 피해자 restore 복구하다 destroyed 파기
된 alternative 대체의, 대신하는 security 보안

5. Based on the letter, <u>what</u> should Jim <u>probably</u> do if
he <u>finds</u> unusual activity?

(a) He should call the police right away.
(b) He should contact the academy.
(c) He should cancel his credit card.
(d) He should alert his alumni.

편지에 따르면, 짐이 수상한 활동을 발견하면
어떻게 해야 할 것 같은가?

(a) 즉시 경찰에 전화해야 한다.
(b) 학교에 연락해야 한다.
(c) 신용 카드를 취소해야 한다.
(d) 동문들에게 경고해야 한다.

정답 시그널 contact by phone, by email

해설 본문 5단락에서 "we urge you to remain vigilant for any unusual activity. If so, please contact us by phone at +64
(0) 662 6222 or by email at Skybuds-response@ Shackleton.ac.nz."(여러분이 어떤 수상한 활동에 대한 경계를 늦추지 말 것을 촉
구합니다. 만약 그렇다면, +64(0) 662 6222로 전화거나 Skybuds-response@Shackleton.ac.nz으로 이메일을 보내 주십시오.)를 근거로 정답
은 (b)이다.

패러프레이징 contact us by phone or by email ➡ contact the academy

어휘 unusual 특이한, 수상한 activity 활동 right away 즉시, 곧바로 academy 학교 cancel 취소하다 alert 경고하다 alumni 졸업생,
동문

6. In the context of the passage, <u>measures</u> means _____.

(a) weights   **(b) actions**

(c) estimates   (d) needs

본문의 맥락에서, <u>measures</u>는 _____를 의미한다.

(a) 무게   **(b) 행동**

(c) 평가   (d) 요구

해설 본문 3단락 "The University took the following <u>measures</u>"(대학은 다음과 같은 <u>조치</u>들을 취했습니다)에서 measures는 '조치'의 의미로 사용되었으므로 정답은 (b)이다.

---

7. In the context of the passage, <u>vigilant</u> means _____.

(a) cautious   (b) intelligent

(c) distinctive   (d) demanding

본문의 맥락에서, <u>vigilant</u>는 _____를 의미한다.

(a) 조심스러운   (b) 지능이 높은

(c) 독특한   (d) 까다로운

해설 본문 5단락 "we urge you to remain <u>vigilant</u> for any unusual activity."(여러분이 어떤 수상한 활동에 대한 <u>경계</u>를 유지할 것을 촉구합니다.)에서 vigilant는 '경계하는, 방심하지 않는'의 의미로 사용되었으므로 정답은 (a)이다.

Chapter 3 청취

구성	해외 여행	
[인사 및 주제]	M: Hi, Jamie! It's been a while! How have you been? F: Hi, Samuel! Long time no see. I am doing great these days. How about you? M: I guess I'm doing all right. ¹⁾I was just walking around the campus thinking about what I am going to do over the upcoming holiday in September. Did you make any plans? F: Actually, I'm planning on going to France this September! M: Wow! You must be very excited! Have you bought the tickets yet? F: I booked round-trip flight tickets with my friends last week. M: I see. I hope you can experience as many things as you can in France.	남: 안녕, 제이미! 안 본지 좀 되었네! 어떻게 지냈어? 여: 안녕, 사무엘! 오랜만이야. 나는 잘 지내고 있어. 너는 어때? 남: 잘 지내는 것 같아. ¹⁾나는 다가올 9월 휴일 동안 무엇을 할 건지 생각하면서 캠퍼스를 그냥 걷고 있었어. 계획 세웠어? 여: 사실 난 9월에 프랑스에 갈 계획이야! 남: 와우! 매우 신나겠다! 아직 티켓은 안 샀어? 여: 지난주에 왕복 비행기 티켓을 친구들과 예약했어. 남: 그렇구나. 프랑스에서 네가 할 수 있는 만큼 다양한 것들을 경험해봤으면 좋겠네!
[본론 1]	F: Thank you, Samuel. But ²⁾I'm a little worried now because my friends and I are trying to book accommodations after deciding on all the tourist attractions, but we haven't decided which places to visit yet! M: Then why don't you start searching for accommodations near the main street in the downtown area first? It will be relatively easy to go to various spots from your accommodations. F: That's a great idea! M: And ³⁾I also recommend you compare the prices and reviews online. I'm pretty sure there are many ways to get discounts, like discount coupons, travel packages, or early bird discounts. Accommodations usually get cheaper when you make an earlier reservation.	여: 고마워, 사무엘. 그런데 ²⁾지금 조금 걱정인 것이 친구들과 나는 모든 관광지를 결정한 후에 숙소를 예약하려고 하는데, 아직도 어떤 곳에 갈지 정하지 못했어! 남: 그렇다면 먼저 시내에 있는 번화가 근처로 숙소를 검색해보면 어때? 숙소에서 다양한 곳으로 이동하기에 상대적으로 쉬울 것 같은데. 여: 그것 참 좋은 생각이네! 남: 그리고 ³⁾나는 네가 온라인으로 가격과 후기를 또한 비교해 보는 것을 추천해. 나는 할인 쿠폰, 여행 패키지나 얼리 버드 할인 같은 할인을 받을 방법이 많을 거야. 숙박시설은 주로 예약을 더 빠르게 하면 저렴해지거든.

	F: Oh, I think one of my friends told me about that too! Um… Samuel, could you please help me search for accommodations? It's my first time booking accommodations overseas, and I don't want to make any silly mistakes.	여: 오, 내 친구 중 한 명도 그것에 대해 나에게 말했던 것 같아. 음… 사무엘, 네가 숙소 찾는 것을 도와줄 수 있을까? 해외 숙소 예약은 처음이라 엉뚱한 실수를 하고 싶지가 않아서.
[본론 2]	M: Of course, I can help you. As far as I know, ABC TRIP is known to be the most reliable website among travel enthusiasts. The site will show you all the registered accommodationss in the area with various discount options. 4)The last time I visited the site, I remember seeing a pop-up message that said a new member could receive up to a 30% discount. You should go to the home page now and see if it applies to you. F: Wow! You are right! Thanks, Samuel! 5)This means that I can save money on accommodations and spend more on shopping!	남: 당연히 도와줄 수 있지! 내가 알기로 ABC 트립이 여행 매니아들 사이에서 가장 믿을 수 있는 사이트로 알려져 있어. 그 사이트는 지역의 등록된 모든 숙소들을 다양한 할인 옵션과 함께 알려줘. 4)내가 그 사이트에 지난번에 방문했을 때, 신규 회원은 최대 30%까지 할인받을 수 있다고 쓰여 있는 팝업 메세지를 본 게 기억나. 지금 홈페이지에 가서 그것이 너에게 적용되는지 알아봐! 여: 왜! 네 말이 맞네! 고마워 사무엘! 5)이 것은 숙소에 돈을 아끼고 쇼핑에 더 많이 쓸 수 있다는 뜻이네!
[본론 3]	M: Hold on, Jamie. Before choosing accommodations, there are a few things that you need to put into the system to narrow down your choices. First, how many members are going with you? F: There are four of us. M: Then, what is the maximum budget you can spend on accommodations? F: We were thinking less than $250 a night. M: Okay, I just finished searching! How about Star Hotel? It's close to Saint Lazard Station, the main street of Paris, and it also serves complimentary breakfast and even has a swimming pool! Also, 6)it says it includes free Wi-Fi and laundry service. Considering the services provided and the price, it seems like there are no better options. What do you think?	남: 아직 기다려 제이미. 숙박을 선택하기 전에 선택 범위를 좁히기 위해 시스템에 입력해야 할 몇 가지가 있어. 우선, 너랑 함께 가는 인원이 몇 명이야? 여: 모두 4명이야. 남: 그렇다면 숙박에 쓸 수 있는 최대 예산이 얼마야? 여: 우리는 하루에 250달러 이하로 생각 중이었어. 남: 알았어. 지금 막 검색이 끝났어! 스타 호텔은 어때? 파리 번화가인 생라자르역과 가깝고 무료 아침 식사에다가 수영장까지 있네! 또, 6)무료 인터넷과 세탁 서비스가 포함된다고 나와 있어. 제공되는 서비스와 가격을 고려하면, 더 좋은 옵션들은 없는 것처럼 보여. 네 생각은 어때?
[마무리]	W: Sounds perfect, Samuel! How can I repay you? It's almost dinner time, so… 7)what if I take you to a nice bistro now? M: Sounds good to me. Let's go!	여: 완벽해 사무엘! 어떻게 너에게 보답할까? 이제 곧 저녁 식사 시간이니까… 그러면 7)지금 괜찮은 식당으로 데려가면 어떨까? 남: 좋아. 가자.

어휘 while 한동안 long time no see 오랜만이야 upcoming 다가올 actually 사실 plan on ~할 계획이다. ~하려고 하다 yet 아직, 여태 book 예약하다 round-trip 왕복의 experience 경험하다 accommodations 숙박시설. 숙소 tourist attraction 관광지 search 검색하다 main street 번화가 downtown 시내의 relatively 상대적으로 recommend 추천하다 compare 비교하다 review 후기, 평가 reservation 예약 overseas 해외에서 silly 엉뚱한 as far as I know 내가 알기로는 reliable 신뢰할 만한 enthusiast 애호가 registered

등록된 **various** 다양한 **say** (간판, 글 등에) ~라고 써(나와) 있다 **up to** ~까지 **see if** ~인지 알아보다 **apply to** ~에게 적용되다 **save A on B** B에서 A를 아끼다 **spend A on B** B에 A를 쓰다 **hold on** 기다리다 **narrow down** (~의 범위를) 좁히다 **maximum** 최대의 **budget** 예산 **complimentary** 무료의 **include** 포함하다 **laundry** 세탁 **considering** ~을 고려하면 **repay** 보답하다. 답례하다 **bistro** 식당

---

 what / S / was doing / he / met / J (무엇 / S / 하는 중이었다 / 그 / 만났다 / J) `세부사항`

1. What was Samuel <u>doing</u> before he <u>met</u> Jamie?

   (a) He was on his way to meet his friends.
   (b) He was sitting on a campus bench by himself.
   (c) He was thinking about the upcoming holiday.
   (d) He was purchasing tickets for his trip.

사무엘은 제이미를 만나기 전에 무엇을 하고 있었나?
(a) 친구들을 만나러 가는 길이었다.
(b) 혼자 캠퍼스 벤치에 앉아 있었다.
(c) 다가오는 휴일을 생각하고 있었다.
(d) 여행을 위한 티켓을 구매하고 있었다.

`정답 시그널` 첫 번째 문제는 대화의 초반에서 출제된다.

`해설` 대화에서 "I was just walking around the campus thinking about what I am going to do over the upcoming holiday in September."(나는 다가올 9월 휴일에 무엇을 할 건지 생각하면서 캠퍼스를 그냥 걷고 있었어.)"를 근거로 정답은 (c)이다. (a), (d)는 제이미와 연관된 것이며 (b)는 대화에서 찾을 수 없는 내용이므로 오답이다.

`어휘` **be on one's way to** ~로 가는 길이다 **by oneself** 혼자 **upcoming** 다가올 **purchase** 구매하다

---

 what / is / probably / J-concern (무엇 / 이다 / 추론 / J-걱정) `추론`

2. What is <u>probably</u> Jamie's <u>concern</u>?

   (a) buying flight tickets for her friends
   (b) going to France by herself
   (c) traveling to Europe in the peak season
   (d) deciding where to sleep during the trip

제이미의 걱정은 무엇일까?
(a) 친구들을 위해 비행기 티켓을 사는 것
(b) 혼자 프랑스에 가는 것
(c) 성수기에 유럽을 여행하는 것
(d) 여행 중에 잘 곳을 정하는 것

`정답 시그널` worried

`해설` 대화에서 "I'm a little worried now because my friends and I are trying to book accommodations after deciding on all the tourist attractions, but we haven't decided which places to visit yet!"(지금 조금 걱정인 것이 친구들과 나는 모든 관광지를 결정한 후에 숙소를 예약하려는 하는데, 아직도 어떤 곳에 갈지 정하지 못했어!)을 근거로 정답은 (d)이다. (a)는 티켓을 구매하는 것이 주요 걱정거리가 아니므로 오답이고 (b)와 (c)는 대화에서 찾을 수 없는 내용이므로 오답이다.

`패러프레이징` trying to book accommodations ➡ deciding where to sleep
visit ➡ travel ≒ go(가다), tour(여행하다, 관광하다), explore(탐험하다, 답사하다), wander(돌아다니다) | peak season ➡ busy season

`어휘` **concern** 걱정 **travel** 여행하다. 이동하다 **decide** 결정하다 **peak season** 성수기

---

 what / S / recommend / doing / J / searches / accommodations / online (무엇 / S / 추천하다 / 하는 것 / J / 검색하다 / 숙소 / 온라인) `세부사항`

3. What does Samuel <u>recommend doing</u> when Jamie <u>searches</u> for <u>accommodations online</u>?

   (a) looking for hotels far away from the city
   (b) comparing the costs and feedback
   (c) finding the cheapest accommodations
   (d) making a reservation as late as possible

제이미가 숙소를 온라인으로 검색할 때 사무엘은 무엇을 할 것을 권하는가?
(a) 도시에서 멀리 떨어진 호텔 찾기
(b) 비용 및 피드백 비교하기
(c) 가장 저렴한 숙소 찾기
(d) 최대한 늦게 예약하기

해설 대화에서 "I also recommend you compare the prices and reviews online.(나는 네가 온라인으로 가격과 후기들 또한 비교해 보는 것을 추천해.)을 근거로 정답은 (b)이다. (a), (d)는 대화 내용과 상반되고 (c)는 대화에서 찾을 수 없는 내용이므로 오답이다.

패러프레이징 compare the prices and reviews ➡ comparing the costs and feedback

price ➡ cost ≒ amount(총액), expenditure(지출), fee(요금), fare(교통 요금), charge(요금)

review ➡ feedback ≒ opinion(의견), comment(의견), output(의견, 결과)

어휘 recommend 추천하다 search for 검색하다 compare 비교하다 cost 비용 feedback 의견, 피드백 accommodations 숙소 make a reservation 예약하다 as late as possible 가능한 늦게

🔑 why/ J / decide / to use / the A. T. website
(왜 / J / 결정하다 / 사용하는 것 / ABC 트립 웹사이트)   **세부사항**

4. Why did Jamie decide to use the ABC TRIP website?

- (a) because it is the most reliable site among the public
- **(b) because she could receive a markdown**
- (c) because she could get a $30 discount
- (d) because it has membership-only accommodations

제이미는 왜 ABC 트립 웹사이트를 사용하기로 결정했을까?

- (a) 대중들 사이에서 가장 신뢰할 만한 사이트여서
- **(b) 가격 인하를 받을 수 있어서**
- (c) 30달러를 할인받을 수 있어서
- (d) 회원 전용 숙소가 있어서

해설 대화에서 "The last time I visited the site, I remember seeing a pop-up message that said a new member could receive up to a 30% discount."(내가 지난번에 방문했을 때, 신규 회원은 최대 30%까지 할인받을 수 있다고 쓰여 있는 팝업 메세지를 본 게 기억나.)를 근거로 정답은 (b)이다. (a)는 대중이 아니라 여행광/애호가들 사이에서 유명하고, (c)는 신규 할인이 $30가 아니라 30%까지 할인을 받는 것이고, (d)는 대화에서 찾을 수 없는 내용이므로 오답이다.

패러프레이징 receive up to a 30% discount ➡ receive a markdown

discount ➡ markdown ≒ on sale/% off/special offer/price reduction/bargain sale/clearance sale(할인)

어휘 reliable 신뢰할 만한 the public 대중 markdown 가격 인하 membership-only 회원 전용의

🔑 how / J / most likely / spend / money / after saving
(어떻게 / J / 추론 / 소비하다 / 돈 / 절약한 이후에)   **추론**

5. Based on the conversation, how will Jamie most likely spend her money after saving it?

- **(a) She will spend more money on buying things.**
- (b) She will visit more tourist attractions.
- (c) She will find more expensive accommodations.
- (d) She will prepare for her next trip.

대화에 따르면, 제이미는 돈을 아껴서 어떻게 사용할까?

- **(a) 물건을 사는데 더 많은 돈을 쓸 것이다.**
- (b) 더 많은 관광지를 방문할 것이다.
- (c) 더 비싼 숙소를 찾을 것이다.
- (d) 다음 여행을 준비할 것이다.

해설 대화에서 "This means that I can save money on accommodations and spend more on shopping!"(이것은 숙소에 돈을 아끼고 쇼핑에 더 많이 쓸 수 있다는 것을 뜻하네!)를 근거로 정답은 (a)이다. (b), (c), (d) 모두 대화에서 찾을 수 없는 내용이므로 오답이다.

패러프레이징 spend more on shopping ➡ spend more money on buying things

어휘 spend 소비하다 tourist attraction 관광지 expensive 비싼 prepare for ~를 준비하다

6. According to Samuel, <u>what is</u> the <u>advantage</u> of <u>staying at Star Hotel?</u>

(a) Jamie can eat a delicious breakfast at a low price.
(b) Jamie can stay at a five-star hotel in the region.
(c) Jamie can swim at the nearby beach.
(d) Jamie can use the free Internet service.

사무엘에 따르면 스타 호텔에 묵으면 어떤 장점이 있는가?

(a) 제이미는 저렴한 가격에 맛있는 아침을 먹을 수 있다.
(b) 제이미는 그 지역의 5성급 호텔에 머물 수 있다.
(c) 제이미는 근처 해변에서 수영할 수 있다.
(d) 제이미는 무료 인터넷 서비스를 이용할 수 있다.

> **정답 시그널** Star Hotel

> **해설** 대화에서 "It says it includes free Wi-Fi"(무료 인터넷이 포함된다고 나와 있어)를 근거로 정답은 (d)이다. (a)는 낮은 가격이 아닌 무료 아침 식사이고, (b)는 근처 해변이 아닌 수영장이고, (c)는 대화에서 찾을 수 없는 내용이므로 오답이다.

> **패러프레이징** free Wi-Fi ➡ free Internet service

> **어휘** advantage 이점　five-star 5성급의　region 지역　nearby 근처의

7. <u>What is</u> Jamie <u>probably</u> <u>going to do</u> <u>right after</u> the conversation?

(a) She will take Samuel to an eatery.
(b) She will pay for the tickets.
(c) She will meet her friends.
(d) She will choose the hotel.

제이미는 대화 직후 무엇을 할 예정일 것 같은가?

(a) 사무엘을 식당으로 데려갈 것이다.
(b) 티켓 값을 지불할 것이다.
(c) 친구들을 만날 것이다.
(d) 그 호텔을 선택할 것이다.

> **정답 시그널** 마지막 문제는 대화의 마지막에 나온다. 참고로 Part 1의 마지막 유형으로는 다음 할 일을 묻는 질문이 자주 나온다.

> **해설** 대화에서 "It's almost dinner time, so... what if I take you to a nice bistro now?(이제 곧 저녁 식사 시간이니까… 그러면 지금 괜찮은 식당으로 데려가면 어떨까?)와 "Sounds good to me. Let's go!(좋아. 가자)"를 근거로 정답은 (a)이다. (b), (c), (d) 모두 대화에서 찾을 수 없는 내용이므로 오답이다.

> **패러프레이징** take you to a nice bistro ➡ take Samuel to an eatery
> bistro ➡ eatery ≒ restaurant(식당)

> **어휘** right after 직후, 곧바로　eatery 식당, 먹을 수 있는 곳

구성	비건 화장품 출시	
[인사 및 주제] 회사 소개 및 화장품 출시 발표	Hi, everyone. I'm Jenny, a representative of Jenny's Secret. We would like to thank you all for taking the time to be at today's presentation. As some of you know, Jenny's Secret is a global clothing brand with more than 25 stores nationwide and online stores servicing our international customers. 1)We have made a name for ourselves since the start of our journey by producing clothing products from 100% natural fibers, unlike any other companies in the fashion industry. Thanks to your growing interest and support, we are proud to announce that we will be expanding our business by launching a cosmetics line along with our new winter collection.	안녕하세요, 여러분. 저는 제니 시크릿의 대표 제니입니다. 오늘 발표에 시간을 내어 참여해주신 여러분 모두에게 감사의 뜻을 표합니다. 아시는 분도 계시듯이, 제니 시크릿은 전국 25개 이상의 매장과 해외 고객을 대상으로 하는 온라인 쇼핑몰을 운영하고 있는 글로벌 의류 브랜드입니다. 1)저희는 첫 여정의 시작부터 패션 산업의 여느 회사들과 달리, 100% 천연 섬유로 의류 제품을 생산함으로써 이름을 날렸습니다. 여러분의 많은 관심과 성원에 힘입어, 저희는 새로운 겨울 컬렉션과 함께 화장품 라인을 출시하여 사업을 확장할 것임을 자랑스럽게 알려드립니다.
[본론 1] 비건 화장품 설명	2)To continue our goal of satisfying our customers' needs and protecting the environment simultaneously, our new cosmetic products will be vegan. Many of you may not be very familiar with vegan cosmetics, so I will briefly tell you about them now. In short, vegan cosmetics simply refer to cosmetics that use only eco-friendly ingredients extracted from nature without going through testing conducted on animals. In fact, animal-based materials and most chemicals used in the beauty industry cause air pollution and sea contamination, but vegan products do not contain any of those. Also, 3)all vegan products are marked with a certification mark to verify that they are approved by the Ministry of Food and Drug Safety.	2)고객의 욕구를 충족시키고 동시에 환경을 보호하려는 우리의 목표를 지속하기 위해, 저희 새로운 화장품은 비건일 것입니다. 많은 분들이 비건 화장품에 대해 잘 모르실 수 있으니, 지금부터 간단히 말씀드리겠습니다. 짧게 말하면, 비건 화장품은 단순히 동물실험을 거치지 않고 자연에서 추출한 친환경 성분만을 사용한 화장품을 말합니다. 사실 동물성 소재와 미용산업에 사용되는 대부분의 화학제품은 대기 오염과 해양 오염을 유발하지만, 비건 제품에는 그런 것들이 전혀 들어 있지 않습니다. 또한, 3)모든 비건 제품은 식품 의약품 안전처의 승인을 확인할 수 있는 인증 마크가 표시되어 있습니다.
[본론 2] 비건 화장품의 전망	Some people say that vegan cosmetics lack functionality compared to conventional animal-based cosmetics. However, contrary to these concerns, 4)vegan cosmetics are now becoming a trend in the beauty market. According to the statistics, the vegan cosmetics market was estimated at $16.3 billion last year, with an annual growth rate of 6.3%. Experts	몇몇 사람들은 비건 화장품은 기존 동물 기반의 화장품에 비해 기능이 부족하다고 말합니다. 그러나 이러한 우려와 달리, 4)비건 화장품은 이제 뷰티 시장에서 대세로 자리잡고 있습니다. 통계에 따르면 지난해 비건 화장품 시장은 163억 달러로 추산되며, 연평균 6.3%의 성장률을 보였습니다. 전문가들은 향후 3년 안에

	predict that it will grow to about $20.8 billion in the next three years. 4)From these figures, we can assure you that the development and growth trend of the vegan cosmetics market will be very fast.	약 208억 달러 규모로 성장할 것으로 전망하고 있습니다. 4)이러한 수치를 통해 저희는 비건 화장품 시장의 발전과 성장 추세가 매우 빨라진다는 것을 장담할 수 있습니다.
[본론 3] 비건 화장품의 장점 1	As I mentioned earlier, the cosmetics line released by Jenny's Secret does not use animal ingredients as well as animal testing. 5)It can be used by people with sensitive skin by minimizing various allergic reactions through the use of only natural ingredients and not chemical ingredients.	앞서 언급했듯이, 제니 시크릿이 공개한 화장품 라인은 동물 실험뿐 아니라 동물 성분을 사용하지 않습니다. 5)화학 성분이 아닌 천연 성분만을 사용해 각종 알레르기 반응을 최소화해 민감한 피부를 가진 사람들이 사용할 수 있습니다.
[본론 4] 비건 화장품의 장점 2	In addition, we have reduced the price of the products by simplifying the packaging as much as possible using recyclable materials. Therefore, not only have we considered environmental pollution caused by excessive packaging, but we've also tried to provide customers with products at an affordable price. Following the global trend, Jenny's Secret is taking on many challenges to contribute to society, and the launch of vegan cosmetics will be the first step. All of our customers, including those who participated today, will have a great opportunity to take part in our development.	게다가 재활용 가능한 재료를 사용하여 최대한 포장을 간소화하여 제품 가격을 낮췄습니다. 따라서 저희는 과도한 포장과 제품 생산으로 인한 환경오염을 고려했을 뿐 아니라 고객에게 적당한 가격으로 제품을 제공하기 위해 노력했습니다. 사회적 흐름을 따라가며, 제니 시크릿 이러한 사회에 기여하기 위해 많은 도전들을 하고 있고, 저희 비건 화장품 출시가 그 첫 단계가 될 것입니다. 오늘 참여해 주신 분들을 포함한 모든 고객들은 저희의 성장에 동참할 수 있는 좋은 기회를 갖게 될 것입니다.
[결론] 할인 및 혜택 안내	Well, that's all for the details of our new products, so now let's talk about the exclusive promotion for participants at today's event. 6)If you leave any comments after testing the products, we will provide you with a two-for-one coupon, where you can purchase any two products for the price of one. Thank you all for joining our event and don't miss this great opportunity!	그럼, 신제품에 대한 자세한 내용은 여기까지이고, 지금부터는 오늘 행사 참가자들을 위한 단독 프로모션에 대해 이야기해보도록 하겠습니다. 6)제품 테스트 후 의견을 남겨주시면 한 개 가격으로 두 개 제품을 구매할 수 있는 1+1 쿠폰을 제공해드립니다. 행사에 참여해 주신 모든 분들께 감사드리며 이 멋진 기회를 놓치지 마세요!

어휘 representative 대표 take (the) time to V ~하는데 시간을 내다 clothing 의류 nationwide 전국적으로 service ~에 서비스를 제공하다 unlike ~와 달리 make a name for oneself 스스로 명성을 쌓다, 이름을 날리다 journey 여행 produce 생산하다 natural fiber 천연 섬유 thanks to ~덕분에 growing 커지는 interest 관심 support 지지 proud 자랑스러운 announce 발표하다 expand 확장하다 launch 출시 cosmetics 화장품 satisfy 충족하다 needs 필요, 수요 protect 보호하다 simultaneously 동시에 vegan 비건, 절대채식주의 briefly 간결하게 in short 짧게 말해서 refer to 말하다, 나타내다 eco-friendly 친환경적인 ingredient 성분, 재료 extract 추출하다 go through (단계를) 거치다 conduct (시험을) 실시하다 animal-based 동물 기반의 material 소재, 자재 chemical 화학물 beauty 미용(의) cause 유발하다 pollution 공해 contamination 오염 contain 포함하다 mark 표시; 표시하다 certification 자격(증), 인증 verify 확인하다 approve 승인하다 Ministry of Food and Drug Safety 식약처 lack 부족하다 functionality 기능성 compared to ~에 비교하여 conventional 전통적인 contrary to ~와는 반대로 concern 우려 according to ~에 따르면 statistics 통계 be estimated at ~로 추산되다 billion 10억 annual 연간의, 연례의 growth rate 성장률 expert 전문가 predict 예측하다, 전망하다 figure 수치 assure 장담하다, 확신시키다 development 발전 mention 언급하다 release 공개하다 as well as ~뿐 아니라

sensitive 민감한 minimize 최소화하다 various 다양한 allergic 알레르기의 in addition 게다가 reaction 반응 reduce 감소하다 simplify 단순화하다 package 포장 recyclable 재활용의 not only A but also B A뿐만 아니라 B도 environmental 환경의 excessive 초과하는 affordable 적당한, 알맞은 take on (중요한 일을) 맡다 contribute to ~에 기여하다 opportunity 기회 join 참여하다 that's all for ~는 여기까지다 detail 세부사항 exclusive 독점의 promotion 홍보 participant 참가자 leave 남기다 comment 의견 feedback 피드백, 의견 two-for-one 1+1 purchase 구매하다

🔑 how / is / J.S. / different / clothing companies (어떻게 / J.S. / 다른 / 의류 회사들)　　세부사항

1. According to the speaker, how is Jenny's Secret different from other clothing companies?

　(a) It has the most off-line stores in the nation.
　(b) It operates online shopping malls globally.
　(c) It uses natural materials for its products.
　(d) It launches new lines of products every winter.

화자에 따르면, 제니 시크릿은 다른 의류 회사들과 어떻게 다른가?

　(a) 전국에서 가장 많은 오프라인 매장을 가지고 있다.
　(b) 전 세계적으로 온라인 쇼핑몰을 운영하고 있다.
　(c) 자사 제품에 천연 재료를 사용한다.
　(d) 겨울마다 새로운 제품군을 출시한다.

정답 시그널 unlike any other companies ※참고로 첫 번째 문제는 대화의 초반에 있다.

해설 담화 1단락에서 "We have made a name for ourselves since the start of our journey by producing clothing products from 100% natural fibers, unlike any other companies in the fashion industry."(저희는 첫 여정의 시작부터 패션 산업의 여느 회사들과 달리, 100% 천연 섬유로 의류 제품을 생산함으로써 이름을 날렸습니다.)를 근거로 정답은 (c)이다. (a), (b)는 대화에서 찾을 수 없는 내용이고, (d)는 겨울마다 새로운 제품군을 출시하는 것이 제니 시크릿이 다른 회사들과 다른 점은 아니므로 오답이다.

패러프레이징 producing clothing products from 100% natural fibers ➡ it uses natural materials
fiber(섬유), metal(금속), plastic(플라스틱), wood(나무), glass(유리) ➡ material (재료, 자재)

어휘 nation 국가, 전국 operate 운영하다 globally 전 세계적으로 natural material 천연 재료 launch 출시하다 line 제품군, 제품 라인

🔑 what / J. S. / probably / aim / to do (무엇 / J.S. / 추론 / 목표하다)　　추론

2. What does Jenny's Secret probably aim to do?

　(a) lead a fashion trend globally
　(b) create the best fibers for its clients
　(c) satisfy the customers with eco-friendly products
　(d) support vegans in the nation

제니 시크릿은 무엇을 하는 것을 목표로 할 것 같은가?

　(a) 세계적인 패션 트렌드를 선도한다
　(b) 고객을 위해 최고의 섬유를 만든다
　(c) 친환경 제품으로 고객을 만족시킨다
　(d) 나라의 비건들을 지원한다

정답 시그널 To continue our goal

해설 담화 2단락에서 "To continue our goal of satisfying our customers' needs and protecting the environment simultaneously"(고객의 욕구를 충족시키고 세계를 동시에 보호하려는 우리의 목표를 지속하기 위해)를 근거로 정답은 (c)이다. (a), (b), (d) 모두 대화 내용에서 찾을 수 없으므로 오답이다.

패러프레이징 satisfying our customers' needs and protecting the environment simultaneously
➡ satisfy the customers with eco-friendly products

어휘 aim 목표하다 lead 선도하다 satisfy 만족시키다 eco-friendly 친환경적인 support 지지하다, 지원하다

how/ S / describe / v cosmetics (어떻게 / 화자 / 묘사 / 비건 화장품)

3. How does the speaker describe "vegan cosmetics"?

(a) They are available only at Jenny's Secret.

(b) They are familiar to the people at the event.

(c) They went through animal experiments.

(d) They are certified **by government authorities.**

화자는 비건 화장품을 어떻게 설명하는가?

(a) 제니 시크릿에서만 구할 수 있다.

(b) 행사에 참석한 사람들에게 친숙하다.

(c) 동물 실험을 통과했다.

(d) 정부 당국의 인증을 받았다.

> **정답 시그널** vegan products

> **해설** 담화 2단락에서 "all vegan products are marked with a certification mark to verify that they are approved by the Ministry of Food and Drug Safety"(모든 비건 제품은 식품 의약품 안전처의 승인을 확인할 수 있는 인증 마크가 표시되어 있습니다)를 근거로 정답은 (d)이다. (a)는 대화에서 찾을 수 없는 내용이고, (b), (c)는 대화 내용과 상반되므로 오답이다.

> **패러프레이징** approved by the Ministry of Food and Drug Safety ➡ certified by government authority
> approved ➡ certified ≒ assured(보증된), accepted(용인된), authorized(승인된), passed(통과된)

> **어휘** describe 설명하다 available 이용 가능한 be familiar to ~에 친숙하다 go through 통과하다 experiment 실험 certify 승인하다, 보증하다 authorities 당국

 why / most likely / S / sure / vegan cosmetics market / grow / future (왜 / 추론 / 화자 / 확신하다 / 비건 화장품 시장 / 성장하다 / 미래)

4. Why most likely is the speaker sure that the vegan cosmetics market will grow in the future?

(a) because animal cosmetics will be banned

(b) because more people are seeking vegan cosmetics

(c) because vegan cosmetics companies are increasing dramatically

(d) because the beauty market trends are changing quickly

왜 화자는 미래에 비건 화장품 시장이 성장할 것이라고 확신하는 것일까?

(a) 동물 화장품은 금지될 것이기 때문에

(b) 더 많은 사람들이 비건 화장품을 찾고 있기 때문에

(c) 비건 화장품 회사들이 극적으로 증가하고 있기 때문에

(d) 뷰티 시장의 트렌드가 빠르게 변하고 있기 때문에

> **정답 시그널** we can assure you that

> **해설** 담화 3단락에서 "vegan cosmetics are now becoming a trend in the beauty market."(비건 화장품은 이제 뷰티 시장에서 대세로 자리잡고 있습니다.)과 "From these figures, we can assure you that the development and growth trend of the vegan cosmetics market will be very fast."(이런 수치를 통해 저희는 비건 화장품 시장의 발전과 성장 추세가 매우 빨라진다는 것을 장담할 수 있습니다.)를 근거로 정답은 (b)이다. (a), (c), (d) 모두 대화에서 찾을 수 없는 내용이므로 오답이다.

> **어휘** ban 금지하다 seek 찾다 increase 증가하다 dramatically 극적으로

5. What will be the benefit of using vegan cosmetics for people with sensitive skin?

(a) **They will reduce allergic reactions.**
(b) They will last longer than other products.
(c) They will be inexpensive compared to other cosmetics.
(d) They will be distributed in simple packaging.

민감성 피부를 가진 사람들은 비건 화장품을 사용하면 어떤 이점이 있을까?

(a) 알레르기 반응을 줄일 것이다.
(b) 다른 제품들보다 오래 지속될 것이다.
(c) 다른 화장품에 비해 저렴할 것이다.
(d) 간단한 포장으로 유통될 것이다.

정답 시그널 people with sensitive skin

해설 담화 4단락에서 "It can be used by people with sensitive skin by minimizing various allergic reactions through the use of only natural ingredients and not chemical ingredients."(화학 성분이 아닌 천연 성분만을 사용해 각종 알레르기 반응을 최소화해 민감한 피부를 가진 사람들이 사용할 수 있습니다.)를 근거로 정답은 (a)이다. (b), (c), (d) 모두 대화에서 찾을 수 없는 내용이므로 오답이다.

패러프레이징 minimizing various allergic reactions ➡ reduce the allergic reactions

minimize ➡ reduce ≒ decrease(감소하다), lower(줄이다), lessen(줄이다), curtail(삭감하다)

어휘 reduce 감소하다 allergic reaction 알레르기 반응 last 지속하다 product 제품 inexpensive 비싸지 않은 compared to ~에 비교하여 cosmetics 화장품 distribute 유통시키다. 배급하다 packaging 포장

6. Based on the talk, how should one get one more product for free?

(a) **by providing feedback**
(b) by participating in the event
(c) by visiting the company's website
(d) by joining the membership program

담화에 따르면, 어떻게 무료로 제품을 하나 더 받을 수 있는가?

(a) 피드백을 제공함으로써
(b) 행사에 참여함으로써
(c) 회사 웹사이트를 방문함으로써
(d) 회원 프로그램에 가입함으로써

정답 시그널 purchase any two products for the price of one

해설 담화 6단락에서 "If you leave any comments after testing the product, we will provide you with a two-for-one coupon, where you can purchase any two products for the price of one."(제품 테스트 후 의견을 남겨주시면 한 개 가격으로 두 개 제품을 구매할 수 있는 "1+1" 쿠폰을 제공해드립니다.)를 근거로 정답은 (a)이다. (b), (c), (d) 모두 대화에서 찾을 수 없는 내용이므로 오답이다.

패러프레이징 leave any comments ➡ providing feedback

leave ➡ provide ≒ give(주다)

comment ➡ feedback ≒ opinion(의견), input(의견, 조언), evaluation(후기, 평가), review(평가, 의견), reaction(반응)

어휘 feedback 의견 participate in ~에 참가하다 join ~에 가입하다

구성	온라인 쇼핑 vs 오프라인 쇼핑	
[인사 및 주제]	M: Hi, Amy! Oh, is that a new dress? It looks very pretty. F: Thank you, John. [1]I wanted to go out with my friends, but I didn't have any clothes I liked, so I bought a new dress! M: I also need to buy new clothes; where did you buy it? F: I bought it online. There's a huge site called NY Mall. They sell all kinds of men's and women's clothes! M: I don't usually buy clothes online. Could you tell me the pros and cons of online shopping and going to a regular physical store?	남: 안녕, 에이미! 오, 그거 새 원피스니? 굉장히 예쁘다. 여: 고마워, 존. [1]친구들과 함께 놀러 나가고 싶었는데, 마음에 드는 옷이 없어서 하나 샀어! 남: 나도 옷을 사야 하는데, 너는 그것을 어디서 샀니? 여: 나는 인터넷에서 샀어. NY 몰이라고 불리는 대형 사이트가 있어. 그곳은 모든 종류의 남성복과 여성복을 팔아! 남: 나는 보통 온라인에서 옷을 사지 않아. 온라인 쇼핑과 실제 매장에 가는 것의 장단점에 대해 말해줄 수 있어?
[본론 1-1]	F: Okay, let's start with online shopping first. [2]One of its advantages is that most of the products are cheaper than the ones in physical stores. For instance, I bought this dress with a 10% discount because they had an autumn event promotion. M: It's great that there are cheaper options online because everyone wants to spend less money on clothes. But I think there could be some downsides as well.	여: 좋아. 먼저 온라인 쇼핑부터 시작하자. [2]온라인 쇼핑의 장점들 중 하나는 대부분의 제품이 실제 매장에 있는 것보다 저렴하다는 것이야. 예를 들어, 가을 행사 프로모션이 있어서 나는 이 원피스를 10% 할인을 받아서 샀어. 남: 모든 사람들은 옷에 돈을 적게 쓰고 싶어하기 때문에 더 저렴한 선택권이 있다는 것은 좋은 것 같아. 하지만 나는 부정적인 면도 있을 것이라고 생각해.
[본론 1-2]	F: That's right. There are times when the clothes delivered look different from the clothes advertised on the site. You may find that the items have a completely different size or color from the picture. Nothing in the world is more frustrating than that! M: Come to think of it, I bought a hat from an online website once, but [3]the color was so different from the picture advertised on the site. So, I asked for a refund and eventually had to go a mall to buy one. F: I guess everyone has a similar experience when shopping online, ha-ha.	여: 맞아. 사이트에서 광고된 옷과 배달된 옷이 달라 보일 때가 간혹 있어. 상품이 사진과는 완전히 다른 사이즈나 색인 것을 알게 될 지도 몰라. 이 세상에서 그것보다 더 짜증나는 것은 없어! 남: 생각해 보니, 한번은 온라인 웹사이트에서 모자를 샀는데, [3]사이트에서 광고했던 모자와 색깔이 너무 달랐어. 그래서, 나는 환불을 요청했고 결국에는 그것을 사기 위해 몰에 가야 했어. 여: 누구나 온라인 쇼핑을 할 때 비슷한 경험을 하는 것 같아. 하하.

[본론 2-1]	M: I know. Now, let's talk about the benefits of shopping the traditional way of going to a physical store. I think one of the good things about shopping at a physical store is that you can see and touch the actual clothes. Also, you can try them on and see how they fit and look on you, which can help to make the right decision.	남: 맞아. 이제 실제 매장에 가는 전통적인 쇼핑 방법의 이점에 대해 이야기 해 보자. 나는 실제 매장에서 쇼핑하는 것의 좋은 점 중 하나는 실제 옷을 직접 보고 만져볼 수 있다는 것이라고 생각해. 또 그것들을 입어보고 너에게 잘 맞고 어울리는지 알 수 있고, 이런 것들은 네가 올바른 선택을 하도록 도와줄 수 있어.
[본론 2-2]	F: That's right. Plus, 4)you can always bring your friends along, and they will tell you what suits you or not. But I think one disadvantage is that it could also be time- and energy-consuming when you find out that the store or mall doesn't have the items you need. Then, you would have to drive and go to another place. If it were online shopping, you could just search for a different store, which is just one click away.	여: 맞아! 추가로, 4)항상 친구들을 함께 데려갈 수 있어서, 그들이 무엇이 너에게 잘 어울리는지 아닌지를 말해줄 수 있어. 하지만 한가지 단점은 상점에서 네가 필요한 상품이 없다는 것을 알았을 때, 이 또한 시간과 에너지가 많이 소모될 수 있다는 것이야. 그렇다면, 운전해서 또 다른 곳으로 가야 하잖아. 온라인 쇼핑이었다면, 너는 그냥 클릭 한 번만으로 또다른 매장을 검색하겠지.
[본론 3]	M: I agree. Look! 5)I just found an article about shopping preferences, and it says here that 70% of women prefer online shopping, and another 20% prefer going to physical stores. The other 10% buy clothes from used markets or vintage shops. For men, 60% prefer online, and another 30% prefer traditional shopping. The remaining 10% also use second-hand markets.	남: 나도 동의해. 봐! 5)방금 쇼핑 선호도에 관한 기사를 발견했는데, 여기엔 70%의 여성들이 온라인 쇼핑을 더 좋아하고, 20%는 실제 매장에 가는 것을 더 좋아한다고 쓰여 있어. 나머지 10%는 중고 시장이나 빈티지 숍에서 옷을 산대. 남성의 경우, 60%는 온라인을, 30%는 전통적인 쇼핑 방법을 선호한대. 나머지 10%도 중고 시장을 이용한대.
[결론]	W: Interesting! So, where are you going to shop for this season's new clothes? M: You know what? Forget the article; I'm going to do what I've always done. 6)Amy, what are you doing this weekend? Would you like to come along with me to the mall this weekend? If you help me pick out clothes, I will treat you to lunch. How's that sound? W: Okay. I'll see you on the weekend then!	여: 흥미롭네! 그래서, 이번 계절을 위한 새 옷을 어디서 살 거니? 남: 있잖아, 그 기사는 잊어버려. 나는 그냥 항상 해왔던 대로 할 거야. 6)에이미, 이번 주말에 뭐 해? 나와 이번 주말에 같이 쇼핑몰에 갈 수 있어? 내가 옷 고르는 것을 도와준다면, 점심을 사줄게. 어때? 여: 알았어. 그럼 주말에 보자!

어휘 ▶ dress 원피스, 드레스 huge 큰 usually 보통 pros and cons 장단점, 찬반 physical store 실제 매장 advantage 장점 product 생산품 for instance 예를 들어 autumn 가을 promotion 행사 downside 단점 as well 또한 deliver 배달하다 advertised 광고된 completely 완전하게 frustrating 짜증나게 하는 come to think of it 생각해 보니, 그러고 보니 refund 환불 eventually 결국에는 similar 비슷한 benefit 이점, 장점 traditional 전통적인 actual 실제의 try on 입어보다 fit 어울리다, 맞다 bring along 함께 데려오다 suit 잘 어울리다 disadvantage 단점 time-consuming 시간을 소비하는 energy-consuming 에너지를 소모하는 find out 알아내다 search 검색하다 article 기사 preference 선호도 it says here (that) ~라고 써(나와) 있다 used market 중고 시장 second-hand market 중고 시장 remaining 남은, 나머지의 pick out 고르다 treat A to B A에게 B를 대접하다

why / A / want / to buy / dress (왜 / A / 원하다 / 사는 것 / 원피스)

1. <u>Why</u> did Amy <u>want to buy</u> a <u>dress</u>?

(a) because she wanted to give it to a friend as a gift

(b) because she didn't have anything good to wear

(c) because the fall season is coming soon

(d) because she always shops at NY Mall

에이미는 왜 원피스를 사고 싶어 했나?

(a) 친구에게 선물로 주고 싶었기 때문에

(b) 입을 만한 좋은 옷이 없었기 때문에

(c) 곧 가을 시즌이 오기 때문에

(d) 항상 NY 몰에서 쇼핑하기 때문에

정답 시그널 첫 번째 문제의 정답은 대화의 초반에 있다.

해설 대화에서 "I wanted to go out with my friends, but I didn't have any clothes I liked, so I bought a new dress!"(친구들과 함께 놀러 나가고 싶었는데, 마음에 드는 옷이 없어서 하나 샀어!)를 근거로 정답은 (b)이다.

 A / what / is / benefit / online shopping (A / 무엇 / 이다 / 이점 / 온라인 쇼핑)

2. According to Amy, <u>what is</u> one <u>benefit</u> of <u>online shopping</u>?

(a) There are competitive prices.

(b) Sales events are hosted more often.

(c) Discounts are provided to newcomers.

(d) Everyone can have a user-friendly experience.

에이미에 따르면, 온라인 쇼핑의 한 가지 이점은 무엇인가?

(a) 가격 경쟁력이 있다.

(b) 세일 행사가 더 자주 주최된다.

(c) 처음 온 사람들에게 할인이 제공된다.

(d) 누구나 사용자 친화적인 경험을 할 수 있다.

정답 시그널 One of its advantages

해설 대화에서 "One of its advantages is that most of the products are cheaper than the ones in physical stores."(온라인 쇼핑의 장점들 중 하나는 대부분의 제품이 실제 매장에 있는 것보다 저렴하다는 것이야.)를 근거로 정답은 (a)이다. (b), (c), (d) 모두 대화에서 찾을 수 없는 내용이므로 오답이다.

패러프레이징 products are cheaper ➡ competitive prices

cheap ➡ competitive ≒ reasonable(적정한), affordable(저렴한), low-cost(저가의), economical(경제적인)

어휘 benefit 이점, 혜택 competitive 경쟁력 있는 host 주최하다 provide 제공하다 newcomer 새로 온 사람, 초보자 user-friendly 사용자 친화적인, 사용하기 쉬운

---

 why / J / ask for / refund (왜 / J / 요청하다 / 환불)

3. Based on the conversation, <u>why did John ask for a refund</u>?

(a) because the merchandise was delivered late

(b) because the goods were not attractive on the website

(c) because he wasn't satisfied with the color

(d) because the product was damaged

대화에 따르면, 왜 존이 환불을 요청했을까?

(a) 물건이 늦게 배달되어서

(b) 상품이 웹사이트에서 매력적이지 않아서

(c) 색깔에 만족하지 못해서

(d) 제품이 손상되어서

해설 대화에서 "the color was so different from the picture advertised on the site. So, I asked for a refund and eventually had to go to a mall to buy one"(사이트에서 광고했던 모자와 색깔이 너무 달랐어. 그래서 나는 환불을 요청했고 결국에는 그것을 사기 위해 몰에 가야 했어.)을 근거로 정답은 (c)이다. (a), (b), (d)는 대화에서 찾을 수 없는 내용이므로 오답이다.

어휘 ask for 요청하다 refund 환불 merchandise 상품 deliver 배달하다 goods 상품 attractive 매력적인 satisfied 만족한 damaged 손상된

🔑 A / how / friends / help / shopping / mall (A / 어떻게 / 친구들 / 도와주다 / 쇼핑 / 몰)　　세부사항

4. According to Amy, how can friends help when shopping at the mall?

(a) They can make shopping more fun.
(b) They can give advice on the clothes.
(c) They can provide financial aid.
(d) They can drive her to the mall.

에이미에 따르면, 친구들이 몰에서 쇼핑할 때 어떻게 도와줄 수 있을까?

(a) 쇼핑을 더 재미있게 만들 수 있다.
(b) 옷에 대해 조언을 해줄 수 있다.
(c) 금전적인 도움을 제공할 수 있다.
(d) 그녀를 쇼핑몰까지 태워다 줄 수 있다.

해설 대화에서 "you can always bring your friends along, and they will tell you what suits you or not"(항상 친구들을 함께 데려 갈 수 있어서, 그들이 무엇이 너에게 잘 어울리는지 아닌지를 말해줄 수 있어)을 근거로 정답은 (b)이다.

패러프레이징 tell you what suits you or not ➡ give advice on the clothes

어휘 advice 조언 financial aid 금전적인 도움 drive A to B A를 B까지 차로 데려다 주다

🔑 what / A&J / probably / find out / article / shopping preferences (무엇 / A&J / 추론 / 알아내다 / 기사 / 쇼핑 선호도)　　추론

5. What did Amy and John probably find out in the article about shopping preferences?

(a) Both men and women prefer offline shopping to online shopping.
(b) Women do not buy clothes from used markets.
(c) Both men and women prefer buying online to offline.
(d) Most men like to buy clothes from second-hand markets.

에이미와 존은 쇼핑 선호도에 대한 기사에서 무 엇을 발견했을까?

(a) 남성과 여성 모두 온라인보다 오프라인 쇼 핑을 선호한다.
(b) 여성은 중고 시장에서 옷을 사지 않는다.
(c) 남성과 여성 모두 오프라인보다 온라인에서 사는 것을 선호한다.
(d) 대부분의 남성은 중고 시장에서 옷을 사는 것을 좋아한다.

해설 대화에서 "I just found an article about shopping preferences, and it says here that 70% of women prefer online shopping, and another 20% prefer going to physical stores. The other 10% buy clothes from used markets or vintage shops. For men, 60% prefer online, and another 30% prefer traditional shopping. The remaining 10% also use second-hand markets."(방금 쇼핑 선호도에 관한 기사를 발견했는데, 여기엔 70%의 여성들이 온라인 쇼핑을 더 좋아하고, 20%는 실 제 매장에 가는 것을 더 좋아한다고 쓰여 있어. 나머지 10%는 중고 시장이나 빈티지 숍에서 옷을 산대. 남성의 경우, 60퍼센트는 온라인을, 30%는 전통적인 쇼핑을 선호한대. 나머지 10%도 중고 시장을 이용한대.)를 근거로 정답은 (c)이다.

어휘 find out 알아내다 article 기사 preference 선호도 prefer A to B A를 B보다 선호하다

what / J / probably / do / after / conversation (무엇 / J / 추론 / 하다 / 이후에 / 대화)

추론

6. What will John probably do after the conversation?

(a) read the article with Amy again
(b) buy clothes at a shopping center with Amy
(c) choose some clothes on the Internet with Amy
(d) treat Amy to lunch right away

대화 후에 존은 무엇을 할 것 같은가?

(a) 에이미와 기사를 다시 읽기
(b) 에이미와 쇼핑 센터에서 옷을 사기
(c) 에이미와 인터넷에서 옷을 고르기
(d) 즉시 에이미에게 점심을 대접하기

정답 시그널 마지막 문제의 정답은 대화의 마지막에 나온다.

해설 대화에서 "Amy, what are you doing this weekend? Would you like to come along with me to the mall this weekend?"(에이미, 이번 주말에 뭐 해? 나와 이번 주말에 같이 쇼핑몰에 갈 수 있어?)를 근거로 정답은 (b)이다.

패러프레이징 come along with me to the mall ➡ buy clothes at a shopping center with Amy
mall ➡ shopping center(쇼핑 센터) ≒ shopping complex(쇼핑 단지), shopping plaza(쇼핑몰) marketplace(시장)

어휘 article 기사 outlet 아울렛, 쇼핑몰 treat 대접하다 right away 즉시

구성	개인 카페를 개업하고 운영하는 것에 대한 조언	
[인사 및 주제 소개]	Hello, everyone! Welcome to Scott Roastery's briefing session. I'm Scott, and today I would like to give you some advice on starting your own café. I'm sure many of you here have dreamed of having your own coffee shop. However, according to a recent study, only 26% of coffee shops survive after 5 years of launching. Even though starting a coffee business requires less money compared to other businesses, there are some other important things that should be considered before opening a café. [1)]Let me share some of the tips that will help you start and manage a successful café.	여러분, 안녕하세요! 스콧 로스터리의 설명회에 오신 것을 환영합니다. 저는 스콧이고, 오늘 여러분의 카페를 시작하는 것에 대한 조언을 드리려고 합니다. 저는 이곳의 여러분 중 많은 분들이 자신만의 커피숍을 갖는 것을 꿈꿔본 적이 있다고 확신합니다. 하지만, 최근 한 연구에 따르면, 커피숍의 오직 26%만이 개업 5년 후에도 살아남습니다. 커피 사업을 시작하는 것이 다른 사업에 비해 적은 돈이 필요하지만, 카페를 열기 전에 고려되어야 할 다른 몇 가지 중요한 것들이 있습니다. [1)]당신이 성공적인 카페를 열고 운영하는데 도움이 될 몇 가지 조언을 공유해 드리겠습니다.
[첫 번째 조언]	Firstly, never plan on opening a café without basic knowledge and skills in making coffee. Private cafés are completely different from franchise cafés. The franchise cafés have brand power, and all they have to do is focus on making profits by selling coffee in large quantities at a reasonable price. Therefore, [2)]the only way you can compete with the franchise cafés is by providing a better quality of your products and service. I always tell my students that they should work for at least two years at a café or get an education from a barista academy for enough experience.	첫 번째로, 커피를 만들 때 기본 지식과 기술 없이 카페를 개업하려 하지 마세요. 개인 소유 카페들은 프랜차이즈 카페와 완전히 다릅니다. 프랜차이즈 카페들은 브랜드 파워가 있어, 그들은 적정한 가격에 대량으로 커피를 팔아 수익을 내는 것에만 집중하면 됩니다. 그러므로 [2)]당신이 프랜차이즈 카페와 경쟁할 수 있는 유일한 방법은 질이 더 좋은 제품과 서비스를 제공하는 것입니다. 저는 충분한 경험을 위해 항상 학생들에게 최소 2년 동안 카페에서 일을 하거나 바리스타 전문 학교에서 교육을 받아야 한다고 말합니다.
[두 번째 조언]	The second piece of advice is to predict the potential profit and loss. When you forecast profit, you can calculate how much money you will make each month by counting potential walk-in customers each day. And you can forecast potential loss by figuring out the threats, such as competitors in the area. [3)]To know these factors, you need to do some research on site for a few weeks before starting a business.	두 번째 조언은 잠정적 이익과 손실을 예측해 보는 것입니다. 여러분이 이익을 예측할 때, 매일 잠재적 방문 고객을 계산함으로써 매달 얼마나 돈을 벌지 계산할 수 있습니다. 그리고 여러분은 그 지역에 있는 경쟁자들과 같은 위험 요소를 알아냄으로써 잠정적 손실을 예측할 수 있습니다. [3)]이런 요소들을 알기 위해서는, 사업을 시작하기 전에 몇 주 동안 현장에서 조사해야 합니다.

[세 번째 조언]	Third, use the appropriate marketing strategy. Are you going to use online social media or post an advertisement in a local publication to promote your cafés? You can use any method within the budget. Of course, 4)the best way is to have your own loyal customers who recommend your business to others. As long as you make great coffee and provide excellent service, customers will keep on visiting your business again and again and bring in more and more customers.	세 번째, 적절한 마케팅 전략을 사용하세요. 여러분은 카페를 홍보하기 위해 온라인 소셜 미디어를 사용할 것인가요 아니면 지역 출판물에 광고를 게시할 것인가요? 예산 안에서 어떤 방법도 사용할 수 있습니다. 물론, 4)최고의 방법은 당신의 사업을 다른 사람들에게 추천해주는 당신만의 충성 고객을 갖는 것이죠. 여러분이 맛있는 커피를 만들고 훌륭한 서비스를 제공하는 한, 고객들은 여러분의 사업체를 몇 번이고 방문할 것이고 점점 더 많은 고객들을 끌어들일 것입니다.
[네 번째 조언]	The fourth tip is to consider selling a signature menu item along with coffee. 5)Signature menu items will make your café more competitive, and it will be the reason for customers to come to your café. At my café, we sell handmade pies that are made by my wife. It was first started as my wife's hobby, but one day we heard from our customers that everyone thinks that the pie is the signature menu item of our café.	네번째 조언은 커피와 함께 시그니처 메뉴를 파는 것을 고려하는 것입니다. 5)시그니처 메뉴는 당신의 카페를 더 경쟁력 있게 만들고 고객들이 당신의 카페를 찾는 이유가 될 것입니다. 저의 카페에서는 제 아내가 만드는 수제 파이를 팝니다. 그것은 맨 처음 아내의 취미로 시작되었지만, 어느 날 저희 고객들로부터 모든 사람들이 그 파이가 저희 카페의 시그니처 메뉴인 것으로 생각한다고 들었습니다.
[다섯 번째 조언]	The fifth piece of advice is to keep thinking of your own ways to satisfy your customers. 6)When I open my café every morning, I always ask myself, "How can I make my customers happy?" or "Which coffee should I recommend to my customers today?" Just thinking like this, it will naturally flow into your behavior and lead to great service.	다섯 번째 조언은 고객들을 만족시킬 당신만의 방법을 계속해서 생각하는 것입니다. 6)매일 아침 카페를 열 때, 저는 항상 스스로에게 "어떻게 고객을 행복하게 만들 수 있을까?" 또는 "오늘은 어떤 커피를 고객에게 추천해야 할까?"라고 물어봅니다. 이렇게 생각하는 것만으로, 그것은 자연스럽게 당신의 행동으로 흘러들어갈 것이고 좋은 서비스로 이어질 것입니다.
[여섯 번째 조언]	Finally, create a break time for yourself. If you can find any vacant time when many customers do not visit, 7)I suggest you make it into your own coffee time and relax. You can read a book, invite your friends, or chat with your partner! After all, you open your own café for yourself.	마지막으로, 자신을 위한 휴식 시간을 만드세요. 많은 고객이 방문하지 않는 빈 시간을 찾을 수 있다면, 7)그 시간을 자신만의 커피 시간으로 만들어 편안하게 쉬기를 권합니다. 책을 읽거나, 친구들을 초대하거나, 연인과 수다를 떨 수 있습니다! 결국, 당신은 자신을 위해 당신만의 카페를 여는 거니까요.
[마무리 인사]	Okay, everyone. That's all for today's session. If you follow these tips, I'm sure you will be able to successfully run a café on your own. Good luck!	네, 여러분.s 오늘은 여기까지입니다. 이 조언들을 따른다면, 저는 여러분 스스로가 성공적으로 카페를 운영할 수 있을 것이라고 확신합니다. 행운을 빌어요!

어휘 briefing session 설명회 give *sb* advice on ~에 대해 ~에게 조언하다 according to ~에 따르면 recent 최근의 study 조사 survive 생존하다 launching 착수. 개업 require 필요하다 compared to ~과 비교하여 consider 고려하다 share 공유하다

successful 성공적인 plan on ~하려 계획하다 knowledge 지식 private 개인의 completely 완전히 all A have to do is ~하기만 하면 된다 focus on ~에 집중하다, 중점을 두다 profit 이익 in large quantities 대량으로 reasonable (가격이) 적정한 compete with ~와 경쟁하다 quality 질 at least 최소한 find out 알아내다 predict 예상하다, 예측하다 profit and loss 손익 forecast 예측하다 calculate 계산하다 make money 돈을 벌다 count 수를 세다, 계산하다 walk-in 방문의 potential 잠재적인 figure out 파악하다 competitor 경쟁자 threat 위협 do research 조사하다 on site 현장에서 appropriate 적절한 marketing strategy 마케팅 전략 post 게시하다 advertisement 광고 publication 출판물 promote 홍보하다 method 방법 budget 예산 loyal customer 충성 고객, 단골 as long as ~하는 한 keep on 계속 ~하다 again and again 몇 번이고 bring in 끌어들이다 net profit 순익 signature 대표하는; 시그니처의 hand-made 수제의 hobby 취미 satisfy 만족시키다 recommend 추천하다 naturally 자연스럽게 flow into ~로 흘러 들어가다 behavior 행동 lead to ~로 이어지다 break time 휴식 시간 vacant 비어 있는 suggest 제안하다, 권하다 relax 쉬다 chat 떠들다 after all 결국, 어쨌든 that's all for ~은 여기까지이다 run 운영하다

---

 what / S / is explaining / audience (무엇 / S / 설명하는 중이다 / 청중)　　주제

1. What is the speaker explaining to the audience?

　(a) how to run a franchise café
　(b) how to study about coffee in an academy
　(c) how to maintain a coffee maker
　(d) how to prepare for opening a café

화자는 청중에게 무엇을 설명하고 있는가?

(a) 프랜차이즈 카페를 운영하는 법
(b) 학원에서 커피에 대해 공부하는 법
(c) 커피 머신을 유지 관리하는 법
(d) 카페 개업을 준비하는 법

정답 시그널 첫 번째 문제의 정답은 대화의 초반에 있다.

해설 담화 1단락에서 "Let me share some of the tips that will help you start and manage a successful café."(당신이 성공적인 카페를 열고 운영하는데 도움이 될 몇 가지 조언을 공유해 드리겠습니다.)를 근거로 정답은 (d)이다.

패러프레이징 tips that will help you start and manage a successful café ➡ how to prepare for opening a café

어휘 audience 청중 run 운영하다 academy (전문) 학원, 학교 maintain 유지 관리하다 coffee maker 커피 머신

---

why / S / recommend / having / knowledge / skills / making coffee (왜 / 화자 / 추천하다 / 갖는 것 / 지식 / 기술 / 커피 만들기)　　세부사항

2. Why does the speaker recommend having basic knowledge and skills in making coffee?

　(a) because they can communicate with the customers
　(b) because they can compete with the franchise cafés
　(c) because they can sell coffee for a reasonable price
　(d) because they can work at a café for two years

왜 화자는 커피를 만드는 데 기본 지식과 기술을 가질 것을 추천하는가?

(a) 고객과 소통할 수 있기 때문에
(b) 프랜차이즈 카페와 경쟁할 수 있기 때문에
(c) 적정한 가격에 커피를 팔 수 있기 때문에
(d) 카페에서 2년 동안 일할 수 있기 때문에

정답 시그널 basic knowledge and skills in making coffee

해설 담화 2단락에서 "the only way you can compete with the franchise cafés is by providing a better quality of your products and service."(당신이 프랜차이즈 카페와 경쟁할 수 있는 유일한 방법은 질이 더 좋은 제품과 서비스를 제공하는 것입니다.)를 근거로 정답은 (b)이다. (a), (c), (d) 모두 대화에서 찾을 수 없는 내용이므로 오답이다.

어휘 recommend 추천하다 communicate with ~와 소통하다 compete with ~와 경쟁하다 reasonable 적정한, 합리적인

what / audience / do / to find out / profit and loss (무엇 / 청중 / 하다 / 알아내기 위해 / 손익)　

3. Based on the talk, <u>what</u> should the <u>audience do</u> to <u>find out</u> potential <u>profit</u> and <u>loss</u>?

(a) enter a barista academy
(b) study basic finance
(c) do some research on the spot
(d) work at café in the region

> 강연을 바탕으로, 청중들은 잠재적인 손익을 알기 위해 무엇을 해야 하는가?
>
> (a) 바리스타 전문 학교에 입학한다
> (b) 기초 금융을 공부한다
> **(c) 현장에서 조사를 한다**
> (d) 그 지역의 카페에서 일한다

정답 시그널 predict the potential profit and loss

해설 담화 3단락에서 "To know these factors, you need to do some research on site for a few weeks before starting a business."(이런 요소들을 알기 위해서는 사업을 시작하기 전에 몇 주 동안 현장에서 조사해야 합니다.)를 근거로 정답은 (c)이다. (a), (b), (d)는 모두 대화에서 찾을 수 없는 내용이므로 오답이다.

패러프레이징 research ➡ study(연구), investigation(조사)
on site ➡ on the spot ≒ scene(현장), hands-on(실제의, 직접 해보는)

어휘 find out 알아내다 potential 잠재적인 profit and loss 손익 enter 입학하다, 들어가다 finance 금융 on the spot 현장에서 region 지역

 S / what / is / best way / promote cafés
(화자 / 무엇 / 이다 / 최고의 방법 / 카페를 홍보하다)　

4. According to the speaker, <u>what is</u> the <u>best way</u> to <u>promote cafés</u>?

(a) posting ads on online social media
(b) putting an advertisement on television
(c) promoting using a local publication
(d) trying to acquire your own patrons

> 화자에 따르면, 카페를 홍보하기 위한 가장 좋은 방법은 무엇인가?
>
> (a) 온라인 소셜 미디어에 광고를 게시하는 것
> (b) 텔레비전에 광고를 내는 것
> (c) 지역 출판물을 이용해 홍보하는 것
> **(d) 자신만의 단골 손님을 얻으려고 노력하는 것**

정답 시그널 marketing strategy, best way

해설 담화 4단락에서 "the best way is to have your own loyal customers awho recommend your business to others."(최고의 방법은 당신의 사업을 다른 사람들에게 추천해주는 당신만의 충성 고객을 갖는 것이죠.)를 근거로 정답은 (d)이다. (a), (b), (c) 모두 최고의 방법으로는 볼 수 없으므로 오답이다.

패러프레이징 have your own loyal customers ➡ making your own patrons
loyal customers ➡ patrons ≒ regulars(단골손님), frequent/longtime customer(단골손님/오랜 고객)

어휘 post 게시하다 ad 광고 promote 홍보하다 local 지역의 publication 출판물 acquire 얻다, 획득하다 patron 단골손님, 고객

5. Why, most likely, did the speaker decide to continue selling the pies along with coffee?

(a) **because the pies attracted more customers**
(b) because his wife wanted to sell her handmade pies
(c) because customers wanted something to eat with coffee
(d) because his café didn't have a signature menu item

화자가 커피와 함께 파이를 계속해서 팔기로 결정한 이유는 무엇일까?

(a) **파이가 고객을 더 끌었기 때문에**
(b) 그의 아내가 그녀의 수제 파이를 팔고 싶어 했기 때문에
(c) 손님들이 커피와 함께 먹을 것을 원했기 때문에
(d) 시그니처 메뉴가 없었기 때문에

정답 시그널 the pie is the signature menu item of our café

해설 담화 5단락에서 "Signature menu items will make your café more competitive, and it will be the reason for customers to come to your café."(시그니처 메뉴는 당신의 카페를 더 경쟁력 있게 만들고 고객들이 당신의 카페를 찾는 이유가 될 것입니다.)를 근거로 정답은 (a)이다. (b), (c), (d)는 모두 대화에서 일치하지 않는 내용이므로 오답이다.

패러프레이징 make your café more competitive ➡ attracted more customers

어휘 along with ~와 함께 attract 끌다 customer 고객, 손님

6. When does the speaker think of ways to satisfy the customers?

(a) **when he opens his business every day**
(b) when he takes breaks
(c) before he goes to sleep at night
(d) after customers leave the café

화자는 언제 고객을 만족시킬 방법을 생각하는가?

(a) **매일 영업을 시작할 때**
(b) 잠시 쉴 때
(c) 밤에 자러 가기 전에
(d) 손님들이 카페를 떠난 후에

정답 시그널 thinking of your own ways to satisfy your customers

해설 담화 6단락에서 "When I open my café every morning, I always ask myself"(매일 아침 카페를 열 때 저는 항상 스스로에게 물어봅니다)를 근거로 정답은 (a)이다. (b), (c), (d)는 모두 대화에 없는 내용이므로 오답이다.

패러프레이징 When I open my café every morning ➡ when he opens his business every day
café ➡ business ≒ coffee shop(커피숍)

어휘 satisfy 만족시키다 business 사업, 영업 take a break 잠시 쉬다

7. What does the speaker <u>suggest</u> doing while relaxing?

(a) having a meal
(b) reading a novel
(c) watching a movie
(d) going shopping

화자는 쉬는 동안 무엇을 할 것을 제안하는가?

(a) 식사를 하는 것
(b) 소설을 읽는 것
(c) 영화를 보는 것
(d) 쇼핑하러 가는 것

정답 시그널 | suggest ※마지막 문제는 담화의 마지막에서 주로 출제된다.

해설 담화 7단락에서 "I suggest you make it into your own coffee time and relax. You can read a book, invite your friends, or chat with your partner!"(그 시간을 자신만의 커피 시간으로 만들어 편안하게 쉬기를 권합니다. 책을 읽거나, 친구들을 초대하거나, 연인과 수다를 떨 수 있습니다!)를 근거로 정답은 (b)이다. (a), (c), (d)는 대화에서 찾을 수 없는 내용이므로 오답이다.

어휘 suggest 권하다 relax 쉬다 meal 식사 novel 소설

실전 모의고사

문법 1~26

1. 가정법 – 가정법 과거완료   정답 (a)

데니스는 가정교사인데, 그는 수업이 시작되기 직전에 계속 수업을 연기하는 한 학생을 최근에 만났다. 만약 그가 그 학생이 그렇게 무책임한 것을 알았다면, 그는 그녀를 가르치기로 결정하지 않았을 것이다.

풀이 방법

① 선택지를 먼저 읽고 Form 유형인 것을 파악한다. 보기가 동사 decide의 다양한 조동사와 시제로 구성되어 있다.

② 빈칸이 포함된 문장에서 'if + 과거완료(had known)'는 가정법 과거완료에 사용되는 표현임을 기억한다.

③ 주절에는 'would/could/might + have p.p.'인 (a) would not have decided를 고른다.

어휘 private tutor 가정교사 recently 최근에 keep on ~ing ~하기를 계속하다 postpone 연기하다, 미루다 irresponsible 무책임한

2. 시제 – 미래진행   정답 (c)

동아시아 최대 패션 소매업체인 알라모 패션은 매년 아이센버그 무역 박람회에 참가해 최신 컬렉션을 선보여왔다. 하지만 대중의 기대에도 불구하고, 다음 행사에는 올해의 컬렉션을 전시하지 않을 예정이다.

풀이 방법

① 선택지를 먼저 읽고 Form 유형인 것을 파악한다. 보기에 진행 시제가 포함되어 있으면 시제 유형임을 예상한다.

② 빈칸이 포함된 문장에서 미래 시점(from the next event)은 미래진행 시제와 어울리는 표현임을 기억한다.

③ 미래진행 시제인 (c) will not be displaying을 고른다.

어휘 despite ~에도 불구하고 public 대중 expectation 기대, 예상 eastern Asia 동아시아 retailer 소매업자, 소매상 trade show 무역 박람회 announce 발표하다 display 내보이다, 전시하다 collection 컬렉션, 신상품

3. 준동사 – 동명사   정답 (d)

명문 학교들은 학생들이 자신의 미래를 설계하도록 돕는다. 그곳의 성공은 열정적이고 자상한 선생님들로 가득 찬 교수진을 갖추는 데 있다. 실제로, 진정으로 가르치는 것을 즐기는 교사들은 학생들의 학업 성취도에 강한 영향을 미친다.

풀이 방법

① 선택지를 먼저 읽고 Form 유형인 것을 파악한다. 보기가 모두 동사 teach의 준동사로 이루어져 있으므로 준동사 유형임을 파악한다.

② 빈칸이 포함된 문장에서 enjoy는 동명사를 목적어로 취하는 동사임을 기억한다. 참고로 준동사의 완료형인 (b) having taught와 (c) to have taught는 정답으로 출제되지 않으므로 먼저 제거해도 된다.

③ 정답 (d) teaching을 고른다.

어휘 prestigious 일류의, 명문의 shape 설계하다 success 성공 lie in ~에 있다 faculty 교수진 passionate 열정적인 caring 잘 돌보는 impact 영향 academic 학업의 achievement 성과

4. 시제 – 과거완료진행   정답 (a)

우리는 일주일 전에 강아지 버즈를 잃어버렸고, 오늘 마침내 그는 집에 돌아왔다. 우리는 버즈가 오늘 나타나기 전에 5일 동안이나 그를 찾아다니고 있었기 때문에 온 가족이 걱정했다.

풀이 방법

① 선택지를 먼저 읽고 Form 유형인 것을 파악한다. 보기에 진행 시제가 포함되어 있으면 시제 유형임을 예상한다.

② 빈칸이 포함된 문장에서 'before + 과거 시제(showed up)'는 과거완료진행 시제와 어울리는 표현임을 기억한다.

③ 과거완료진행 시제인 (a) had been missing을 고른다.

어휘 finally 마침내 show up 나타나다

5. 조동사 – may 　　　　　　　　　　정답 (d)

모든 직원이 근무 시간을 시작할 때마다 출근 시간을 기록했는지 확인하는 것은 중요하다. 그렇지 않으면, 그들의 업무 시간이 다음 급여에 부정확하게 반영될 지도 모른다.

풀이 방법

① 선택지를 먼저 읽고 보기가 조동사로 구성된 Meaning 유형인 것을 파악한다.

② 빈칸 앞뒤의 문장을 해석하고 두 문장을 논리적으로 가장 적절하게 연결하는 조동사를 골라야 한다. 문맥상 '모든 직원은 출근 시간을 기록하는 것이 중요한데 그렇게 하지 않으면 업무 시간이 부정확하게 반영될 수 있다'는 may(추측)가 들어가는 것이 가장 적절하다. 참고로 shall은 지텔프 시험에서 정답으로 출제되지 않고, must와 should는 의무를 나타내기 때문에 문맥상 적절하지 않다.

③ 정답 (d) may를 고른다.

어휘 employee 직원 sign in 출근 시간을 기록하다 whenever ~할 때마다 shift 근무 시간 otherwise 그렇지 않으면 reflect 반영하다, 나타내다 inaccurately 부정확하게 following 다음의 paycheck 급여

6. 준동사 – to부정사 　　　　　　　정답 (b)

가장 충성스러운 단골손님 중 한 명으로써, 8월 7일에 있는 독점 행사에 당신을 초대합니다. 행사에서, 당신은 우리 상품의 가장 최신 모델들을 발견할 수 있고, 정가의 40%까지 할인을 받는 기회를 가질 것입니다. 만약 당신이 행사에 참석하기로 결정한다면, 당신의 이름, 고객 계정 번호, 그리고 휴대전화 번호를 답신에 적어주십시오.

풀이 방법

① 선택지를 먼저 읽고 Form 유형인 것을 파악한다. 보기가 모두 동사 attend의 준동사로 이루어져 있으므로 준동사 유형임을 예상한다.

② 빈칸이 포함된 문장에서 타동사 decide는 to부정사를 목적어로 사용하는 동사임을 기억한다. 참고로 준동사의 완료형인 (a) having attended와 수동태 (c) to be attended는 정답으로 출제하지 않으므로 먼저 제거해도 된다.

③ 정답 (b) to attend을 고른다.

어휘 loyal 충성스러운, 충실한 patron 단골손님, 후원자 invite 초대하다 exclusive 독점적인 latest 최신의 receive 받다, 수신하다 up to ~까지 off 할인하여 normal price 정가 attend 참석하다 customer 고객, 손님 account 계정 reply 답신, 답장

7. 가정법 – 가정법 과거 　　　　　　정답 (b)

무함마드는 이슬람교도이고 아이비는 가톨릭교도이며 그들은 약혼했다. 무함마드는 미래의 자식들이 그들의 아버지의 믿음을 따르기를 바란다. 하지만, 아이비는 가톨릭 교회에서 아이들에게 세례를 주지 않으면 그녀 자신을 용서하지 않을지도 모른다고 말한다.

풀이 방법

① 선택지를 먼저 읽고 Form 유형인 것을 파악한다. 보기가 동사 forgive의 조동사와 진행 시제로 구성되었으므로 가정법 또는 시제 유형임을 예상한다.

② 빈칸이 포함된 문장에서 'if + 과거 시제(didn't baptize)'는 가정법 과거에 사용되는 표현임을 기억한다. 참고로 if절이 주절 뒤로 갈 때에는 쉼표를 사용하지 않으므로 if의 위치를 잘 파악할 수 있어야 한다.

③ 주절에는 'would/could/might + 동사원형'인 (b) might not forgive를 고른다.

어휘 Muslim 이슬람교도(의) Catholic 가톨릭교(의) engaged 약혼한 follow 따르다, 따라가다 faith 믿음, 신앙 forgive 용서하다 baptize 세례를 주다

8. 준동사 – 동명사 　　　　　　　　정답 (a)

저희 사이트에서 발리에서 가장 좋은 숙박 시설을 찾아보세요. 1박에 8달러부터 시작하는 방들에 대한 가장 큰 폭의 할인을 볼 수 있습니다! 그렇지만, 우리는 성수기 동안에는 최소한 8주 앞서 방을 예약할 것을 강력하게 추천합니다.

풀이 방법

① 선택지를 먼저 읽고 Form 유형인 것을 파악한다. 보기가 모두 동사 book의 준동사로 이루어져 있으므로 준동사 유형임을 파악한다.

② 빈칸이 포함된 문장에서 suggest는 동명사를 목적어로 취하는 동사임을 기억한다. 참고로 준동사의 완료형인 (c) having booked와 (d) to have booked는 정답으로 출제되지 않으므로 먼저 제거해도 된다.

③ 정답 (a) booking을 고른다.

어휘 accommodation 숙소 per ~당 strongly 강력하게, 확고하게 suggest 추천하다, 권장하다 book 예약하다 at least 최소한 in advance ~보다 앞서, 미리 peak season 성수기, 가장 바쁜 시기

9. 시제 – 과거진행 　　　　　　　　정답 (c)

우리는 역에 도착해서 기차에 타기 전에 무언가를 먹기로 결정했다. 하지만, 실수로 기차의 출발 시간을 혼동해서, 기차가 역에 도착했을 때 우리는 여전히 식당에서 점심을 먹고 있는 중이었다.

풀이 방법

① 선택지를 먼저 읽고 Form 유형인 것을 파악한다. 보기에

진행시제가 포함되어 있으면 시제를 묻는 문제임을 예상한다.

② 'when+ 과거 시제(arrived)'는 과거진행 시제와 사용되는 표현이다.

③ 과거진행 시제인 (c) were still having을 고른다.

어휘 station 역 catch (교통 수단에) 타다 accidentally 실수로, 우연히 confuse 혼동하다 departure time 출발 시간

10. should 생략 - 당위성 동사   정답 (d)

이 편지는 저희 항공사의 승무원이 되기 위한 당신의 이력서를 받기로 결정했음을 알려드리기 위한 것입니다. 당신의 구술 면접은 8월 31일 금요일 10시 15분에 예정되어 있습니다. 또한 우리는 당신이 그 날을 위해 영어로 말하는 것을 연습할 것을 권장합니다.

풀이 방법

① 선택지를 먼저 읽고 Form 유형인 것을 파악한다. 참고로 보기에 동사원형이 있으면 should 생략 유형일 가능성이 있다.

② 빈칸이 포함된 문장에서 빈칸 앞의 recommend는 that과 함께 사용하여 should 생략을 유발하는 당위성 동사임을 기억한다.

③ 정답 (d) practice를 고른다.

어휘 notify 알리다 accept 받아들이다 résumé 이력서 flight attendant 승무원 oral interview 구두 면접 be scheduled for ~로 예정되다 recommend 권장하다, 권고하다

11. 연결어 - 전치사구   정답 (d)

수사관은 진실을 알아내기 위해 범죄, 문제, 진술 등을 조사하는 직업을 가진 사람이다. 그들은 증거들과 사실들을 정확하고 완전하게 모은다. 그러나, 모든 탐사 활동들은 그들의 직함과 관계없이 국가의 개인정보 보호법을 따라야 한다.

풀이 방법

① 선택지를 먼저 읽고 보기가 연결어-전치사구로 구성된 Meaning 유형인 것을 파악한다.

② 빈칸 앞뒤의 문장을 해석하고 두 부분을 논리적으로 가장 적절하게 연결하는 연결어를 골라야 한다. 문맥상 그들의 직함과 '관계없이(regardless of)' 준수해야 한다는 내용이 나오는 것이 가장 적절하다.

③ 정답 (d) regardless of를 고른다.

어휘 investigator 수사관, 조사관 occupation 직업 examine 조사하다, 검사하다 crime 범죄 statement 진술 discover 알아내다, 발견하다 gather 모으다 evidence 증거 accurately 정확하게 completely 완전히 investigative 탐사의 comply with ~을 따르다 national 국가적인 privacy law 개인정보 보호법 title 직함, 제목 in case of ~의 경우에 other than ~외에 rather than ~보다는 regardless of ~와 관계없이

12. 가정법 - 가정법 과거완료   정답 (a)

쏘니는 세계적으로 유명한 축구 선수가 되었다. 그는 유명한 TV 프로그램에 출연해서 어떻게 그가 그의 경력에서 성공했는지 질문을 받았다. 그는 "아버지의 지도를 받지 못했다면, 나는 여기까지 오지 못했을 것이다."라고 말했다.

풀이 방법

① 선택지를 먼저 읽고 Form 유형인 것을 파악한다. 보기에 동사 make가 다양한 조동사와 시제로 나왔으므로 가정법 유형임을 예상한다.

② 빈칸이 포함된 문장에서 'if + 과거완료 시제(had not received)'는 가정법 과거완료에 사용되는 표현임을 기억한다.

③ 주절에는 'would/could/might + have p.p.'인 (a) would not have made를 고른다.

어휘 appear in ~에 출연하다 succeed in ~에서 성공하다 career 경력 receive 받다 guidance 지도 make it 해내다, 성공하다 this far 지금까지, 여기까지

13. 준동사 - to부정사   정답 (a)

주니 파이가 시내 중심부에 두번째 지점을 열었다. 카페의 주인은 그녀의 사업을 확장시킬 기회를 놓칠 수 없다고 말했다. 공식적인 개업은 특별한 리본 커팅 행사와 주인 아들의 노래 공연으로 일요일에 열릴 것이다.

풀이 방법

① 선택지를 먼저 읽고 Form 유형인 것을 파악한다. 보기가 모두 동사 expand의 준동사로 이루어져 있으므로 준동사 유형임을 파악한다.

② 빈칸이 포함된 문장에서 빈칸은 앞에 있는 명사인 opportunity를 꾸며주는 형용사 역할을 하는 것임을 확인한다. 참고로 준동사의 완료형 (c) having expanded 과 진행형 (d) being expanded는 정답으로 출제하지 않으므로 먼저 제거해도 된다.

③ 정답 (a) to expand를 고른다.

어휘 branch 지점, 지사 owner 주인 miss 놓치다 opportunity 기회 expand 확장하다 official 공식적인 opening 개업, 개막 hold 열리다 ceremony 행사, 예식 vocal 보컬의, 목소리의 performance 공연, 연주

14. 시제 - 미래완료진행   정답 (c)

질과 로스는 초등학교 때부터 친한 친구였고 모자 회사인 JR-Hat을 함께 설립했다. 그들은 다가오는 12월에 은퇴할 것이고, 그들이 은퇴하면, 그들은 양질의 모자를 25년 동안 판매해오고 있을 것이다.

풀이 방법

① 선택지를 먼저 읽고 Form 유형인 것을 파악한다. 보기에 진행 시제가 포함되어 있으면 시제 유형임을 예상한다.

② 빈칸이 포함된 문장에서 'for + 기간(25 years)'과 'when + 현재 시제(retire)'는 미래완료진행 시제와 어울리는 표현임을 기억한다.

③ 미래완료진행 시제인 (c) will have been selling을 고른다.

어휘 close 친한, 아주 가까운 elementary school 초등학교 found 설립하다, 세우다 retire 은퇴하다 upcoming 다가오는, 곧 있을 quality 양질의, 고급의

15. 연결어 - 접속부사   정답 (b)

키위새의 큰 알들은 훨씬 더 크고 날지 못하는 조상들의 특징이었다고 여겨졌다. 반면에, 2010년대 초반의 연구는 키위들이 뉴질랜드로 날아간 더 작은 새들의 후손임을 보여줬다.

풀이 방법

① 선택지를 먼저 읽고 보기가 연결어-접속부사로 구성된 Meaning 유형인 것을 파악한다.

② 빈칸 앞뒤의 문장을 해석하고 두 문장을 논리적으로 가장 적절하게 연결하는 연결어를 골라야 한다. 앞문장에는 키위새의 커다란 알은 날 수 없는 조상으로부터 남겨진 특징이라고 했고, 뒷문장에서는 키위새는 날 수 있는 새의 후손이라는 반전이 나왔으므로, 문맥상 반대되는 내용을 연결하는 접속부사구인 'On the other hand'가 가장 적절하다.

③ 정답 (b) On the other hand를 고른다.

어휘 It is believed that ~라고 여겨지다 trait 특징, 특성 flightless 날지 못하는 ancestor 조상 research 연구, 조사 suggest 보여주다, 나타내다 be descended from ~의 자손이다 regardless 개의치 않고 on the other hand 반면에 furthermore 뿐만 아니라 at the same time 동시에

16. 준동사 - 동명사   정답 (a)

생소한 질환을 가진 사람들을 언급할 때, 그들의 장애보다 능력에 초점을 맞춘 적절한 용어를 사용하는 것이 더 바람직하다. 따라서, 사람들은 '장애가 있는'과 '장애를 가진'과 같은 용어들을 사용하는 것을 멈춰야 한다.

풀이 방법

① 선택지를 먼저 읽고 Form 유형인 것을 파악한다. 보기 모두 동사 use의 준동사로 이루어져 있으므로 준동사 유형임을 파악한다.

② 빈칸이 포함된 문장에서 stop은 to부정사와 동명사를 모두 목적어로 취할 수 있는 동사임을 기억한다. 'stop+to부정사'는 '~하기 위해 멈추다'라는 뜻이고, 'stop+동명사'는 '~하는 것을 멈추다'를 의미하므로 문맥상 용어를 사용하는 것(using)을 멈춰야 하는 것이 더 적절하다. 참고로 준동사의 완료형 (c) having been used와 수동태 (d) to be used는 정답으로 출제되지 않으므로 먼저 제거해도 된다.

③ 정답 (a) using을 고른다.

어휘 refer to ~를 언급하다, 지칭하다 condition 질환 unfamiliar 생소한, 익숙하지 않은 preferable 더 바람직한, 더 나은 appropriate 적절한, 적합한 terminology 용어 focus 초점을 맞추다, 집중하다 ability 능력 rather than ~보다는 disability 장애 term 용어 such as ~와 같은 handicapped 장애가 있는 disabled 장애를 가진

17. 가정법 - 혼합가정법   정답 (a)

조지 워싱턴은 미국의 첫번째 대통령으로 재임했다. 그는 다소 내성적이었고 인생에서 부를 갈망하지 않았다. 그가 더 권력에 굶주린 사람이었다면, 미국은 오늘날 매우 달랐을 텐데.

풀이 방법

① 선택지를 먼저 읽고 Form 유형인 것을 파악한다. 보기에 동사가 다양한 조동사와 시제로 나왔으므로 가정법 유형임을 예상한다.

② 빈칸이 포함된 문장에서 'if + 과거완료 시제(George Washington had been)'는 가정법 과거완료에 사용되는 표현임을 기억한다. 하지만 주절에는 현재를 나타내는 today(오늘날)라는 표현이 있으므로 이 문장은 혼합가정법이다.

③ 주절에는 'would/could/might + 동사원형'인 (a) would be를 고른다.

어휘 serve 재임하다, 일하다 somewhat 다소, 약간 reserved 내성적인, 말이 없는 crave 갈망하다, 열망하다 wealth 부, 재산 power-hungry 권력에 굶주린

18. 시제 - 현재완료진행   정답 (c)

에반은 자동차 디자이너가 되기 위해 최선을 다하고 있다. 그는 현재 베를린 디자인 대학에서 1년 동안 디자인 수업에 참석해오고 있다. 그곳에서 공부하는 동안, 그는 실전 디자인 기술을 배우고 다양한 명작들을 직접 눈으로 보고 있다.

풀이 방법

① 선택지를 먼저 읽고 Form 유형인 것을 파악한다. 보기에 진행 시제가 포함되어 있으면 시제 유형임을 예상한다.

② 빈칸이 포함된 문장에서 'for + 기간(one year)'은 현재완료진행 시제와 어울리는 표현임을 기억한다.

③ 현재완료진행 시제인 (c) has been attending을 고른다.

어휘 try one's best 최선을 다하다 automobile 자동차 attend 다니다, 참석하다 institute 대학, 연구소 hands-on 실전의, 실제의 technique 기술 various 다양한

19. 준동사 - to부정사   정답 (b)

범죄는 연방, 주립, 그리고 지방 정부 관료들이 대중 보호 수단, 감옥과 사법 체계에 수십 억의 달러를 쓰도록 하고 있다.

그것은 또한 시민들과 기업들이 엄청난 양의 사적인 보호 수단을 구매하도록 강요하고 있다.

풀이 방법

① 선택지를 먼저 읽고 Form 유형인 것을 파악한다. 보기 모두 동사 spend의 준동사로 이루어져 있으므로 준동사 유형임을 알 수 있다.

② 빈칸이 포함된 문장에서 타동사 force는 to부정사를 목적격보어로 사용하는 동사임을 기억한다. 참고로 준동사의 완료형 (a) having spent 와 진행형 (c) to be spending은 정답으로 출제되지 않으므로 먼저 제거해도 된다.

③ 정답 (b) to spend를 고른다.

어휘 crime 범죄, 위법 force 강요하다 federal 연방의 state 주(립)의 local 지방의, 지역의 government official 정부 관료 public 대중; 공공의 protection 보호 수단, 보호책 prison 감옥 court system 사법 체계 compel A to B A가 B하도록 강요하다 citizen 시민 purchase 구매하다 massive 엄청난, 거대한 amount 양 private 사적인, 개인의

20. 관계사 – 관계대명사　　　　　　　정답 (a)

우리는 모든 경력 수준과 연령대의 배우들에게 기회를 제공하고 있다. 우리는 춤도 추고, 노래도 부르고, 랩도 할 수 있는 열정적이고 독특한 배우들을 찾고 있다. 광고는 오디션 약 한 달 전에 우리 사이트에 게시될 것이다.

풀이 방법

① 선택지를 먼저 읽고 보기가 관계사를 포함한 문장으로 구성된 Form 유형인 것을 파악한다.

② 빈칸 앞에 선행사가 사람(actors)이 나왔으므로 관계대명사 who/whom 모두 가능하다. 그러나 관계대명사 whom 뒤에는 목적어가 없는 불완전한 문장이 나와야 하므로 빈칸에 들어갈 수 없다. 참고로 what은 선행사를 포함하는 관계사이기 때문에 앞에 선행사가 있으면 안 된다.

③ 정답 (a) who can also dance, sing, and rap을 고른다.

어휘 provide A to B A를 B에게 제공하다 actor 배우 experience 경력, 경험 look for ~를 찾다 passionate 열정적인 unique 독특한, 특별한 rap 랩; 랩을 하다 advertisement 광고 post 게시하다, 싣다 approximately 약, 대략

21. 가정법 – 가정법 과거　　　　　　　정답 (c)

마틴 루터 킹이 살아 있다면, 이 지구를 걷는 각각의 모든 사람들을 사랑하는 것이 우리에게 얼마나 중요한지에 대해 세상에 계속해서 말할 수 있을 텐데. 안타깝게도, 그는 1968년 4월 4일 백인 우월주의자에게 암살되었다.

풀이 방법

① 선택지를 먼저 읽고 Form 유형인 것을 파악한다. 보기에 동사 continue의 조동사와 진행 시제가 나왔으므로 가정법 또는 시제 유형임을 예상한다.

② 빈칸이 포함된 문장에서 과거 시제(Were Martin Luther King alive)는 가정법 과거에 if가 생략되어 주어(Martin Luther King)와 동사(were)의 위치를 바꾼 것임을 확인한다.

③ 주절에는 'would/could/might + 동사원형'인 (c) could continue를 고른다.

어휘 alive 살아 있는 continue ~을 계속하다 unfortunately 안타깝게도 assassinate 암살하다 white supremacist 백인 우월주의자

22. should 생략 – 이성적 판단 형용사　　정답 (d)

완전한 권한을 가지고 있는 매니저들은 좋은 결정을 내리고 각각의 직원을 개발시키기 위해 효과적으로 그 권한을 위임한다. 또한, 모든 매니저는 직원들이 주어진 업무를 할 수 있음을 증명하기 위해 동등한 기회를 주는 것이 매우 중요하다.

풀이 방법

① 선택지를 먼저 읽고 Form 유형인 것을 파악한다. 참고로 보기에 동사원형이 있으면 should 생략 유형일 가능성이 있다.

② 빈칸이 포함된 문장에서 빈칸 앞 crucial은 that과 함께 사용되어 should 생략을 유발하는 이성적 판단 형용사임을 기억한다.

③ 정답 (d) give를 고른다.

어휘 fully 완전히, 충분히 empower 권한을 주다 make a decision 결정을 내리다 delegate (권한, 책임 등을) 위임하다 effectively 효과적으로 develop 개발시키다 employee 직원 crucial 매우 중요한, 결정적인 prove 증명하다, 입증하다 capable of ~할 수 있는, 능력이 있는 given 주어진 duty 직무, 업무

23. 시제 – 현재진행　　　　　　　　　정답 (c)

내 아내와 나는 매년 10월에 핼러윈 의상과 장식을 쇼핑하는 것을 좋아한다. 아내는 현재 우리 집을 꾸미기 위해 온라인에서 새로운 물건을 사는 중이다. 우리는 이번 달에 친구들을 초대해서 함께 즐겁게 보낼 것이다.

풀이 방법

① 선택지를 먼저 읽고 Form 유형인 것을 파악한다. 보기에 진행 시제가 포함되어 있으면 시제 유형임을 예상한다.

② 빈칸이 포함된 문장에서 at the present time은 현재진행 시제와 자주 사용되는 표현임을 기억한다.

③ 현재진행 시제인 (c) is shopping을 고른다.

어휘 Halloween 핼러윈 costume 의상, 코스튬 decoration 장식 stuff 물건 decorate 꾸미다, 장식하다 invite 초대하다

24. 조동사 - should　　　　　　　정답 (c)

남쪽 해안을 예기치 못하게 강타한 태풍은 한동안 떠나지 않을 것이다. 해안 지역 근처의 시내 버스의 수는 날씨가 개일 때까지 제한될 것이므로, 통근하는 사람들은 평소보다 긴 기다림을 준비해야 한다.

풀이 방법

① 선택지를 먼저 읽고 보기가 조동사로 구성된 Meaning 유형임을 파악한다.

② 빈칸 앞뒤의 문장을 해석한 후 두 부분을 논리적으로 가장 적절하게 연결하는 조동사를 골라야 한다. 문맥상 날씨가 개기 전까지는 버스의 수가 제한되므로 통근하는 사람들은 대비를 해야 한다는 제안과 충고의 의미를 가진 should가 가장 적절하다. 참고로 will은 미래/예측, could는 가능성/능력, may는 추측/허가의 의미를 나타낼 때 사용하므로 문맥상 적절하지 않다.

③ 정답 (c) should를 고른다.

어휘 typhoon 태풍　unexpectedly 예기치 않게　hit 강타하다　southern 남쪽의　coast 해안　leave 떠나다　for a while 당분간은, 잠시 동안은　the number of ～의 수　near 근처의　coastal 해안의　limit 제한하다　clear up (날씨가) 개다　commuter 통근하는 사람　wait 기다림, 대기　than usual 평소보다

25. 가정법 - 가정법 과거　　　　　정답 (d)

존은 신용 카드 결제액을 내일 납부해야 한다는 것을 깨달았다. 그러나, 그는 오늘 오후 시카고로 향하는 비행기에 탈 것이고, 돈을 지불하기에는 그가 도착할 때쯤이면 너무 늦을 것이다. 항공편이 도착 예정 시간보다 더 일찍 도착한다면, 그는 벌금을 피할 수 있을 텐데.

풀이 방법

① 선택지를 먼저 읽고 Form 유형인 것을 파악한다. 보기가 동사 avoid의 다양한 시제와 조동사로 구성되어 있으므로 가정법 또는 시제 유형임을 예상한다.

② 빈칸이 포함된 문장에서 'if + 과거 시제(were to V)'는 가정법 과거에 사용되는 표현임을 기억한다.

③ 주절에는 'would/could/might + 동사원형'인 (d) could avoid를 고른다.

어휘 realize 깨닫다　credit card payment 신용 카드 결제액 납부　due ～하기로 되어 있는　flight 비행, 항공편에는　estimated time of arrival 도착 예정 시간　avoid 피하다　penalty 벌금, 처벌

26. 관계사 - 관계대명사　　　　　정답 (c)

성인용 롤러코스터를 타기 위한 최소 신장 요건은 125cm이며, 타는 사람이 30kg보다 적게 무게가 나가면 안 된다. 반면, 어린 탑승자들이 안전하게 즐길 수 있도록 고안된 어린이용 롤러코스터는 성인용과는 다른 기준을 따른다.

풀이 방법

① 선택지를 먼저 읽고 보기가 관계사를 포함한 문장으로 구성된 Form 유형인 것을 파악한다.

② 빈칸 앞에 선행사로 사물(roller coasters)이 나왔으므로 관계대명사 that, which와 관계부사 where가 모두 빈칸에 들어갈 수 있다. 하지만 쉼표 뒤에는 관계대명사 that이 나올 수 없으므로 (a)는 오답이고, 관계부사 where 뒤에는 완벽한 문장이 나와야 하므로 (d)도 오답이다.

③ 정답으로 (c) which are designed을 고른다.

어휘 minimum 최소의　height 키, 신장　requirement 요건, 자격　adult 성인, 어른(의)　rider 타는 사람, 탑승자　weigh 무게가 나가다　on the other hand 반면, 다른 한편으로는　enjoy 즐기다　design 고안하다, 디자인하다　safely 안전하게　standard 기준

PART 1 일상 대화 (Narration)

구성	크리스마스 계획	
[인사 및 주제]	M: Hi, Jessie! Christmas is just around the corner. Do you have any plans? F: Hi, Kevin! I haven't thought about it yet. 27)Since I won't be going to my hometown this year, I'll probably be spending time by myself. How about you? M: I've always spent the holiday with my family. 28)This Christmas will be especially crowded because all my relatives will come to my house this time!	남: 안녕, 제시! 크리스마스가 정말 얼마 남지 않았네. 계획 있니? 여: 안녕, 케빈! 그것에 대해 아직 생각해 보지는 않았어. 27)올해는 고향에 가지 않을 것이기 때문에, 아마도 혼자서 시간을 보낼 것 같아. 너는 어때? 남: 나는 휴일을 항상 가족들과 함께 보냈어. 28)이번 크리스마스에는 모든 친척들이 내 집으로 올 거라 특히 붐빌 거야!
[본론 1]	F: Nothing is more important than family, right? In my home country, people usually spend Christmas with their family and loved ones. Christmas is a huge event for couples, and going on a date on Christmas day is popular among young generations. What about your culture? M: Christmas was originally a Christian celebration of the birth of Jesus Christ. These days, Christmas is not just celebrated by Christians but by almost everyone. 29)Families and friends get together to prepare Christmas food, decorate Christmas trees, and exchange gifts.	여: 가족보다 더 중요한 것은 없어, 맞지? 우리나라에서, 사람들은 보통 크리스마스를 가족들과 사랑하는 사람들과 보내. 커플들에게 크리스마스는 큰 행사이고, 크리스마스에 데이트를 하는 것은 젊은 세대 사이에서 인기가 있어. 너희 문화는 어때? 남: 크리스마스는 원래 예수 그리스도의 탄생을 기념하는 기독교 행사였어. 요즘은, 기독교인들 뿐만 아니라 거의 모든 사람들에 의해 크리스마스가 기념이 돼. 29)가족들과 친구들은 모여서 크리스마스 음식을 준비하고, 크리스마스 나무를 장식하고, 선물을 교환해.
[본론 2]	F: Oh, I've heard of that. But I always wondered why Christmas trees are so elaborately decorated. M: I wonder why too. Let's google it together! It says here the 16th century German priest 30)Martin Luther was walking through the forest on the night of Christmas Eve, and all of a sudden, he saw a light shining brightly in the dark through the tree branches. It reminded him of Jesus, who left the stars of heaven to come to earth at Christmas. He wanted to share this holy experience with others, so he took the tree back to his house and decorated it with some cotton, ribbons, and candles. That is the origin of Christmas tree decoration!	여: 오, 나도 그것에 대해 들어봤어. 근데 나는 크리스마스 나무들은 왜 그렇게 정교하게 꾸며질까 항상 궁금했어. 남: 나도 왜 그런지 궁금하다. 같이 구글에 검색해보자! 여기에 16세기 독일 성직자인 30)마틴 루터가 크리스마스 이브 밤에 숲 속을 걷고 있었는데, 갑자기 어둠 속에서 밝게 빛나는 불빛을 나뭇가지 사이로 보았다고 쓰여 있네. 그것은 성탄절에 하늘의 별을 떠나 지상으로 나온 예수님을 떠올리게 했고, 이 신성한 경험을 다른 사람들과 나누고 싶어서 나무를 집으로 가져와서 솜과 리본, 촛불로 그것을 장식했대. 그것이 크리스마스 나무 장식의 유래래!

[본론 3]	F: Wow, I never knew that. Are there any traditions that you enjoy during the Christmas season? M: I really enjoy exchanging Christmas presents with my family that I haven't seen for a long time. While we exchange presents, we usually catch up with each other on what has been happening in our lives since the last time we saw each other. What about you? F: 31)For me, when I was a child, getting Christmas presents from Santa Claus was the most exciting part of Christmas Day. Of course, there are no presents for me from Santa now that I'm all grown up.	여: 와, 나는 그것을 전혀 몰랐어. 크리스마스 시즌 동안 즐기는 전통이 있니? 남: 나는 오랜 시간 동안 보지 못한 가족들과 크리스마스 선물 교환하는 것을 정말 좋아해. 선물을 교환하면서 우리는 지난 번에 만난 이후로 살면서 일어났던 일에 대해 그간 밀린 이야기를 나눠. 너는 어때? 여: 31)나는 어렸을 때, 산타 할아버지에게 선물을 받는 것이 크리스마스에 가장 신나는 것이었어. 물론 지금은 다 컸기 때문에 나에게 산타가 주는 선물은 없지만.
[본론 4]	M: You know what? If you don't have anything to do for this Christmas, why don't you come to my house and enjoy Christmas together? You can try delicious Christmas food, sing Christmas carols, and exchange presents with us! F: That's very kind of you. Did you just say Christmas food? That sounds interesting. M: Generally, people in America and England eat roast turkey, and in France, they eat roast chicken. For dessert, Americans eat cake, the English eat pudding with fruit, and 32)the French enjoy "Bûche de Noël," a cake which looks like firewood. We have them all on Christmas, because some of my family members are English and French.	남: 있잖아. 이번 크리스마스에 할 것이 없다면, 우리 집에 와서 크리스마스를 함께 즐기는 건 어때? 우리와 함께 맛있는 크리스마스 음식도 먹어보고, 크리스마스 캐럴도 부르고, 선물도 교환할 수 있어! 여: 정말 고마워. 방금 크리스마스 음식이라고 했어? 흥미로운 걸. 남: 일반적으로, 미국과 영국 사람들은 구운 칠면조를 먹고, 그리고 프랑스에서는 구운 치킨을 먹지. 디저트로는 미국인들은 케이크를 먹고, 영국인들은 과일을 넣은 푸딩을 먹고, 32)프랑스인들은 장작처럼 생긴 케이크인 '뷔슈 드 노엘'을 즐겨. 가족 중 몇몇 구성원들이 영국인들과 프랑스인들이어서, 우리 집은 크리스마스에 그것들을 모두 먹어.
[결론 및 마무리 인사]	F: That is amazing! I can't wait to try them. But, Kevin, I don't know how to get to your house. Which should I take? A bus or the subway? M: 33)Oh, don't worry about it. Just text me, and I will pick you up that day. F: I really appreciate it, Kevin. Thanks to you, I guess I won't be alone on Christmas this year! M: No problem! See you then.	여: 놀라워! 얼른 먹어보고 싶다. 그런데 케빈, 나는 너의 집에 어떻게 가는지 몰라. 어느 것을 타야 하니? 버스 아니면 지하철? 남: 33)오, 걱정하지 마. 나에게 문자를 주면, 그날 너를 차로 데리러 갈게. 여: 정말 고마워, 케빈. 네 덕분에, 이번 크리스마스는 혼자 있지 않을 것 같아! 남: 천만에! 그럼 그날 보자.

어휘 (just) around the corner 아주 가까이, 임박하여 hometown 고향 by oneself 혼자 especially 특히 crowded 붐비는 relative 친척 generation 세대 originally 원래, 본래 Christian 기독교(인)의 celebration 기념, 축하 행사 birth 탄생 celebrate 기념하다, 축하하다 get together 모이다 decorate 장식하다, 꾸미다 exchange 교환하다 wonder 궁금해하다 elaborately 정교하게, 공들여서 google (구글에) 검색하다 it says here (that) ~라고 쓰여 있다 priest 사제, 성직자 all of a sudden 갑자기, 느닷없이 shine 빛나다 brightly 밝게 remind A of B A에게 B를 떠올리게 하다 candle 촛불 origin 유래, 기원 decoration 장식 tradition 전통 catch up with ~와 그간 밀린 얘기를 나누다 generally 일반적으로 roast 굽다 turkey 칠면조 firewood 장작 I can't wait to 빨리 ~하고 싶다 text 문자를 보내다 pick up 차로 데리러 가다 appreciate 고맙게 여기다 alone 혼자인, 홀로

what / was / J–plan / Christmas (무엇 / 이었다 / J–계획 / 크리스마스) **세부사항**

27. What was Jessie's original plan for this Christmas?

(a) visit her friend's house
(b) go back to her hometown
(c) visit her relatives in Europe
(d) spend time by herself

올해 크리스마스에 대한 제시의 본래 계획은 무엇이었는가?

(a) 친구 집에 방문하는 것
(b) 고향으로 돌아가는 것
(c) 유럽에 있는 친척들을 방문하는 것
(d) 혼자서 시간을 보내는 것

정답 시그널 Christmas, do you have any plans ※첫 번째 문제의 정답은 대화의 초반에서 찾을 수 있다.

해설 대화에서 "Since I won't be going to my hometown this year, I'll probably be spending time by myself."(올해는 고향에 가지 않을 것이기 때문에, 아마도 혼자서 시간을 보낼 것 같아.)를 근거로 정답은 (d)이다.

어휘 original 본래의, 원래의 go back 돌아가다 relative 친척 by oneself 혼자서, 홀로

---

 why / K / expect / house / to be crowded (왜 / K / 예상하다 / 집 / 붐비게 되는) **세부사항**

28. Why does Kevin expect his house to be crowded this year?

(a) because his relatives will come to his house this year
(b) because his friends have always gathered on holidays
(c) because the priests will drop by for a Christmas party
(d) because his siblings will visit from foreign countries

케빈은 왜 올해 그의 집이 붐빌 것이라고 예상하는가?

(a) 친척들이 올해 집에 오기 때문에
(b) 친구들이 항상 휴일에 모였기 때문에
(c) 사제들이 크리스마스 파티를 위해 들르기 때문에
(d) 형제자매들이 외국에서 방문하기 때문에

정답 시그널 crowded

해설 대화에서 "This Christmas will be especially crowded because all my relatives will come to my house this time!"(이번 크리스마스에는 모든 친척들이 내 집으로 올 거라 특히 붐빌 거야)을 근거로 정답은 (a)이다. (b), (c), (d)는 사실 여부를 담화 내에서 확인할 수 없기 때문에 오답이다.

어휘 expect 기대하다, 예상하다 gather 모이다 drop by 들르다 sibling 형제자매 foreign 외국의

K / what / probably / people / do / C / culture
(K / 무엇 / 추론 / 사람들 / 하다 / 크리스마스 / 문화) **추론**

29. According to Kevin, what probably do people do on Christmas in his culture?

(a) go on a date with their partners
(b) watch a movie about Jesus Christ
(c) prepare Christmas dishes with family
(d) plant the Christmas tree in their yards

케빈에 따르면, 그의 문화권 사람들은 크리스마스에 무엇을 할 것 같은가?

(a) 애인과 데이트한다
(b) 예수에 관한 영화를 본다
(c) 가족과 크리스마스 요리를 준비한다
(d) 마당에 크리스마스 나무를 심는다

해설 대화에서 "Families and friends get together to prepare Christmas food, decorate Christmas trees, and exchange gifts."(가족들과 친구들은 모여서 크리스마스 음식을 준비하고, 크리스마스 나무를 장식하고, 선물을 교환해.)를 근거로 정답은 (c)이다. (a)는 제시의 문화권과 관련되어 나온 내용이고, (b), (d)는 대화에서 찾을 수 없는 내용이므로 오답이다.

패러프레이징 food ➡ dish ≒ meal(식사), diet(식단), cuisine(요리), snack(간식), stuff to eat(먹을 것)

어휘 go on a date 데이트하다 partner 애인 dish 요리 yard 마당

 what / is / most likely / origin / decorating / C trees
(무엇 / 이다 / 추론 / 기원 / 장식하는 것 / C 나무)

추론

30. What is most likely the origin of decorating Christmas trees?

(a) It was a religious tradition in the 16th century.

(b) It was started by a priest after a spiritual event.

(c) It was a common thing among people in Western culture.

(d) It was practiced among priests in the Middle Ages.

크리스마스 나무를 장식하는 것의 기원은 무엇일까?

(a) 16세기에 종교적 전통이었다.

(b) 영적인 사건 이후 한 사제에 의해 시작되었다.

(c) 서양 문화권 사람들 사이에서 흔한 일이었다.

(d) 중세 시대에 사제들 사이에서 행해졌다.

정답 시그널 the origin of Christmas tree decoration

해설 대화에서 "Martin Luther was walking through the forest on the night of Christmas Eve, and all of a sudden, he saw a light shining brightly in the dark through the tree branches. It reminded him of Jesus, who left the stars of heaven to come to earth at Christmas. He wanted to share this holy experience with others, so he took the tree back to his house and decorated it with some cotton, ribbons, and candles. That is the origin of Christmas tree decoration!"(마틴 루터가 크리스마스 이브 밤에 숲 속을 걷고 있었는데, 갑자기 어둠 속에서 밝게 빛나는 불빛을 나뭇가지 사이로 보았다고 쓰여 있네. 그것은 성탄절에 하늘의 별을 떠나 지상으로 나온 예수님을 떠올리게 했고, 이 신성한 경험을 다른 사람들과 나누고 싶어서 나무를 집으로 가져와서 솜과 리본, 촛불로 그것을 장식했대. 그것이 크리스마스 나무 장식의 유래래!)을 근거로 정답은 (b)이다.

어휘 religious 종교적인, 신앙심 깊은 tradition 전통 spiritual 정신의, 영적인 common 흔한 western 서양의 practice 행하다, 실천하다 the Middle Ages 중세 시대

 what / was / J- favorite thing / C / she / was / young
(무엇 / 이었다 / J-가장 좋아하는 것 / 크리스마스 / 그녀 / 이었다 / 어린)

세부사항

31. What was Jessie's favorite thing during Christmas when she was young?

(a) decorating the tree with her parents

(b) singing carols with her siblings

(c) receiving gifts from Santa Claus

(d) shopping for presents with her dad

제시가 어렸을 때 크리스마스에 가장 좋아했던 것은 무엇이었는가?

(a) 부모님과 나무를 장식하는 것

(b) 형제자매들과 캐럴을 부르는 것

(c) 산타 클로스로부터 선물을 받는 것

(d) 아버지와 선물을 사러 가는 것

정답 시그널 when I was a child, the most exciting part of Christmas day

해설 대화에서 "For me, when I was a child, getting Christmas presents from Santa Claus was the most exciting part of Christmas Day."(나는 어렸을 때, 산타 할아버지에게 선물을 받는 것이 크리스마스에 가장 신나는 것이었어.)를 근거로 정답은 (c)이다. (a), (b), (d) 모두 대화에서 찾을 수 없는 내용으로 오답이다.

패러프레이징 getting ➡ receiving ≒ have(가지다), take(받다), be given(주어지다), earn(얻다), obtain(얻다)

어휘 sibling 형제자매 receive 받다 present 선물

what / is / true / C food / Western countries (무엇 / 이다 / 사실 / C 음식 / 서양 국가들) 사실관계

32. According to the conversation, <u>what is true</u> about <u>Christmas food</u> in <u>Western countries</u>?

(a) The English and the French eat the same dishes.
(b) The English only eat fruit for dessert.
(c) Americans eat cake that looks like firewood.
(d) The French enjoy an interestingly shaped dessert.

대화에 따르면, 서양 국가들의 크리스마스 음식에 대한 설명으로 옳은 것은?

(a) 잉글랜드인들과 프랑스인들은 같은 요리를 먹는다.
(b) 잉글랜드 사람들은 디저트로 과일만 먹는다.
(c) 미국인들은 장작처럼 생긴 케이크를 먹는다.
(d) 프랑스인들은 흥미롭게 생긴 디저트를 먹는다.

[정답 시그널] people in America and England, in France

[해설] 대화에서 "the French enjoy "Bûche de Noël," a cake which looks like firewood"(프랑스인들은 장작처럼 생긴 케이크인 '뷔슈 드 노엘'을 즐겨)를 근거로 정답은 (d)이다. (a), (b), (c) 모두 대화와 일치하지 않는 내용이므로 오답이다.

[패러프레이징] the cake which looks like firewood ➡ interestingly shaped dessert

[어휘] English 잉글랜드 사람 French 프랑스 사람 firewood 장작 interestingly 흥미롭게 shaped ~의 모양의, 형태를 지닌

🔑 **what / K / probably / be helping / J / C (무엇 / K / 추론 / 도와주는 중 / J / C)** 추론

33. <u>What</u> will <u>Kevin</u> <u>probably</u> <u>be helping</u> Jessie with on Christmas?

(a) helping her to choose a present
(b) looking for other transportation
(c) driving her to his house
(d) contacting her parents

케빈은 제시에게 무엇을 도와줄 것인가?

(a) 그녀가 선물 고르는 것을 돕기
(b) 다른 교통수단을 찾기
(c) 그녀를 그의 집까지 태우고 가기
(d) 그녀의 부모님에게 연락하기

[정답 시그널] 마지막 문제의 정답은 대화의 마지막 부분에서 출제될 가능성이 높다.

[해설] 대화에서 "Oh, don't worry about it. Just text me, and I will pick you up that day."(오, 걱정하지 마. 나에게 문자를 주면, 그날 너를 차로 데리러 갈게.)를 근거로 정답은 (c)이다.

[패러프레이징] pick up ➡ drive ≒ give a ride(태워다 주다)

[어휘] look for 찾다 transportation 교통수단 drive A to B A를 B로 태워다 주다 contact 연락하다

PART 2 강연 & 발표 (Formal Monologue)

구성	반려동물 박람회 소개
[인사 및 주제] 반려동물 박람회 개요	Hello, everyone, and welcome to the Global Pet Fair. These days, it seems like more people have all kinds of pets, including birds, fish, reptiles, and even small insects! People want pets for various reasons. For some, it's the warm feeling of having a pet waiting for you at the door after work. 34)For others, it may be that they need a companion to help fight loneliness after their retirement. At today's fair, there are a variety of pet supplies along with activities for you to enjoy, including events open to the public, retailers, distributors, and other qualified professionals.
[본론 1] 박람회 입장 전 주의 사항	Before you head in, there are a few things to remember. First, 35a,b)if you have a big dog with you, please make sure you muzzle them and keep them on a leash according to federal pet regulations. 35c)Small or medium-sized pets accompanying you should also be leashed or put in a cage. 35d)Second, all foods that can stimulate animals' sense of smell are strictly prohibited, so please throw them out in the garbage cans in front of the building gate before entering.
[본론 2] 1층 소개	On the first floor, you will see lines of booths offering pet-related items. If you are interested in pet fashion, try browsing the fashionable clothing they have on sale. You will find perfectly matching clothes, bags, shoes, beds, or even strollers for your pet. 36)These items are specially made by independent designers, and they can only be purchased on site during the fair.
[본론 3] 2, 3층 소개	We have also prepared pet food and consultation sections on the second and third floors respectively. On the second floor, you can find food suitable for any type of pet. Next, 37)there are professional counselors from local veterinary hospitals on the

반려동물 박람회 소개 (한글 번역)

안녕하세요 여러분. 글로벌 반려동물 박람회에 오신 것을 환영합니다. 요즘, 점점 더 많은 사람들이 새, 물고기, 파충류, 그리고 심지어 작은 곤충들을 포함한 모든 종류의 반려동물을 가지고 있는 것처럼 보입니다. 사람들은 다양한 이유로 반려동물을 원합니다. 어떤 사람들에게는, 퇴근 후 당신을 문 앞에서 기다리는 반려동물의 따뜻한 감정 때문일 것입니다. 34)또 어떤 사람들에게는, 은퇴 후 외로움과 싸우는 것을 도와줄 동반자가 필요한 것일 수도 있습니다. 오늘 반려동물 박람회에서는, 다양한 반려동물 용품들과 더불어 대중과 소매업자, 유통 업자, 그리고 기타 자격을 갖춘 전문가들에게 공개된 행사들을 포함한 여러분이 즐길 만한 활동들이 있습니다.

입장하기 전에, 몇 가지 기억해야 할 것들이 있습니다. 첫째, 35a,b)여러분이 큰 개를 데리고 있다면, 연방 반려동물 규정에 의거하여 반드시 그들에게 입마개를 씌우고 목줄을 채워야 한다는 것을 명심하세요. 35c)당신이 동반하는 소형 또는 중형 반려동물들도 목줄을 매거나 케이지에 들어가 있어야 합니다. 35d)둘째, 동물들의 후각을 자극할 수 있는 모든 음식들은 엄격히 금지되어 있기 때문에, 안으로 들어가기 전에 건물 정문 앞에 있는 쓰레기통에 그것들을 버려주세요.

1층에는, 반려동물 관련 물품들을 제공하는 부스들이 줄지어 있는 것을 보실 수 있을 것입니다. 여러분이 반려동물 패션에 관심이 있다면, 그들이 판매하고 있는 유행하는 옷을 구경해보세요. 당신의 반려동물에게 꼭 맞는 옷과 가방, 신발, 침대, 심지어 유모차까지 찾을 수 있을 겁니다. 36)이 물건들은 독립 디자이너들에 의해 특별히 제작되었으며, 이번 박람회 기간 동안 현장에서만 구매할 수 있습니다.

2층과 3층에는 각각 반려동물 사료와 상담 구역도 준비되어 있습니다. 2층에서는, 모든 종류의 반려동물에게 적합한 사료를 찾을 수 있습니다. 그 다음으로, 37)3층에는 지역 동물 병원에서 온 전문

	third floor. With a simple survey, you can consult with them one-on-one and get a free examination. They will find you the right food depending on your pets' conditions, including allergies and chronic diseases.	상담사들이 있습니다. 간단한 설문 조사와 함께, 그들에게 일대일로 상담받은 후 무료 검사를 받을 수 있습니다. 그들은 알레르기와 만성 질환을 포함한 반려동물의 건강 상태에 따른 적절한 사료를 찾아줄 것입니다.
[본론 4] 4층 소개	If you want to have your own pet and are ready to take on the responsibility, why don't you consider adopting one? If you're interested, we have an adoption program on the fourth floor. Our little furry friends are anxiously waiting for your warm touch! However, you can't take them home with you just because you want them. Only those who are fully prepared and have gone through a thorough background check with proper procedures are qualified to become their owners. In addition, 38)if you want to adopt, we have a free photo zone to remember your first precious moments with your potential furry friend. Once your adoption is complete, these photos will be sent along with the adoption certificate to you. If you have any questions about the adoption process and qualifications, please go up to the fourth floor and ask any staff wearing a yellow T-shirt. They will be answering any questions you have.	여러분이 반려동물을 기르길 원하고 그에 대한 책임을 질 준비가 되어 있다면, 입양하는 것을 고려해보면 어떨까요? 반려동물을 입양하는 것에 관심이 있다면, 4층에 입양 프로그램이 마련되어 있습니다. 우리의 작은 동물 친구들이 당신의 따뜻한 손길을 간절히 기다리고 있습니다! 하지만, 여러분은 그들을 단순히 원한다고 해서 그냥 집으로 데려갈 수는 없습니다. 충분히 준비가 되어 있고 적합한 절차를 통해 철저한 배경 조사를 거친 사람들만이 주인이 될 자격을 얻습니다. 추가적으로, 38)당신이 입양을 원한다면, 미래의 반려동물과의 소중한 첫 순간을 추억하기 위한 무료 포토존을 마련하고 있습니다. 입양이 완료되면, 이 사진들은 입양 증명서와 함께 당신에게 보내집니다. 입양 절차와 자격에 대해 궁금한 점이 있다면, 4층으로 올라가서서 노란색 티셔츠를 입고 있는 직원에게 물어보세요. 그들은 여러분이 가지고 있는 어떤 질문에도 답해줄 수 있을 것입니다.
[결론] 혜택 설명 및 마무리 인사	Please note that all the details I've mentioned are also included in the brochures you have. And 39)for those who wish to come back again next year, we offer a 15% discount coupon for next year's event ticket. All you have to do is just download the coupon through our mobile app and show it to the ticket office on your way out. Thank you for your time, and I hope you all have a great time at this year's fair.	제가 언급한 모든 세부 사항은 가지고 계신 안내 책자에도 포함되어 있다는 것을 유념해 주세요. 그리고 39)내년에 다시 오고 싶은 분들을 위해 저희는 내년 행사 입장권의 15% 할인 쿠폰을 제공합니다. 저희 모바일 앱을 통해 쿠폰을 다운로드 받아서 나가는 길에 매표소에 보여주시기만 하면 됩니다. 시간을 내주셔서 감사드리며, 올해 박람회에서 모두 즐거운 시간 보내시길 바랍니다.

어휘 fair 박람회 seem like ~인 것 같다 reptile 파충류 insect 곤충 various 다양한 companion 친구, 동반자 loneliness 외로움 retirement 은퇴 a variety of 다양한 supply 물품 the public 대중, 일반인 retailer 소매업자 distributor 유통업자 qualified 자격이 있는 professional 전문가; 전문적인 head in 들어가다 make sure 반드시 ~하다 muzzle ~에게 입마개를 씌우다 on a leash 목줄에 묶인 according to ~에 따르면 federal 연방의 regulation 규정, 법규 accompany 동반하다, 동행하다 leash 목줄을 채우다 cage 케이지, 우리 stimulate 자극하다 strictly 엄격히 prohibit 금지하다 garbage can 쓰레기통 gate 정문, 출입구 offer 제공하다 related ~와 관련된 lines of ~가 줄지어 있음 browse 구경하다, 둘러보다 fashionable 유행하는 clothing 옷, 의류 on sale 판매 중인 perfectly 완벽하게, 꼭 match 어울리다, 맞다 stroller 유모차 specially 특별히 independent 독립의 purchase 구매하다 on site 현장에서 consultation 상담 section 구역 respectively 각각 suitable 적합한 counselor 상담사 local 지역의, 현지의 veterinary hospital 동물 병원, 수의과 병원 survey (설문) 조사 consult with ~와 상담하다 one-on-one 일

대일로 examination 검사 right 적절한 feed 사료 depending on ~에 따라 condition (건강) 상태 chronic disease 만성 질환 take on responsibility 책임을 지다 consider 고려하다 adopt 입양하다, 채택하다 adoption 입양 furry friend (반려)동물 친구 anxiously 간절히 fully 완전히 go through 거치다 thorough 철저한, 면밀한 background 배경 proper 적절한, 올바른 procedure 절차 owner 주인, 소유주 in addition 추가적으로 potential 잠재적인 precious 소중한 complete 완료된 certificate 증명서 process 과정 qualification 자격, 자질 staff 직원 note that ~라는 것을 유념하다 detail 세부사항 mention 언급하다 brochure 안내 책자 ticket office 매표소 on one's way out 나가는 길에

🔑 S / why / many people / have / pets (왜 / 더 많은 사람들 / 갖다 / 반려동물)　　　　　**세부사항**

34. According to the speaker, why do many people have pets these days?

　(a) to collect them as a hobby
　(b) to make them guard the door
　(c) to overcome loneliness after retirement
　(d) to experiment pet-related products

화자에 따르면, 왜 요즘 일부 사람들은 반려동물을 기르는가?

　(a) 취미로 수집하기 위해
　(b) 문을 지키게 하기 위해
　(c) 은퇴 후 외로움을 극복하기 위해
　(d) 반려동물 관련 제품을 실험하기 위해

정답 시그널 These days / People want pets ※첫 번째 문제의 정답은 대화 초반에서 찾을 수 있다.

해설 담화 1단락에서 "For others, it may be that they need a companion to help fight loneliness after their retirement."(또 어떤 사람들에게는, 은퇴 후 외로움과 싸우는 것을 도와줄 동반자가 필요한 것일 수도 있습니다.)를 근거로 정답은 (c)이다.

패러프레이징 to help them fight loneliness after their retirement ➡ to overcome loneliness after retirement
fight ➡ overcome(극복하다) ≒ win(이기다), conquer(극복하다)

어휘 hobby 취미 collect 수집하다 guard 지키다 overcome 극복하다 experiment 실험하다 pet-related 반려동물 관련의

🔑 what / is prohibited / entering / fair (화자 / 무엇 / 금지된 / 입장하는 것 / 박람회)　　　　　**세부사항**

35. What is prohibited when entering the fair?

　(a) bringing a big dog
　(b) putting leashes on pets
　(c) being accompanied by a small pet
　(d) carrying food that smells

박람회에 입장할 때 무엇이 금지되어 있는가?

　(a) 큰 개를 데려오는 것
　(b) 반려동물에게 목줄을 매는 것
　(c) 작은 반려동물을 동반하는 것
　(d) 냄새 나는 음식을 들고 가는 것

정답 시그널 before you head in, prohibited

해설 담화 2단락에서 "Second, all foods that can stimulate animals' sense of smell are strictly prohibited, so please throw them out in the garbage cans in front of the building gate before entering."(둘째, 동물들의 후각을 자극할 수 있는 모든 음식들은 엄격히 금지되어 있기 때문에, 안으로 들어가기 전에 건물 정문 앞에 있는 쓰레기통에 그것들을 버려주세요.)을 근거로 정답은 (d)이다. "if you have a big dog with you, please make sure you muzzle them and keep them on a leash according to federal pet regulations"(여러분이 큰 개를 데리고 있다면, 연방 반려동물 규정에 의거하여 반드시 그들에게 입마개를 씌우고 목줄을 채워야 한다는 것을 명심하세요)를 근거로 (a)와 (b)는, "Small or medium-sized pets accompanying you should also be leashed or put in a cage."(당신이 동반하는 소형 또는 중형 반려동물들도 목줄을 매거나 케이지에 들어가 있어야 합니다.)를 근거로 (c)는 담화와 일치하지 않아 오답이다.

어휘 prohibit 금지하다 leash 목줄 accompany 동반하다, 동행하다 carry 들고 가다

36. What is special about the items sold at the booths?

(a) They are famous in the fashion industry.
(b) They are offered in many different sizes.
(c) They have a limited quantity.
(d) They are manufactured by independent designers.

부스에서 판매되는 물건들의 특별한 점은 무엇인가?

(a) 패션 업계에서 유명하다.
(b) 많은 다양한 크기로 제공된다.
(c) 수량이 한정되어 있다.
(d) 독립 디자이너들에 의해 생산된다.

정답 시그널 booths

해설 담화 3단락에서 "These items are specially made by independent designers, and they can only be purchased on site during the fair."(이 물건들은 독립 디자이너들에 의해 특별히 제작되었으며, 이번 박람회 기간 동안 현장에서만 구매할 수 있습니다.)를 근거로 정답은 (d)이다. (a), (b)와 (c) 모두 담화에서 찾을 수 없는 내용이므로 오답이다.

패러프레이징 specially made by independent designers ➡ manufactured by independent designers
made ➡ manufactured ≒ create(만들다), produce(생산하다)

어휘 industry 업계, 산업 different 다양한 limited 한정된 quantity 양 manufacture 생산하다, 제작하다

37. Which floor should people visit to get a free examination?

(a) the first floor
(b) the second floor
(c) the third floor
(d) the fourth floor

사람들은 무료 검사를 받으려면 몇 층을 방문해야 하는가?

(a) 1층
(b) 2층
(c) 3층
(d) 4층

정답 시그널 a free examination

해설 담화 4단락에서 "there are professional counselors from local veterinary hospitals on the third floor. With a simple survey, you can consult with them one-on-one and get a free examination"(3층에는 지역 동물 병원에서 온 전문 상담사들이 있습니다. 간단한 설문 조사와 함께, 그들에게 일대일로 상담받은 후 무료 검사를 받을 수 있습니다)을 근거로 정답은 (c)이다. 1층에서는 반려동물 관련 용품이, 2층에서는 사료가, 4층에서는 입양 프로그램이 마련되어 있으므로 오답이다.

어휘 floor 층 visit 방문하다 examination 검사

How / pre-adopters / make / experience / memorable
(어떻게 / 입양 대기자들 / 하게 하다 / 경험 / 기억에 남는)

38. How can pre-adopters make their experience memorable?

(a) by taking pictures at the photo zone
(b) by recording a video of the first meeting
(c) by receiving a complimentary T-shirt
(d) by answering quiz questions from the staff

어떻게 입양 대기자들이 자신의 경험을 기억에 남기게 할 수 있는가?

(a) 포토존에서 사진을 찍음으로써
(b) 첫 만남을 영상으로 녹화함으로써
(c) 무료 티셔츠를 받음으로써
(d) 직원이 내는 문제에 답함으로써

정답 시그널 remember your first precious moments

해설 담화 5단락에서 "if you want to adopt, we have a free photo zone to remember your first precious moments with your potential furry friend"(당신이 입양을 원한다면, 미래의 반려동물과의 소중한 첫 순간을 추억하기 위한 무료 포토존을 마련하고 있습니다)를 근거로 정답은 (a)이다. (b), (c), (d) 모두 담화에서 찾을 수 없는 내용이므로 오답이다.

패러프레이징 have a free photo zone ➡ taking pictures at the photo zone
photos ➡ pictures ≒ image(이미지), snapshot(스냅사진)

어휘 pre-adopter 입양 대기자 memorable 기억에 남는 record 녹화하다 complimentary 무료의

---

 what / people / probably / do / to get / discount / next year's event ticket
(무엇 / 사람들 / 아마도 / 하다 / 받기 위해 / 내년의 행사)

39. What should people probably do to get a discount for next year's event ticket?

(a) obtain the coupon in the brochure
(b) install a mobile application
(c) ask for a coupon at the ticket office
(d) come back with a friend next year

내년 행사의 입장권을 할인받기 위해 사람들은 무엇을 해야 할 것 같은가?

(a) 안내 책자에 있는 쿠폰을 얻는다
(b) 모바일 앱을 설치한다
(c) 매표소에 쿠폰을 문의한다
(d) 친구 한 명과 함께 내년에 돌아온다

정답 시그널 15% discount coupon

해설 담화 6단락에서 "for those who wish to come back again next year, we offer a 15% discount coupon for next year's event ticket. All you have to do is just download the coupon through our mobile app and show it to the ticket office on your way out."(내년에 다시 오고 싶은 분들을 위해 저희는 내년 행사 입장권의 15% 할인 쿠폰을 제공합니다. 저희 모바일 앱을 통해 쿠폰을 다운로드 받아서 나가는 길에 매표소에 보여주시기만 하면 됩니다.)라고 했으므로 쿠폰을 받기 위해서는 앱을 설치해야 한다는 것을 추론할 수 있으므로 정답은 (b)이다.

패러프레이징 download the coupon through our mobile app ➡ install a mobile application

어휘 obtain 획득하다 brochure 안내 책자 install 설치하다 ask for 문의하다 ticket office 매표소

PART 3 협상 (Negotiation)

구성	도시 외곽의 주택에서 살기 vs 도시 중심의 아파트에서 살기	
[인사 및 주제]	M: Hi, Emily, long time no see. F: Hi, Richard! How have you been? M: I've been really busy these days. My family and I are about to move out soon. F: That's great! But why so sudden? M: You know, 40)we've lived in the same place since we were kids. Since my siblings and I are all grown up, we all agreed to find a new place! F: Have you decided where you will move to? M: Hmm … Nothing is sure yet, because we are still deciding whether to buy a house on the outskirts of the city or an apartment in the center of the city. Seems like there are pros and cons for both.	남: 안녕, 에밀리. 오래만에 보내. 여: 안녕, 리차드! 어떻게 지냈어? 남: 요즘에 매우 바쁘게 지냈어. 우리 가족과 내가 곧 이사 갈 예정이거든. 여: 좋네! 근데 왜 그렇게 갑자기야? 남: 그게, 40)우리가 어렸을 때부터 같은 곳에서 살아왔잖아. 형제와 내가 다 컸기 때문에, 새로운 곳을 찾기로 모두가 동의를 했어. 여: 어디로 이사 갈지 결정했니? 남: 흠… 아무것도 확실한 것은 없어. 왜냐하면 우리는 도시 외곽의 주택을 살지, 도시 중심에 있는 아파트를 살지 아직 결정 중이거든. 둘다 장단점이 있는 것 같아.
[본론 1]	F: That seems like a tough decision. Where would you prefer to live? M: I want to live in a house. 41)You know that I am interested in cars, so if I have my own car in the future, I think it would be awesome to have a space to repair and modify it in a garage. F: Of course, I do. I remember that your hobby was collecting model cars when you were young. In that case, I think living in a house would definitely be the right choice for you. M: Another reason is my dog, Mac. We won't have to worry about the noise from his barking and running in the house. I heard most apartments in the city don't allow pets at all!	여: 어려운 결정인 것처럼 보이네. 너는 어디서 사는 것이 좋은데? 남: 나는 주택에 살고 싶어. 41)내가 차에 관심이 있는 것을 너도 알잖아. 그래서 나중에 차를 갖게 된다면 차고에서 그것을 고치고 바꿀 수 있는 공간을 갖는다면 완전 좋을 것 같아. 여: 당연히 기억하지. 나는 네가 어렸을 때 취미가 모델 차를 수집하는 것이었다는 것이 기억나. 그런 경우라면, 내 생각에는 너에게는 주택이 확실히 맞는 선택이겠다. 남: 또 다른 이유는, 내 강아지 맥이야. 집에서 강아지가 짖고 뛰어다니는 소음으로 우리가 걱정하지 않아도 되잖아. 도시에 있는 아파트 대부분이 전혀 반려동물을 허용하지 않는다고 들었어!
[본론 2]	F: That is true. Now that we talked about the advantages of living in a house, let's think about the downsides. 42)My niece moved into a house recently, and she said that she was very surprised that living in a house required a lot of maintenance which cost more than she thought. For instance, from changing lightbulbs to maintaining the garden, she had to do it all by herself or hire a professional!	여: 그건 사실이야. 우리가 주택에 사는 것에 대해 장점을 이야기 해봤으니까, 단점을 생각해보자. 42)내 조카가 최근에 주택으로 이사를 갔는데, 주택에서 사는 것이 자신이 생각했던 것보다 많은 유지비가 들어서 놀랐다고 말했어. 예를 들어, 전구를 바꾸는 것부터 정원을 유지 관리하는 것까지, 모든 것을 스스로 하거나 또는 전문가를 불러야 했대!

	M: Wow, I never thought about that. My sister also feels insecure about living in a house since the security is not as good as in an apartment.	남: 와, 그것까지 생각을 한 번도 못해봤네. 내 여동생도 아파트에 사는 것만큼 보안이 좋지 않기 때문에 주택에 사는 것에 대해 불안감을 느껴.
[본론 3]	F: I would feel the same if I lived in a house on the outskirts of the city. Now, let's talk about living in apartments in the city. I think 43)the biggest advantage of apartments is that they have a good infrastructure around them. Facilities like convenience stores, cafés, and hospitals are gathered around the apartment, so it would be really convenient. M: I agree. Hospitals are especially important in an emergency. When someone in your family gets hurt or sick, you can take them to the hospital right away.	여: 나도 도시 변두리의 주택에 산다면 똑같이 느낄 거야. 이제, 도시의 아파트에서 사는 것에 대해 이야기해보자. 내 생각에 43)아파트의 가장 큰 장점은 그것들이 주변에 좋은 인프라를 갖고 있다는 거야. 편의점이나 카페, 병원 같은 시설들이 아파트 주변에 모여 있으니까, 정말 편리할 거야. 남: 동의해. 특히 병원은 비상 상황에서 중요하지. 네 가족 중 누군가가 다치거나 아플 때, 병원으로 곧바로 그들을 데려갈 수 있잖아.
[본론 4]	F: Then what do you think the downside is? M: Well, on average, 44)apartments in the city center are more expensive than houses outside of the city. My parents might have to apply for a bigger loan for an apartment, and I don't know if that is a good idea.	여: 그럼 너는 단점은 무엇이라고 생각해? 남: 음, 평균적으로, 44)도시 중심에 있는 아파트들을 도시 밖에 있는 주택보다 더 비싸. 부모님이 아파트에는 더 큰 대출을 신청해야 할지도 모르겠어서. 그것이 좋은 생각인지 모르겠어.
[결론 및 마무리 인사]	F: Both options have their obvious good and bad points, so it will be very difficult to decide. But are you any closer to making a decision? M: Yes. All the points we just brought up now led me to the idea that I should make a decision that is best for all of our family members. 45)First, I don't want my parents to be burdened by a huge loan. And most of all, I don't think anyone in my family will want to give up Mac because we all think Mac is part of the family. Talking to you helped me a lot! Thanks, Emily. F: No worries, Richard.	여: 두 선택이 명백한 장단점을 갖고 있어서 결정하기 매우 어려울 것 같아. 하지만 너는 거의 결정을 내린 것 같니? 남: 그래. 우리가 방금 꺼낸 모든 점들은 내가 우리 가족 모두에게 최선의 결정을 내려야 한다는 생각으로 이끌었어. 45)우선, 나는 부모님이 큰 대출로 인해 부담을 갖지 않았으면 좋겠어. 그리고 무엇보다도, 나는 우리 가족 중 누구도 맥을 포기하고 싶어할 것이라고 생각해. 왜냐하면 우리 모두 맥이 가족의 일부라고 생각하기 때문이야. 너와 얘기한 것이 많은 도움이 되었어! 고마워, 에밀리. 여: 천만에, 리차드.

어휘 be about to V 곧 ~하려 하다 move out 이사 나가다 sudden 갑작스러운 sibling 형제자매 outskirt 외곽, 변두리 seem like ~인 것 같다 pros and cons 장단점 tough 어려운 decision 결정 prefer 더 좋아하다 awesome 끝내주는, 최고의 repair 수리하다 modify 수정하다, 변경하다 garage 차고 collect 수집하다 definitely 틀림없이, 확실히 noise 소음 bark 짖다 not ~at all 전혀 ~않다 allow 허용하다 now that ~이니까 advantage 장점, 이점 downside 단점, 결점 niece 조카 recently 최근에 require 필요로 하다 maintenance 유지 보수 cost 비용이 들다 for instance 예를 들어 lightbulb 전구 maintain 유지 관리하다 hire (단기간에 사람을) 쓰다 professional 전문가 insecure 불안한, 자신이 없는 security 보안 infrastructure 인프라, 사회 기반 시설 facilities 시설 convenience store 편의점 convenient 편리한 especially 특히 emergency 비상 상황 right away 즉시, 곧바

로 on average 평균적으로 apply for 신청하다 loan 대출 option 선택 사항 close to ~ing 거의 ~할 것 같은 make a decision 결정을 내리다 bring up (의견을) 꺼내다 lead A to B A를 B에 이르게 하다 be burdened by ~의 부담을 지다 anymore 더 이상 most of all 무엇보다도 give up 포기하다 no worries 천만에

🔑 why / R-family / decide / to move out (왜 / R-가족 / 결정하다 / 이사 나가기) 세부사항

40. Why did Richard's family decide to move out soon?

리차드의 가족은 왜 곧 이사 나가기로 결정했는가?

- (a) because they are all busy with work these days
- **(b) because they've resided in the same place for a long time**
- (c) because his siblings have kids
- (d) because Richard got a job in the city

- (a) 모두 요즘 일 때문에 바빠서
- **(b) 오랫동안 같은 장소에서 살아서**
- (c) 형제자매에게 아이들이 생겨서
- (d) 리처드가 도시에 일자리를 얻어서

정답 시그널 My family and I are about to move out soon ※첫 번째 문제는 대화의 초반에 있다.

해설 대화에서 "we've lived in the same place since we were kids"(우리가 어렸을 때부터 같은 곳에서 살아왔잖아)를 근거로 정답은 (b)이다. (a), (c), (d) 모두 대화에서 찾을 수 없는 내용이므로 오답이다.

패러프레이징 we've lived in the same place since we were kids ➡ they've resided in the same place for a long time
lived ➡ resided ≒ stayed(머무르다), dwelled(거주하다)

어휘 decide 결정하다 move out 이사 나가다 reside 거주하다, 체류하다 sibling 형제자매

🔑 which / location / is needed / R-hobby (어느 / 장소 / 추론 / 필요한 / R-취미) 세부사항

41. Which location is needed for Richard's hobby?

리차드의 취미를 위해 필요한 장소는 어디인가?

- **(a) a garage**
- (b) an attic
- (c) a kitchen
- (d) a shed

- **(a) 차고**
- (b) 다락방
- (c) 부엌
- (d) 헛간

정답 시그널 interested in cars, hobby

해설 대화에서 "You know that I am interested in cars, so if I have my own car later, I think it would be awesome to have a space to repair and modify it in a garage."(내가 차에 관심이 있는 것을 너도 알잖아. 그래서 내가 나중에 차를 갖게 된다면 차고에서 그것을 고치고 바꿀 수 있는 공간을 갖는다면 완전 좋을 것 같아.)와 "your hobby was collecting model cars when you were young"(네가 어렸을 때 취미가 모델 차를 수집하는 것)을 근거로 정답은 (a)이다.

어휘 location 장소 hobby 취미 garage 차고 attic 다락방 shed 헛간

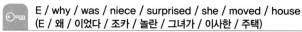

E / why / was / niece / surprised / she / moved / house
(E / 왜 / 이었다 / 조카 / 놀란 / 그녀가 / 이사한 / 주택)

42. According to Emily, <u>why</u> was her <u>niece</u> surprised after <u>she</u> <u>moved</u> into a <u>house</u>?

(a) because a dog was too noisy in the neighborhood

(b) because it was more expensive than she thought

(c) because she had to pay high maintenance fees

(d) because its security was as not good as an apartment

에밀리에 따르면, 그녀의 조카가 집으로 이사한 후에 왜 놀랐는가?

(a) 이웃에 한 개가 너무 시끄러웠기 때문에
(b) 생각했던 것보다 더 비쌌기 때문에
(c) 비싼 관리비를 내야 했기 때문에
(d) 아파트만큼 보안이 좋지 않았기 때문에

정답 시그널 My niece moved into a house, surprised

해설 대화에서 "My niece moved into a house recently, and she said that she was very surprised that living in a house required a lot of maintenance which cost more than she thought."(내 조카가 최근에 주택으로 이사를 갔는데, 주택에서 사는 것이 자신이 생각했던 것보다 많은 유지비가 들어서 놀랐다고 말했어.)를 근거로 정답은 (c)이다. (a), (b), (d) 모두 대화에서 찾을 수 없거나 일치하지 않는 내용이므로 오답이다.

패러프레이징 living in a house required high maintenance ➡ she had to pay high maintenance fees

어휘 niece 여자 조카 noisy 시끄러운 in the neighborhood 이웃에, 근처에 expensive 비싼 need 필요하다 maintenance fee 유지 비용 security 보안 as good as ~만큼 좋은

E / what / probably / benefit / living / apartments
(에밀리 / 무엇 / 추론 / 장점 / 사는 것 / 아파트)

43. According to Emily, <u>what</u> <u>probably</u> is a <u>benefit</u> of <u>living</u> in <u>apartments</u>?

(a) You can easily find hospitals nearby.
(b) An apartment complex is quiet and clean.
(c) You can buy an apartment at a reasonable price.
(d) Most apartments are spacious to live in.

에밀리에 따르면, 아파트에 사는 것의 장점은 무엇일 거 같은가?

(a) 근처에서 병원을 쉽게 찾을 수 있다.
(b) 아파트 단지는 조용하고 깨끗하다.
(c) 적정한 가격으로 아파트를 살 수 있다.
(d) 대부분 아파트는 살기에 공간이 넓다.

정답 시그널 living in apartments

해설 대화에서 "the biggest advantage of apartments is that they have a good infrastructure around them. Facilities like convenience stores, cafés, and hospitals are gathered around the apartment, so it would be really convenient."(아파트의 가장 큰 장점은 그것들이 주변에 좋은 인프라를 갖고 있다는 거야. 편의점이나 카페, 병원 같은 시설들이 아파트 주변에 모여 있으니까, 정말 편리할 거야.)를 근거로 정답은 (a)이다. (b), (c), (d) 모두 대화에서 찾을 수 없는 내용이므로 오답이다.

어휘 according to ~에 따르면 nearby 근처에 complex (복합) 단지 quiet 조용한 clean 깨끗한 reasonable (가격이) 적정한 spacious 넓은 공간의

🔑 why / R / is not sure / idea / to live / apartment
(왜 / R / 확신하지 않는 / 생각 / 사는 것 / 아파트)

44. Based on the conversation, <u>why</u> is Richard <u>not</u> <u>sure</u> it's a good <u>idea</u> <u>to live</u> in an <u>apartment</u>?

(a) His siblings already have a loan to pay.
(b) He and his siblings can't afford the place.
(c) Apartments in outskirts of a city do not allow pets.
(d) Apartments are more costly than houses.

대화에 따르면, 왜 리차드는 아파트에 사는 것이 좋은 생각인지 확신하지 못하는가?

(a) 그의 형제자매는 이미 갚을 대출이 있다.
(b) 그와 형제자매는 그곳을 살 여유가 없다.
(c) 도시 외곽의 아파트는 반려동물을 허용하지 않는다.
(d) 아파트는 일반 주택보다 비싸다.

정답 시그널 I don't know if that is a good idea

해설 대화에서 "the apartments in the city center are more expensive than houses outside of the city. My parents might have to apply for a bigger loan for an apartment and I don't know if that is a good idea."(도시 중심에 있는 아파트들은 도시 밖에 있는 주택보다 더 비싸. 부모님이 아파트에는 더 큰 대출을 신청해야 할지도 모르겠어서, 그것이 좋은 생각인지 모르겠어.)를 근거로 정답은 (d)이다. (a), (b), (c) 모두 대화에서 근거를 찾을 수 없는 내용이므로 오답이다.

어휘 loan 대출 pay 지불하다 can't afford 살 여유가 없다 urban 도시의 allow 허용하다 costly 비싼

🔑 what / R / probably / has decided / to do (무엇 / R / 추론 / 결정했다 / 하기)

추론

45. What has Richard probably decided to do?

(a) take his dog back to his house
(b) apply for a loan from a bank
(c) find a house on the outskirts of the city
(d) look for a cheap apartment in the city

리차드는 무엇을 하기로 결정했을 것 같은가?

(a) 개를 자기 집으로 데려가기
(b) 은행에 대출을 신청하기
(c) 도시 외곽에 있는 집 찾기
(d) 도시에서 싼 아파트 구하기

정답 시그널 마지막 문제는 주로 대화의 마지막 부분에서 출제된다.

해설 대화에서 "First, I don't want my parents to be burdened by the loan anymore. And most of all, I don't think anyone in my family will give up Mac because we all think Mac is part of the family."(우선 나는 부모님이 더 이상 대출로 인해 부담 갖지 않았으면 좋겠어. 그리고 무엇보다도, 나는 우리 가족 중 누구도 맥을 포기할 것이라고 생각해, 왜냐하면 우리 모두는 맥이 가족의 일부라고 생각하기 때문이야.)를 근거로 정답은 (c)이다. (a), (b), (d) 모두 대화에서 찾을 수 없는 내용이므로 오답이다.

어휘 decide 결정하다 on the outskirt of ~외곽에 apply for 신청하다 loan 대출 look for 찾다

PART 4 과정 & 팁 (Process)

구성	홈메이드 잼을 만드는 방법	
[인사 및 주제]	Hello, everyone. Welcome to the Happy Farm Radio Broadcast. In today's busy world, many people tend to have a simple and quick breakfast before going to work. Nothing is simpler than having warm bread with delicious jam. However, did you know that you can make any kind of jam easily at home without spending lots of money? 46)Today, we are going to learn how to make healthy and delicious jam. In fact, this recipe is so easy to follow regardless of age or gender, and everyone will love it!	여러분, 안녕하세요. 해피 팜 라디오 방송에 오신 것을 환영합니다. 오늘날의 바쁜 세상에서, 많은 사람들은 출근 전 간단하고 빠르게 아침을 먹는 경향이 있습니다. 따뜻한 빵에 맛있는 잼을 발라 먹는 것보다 더 간단한 것은 없겠죠. 하지만, 많은 돈을 쓰지 않고도 집에서 손쉽게 어떤 종류의 잼이라도 만들 수 있다는 것을 알고 계셨나요? 46)오늘, 우리는 건강하고 맛있는 잼을 만드는 과정에 대해 배워보려고 합니다. 실제로, 이 조리법은 나이와 성별에 상관없이 따라하기 매우 쉬워서 모두가 좋아할 거예요!
[본론 1] 잼의 기원	Jam is made from whole fruit cut into pieces or crushed, which is then boiled with sugar. Common types of fruit used for making jam are strawberries, peaches, berries, apples, apricots, figs, and so on. But why did people originally make jam? Unlike today, there was no technology to cool or freeze foods in order to preserve them. 47)To create a method for storing food over long periods, our ancestors used honey or sugar as preservatives, which is how jam came about.	잼은 통과일을 조각으로 자르거나 으깬 다음, 그것을 설탕과 함께 끓여서 만들어집니다. 잼을 만드는 것에 흔하게 사용되는 과일의 종류에는 딸기, 복숭아, 베리, 사과, 살구, 무화과 등이 있습니다. 하지만 왜 사람들은 원래 잼을 만들었을까요? 오늘날과 달리, 음식을 보존하기 위해 그것들을 차갑게 하거나 냉동 보관하는 기술이 없었습니다. 47)오랜 기간 동안 음식을 보관하는 방법을 만들기 위해서, 우리의 조상들은 꿀 또는 설탕을 방부제로 사용하였고, 이것이 지금의 잼이 되었습니다.
[본론 2] 1단계	When making jam, the first step is to clean the fruit thoroughly. But take care not to leave the fruit in water for a long time as this may reduce the sugar content. Also, 48)I recommend that you put a few drops of vinegar in water and wash the fruit lightly with this mixture because it will help to remove potential bacteria.	잼을 만들 때, 첫 번째 단계는 깨끗이 과일을 씻는 것입니다. 하지만 당도가 떨어질 수 있으니 과일을 오랫동안 물에 담가 두지 않도록 주의하세요. 또한, 48)저는 잠재적인 박테리아를 제거하는 데 도움이 될 것이기 때문에 식초 몇 방울을 물에 넣고 그것으로 과일을 가볍게 씻는 것을 추천합니다.
[본론 3] 2단계	The second step is to put the clean fruit and sugar in a pot in a one-to-one ratio. If you would like it to taste less sweet, simply add in less sugar.	두 번째 단계는 냄비에 깨끗해진 과일과 설탕을 1:1 비율로 넣는 것입니다. 단맛이 덜 나길 원한다면, 그냥 설탕을 더 적게 넣으면 됩니다.
[본론 4] 3단계	The third step is to start boiling the pot of fruit and sugar on high heat and then decrease the heat to medium and stir for 25 to 30 minutes. 49)During the boiling process, skim the white foam from the top, and you will see the distinct color of the jam you are making.	세 번째 단계는 과일과 설탕이 담긴 냄비를 센 불에 끓이기 시작해서 이후에 중불로 줄여서 25~30분을 저어주세요. 49)끓이는 과정 동안, 위에서 흰 거품을 걷어내면 만들고 있는 잼의 뚜렷한 색을 확인할 수 있습니다.

[본론 5] 4단계	After boiling for 25 to 30 minutes, the fourth step is to add some lemon juice for sourness and longer preservation.	25분에서 30분을 끓인 후, 네 번째 단계는 신맛과 보관 기간의 연장을 위해 레몬즙을 추가하는 것입니다.
[본론 6] 5단계	The fifth step is to check if your jam is completed. ⁵⁰⁾To do this, take a scoop of the jam with a spoon and put it into cold water. If the jam stays together, it basically means that the jam is ready. If not, it means that you have to boil it a bit longer.	다섯 번째 단계는 잼이 완성되었는지 확인하는 것입니다. ⁵⁰⁾이것을 하기 위해서는, 숟가락으로 잼을 한 숟갈 떠서 차가운 물에 넣어보세요. 잼이 뭉쳐 있으면 기본적으로 완성되었다는 것을 뜻합니다. 그렇지 않다면 조금 더 끓여야 하는 것을 의미합니다.
[본론 7] 6단계	We are not done yet. The last step is to cleanse a glass jar and lid, for storing the jam, in hot water and wipe it with a dry cloth. You must check carefully that there isn't any water left in the jar, as this can lead your jam to become contaminated with bacteria. ⁵¹⁾When I made my first jam, I didn't notice that my container was damp. Two weeks later, the jam became moldy, and I had to throw it away.	아직 끝난 것이 아닙니다. 마지막 단계는 잼을 담기 위한 유리병과 뚜껑을 뜨거운 물에 담가서 세척하고, 마른 천으로 닦는 것입니다. 박테리아로 잼이 오염될 수 있기 때문에, 병 안에 어떠한 물기도 남아 있지 않은지 꼼꼼히 확인해야 합니다. ⁵¹⁾처음 잼을 만들었을 때, 저는 용기가 축축하다는 것을 알아채지 못했습니다. 2주 후에 잼에 곰팡이가 피었고, 저는 그것을 버려야 했습니다.
[결론] 마무리 인사	There you have it! A perfect organic jam! The well-made jam in a fine container can last up to six months. If you can follow these steps, you will be able to make any jam you like. ⁵²⁾I suggest that you share your homemade jam with family, friends, and coworkers. I guarantee that they will love it! Okay! That's all for tonight's broadcast and remember that you can always download the guide on our Happy Farm Broadcast website. Now, I am going to take a break and try the jam I recently made with some scones. Thank you for listening and goodbye, everyone!	바로 이거네요! 완벽한 유기농 잼입니다! 좋은 병에 넣은 잘 만들어진 잼은 6개월까지 지속될 수 있습니다. 이 단계들을 따를 수 있다면, 여러분은 여러분이 좋아하는 잼을 만들 수 있을 것입니다. ⁵²⁾저는 여러분이 집에서 만든 잼을 가족, 친구, 동료들과 나누기를 제안합니다. 그들이 그것을 좋아할 거라고 저는 장담합니다! 좋습니다! 오늘 밤 방송은 여기까지이며 언제든지 해피 팜 방송 웹사이트에서 안내서를 다운로드할 수 있다는 것을 기억하세요. 이제, 저는 휴식 시간을 가지면서 제가 최근에 만든 잼을 스콘과 함께 먹어보려고요. 들어주셔서 감사드리며 모두 안녕히 계세요!

어휘 broadcast 방송 spend (돈을) 쓰다 recipe 조리법 in fact 사실은 regardless of ~에 상관없이 age 나이 gender 성별 crush 으깨다 boil 끓이다 peach 복숭아 apricot 살구 fig 무화과 and so on 등등 unlike ~과 달리 freeze 냉동 보관하다 cool 차게 하다 preserve 보존하다 method 방법 store 저장하다 ancestor 조상 preservative 방부제 come about 생기다, 발생하다 thoroughly 철저하게, 꼼꼼하게 reduce 줄이다 sugar content 당분 recommend 추천하다 drop 방울 vinegar 식초 lightly 가볍게, 살짝 remove 제거하다 potential 잠재의 clean 깨끗한 pot 냄비 one-to-one ratio 1:1 비율 taste ~한 맛이 나다 simply 그저 add 첨가하다 heat 열 decrease 줄이다 medium 중간의 stir 젓다 process 절차, 과정 skim A from B A를 B에서 걷어내다 foam 거품 distinct 뚜렷한, 구별되는 juice 즙 sourness 신맛, 시큼함 preservation 보존 complete 완성하다 scoop 한 숟갈, 한 스쿠프 basically 기본적으로 cleanse 세척하다 wipe 닦다 dried 말린 carefully 꼼꼼히, 신중히 lead to ~로 이어지다 contaminate 오염시키다 notice 알아채다 container 용기 damp 축축한, 물기가 있는 moldy 곰팡이가 핀 throw away 버리다 There you have it! 바로 그거예요! perfect 완벽한 organic 유기농의 last 지속되다 up to ~까지 coworker 동료 guarantee 장담하다 take a break 휴식 시간을 가지다 recently 최근에

what / is / topic / talk (무엇 / 이다 / 주제 / 강연)

46. What is the main topic of the talk?

    (a) how to prepare a quick breakfast
    (b) how to make a delectable jam
    (c) how to bake a simple bread
    (d) how to plan a healthy diet

이 담화의 주제는 무엇인가?
    (a) 빠르게 아침 식사를 준비하는 법
    (b) 맛있는 잼을 만드는 법
    (c) 간단한 빵을 굽는 법
    (d) 건강한 식단을 계획하는 법

정답 시그널 첫 번째 문제의 정답은 주로 담화의 초반에서 찾을 수 있다.

해설 담화 1단락에서 "Today, we are going to learn how to make healthy and delicious jam."(오늘, 우리는 건강하고 맛있는 잼을 만드는 과정에 대해 배워보려고 합니다.)를 근거로 정답은 (b)이다. (a), (c), (d)는 모두 담화에서 찾을 수 없는 내용이므로 오답이다.

패러프레이징 how to make healthy and delicious jam ➡ how to make a delectable jam
delicious ➡ delectable ≒ yummy(맛있는), tasty(맛있는), appetizing(맛있는)

어휘 delectable 맛있는 prepare 준비하다 bake 굽다 simple 간단한 diet 식단

 **why / most likely / people / start / making / jam
(왜 / 추론 / 사람들 / 시작하다 / 만들기 / 잼)**

47. According to the talk, why most likely did people start making jam?

    (a) to prevent fruit from rotting
    (b) to eat sweeter food for a long time
    (c) to find an alternative to sugar
    (d) to create a special recipe using honey

담화에 따르면, 왜 사람들이 잼을 만들기 시작했을까?
    (a) 과일이 썩는 것을 방지하기 위해
    (b) 오랫동안 더 단 음식을 먹기 위해
    (c) 설탕의 대안을 찾기 위해
    (d) 꿀을 사용하여 특별한 요리법을 만들기 위해

정답 시그널 make jam

해설 담화 2단락에서 "To create a method for storing food over long periods, our ancestors used honey or sugar as preservatives, which is how jam came about."(오랜 기간 동안 음식을 보관하는 방법을 만들기 위해서, 우리의 조상들은 꿀 또는 설탕을 방부제로 사용하였고, 이것이 지금의 잼이 되었습니다.)을 근거로 정답은 (a)이다.

어휘 prevent A from ~ing A가 ~하는 것을 방지하다 rot 썩다, 부패하다 alternative 대안 recipe 요리법

 **what / S / recommend / doing / washing / fruit
(무엇 / 화자 / 추천하다 / 할 것 / 씻는 것 / 과일)**

48. What does the speaker recommend doing when washing the fruit?

    (a) leave it in water for a long time
    (b) add a few drops of vinegar
    (c) put a spoonful of sugar in the water
    (d) put it in hot boiling water

화자는 과일을 씻을 때 무엇을 할 것을 추천하는가?
    (a) 물에 오래 놔둔다
    (b) 식초를 몇 방울 넣는다
    (c) 설탕 한 스푼을 물에 넣는다
    (d) 뜨거운 끓는 물에 넣는다

clean the fruit, recommend

해설 담화 3단락에서 "I recommend that you put a few drops of vinegar in water and wash the fruit lightly with this mixture because it will help to remove potential bacteria."(저는 잠재적인 박테리아를 제거하는 데 도움이 될 것이기 때문에 식초 몇 방울을 물에 넣고 그것으로 과일을 가볍게 씻는 것을 추천합니다.)를 근거로 정답은 (b)이다. (a)는 담화와 일치하지 않는 내용이고 (c), (d)는 담화에서 찾을 수 없는 내용이므로 오답이다.

어휘 recommend 추천하다 drop 방울 vinegar 식초 spoonful 한 스푼 boiling 끓는

 S / when / one / skim / foam (화자 / 언제 / 사람 / 걷어내다 / 거품) 세부사항

49. According to the speaker, when should one skim the white foam?

(a) before adding the sugar
(b) before the pot starts to boil
(c) after adding the lemon juice
(d) after heating the pot for a while

화자에 따르면, 언제 흰 거품을 걷어내야 하는가?

(a) 설탕을 넣기 전에
(b) 냄비가 끓기 전에
(c) 레몬즙을 넣은 후에
(d) 어느 정도 냄비를 뜨겁게 만든 후에

정답 시그널 skim the white foam

해설 담화 5단락에서 "During the boiling process, skim the white foam from the top, and you will see the distinct color of the jam you are making."(끓이는 과정 동안, 위에서 흰 거품을 걷어 내면 만들고 있는 잼의 뚜렷한 색을 확인할 수 있습니다.)을 근거로 정답은 (d)이다. (a), (b), (c)는 모두 담화와 일치하지 않는 내용이므로 오답이다.

패러프레이징 During the boiling process ➡ after heating the pot for a while
boiling ➡ heating ≒ stew(뭉근하게 끓이다), simmer(서서히 끓이다)

어휘 skim 걷어내다 foam 거품 boil 끓다 lemon juice 레몬즙 heat 뜨겁게 만들다 for a while 잠시 (동안)

---

 how / one / check / jam / is / completed (어떻게 / 사람 / 확인하다 / 잼 / 이다 / 완성된) 세부사항

50. How can one check if the jam is completed?

(a) by examining its color
(b) by checking its sourness
(c) by using a wooden cutlery
(d) by putting jam into cold water

잼이 완성되었는지 어떻게 확인할 수 있는가?

(a) 색깔을 검사함으로써
(b) 신맛을 확인함으로써
(c) 나무로 만든 집기를 사용함으로써
(d) 차가운 물에 잼을 넣음으로써

정답 시그널 check if your jam is completed

해설 담화 7단락에서 "To do this, take a scoop of the jam with a spoon and put it into the cold water."(이것을 하기 위해서는, 숟가락으로 잼을 한 숟갈 떠서 차가운 물에 넣어보세요.)를 근거로 정답은 (d)이다. (a), (b), (c)는 모두 담화에서 확인할 수 없는 내용이므로 오답이다.

어휘 complete 완성하다 examine 검사하다, 살펴보다 sourness 신맛 wooden 나무로 만든 cutlery 식탁용 집기

51. What will probably happen if the jar is damp?

　　(a) The jam will have less sweetness.
　　(b) The jam will be preserved longer.
　　(c) The jam will taste sour.
　　(d) The jam will get moldy.

병이 축축하면 어떤 일이 일어날 것 같은가?

(a) 잼이 덜 달콤할 것이다.
(b) 잼이 더 오래 보존될 것이다.
(c) 잼이 신맛이 날 것이다.
(d) 잼에 곰팡이가 슬 것이다.

정답 시그널 damp

해설 담화 8단락에서 "When I made my first jam, I didn't notice that my container was damp. Two weeks later, the jam became moldy, and I had to throw it away."(처음 잼을 만들었을 때, 저는 용기가 축축하다는 것을 알아채지 못했습니다. 2주 후에 잼에 곰팡이가 피었고, 저는 그것을 버려야 했습니다.)를 근거로 정답은 (d)이다.

패러프레이징 the jam became moldy ➡ the jam will get moldy

어휘 jar 병 damp 축축한, 물기가 있는 sweetness 달콤함 preserve 보존하다 sour 신맛의 moldy 곰팡이가 있는

52. What does the speaker suggest doing with the homemade jam?

　　(a) share it with peers at work
　　(b) sell it to friends and coworkers
　　(c) post it on the website
　　(d) try it with some baked scones

화자는 집에서 만든 잼으로 무엇을 할 것을 제안하는가?

(a) 직장의 동료들과 공유하기
(b) 친구들과 동료들에게 팔기
(c) 웹사이트에 게시하기
(d) 구운 스콘과 함께 먹어보기

정답 시그널 suggest, homemade jam

해설 담화 9단락에서 "I suggest that you share your homemade jam with family, friends, and coworkers! I guarantee that they will love it!"(저는 여러분이 집에서 만든 잼을 가족, 친구, 동료들과 나누기를 제안합니다. 그들이 그것을 좋아할 거라고 저는 장담합니다!)를 근거로 정답은 (a)이다. (b)와 (c)는 담화에서 근거를 찾을 수 없고 (d)는 화자 본인이 하겠다는 내용이므로 오답이다.

패러프레이징 share your homemade jam with family, friends, and coworkers ➡ share it with peers at work
coworker ➡ peer ≒ associate, companion, fellow(동료)

어휘 suggest 제안하다 share 공유하다 peer 동료 coworker 동료 post 게시하다 try 먹어보다, 시도하다

PART 1 인물 일대기 (Historical Account)

구성	TENZING NORGAY	텐징 노르게이
1	Tenzing Norgay was a famous Nepalese mountaineer, knwon as a Sherpa, who set a climbing altitude record in 1952 by climbing most of Mt. Everest, the tallest mountain in the world. [53)]However, he is more recognized to the public as a climbing partner of Edmund Hillary, a famous mountaineer, and together they became the first two people to reach its summit.	텐징 노르게이는 네팔의 셰르파로도 알려진 유명한 네팔 산악인으로, 1952년 세계에서 가장 높은 에베레스트 산을 대부분 등반하여 등반 고도 기록을 세운 사람이다. [53)]하지만, 그는 유명한 산악인인 에드먼드 힐러리의 등반 파트너로서 대중들에게 더 알려져 있으며, 그 둘은 함께 에베레스트의 정상에 오른 최초의 사람이 되었다.
2	He was known to be born in May 1914 in Solu Khumbu, Nepal. His family were Buddhists who worshiped Mt. Everest as a [58)]holy mountain. At the age of 17, Norgay went to Darjeeling, India, hoping to be employed by that year's British expedition. [54)]He couldn't get a job at first, but British mountaineer Eric Shipton chose him to assist in a hike to explore the area around Everest in 1935.	1914년 5월 네팔 솔루쿰부에서 태어났다고 알려져 있다. 그의 가족은 에베레스트 산을 [58)]신성한 산으로 숭배했던 불교도들이었다. 17세의 나이에 노르게이는 영국 원정대에 고용되기를 희망하면서 인도의 다르질링으로 갔다. [54)]그는 처음에는 일자리를 구할 수 없었지만, 영국의 산악인 에릭 쉬튼은 1935년에 에베레스트 주변 지역을 탐험하기 위한 하이킹을 돕게 하려고 그를 뽑았다.
3	In 1953, Norgay was asked to be part of a British expedition to reach the top of Mt. Everest. [55a)]New Zealander Edmund Hillary and Tenzing Norgay were reportedly the most rugged and unrivaled mountaineers on the team. A camp was built at 27,900 feet, and the two men spent the night of May 28th there. When their oxygen supply was running low during the night, [55b)]they carried on eating and drinking, hoping to conserve their energy for the climb ahead. The next day, they crawled out of the tent, put on their goggles and oxygen equipment, and headed out into the [59)]piercing cold. [55d)]After a long and dangerous climb through icy and snow-covered mountain paths, they were standing on the top of the world at the summit. [56)]Hillary took a picture of Norgay, but since Norgay did not know how to use a camera, Hillary's ascent was not recorded.	1953년, 노르게이는 에베레스트 산 정상에 도달하기 위한 영국 탐험대의 일원이 되어 달라는 요청을 받았다. [55a)]보도에 따르면 뉴질랜드의 에드먼드 힐러리와 텐징 노르게이는 팀에서 가장 다부지고 독보적인 산악인이었다. 27,900피트에 캠프가 지어졌고, 두 사람은 5월 28일 밤을 그곳에서 보냈다. 밤 동안 산소 공급이 부족해졌을 때, [55b)]그들은 앞으로의 등반을 위해 에너지를 보존하기를 희망하면서 계속 먹고 마셨다. 다음날, 그들은 텐트에서 기어서 빠져나와 고글과 산소 장비를 착용하고 [59)]살을 에는 듯한 추위 속으로 향했다. [55d)]얼어붙고 눈으로 덮인 산길을 통과하여 길고 위험한 등반을 한 후, 그들은 산 꼭대기에서 세계의 정상에 서 있었다. [56)]힐러리는 노르게이의 사진을 찍었지만, 노르게이가 카메라를 사용할 줄 몰랐기 때문에 힐러리의 등반은 기록되지 않았다.

4	After this great feat, Norgay is seen as a celebrated hero by many Nepalese people, as well as Indian people. He was awarded Britain's George Medal and the Star of Nepal (Nepal Tara), among other honors and prizes. He published an autobiography called *Man of Everest* in 1955. 57)Despite speaking seven languages, he never learned to write, so the book was written by dictating it to others.	이 위대한 위업 이후, 인도 사람들뿐만 아니라 많은 네팔 사람들에게 노르게이는 유명한 영웅으로 여겨졌다. 그는 여타 영예와 상과 함께 영국의 조지 메달과 네팔의 별(네팔 타라)을 수상했다. 그는 1955년에 '에베레스트의 남자'라는 자서전을 출간했다. 57)7개 국어를 구사했음에도, 그는 글 쓰는 법을 결코 배우지 못해서, 이 책은 다른 사람들에게 받아쓰게 하면서 쓰였다.
5	He passed away on May 9th, 1986, in Darjeeling, leaving a legacy in the history of mountain climbing. Nevertheless, throughout his life until his death, Norgay was very modest and never let his fame go to his head.	그는 1986년 5월 9일 다르질링에서 등산 역사에 유산을 남기고 세상을 떠났다. 그럼에도 불구하고, 그가 세상을 떠날 때까지 일생 동안, 노르게이는 매우 겸손했고 결코 그의 명성으로 우쭐하지 않았다.

어휘 Nepalese 네팔의 mountaineer 산악인 set a record 기록을 세우다 climb ~에 오르다 recognized 알려진, 인정받은 the public 대중 reach 도달하다 summit 정상 known 알려진 Buddhist 불교도 worship 숭배하다, 존경하다 holy 신성한 employ 고용하다 British 영국의 expedition 탐험대, 원정대 choose ~ to V ~를 ~하려고 뽑다 assist 돕다 explore 탐험하다 New Zealander 뉴질랜드 사람의 be asked to V ~하라는 요청을 받다 reportedly 보고에 따르면 rugged 다부진, 건장한 unrivaled 경쟁 상대가 없는, 독보적인 oxygen 산소 supply 공급 run low 부족해지다 carry on 계속하다 conserve 보존하다 crawl out 기어서 빠져나오다 put on 착용하다 equipment 장비 head out ~로 향하다, 출발하다 piercing 살을 에는, 찌르는 path 길 record 기록하다 feat 위업, 업적 be seen as ~로 여겨지다 celebrated 유명한 Indian 인도의 be awarded 상을 받다 honor 영예 prize 상 publish 출판하다 autobiography 자서전 despite ~에도 불구하고 dictate A to B A를 B에게 받아쓰게 하다 pass away 세상을 떠나다 legacy 업적 nevertheless 그럼에도 불구하고 throughout ~ 내내 modest 겸손한 fame 명성 go to one's head (성공이) ~를 우쭐대게 하다 death 죽음

🔑 what / is / T. N. / notable (무엇 / 이다 / T. N. / 유명한)   세부사항

53. What is Tenzing Norgay most notable for?

(a) ascending many mountains in the world
(b) reaching Mt. Everest's summit on his own
(c) conquering Mt. Everest with his partner
(d) climbing mountains faster than any other people

텐징 노르게이가 가장 유명한 것은 무엇인가?

(a) 세계의 많은 산을 오른 것
(b) 혼자서 에베레스트 산 정상에 도달한 것
(c) 그의 파트너와 에베레스트 산을 정복한 것
(d) 다른 어떤 사람보다 가장 빨리 산에 오르는 것

정답 시그널 recognized ※첫 번째 문제는 본문의 초반에서 주로 출제된다.

해설 본문 1단락의 "However, he is more recognized to the public as a climbing partner of Edmund Hillary, a famous mountaineer, and together they became the first two people to reach its summit,"(하지만, 그는 유명한 산악인인 에드먼드 힐러리의 등반 파트너로서 대중들에게 더 알려져 있으며, 그 둘은 함께 에베레스트의 정상에 오른 최초의 사람이 되었다.)를 근거로 정답은 (c)이다. (a), (d)는 본문에 찾을 수 없는 내용이고 (b)는 혼자서 에베레스트의 정상에 도달한 것이 아니기 때문에 오답이다.

패러프레이징 notable ➡ famous(유명한), recognized(알려진)
to reach its summit ➡ conquering Mt. Everest

어휘 notable 유명한 ascend 오르다, 등반하다 on one's own 홀로, 혼자 summit 정상, 꼭대기 conquer 정복하다

54. How did Norgay start his job as a mountain climber?

(a) He was hired in the year he moved to Darjeeling.
(b) He was succeeding his family's tradition.
(c) He was offered a job when he was 17 years old.
(d) He was employed by a foreign mountain climber.

노르게이는 어떻게 산악인으로서 경력을 시작했는가?

(a) 다즐링으로 이사한 해에 고용되었다.
(b) 집안의 전통을 이어받고 있었다.
(c) 17살 때 일자리 제안을 받았다.
(d) 외국인 산악인에게 고용되었다.

정답 시그널 job

해설 본문 2단락에서 "He couldn't get a job at first, but British mountaineer Eric Shipton chose him to assist in a hike to explore the area around Everest in 1935."(그는 처음에는 일자리를 구할 수 없었지만, 영국의 산악인 에릭 쉽튼은 1935년에 에베레스트 주변 지역을 탐험하기 위한 하이킹을 돕게 하려고 그를 뽑았다.)를 근거로 정답은 (d)이다. (a)와 (c)는 본문과 일치하지 않는 내용이고, (b)는 본문에서 찾을 수 없는 내용이므로 오답이다.

패러프레이징 chose him to assist in a hike ➡ employed by a foreign mountain climber

어휘 mountain climber 산악인　hire 고용하다　move to ~로 이사 가다　succeed 이어받다　tradition 전통　offer 제안하다　employ 고용하다　foreign 외국인의

---

55. What is NOT true about Norgay and Hillary's Mt. Everest expedition in 1953?

(a) They were the best climbers on the team.
(b) They carried on consuming food to save energy.
(c) They headed out with broken equipment on the last day.
(d) They had to climb through unsafe trails to reach the peak.

1953년 노르게이와 힐러리의 에베레스트 원정에 대해 사실이 아닌 것은?

(a) 팀에서 최고의 등반가들이었다.
(b) 에너지를 남겨두기 위해 계속해서 음식을 섭취했다.
(c) 마지막 날에 고장난 장비와 함께 출발했다.
(d) 꼭대기에 도달하기 위해 안전하지 않은 길을 지나야 했다.

정답 시그널 NOT true 문제는 보기를 먼저 읽고 본문의 키워드와 비교하면서 맞는 보기를 하나씩 제거한다.

해설 본문 3단락에서 (a)는 "New Zealander Edmund Hillary and Tenzing Norgay were reportedly the most rugged and unrivaled mountaineers on the team."(보도에 따르면 뉴질랜드의 에드먼드 힐러리와 텐징 노르게이는 팀에서 가장 다부지고 독보적인 산악인이었다.), (b)는 "they carried on eating and drinking, hoping to conserve their energy for the climb ahead."(그들은 앞으로의 등반을 위해 에너지를 보존하기를 희망하면서 계속 먹고 마셨다.), (d)는 "After a long and dangerous climb through icy and snow-covered mountain paths, they were standing on the top of the world at the summit."(얼어붙고 눈으로 덮인 산길을 통과하여 길고 위험한 등반을 한 후, 그들은 산 꼭대기에서 세계의 정상에 서 있었다.)와 내용이 일치한다. (c)는 "The next day, they crawled out of the tent, put on their goggles and oxygen equipment, and headed out into the piercing cold."(다음날, 그들은 텐트 밖으로 기어서 빠져나와 고글과 산소 장비를 착용하고 살을 에는 듯한 추위 속으로 향했다.)를 근거로 다음 날 고글과 산소 장치를 갖고 등반을 한 것이기 때문에 본문의 내용과 맞지 않아 정답이다.

어휘 expedition 탐험, 원정　carry on 계속하다　consume 섭취하다　save 남겨두다, 아껴두다　head out ~로 향하다, 출발하다　unsafe 안전하지 않은　trail 오솔길, 산길　reach 도달하다　peak 정상, 꼭대기

56. According to the article, why most likely was Hilary's historical climb not recorded?

(a) **because Norgay had not used a camera before**

(b) because the camera was damaged during the expedition

(c) because Hillary forgot to bring the camera

(d) because Hillary was not able to make it to the top

기사에 따르면, 왜 힐러리의 역사적인 등반이 기록되지 않았던 것 같은가?

(a) **노르게이가 전에 카메라를 사용한 적이 없기 때문에**

(b) 원정 중에 카메라가 손상되었기 때문에

(c) 힐러리가 카메라를 가져오는 것을 잊었기 때문에

(d) 힐러리가 정상에 오를 수 없었기 때문에

정답 시그널 not recorded

해설 본문 3단락의 "Hillary took a picture of Norgay, but since Norgay did not know how to use a camera, Hillary's ascent was not recorded."(힐러리는 노르게이의 사진을 찍었지만, 노르게이가 카메라를 사용할 줄 몰랐기 때문에 힐러리의 등반은 기록되지 않았다.)를 근거로 정답은 (a)이다. (b), (c), (d) 모두 본문에서 찾을 수 없는 내용이므로 오답이다.

패러프레이징 Norgay did not know how to use a camera ➡ Norgay had not used a camera before

어휘 record 기록하다 damaged 손상된 forget to V ~할 것을 잊다 be able to V ~할 수 있다 make it to ~에 도착하다

---

57. According to the article, what is true about Norgay's autobiography?

(a) It was given an award by the British government.

(b) It was translated into seven different languages.

(c) **It was put in writing by others using Norgay's words.**

(d) It was published after Norgay's death.

기사에 따르면, 노르게이의 자서전에 대한 설명으로 옳은 것은?

(a) 영국 정부에 의해 상을 받았다.

(b) 7개의 다른 언어로 번역되었다.

(c) **노르게이의 말을 사용해 다른 사람들에 의해 문서화되었다.**

(d) 노르게이가 죽은 후에 출판되었다.

정답 시그널 autobiography ※마지막 문제는 본문의 마지막 부분에서 주로 출제된다.

해설 본문 4단락의 "Despite speaking seven languages, he never learned to write, so the book was written by dictating it to others."(7개 국어를 구사했음에도, 그는 글 쓰는 법을 결코 배우지 못해, 이 책은 다른 사람들에게 받아쓰게 하면서 쓰여졌다.)를 근거로 정답은 (c)이다. (a), (b), (d) 모두 본문에서 찾을 수 없는 내용이므로 오답이다.

패러프레이징 book was written by dictating it to others ➡ put in writing by others using Norgay's words

dictate ➡ word ≒ speak(말하다), talk(말하다), say(말하다), address(연설하다)

어휘 autobiography 자서전 award 상 translate 번역하다 language 언어 put ~ in writing 문서화하다 publish 출판하다 death 죽음

58. In the context of the passage, holy means

_____.

(a) garish   (b) **spiritual**
(c) challenging   (d) vivid

본문의 맥락에서 <u>holy</u>는 _____를 의미한다.

(a) 너무 화려한   **(b) 영적인**
(c) 어려운   (d) 생생한

해설 본문 2단락 "His family were Buddhists who worshiped Mt. Everest as a <u>holy</u> mountain."(그의 가족들은 에베레스트 산을 신성한 산으로 숭배했던 불교도들이었다.)에서 holy는 '신성한, 영적인'의 의미로 사용되었으므로 정답은 (b)이다.

59. In the context of the passage, piercing means

_____.

(a) biting   (b) symbolic
(c) crucial   (d) scorching

본문의 맥락에서 <u>piercing</u>은 _____를 의미한다.

(a) 살을 에는 듯한   (b) 상징적인
(c) 중요한   (d) 뜨거운

해설 본문 3단락 "The next day, they crawled out of the tent, put on their goggles and oxygen equipment, and headed out into the <u>piercing</u> cold."(다음날, 그들은 텐트 밖으로 기어서 빠져나와 고글과 산소 장비를 착용하고 살을 에는 듯한 추위 속으로 향했다.)에서 piercing은 '살을 에는 듯한'의 의미로 사용되었으므로 정답은 (a)이다.

PART 2 잡지 기사 (Non-tech Article)

구성	NASA INVESTIGATING UFOS	나사의 UFO 조사
1	UFOs, unidentified flying objects, have been the subject of many sci-fi books and movies for decades. [60]However, it seems that science fiction could become science fact as NASA starts analyzing UFO sightings.	미확인 비행 물체인 UFO는 수십 년 동안 많은 공상과학 책과 영화의 주제였다. [60]하지만, 나사가 UFO 목격을 분석하기 시작하면서 공상과학 소설이 과학적 사실이 될 수 있을 것으로 보인다.
2	The National Aeronautics and Space Administration (NASA) has recently started making announcements about UFOs by holding official press conferences and publicizing them via the media. [61]It is said that they are starting a new team that will be tasked with investigating flying objects that are not man-made or naturally occurring.	미국항공우주국(NASA)은 최근 공식 기자 회견을 열고 UFO를 공론화하면서 언론을 통해 그것들에 대해 발표하기 시작했다. [61]나사는 인공적이지 않거나 자연적으로 발생한 비행 물체를 조사하는 임무를 맡게 될 새로운 팀을 꾸릴 예정이라고 전해졌다.
3	One spokesperson from NASA said, "NASA believes that the tools of scientific discovery are powerful and apply here also. We have the tools and team who can help us improve our understanding of the unknown."	나사의 한 대변인은, '나사는 과학적 발견 도구가 강력하고 이곳에도 적용된다고 믿습니다. 우리가 미지에 대한 이해를 높이는 데 도움이 될 수 있는 도구와 팀이 있습니다.'라고 말했다.
4	Many videos about UFOs and strange objects flying erratically through the air have surfacesd over the years among science [65]buffs. These videos have long been ignored by the scientific community, but now that is about to change. One U.S. Navy pilot, Alex Dietrich, [62a]identified a UFO in 2004 while flying in a training exercise in California. She had seen a "spinning top-like" object flying towards her very quickly and strangely. [62c]She described it as "unsettling" and claimed that she was not able to tell what it was. [62d]The object was filmed on an infrared camera, and it will be analyzed by NASA.	UFO와 공중을 불규칙하게 날아다니는 이상한 물체에 관한 많은 비디오들이 과학 [65]광들 사이에서 수년간 표면화되어 왔다. 이 비디오들은 과학계에 의해 오랫동안 무시되어 왔지만, 이제는 그것이 바뀌려고 한다. 미국 해군 조종사인 알렉스 디트리히는 [62a]2004년 캘리포니아에서 훈련 중에 UFO를 발견했다. 그녀는 회전하는 팽이 같은 물체가 매우 빠르고 이상하게 자신을 향해 날아오는 것을 보았다. [62c]그녀는 그것을 "불안하다"고 묘사했고 그것이 무엇인지 알아볼 수 없었다고 주장했다. [62d]그 물체는 적외선 카메라로 촬영되었고, 나사에 의해 분석될 것이다.
5	The project will cost no more than $100,000 and will take nine months. It will be completely open to the public, with no use of secret military data. However, [63]many people criticize the project because they feel that the money could be spent on more worthwhile projects.	이 프로젝트는 10만 달러 이상의 비용이 들지는 않을 것이며 9개월이 걸릴 것이라고 한다. 그것은 군사 기밀 자료를 사용하지 않고 완전히 대중에게 공개될 것이다. 그러나 [63]많은 사람들은 그 돈이 더 가치 있는 프로젝트에 사용될 수 있다고 생각하기 때문에 그 프로젝트를 비판한다.

6	It is yet to be seen if the project will find anything concrete to prove or disprove whether extraterrestrial life really exists. U.S. lawmakers are also analyzing if the project could become a national security threat or not. But NASA has said they are ⁶⁶⁾committed to finding out the truth.	이 프로젝트가 외계 생명체가 실제로 존재하는지 증명하거나 존재하지 않음을 증명하는 구체적인 것을 찾을지는 아직 미지수이다. 미국 의원들도 이 사업이 국가 안보 위협이 될 수 있는지 분석하고 있다. 하지만 나사는 그들이 진실을 알아내기 위해 ⁶⁶⁾헌신하고 있다고 말했다.
7	⁶⁴⁾So far, despite all the money put into the project, nothing has been found yet, much to the disappointment of ufologists. But there is still hope as the team has not ruled out the possibility of finding extraterrestrial life.	⁶⁴⁾지금까지, 그 프로젝트에 투입된 모든 돈에도 불구하고, UFO 연구자들이 실망스럽게도, 아직 아무것도 발견되지 않았다. 그러나 연구팀이 외계 생명체를 발견할 가능성을 배제하지 않았기 때문에 여전히 희망이 있다.

어휘 unidentified 미확인된 object 물체 subject 주제 decade 10년 science fiction (sci-fi) 공상 과학 소설 analyze 분석하다 sighting 발견, 목격 aeronautics 항공학 administration (행정) 국, 처 recently 최근에 make an announcement 발표하다 official 공식의 press conference 기자 회견 publicize 공론화하다, 알리다 via ~를 통해 it is said (that) ~라고 한다 be tasked with ~하는 임무를 맡다 investigate 조사하다 naturally 자연적으로 occur 발생하다 spokesperson 대변인 discovery 발견 apply 적용되다 the unknown 미지의 것(세계) erratically 종잡을 수 없게, 불규칙하게 surface 표면화되다 buff 애호가, ~광 ignore 무시하다 be about to 막 ~하려 하다 navy 해군의 pilot 조종사 identify 발견하다 spinning 회전하는 describe A as B A를 B로 묘사하다 unsettling 불안하게 하는 claim 주장하다 film 촬영하다 infrared 적외선의 no more than ~이상은 아닌 completely 완전히 the public 대중 criticize 비판하다 worthwhile 가치 있는 yet to be seen 아직 두고 봐야 할 concrete 구체적인 prove 증명하다 disprove ~이 틀렸음을 증명하다 extraterrestrial 외계의 lawmaker (국회) 의원, 입법자 security 안보 threat 위협 be committed to ~에 헌신하다 find out 알아내다 so far 지금까지 despite ~에도 불구하고 put A into B A를 B에 투입하다 to one's disappointment ~가 실망스럽게도 ufologist UFO 연구자 rule out 배제하다 possibility 가능성

 what / is / main idea / article (무엇 / 이다 / 주제 / 기사)　　　주제

60. What is the main idea of the article?

(a) that UFOs have been proven to be real
(b) that NASA is publishing science fiction books
(c) that NASA is analyzing movies about UFOs
(d) that UFOs are being examined by NASA

기사의 주제는 무엇인가?

(a) UFO가 진짜인 것으로 증명되었다는 것
(b) 나사가 공상과학 책을 출판하고 있다는 것
(c) 나사가 UFO에 관한 영화를 분석한다는 것
(d) UFO가 나사에 의해 검토되고 있다는 것

정답 시그널 첫 번째 문제의 정답은 주로 본문의 초반에서 찾을 수 있다.

해설 본문 1단락의 "However, it seems that science fiction could become science fact as NASA starts analyzing UFO sightings."(하지만, 나사가 UFO 목격을 분석하기 시작하면서 공상과학 소설이 과학적 사실이 될 수 있을 것으로 보인다.)를 근거로 정답은 (d)이다. (a), (b), (c) 모두 본문에 찾을 수 없는 내용이므로 오답이다.

패러프레이징 NASA starts analyzing UFO sightings ➡ UFOs are being examined by NASA
analyze ➡ examine ≒ study(조사하다), investigate(조사하다), scrutinize(조사하다)

어휘 prove 증명하다 publish 출판하다 science fiction 공상 과학 소설 analyze 분석하다 examine 검토하다

61. According to the article, how most likely will NASA investigate UFOs?

(a) by holding many conferences
(b) by publicizing their findings through the media
(c) by forming a special group
(d) by producing a new tool

기사에 따르면, 나사는 UFO를 어떻게 조사할 것인가?

(a) 많은 회의를 개최함으로써
(b) 그들의 발견을 미디어를 통해 공표함으로써
(c) 특별한 그룹을 구성함으로써
(d) 새로운 도구를 만들어냄으로써

정답 시그널 investigating

해설 본문 2단락의 "It is said that they are starting a new team that will be tasked with investigating flying objects that are not man-made or naturally occurring."(나사는 인공적이지 않거나 자연적으로 발생한 비행 물체를 조사하는 임무를 맡게 될 새로운 팀을 꾸릴 예정이라고 전해졌다.)을 근거로 정답은 (c)이다. (a), (b), (d)는 모두 본문에 있는 내용이지만, 질문의 근거에 부합하지 않는 내용이므로 오답이다.

패러프레이징 starting a new team ➡ forming a special group

어휘 investigate 조사하다　hold 개최하다　conference 회의　publicize 공표하다　findings 발견, 결과　media 미디어, 매체　form 구성하다　produce 만들다, 생산하다　tool 도구

---

62. What is NOT true about the UFO identified by a U.S. Navy pilot?

(a) It was seen during a military exercise.
(b) It was found throughout the nation.
(c) It was portrayed as "unsettling" by the pilot.
(d) It was recorded by a device that can detect infrared rays.

미국 해군 조종사가 확인한 UFO에 대해 사실이 아닌 것은?

(a) 군사 훈련 중에 목격되었다.
(b) 나라 전역에서 발견되었다.
(c) 조종사에 의해 불안한 것으로 묘사되었다.
(d) 적외선을 감지할 수 있는 장치에 의해 기록되었다.

정답 시그널 U.S. Navy pilot ※NOT true 문제는 보기를 먼저 읽고 본문의 키워드와 비교하면서 맞는 보기를 하나씩 제거한다.

해설 본문 4단락에서 (a)는 "identified a UFO in 2004 while flying in a training exercise in California"(2004년 캘리포니아에서 훈련 중에 UFO를 발견했다), (c)는 "She described it as "unsettling" and claimed that she was not able to tell what it was."(그녀는 그것을 "불안하다"고 묘사했고 그것이 무엇인지 알아볼 수 없었다고 주장했다.), (d)는 "The object was filmed on an infrared camera, and it will be analyzed by NASA."(그 물체는 적외선 카메라로 촬영되었고, 나사에 의해 분석될 것이다.)와 내용이 일치한다. (b)는 캘리포니아에서 발견된 것으로 나라 전역에서 발견된 것이 아니기 때문에 정답이다.

패러프레이징 identified ➡ seen ≒ find(찾다, 발견하다), detect(감지하다), spot(발견하다), discover(발견하다)
training exercise ➡ military exercise ≒ drill(훈련)
described ➡ portrayed ≒ express(표현하다), illustrate, depict(묘사하다)
filmed ➡ recorded ≒ shoot(촬영하다)
camera ➡ device ≒ tool(도구), instrument(도구), equipment(장비), gadget(기기)

어휘 identify 발견하다　pilot 조종사　military exercise 군사 훈련　throughout the nation 나라 전역에　portray 묘사하다　unsettling 불안정하게 하는　record 기록하다, 촬영하다　device 장치　detect 감지하다　infrared rays 적외선

63. According to the article, <u>why might</u> people <u>criticize</u> the <u>project</u>?

(a) because it will cost no more than other projects
(b) because it may take too long
(c) because it will be open to the public
(d) because it could be a waste of money

기사에 따르면, 왜 사람들은 그 프로젝트를 비판할 수도 있는가?

(a) 다른 프로젝트보다 더 많은 비용이 들지 않을 것이어서
(b) 너무 오래 걸릴지도 몰라서
(c) 대중에게 공개될 것이어서
(d) 돈 낭비가 될 수 있어서

정답 시그널 many people criticize

해설 본문 5단락의 "many people criticize the project because they feel that the money could be spent on more worthwhile projects"(많은 사람들은 그 돈이 더 가치 있는 프로젝트에 사용될 수 있다고 생각하기 때문에 그 프로젝트를 비판한다)를 근거로 정답은 (d)이다. (a), (b), (c) 모두 질문의 근거와 일치하지 않는 내용이므로 오답이다.

어휘 criticize 비판하다 cost 비용이 들다 no more than ~이상은 아닌 open 공개되는 waste 낭비

 what / disappointed / ufologists
(무엇 / 실망시켰다 / UFO 연구자들)

세부사항

64. Based on the article, <u>what disappointed ufologists</u>?

(a) the fact that extraterrestrial life doesn't exist
(b) the fact that U.S. lawmakers are halting the project
(c) the fact that no proof has been discovered yet
(d) the fact that the team will be disassembled

기사에 따르면, 무엇이 UFO 연구자들을 실망시켰는가?

(a) 외계 생명체가 존재하지 않는다는 사실
(b) 미국 의원들이 그 프로젝트를 중단하고 있다는 사실
(c) 아직 증거가 발견되지 않았다는 사실
(d) 그 팀이 해체될 것이라는 사실

정답 시그널 disappointment of ufologists ※마지막 문제는 본문의 마지막 부분에서 주로 출제된다.

해설 본문 7단락의 "So far, despite all the money put into the project, nothing has been found yet, much to the disappointment of ufologists."(지금까지, 그 프로젝트에 투입된 모든 돈에도 불구하고, UFO 연구자들이 실망스럽게도, 아직 아무것도 발견되지 않았다.)를 근거로 정답은 (c)이다. (a), (b), (d) 모두 본문에서 찾을 수 없는 내용이므로 오답이다.

패러프레이징 nothing has been found yet ➡ no result proof has been discovered yet
found ➡ discover ≒ see(보다), detect(감지하다), spot(발견하다), identify(발견하다)

어휘 ufologist UFO 연구자 disappointed 실망한 extraterrestrial 외계의 exist 존재하다 lawmaker (국회) 의원, 입법자 halt 중단하다 proof 증거 discover 발견하다 yet 아직 disassemble 해체하다

65. In the context of the passage, <u>buffs</u> means
_____.

    (a) enthusiasts   (b) theses
    (c) hounds   (d) representatives

어휘

본문의 맥락에서 <u>buffs</u>는 _____를 의미한다.

(a) 애호가   (b) 논문
(c) 사냥개   (d) 대표

해설 본문 4단락 "Many videos about UFOs and strange objects flying erratically through the air have surfaced over the years among science buffs."(UFO와 공중을 불규칙하게 날아다니는 이상한 물체에 관한 많은 비디오들이 과학광들 사이에서 수년간 표면화되어 왔다.)에서 buffs는 '~광'의 의미로 사용되었으므로 정답은 (a)이다.

어휘

66. In the context of the passage, <u>committed</u> means
_____.

    (a) devoted   (b) attached
    (c) recognized   (d) respected

본문의 맥락에서 <u>committed</u>는 _____를 의미한다.

(a) 전념하는   (b) 첨부된
(c) 인정받은   (d) 존경받는

해설 본문 6단락 "NASA has said they are <u>committed</u> to finding out the truth."(나사는 그들이 진실을 알아내기 위해 <u>헌신하고</u> 있다고 말했다)에서 committed는 '헌신하는'의 의미로 사용되었으므로 정답은 (a)이다.

PART 3 지식 백과 (Encyclopedia)

구성	THE METAVERSE	메타버스
1	The metaverse refers to a three-dimensional virtual world where social, economic, and cultural activities take place as in the real world. Through the metaverse, people can experience life involving both augmented reality and virtual reality. [67]The word is a combination of the words "meta," which means transcending or comprehensive, and "universe." It was coined in the novel *Snow Crash* (1992).	메타버스는 현실 세계처럼 같은 사회, 경제, 문화적인 활동이 이뤄지는 3차원의 가상 세계를 일컫는다. 메타버스를 통해, 사람들은 증강 현실과 가상 현실 모두를 포함한 삶을 경험할 수 있다. [67]이 단어는 초월하는 또는 포괄적이라는 의미의 '메타'와 '세계'라는 단어의 조합이다. 그것은 1992년 소설 '스노우 크래시'에서 처음 만들어졌다.
2	Virtual reality (VR) involves wearing a 3D near-eye display and using pose-tracking technology that gives an immersive experience. It has been used to simulate games to make them feel real, but it has many other uses too. For example, promising experiments that show VR can be used to help [72]rehabilitate people with Alzheimer's disease have been conducted. [68]Other applications include military training and architectural design.	가상 현실(VR)은 3D 근안 디스플레이를 착용하고 몰입감 있는 경험을 제공하는 자세 추적 기술을 사용하는 것을 포함한다. 그것은 게임을 실제처럼 느끼게 하기 위해 모의로 만들어내는데 사용되어 왔지만, 다른 많은 용도도 가지고 있다. 예를 들어, 가상 현실이 알츠하이머를 앓고 있는 사람들이 [72]재활하도록 돕는 데 사용될 수 있다는 유망한 실험들이 시행되었다. [68]다른 응용으로는 군사 훈련과 건축 설계를 포함한다.
3	[69]Augmented reality (AR), also known as mixed reality, is similar to VR, except that AR is a mix of real life and virtual, while VR is purely digital. AR can be experienced on such devices as mobile phones. It works by using matching alignment technology to mix videos of the real world with images generated by computers. One of the main uses of AR is in archaeology. Archaeological sites and landscapes can be virtually recreated showing how they would have looked when they first existed centuries ago.	[69]혼합 현실이라고도 하는 증강 현실(AR)은 AR이 현실과 가상의 혼합물이라는 반면, VR은 전적으로 디지털이라는 점을 제외하면 VR과 유사하다. AR은 휴대 전화와 같은 장치에서 경험될 수 있다. 그것은 매칭 정렬 기술을 사용하여 실제 세계의 영상과 컴퓨터에 의해 생성된 이미지들을 혼합함으로써 작동한다. AR의 주된 용도 중 하나는 고고학에 있다. 고고학적인 장소와 풍경들은 수세기 전에 처음 존재했을 때 어떻게 보였을지를 나타내기 위해 가상으로 재현될 수 있다.
4	[70]The main criticism of the metaverse is privacy issues. To create such things as VR and AR, companies need to collect and store large amounts of personal data from users. And this may lead to worries about misinformation and loss of personal privacy. Another huge concern is in the area of sexual crime. A BBC News investigation found that minors were involved in sexually [73]explicit VR chatrooms. To prevent this, those that develop and maintain the metaverse have agreed to abide by the general laws that apply to the web to bring a sense of uniformity, security, and transparency within its ecosystem.	[70]메타버스에 대한 주요 비판은 사생활 문제이다. VR과 AR 같은 것들을 만들기 위해, 회사들은 사용자들로부터 많은 양의 개인 데이터를 수집하고 저장해야 한다. 그리고 이것은 잘못된 정보와 개인 사생활이 없어지는 것에 대한 우려로 이어질 수도 있다. 또 다른 큰 걱정은 성범죄 분야에 있다. BBC 뉴스 조사는 미성년자들이 성적으로 [73]노골적인 VR 채팅방에 연루된 것을 밝혀냈다. 이를 방지하기 위해, 메타버스를 개발하고 유지하는 사람들은 그것의 생태계 내에서 통일성, 보안, 그리고 투명성을 가져오기 위해 웹에 적용되는 일반적인 법을 준수하는 것을 동의해오고 있다.

| 5 | The metaverse is seen as the future of humanity. ⁷¹⁾It is growing exponentially, and many companies have started to change to take advantage of the metaverse, including Facebook, which has changed its name to Meta. | 메타버스는 인류의 미래로 여겨지고 있다. ⁷¹⁾그것은 기하급수적으로 성장하는 중이며, 이름을 메타로 바꾼 페이스북을 비롯해 많은 기업들이 메타버스를 활용하기 위해 변화하기 시작했다. |

어휘 refer to ~를 일컫다 three-dimensional 3차원의 virtual 가상의 social 사회의 economic 경제의 cultural 문화의 take place 일어나다 experience 경험하다; 실험 involve 포함하다, 관련시키다 augment 증가시키다 reality 현실 combination 조합, 결합 transcend 초월하다, 뛰어넘다 comprehensive 종합적인, 포괄적인 coin (어구)를 처음으로 만들다 novel 소설 near-eye 근시의 pose-tracking 자세를 추적하는 immersive 몰입감 있는, 에워싸는 듯한 simulate 모의 실험하다, 시뮬레이션 하다 promising 유망한, 장래가 촉망되는 rehabilitate 재활시키다, 회복하다 Alzheimer's disease 알츠하이머병, 노인성 치매 conduct 시행하다, 실시하다 application 응용, 적용 military training 군사 훈련 architectural 건축의 similar 비슷한 except that ~라는 것을 제외하고 purely 순전히, 전적으로 device 장치 alignment 정렬, 제휴 generate 생성하다, 발생시키다 archaeology 고고학 archaeological 고고학의 site 장소, 현장 landscape 풍경 virtually 가상으로, 사실상 recreate 재현하다 exist 존재하다 century 1세기 criticism 비판 privacy issue 사생활 문제 collect 수집하다 store 저장하다 personal 개인의 lead to ~로 이어지다 misinformation 잘못된 정보 loss 손실, 손해 concern 걱정, 우려 area 분야, 영역 sexual crime 성범죄 investigation 조사 minor 미성년자 explicit 노골적인, 명백한 prevent 방지하다 maintain 유지하다 abide by 따르다, 지키다 uniformity 통일성 security 보완 transparency 투명도 ecosystem 생태계 be seen as ~로 여겨지다 humanity 인류, 인간성 exponentially 기하급수적으로 take advantage of ~을 (제때) 이용하다

🔑 what / describes / m (무엇 / 설명하다 / m)   주제

67. What best describes the metaverse?

(a) It is a type of social media application.
(b) It does not have any impact on the real world.
(c) It literally means the transcendent world.
(d) It was first introduced in a movie.

메타버스를 가장 잘 설명하는 것은 무엇인가?

(a) 소셜 미디어 앱의 한 종류이다.
(b) 현실 세계에 어떤 영향도 미치지 않는다.
(c) 문자 그대로 초월적인 세계를 의미한다.
(d) 영화에서 처음 소개되었다.

정답 시그널 첫 번째 문제의 정답은 주로 본문의 초반에서 찾을 수 있다.

해설 본문 1단락의 "The word is a combination of the words "meta," which means transcending or comprehensive, and "universe.""(이 단어는 초월하는 또는 포괄적이라는 의미의 '메타'와 '세계'라는 단어의 조합이다.)를 근거로 정답은 (c)이다. (a)는 메타버스가 소셜미디어 앱이 아니고, (b)는 현실 세계를 포함한 삶을 경험할 수 있으므로 오답이고 (d)는 영화가 아니라 소설책이므로 오답이다.

패러프레이징 universe ➡ world ≒ globe(세계), realm(영역)

어휘 describe 설명하다, 묘사하다 application 앱, 애플리케이션 impact 영향 literally 문자 그대로 transcendent 초월적인 introduce 소개하다

how / most likely / people / use / m /other than / playing games
(어떻게 / 추론 / 사람들 / 사용하다 / m / 외에 / 게임을 하는 것)

추론

68. How, most likely, can people use the metaverse other than playing games?

- (a) They can create new pose-tracking technology.
- (b) They can meet game characters in the real world.
- (c) They can cure Alzheimer's disease completely.
- **(d) They can build a virtual house in the metaverse.**

사람들이 게임을 하는 것 외에 메타버스를 어떻게 사용할 수 있는가?

(a) 새로운 자세 추적 기술을 만들 수 있다.
(b) 현실 세계에서 게임 캐릭터를 만날 수 있다.
(c) 알츠하이머 병을 완전히 치료할 수 있다.
(d) 메타버스에 가상의 집을 지을 수 있다.

정답 시그널 has many other uses too

해설 본문 2단락에서 "Other applications include military training and architectural design."(다른 응용으로는 군사 훈련과 건축 설계를 포함한다.)을 근거로 정답은 (d)이다. (a)와 (b)는 본문에서 찾을 수 없는 내용이며, (c)는 완전히 치료하는 것이 아니라 재활에 도움을 줄 수 있다고 했으므로 오답이다.

어휘 pose-tracking 자세를 추적하는 cure 치료하다 completely 완전하게 virtual 가상의

---

 how / AR / different / VR (어떻게 / AR / 다른 / VR)

세부사항

69. According to the article, how is AR different from VR?

- **(a) It combines real and virtual life.**
- (b) It is composed of a purely digital world.
- (c) It can only be experienced on mobile phones.
- (d) It cannot be utilized in the field of archaeology.

기사에 따르면, AR은 VR과 어떻게 다른가?

(a) 현실과 가상의 삶을 결합한다.
(b) 순전히 디지털 세계로 구성되어 있다.
(c) 오직 휴대폰에서만 경험할 수 있다.
(d) 고고학 분야에서는 사용할 수 없다.

정답 시그널 Augmented Reality (AR), VR

해설 본문 3단락에서 "Augmented reality (AR), also known as mixed reality, is similar to VR, except that AR is a mix of real life and virtual, while VR is purely digital."(혼합 현실이라고도 하는 증강 현실(AR)은 AR이 현실과 가상의 혼합물이라는 반면, VR은 전적으로 디지털이라는 점을 제외하면 VR과 유사하다.)을 근거로 정답은 (a)이다. (b)와 (c) 모두 본문에 있는 내용이지만 (b)는 VR에 대한 설명이고, (c)는 AR에 대한 옳은 설명이 아니고, (d)는 본문에서 찾을 수 없는 내용이므로 오답이다.

패러프레이징 AR is a mix of real life and virtual ➡ it combines real and virtual life
mix ➡ combine ≒ blend(섞다), fuse(융합하다)

어휘 combine 결합하다 be composed of ~로 구성되다 purely 순전히 experience 경험하다 utilize 활용하다 field 분야
archaeology 고고학

why / m / have / privacy issues (왜 / m / 갖는다 / 사생활 문제)

70. Based on the article, why does the metaverse have privacy issues?

(a) **because it requires the collection of personal data**

(b) because it causes a complete loss of users' privacy

(c) because it is open to everyone, including children

(d) because its creators have accepted the same laws used for the traditional Internet

기사에 따르면, 메타버스는 왜 사생활 문제를 가지고 있는가?

(a) **개인 데이터 수집을 요구하기 때문에**

(b) 사용자 사생활을 완전히 없애버리기 때문에

(c) 아동을 포함한 모든 사람들에게 열려 있기 때문에

(d) 창조자들이 전통적인 인터넷에 사용되던 법과 같은 것을 받아들였기 때문에

정답 시그널 privacy issues

해설 본문 4단락의 "The main criticism of the metaverse is privacy issues. To create such things as VR and AR, companies need to collect and store large amounts of personal data from users."(메타버스에 대한 주요 비판은 사생활 문제이다. VR과 AR 같은 것들을 만들기 위해, 회사들은 사용자들로부터 많은 양의 개인 데이터를 수집하고 저장해야 한다.)를 근거로 정답은 (a)이다. (b), (c), (d) 모두 질문의 근거와 일치하지 않는 내용이므로 오답이다.

어휘 privacy 사생활 require 필요로 하다 collection 수집 cause 초래하다 complete 완전한 loss 상실 accept 받아들이다

---

 what / F / do (무엇 / F / 하다)

71. According to the article, what did Facebook do recently?

(a) It has brought security to the metaverse.

(b) It has created a metaverse company.

(c) It has merged with many rival companies.

(d) **It has rebranded with a different name.**

기사에 따르면, 페이스북은 최근에 무엇을 했는가?

(a) 메타버스에 보안을 가져다 주었다.

(b) 메타버스 회사를 만들었다.

(c) 많은 경쟁 회사들과 합병했다.

(d) **다른 이름으로 브랜드 이미지를 새롭게 했다.**

정답 시그널 Facebook ※마지막 문제는 본문의 마지막 부분에서 주로 출제된다.

해설 본문 5단락의 "It is growing exponentially, and many companies have started to change to take advantage of the metaverse, including Facebook, which has changed its name to Meta."(그것은 기하급수적으로 성장하는 중이며, 이름을 메타로 바꾼 페이스북을 비롯해 많은 기업들이 메타버스를 활용하기 위해 변화하기 시작했다.)를 근거로 정답은 (d)이다. (a), (b), (c) 모두 본문에서 찾을 수 없는 내용이므로 오답이다.

패러프레이징 which has changed its name to Meta ➡ it has rebranded with a different name

name ➡ title ≒ nickname(별명), heading(표제)

어휘 security 보안 merge 합병하다 rival 라이벌 rebrand 브랜드 이미지를 새롭게 하다

72. In the context of the passage, rehabilitate means

_____.

(a) manage   (b) praise

(c) recover   (d) detect

본문의 맥락에서 rehabilitate는 _____를 의미한다.

(a) 관리하다   (b) 칭찬하다

(c) 회복하다   (d) 감지하다

해설 본문 2단락의 "For example, promising experiments that show VR can be used to help rehabilitate people with Alzheimer's Disease have been conducted."(예를 들어, 가상 현실이 알츠하이머를 앓고 있는 사람들이 재활하도록 돕는 데 사용될 수 있다는 것을 보여주는 유망한 실험들이 시행되었다.)에서 rehabilitate는 '재활시키다, 회복하다'의 의미로 사용되었으므로 정답은 (c)이다.

---

73. In the context of the passage, explicit means

_____.

(a) disclosed   **(b) graphic**

(c) accurate   (d) illegal

본문의 맥락에서 explicit은 _____를 의미한다.

(a) 공개된   **(b) 생생한**

(c) 정확한   (d) 불법적인

해설 본문 4단락의 "A BBC News investigation found that minors were involved in sexually explicit VR chatrooms."(BBC 뉴스 조사는 미성년자들이 성적으로 노골적인 VR 채팅방에 연루된 것을 밝혀냈다.)에서 explicit은 '명백한, 노골적인'의 의미로 사용되었으므로 정답은 (b)이다.

PART 4 비즈니스 레터 (Business Letter)

받는 사람	To: Will Ladd From: Haivich Group	받는 사람: 윌 래드 보낸 사람: 헤이비치 그룹
1	Dear Mr. Ladd: This email is sent only to those who have previously visited our resort. 74)The new year is truly upon us, and we have some great things to keep you entertained in December!	래드 씨께: 이 이메일은 예전에 저희 리조트를 방문한 적이 있었던 분들에게만 보내집니다. 74)새해가 정말로 목전에 있고, 저희는 12월에 당신을 즐겁게 해드릴 몇 가지 멋진 것들을 가지고 있습니다!
2	If you are planning to travel to Jeju Island this winter, enjoy a distinctive 79)luxury experience with our "Winter Special" package. 75)Take your stay to the Haivich Resort and experience our most exquisite afternoon tea at the Luna Rooftop, available on Saturdays and Sundays. And during the weekdays, you can check out our other Jeju Island activities, including fishing and collecting sea creatures at the nearby beach.	올 겨울 제주도로 여행을 계획하고 있다면, 저희의 '윈터 스페셜' 패키지로 특색 있고 79)고급스러운 경험을 즐겨보세요. 75)헤이비치 리조트에 머무르며 토요일과 일요일마다 이용 가능한 루나 루프탑에서 최상의 애프터눈 티를 경험해 보세요. 그리고 평일 동안에는, 근처 해변에서 낚시와 바다 생물 채집을 포함한 다른 제주도 관련 활동을 알아볼 수 있습니다.
3	And don't miss your chance to 76)plan ahead for the Christmas holiday at our resort! Bring your whole family to stay with one of our "Family Special" packages and enjoy every moment in a premium family suite at no additional cost. In addition, there will be a lot of fun activities to experience with tickets offered at half price! Drop by our newest attraction, the Trick-Eye Museum, and the best mandarin farms for picking mandarins yourself. Or take the kids to the Hello Kitty Park, where you can see the famous animated character "Hello Kitty" all over the place!	그리고 76)저희 리조트에서 크리스마스 휴가를 미리 계획할 수 있는 기회를 놓치지 마세요! 가족 특별 패키지 중 하나로 온 가족이 함께 숙박하고 추가 요금 없이 프리미엄 가족 스위트룸에서 모든 순간을 즐기세요. 추가로, 반값에 제공되는 티켓으로 경험할 수 있는 매우 재미있는 활동들이 많이 있을 것입니다! 저희의 최신 명소인 트릭 아이 박물관과 직접 귤을 딸 수 있는 최고의 귤 농장에 들러 보세요. 아니면 유명한 애니메이션 캐릭터 '헬로 키티'를 어디서든 볼 수 있는 헬로 키티 공원에 아이들을 데려가 보세요!
4	77)Lastly, for those who stay on Jeju Island during the New Year's holiday, join us in celebrating the countdown to the New Year at our high-end Lounge Bar with a fireworks display at 11:30 p.m. on December 31st.	77)마지막으로, 새해 연휴 동안 제주도에 머무는 분들은, 12월 31일 밤 11시 30분에 불꽃놀이와 함께 고급 라운지 바에서 새해 카운트다운 축하에 함께하세요.
5	Should you have any questions about reservations or package pricing, you can visit our website at haivich.jejuisland.kr. 78)If you no longer wish to receive emails from the Haivich Group, sent us an email with "unsubscribe" in the 80)body.	예약 또는 패키지 가격에 대해 궁금한 점이 있으면 저희 웹사이트 haivich.jejuisland.kr를 방문하시면 됩니다. 78)헤이비치 그룹으로부터 더 이상 이메일을 수신하기를 원치 않으신다면, 80)본문에 '구독 해지하기'를 포함한 이메일을 보내주십시오.

| 보내는 사람 | See you soon!

Haivich Group | 곧 만나요!

헤이비치 그룹 |

어휘 previously 이전에 truly 정말로 entertain 즐겁게 하다 distinctive 독특한 luxury 비싼, 고급의 exquisite 빼어난, 강렬한 available 이용가능한 weekday 평일 check out 확인하다, 해보다 creature 생물 nearby 근처의 beach 해안가 plan ahead 미리 계획하다 whole 전체적인 moment 순간, 때 suite 스위트룸 competitive 경쟁력 있는 in addition 추가로 fun 재미 있는 drop by 들르다 attraction 명소 mandarin 귤 farm 농장 animated 애니메이션의 all over the place 곳곳에 있는 lastly 마지막으로 high-end 고급의 celebrate 축하하다 fireworks display 불꽃놀이 reservation 예약 pricing 가격 (설정) no longer 더 이상 ~하지 않는 unsubscribe 구독을 해지하다 body 본문, 몸

---

 what / is / purpose / letter (무엇 / 이다 / 목적 / 편지) `주제`

74. What is the purpose of the letter?

(a) to give an answer to the client's inquiry
(b) to advertise various seasonal services
(c) to acknowledge the receipt of an application
(d) to introduce a newly opened resort

편지의 목적은 무엇인가?

(a) 고객의 문의에 답하는 것
(b) 다양한 계절 서비스를 광고하는 것
(c) 신청서를 받았음을 알리는 것
(d) 새로 개장한 리조트를 소개하는 것

정답 시그널 첫 번째의 문제의 정답은 본문의 초반에서 주로 찾을 수 있다.

해설 본문 1단락의 "The new year is truly upon us, and we have some great things to keep you entertained in December!"(새해가 정말로 목전에 있고, 저희는 12월에 당신을 즐겁게 해드릴 몇 가지 멋진 것들을 가지고 있습니다!)를 근거로 정답은 (b)이다. (a), (c), (d) 모두 본문에서 찾을 수 없는 내용이므로 오답이다.

패러프레이징 have some great things to keep you entertained ➡ to advertise various seasonal services

어휘 client 고객 inquiry 문의 advertise 광고하다 various 다양한 seasonal 계절 특유의, 계절적인 acknowledge 알리다 receipt 받음, 수령 application 신청서 introduce 소개하다

---

 what / Mr. L / enjoy / L. R. (무엇 / L씨 / 즐기다 / L. R.) `세부사항`

75. What can Mr. Ladd enjoy at the Luna Rooftop?

(a) an exciting special winter show
(b) a distinctive fireworks display
(c) the great scenery of the island
(d) a delicious afternoon tea

래드 씨는 루나 루프탑에서 무엇을 즐길 수 있는가?

(a) 신나는 겨울 특별 쇼
(b) 독특한 불꽃놀이
(c) 섬의 멋진 경관
(d) 맛있는 오후의 차

정답 시그널 Luna Rooftop

해설 본문 2단락에서 "Take your stay to the Haivich Resort and experience our most exquisite afternoon tea at the Luna Rooftop, available Saturdays and Sundays."(헤이비치 리조트에 머무르며 토요일과 일요일마다 이용 가능한 루나 루프탑에서 최상의 애프터눈 티를 경험해 보세요.)를 근거로 정답은 (d)이다.

패러프레이징 exquisite afternoon tea ➡ a delicious afternoon tea
exquisite ➡ delicious ≒ enjoyable(즐길 만한), delectable(맛있는)

어휘 exciting 신나는 distinctive 독특한 fireworks display 불꽃 놀이 scenery 경관 delicious 맛있는

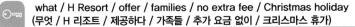

76. What does the Haivich Resort offer to families for no extra fee during the Christmas holiday?

(a) premium accommodation
(b) art museum tickets
(c) a visit to a mandarin orchard
(d) an experience at a character-themed park

헤이비치 리조트는 크리스마스 연휴 동안 가족들에게 무엇을 추가 요금 없이 제공하는가?

(a) 고급 숙박 시설
(b) 미술관 입장권
(c) 귤 농장 방문
(d) 캐릭터를 테마로 한 공원에서의 경험

 정답 시그널 Christmas holiday

해설 본문 3단락에서 "plan ahead for the Christmas holiday at our resort! Bring your whole family to stay with one of our "Family Special" packages and enjoy every moment in a premium family suite at no additional cost."(저희 리조트에서 크리스마스 휴가를 미리 계획하세요! 가족 특별 패키지 중 하나로 온 가족이 함께 숙박하고 추가 요금 없이 프리미엄 가족 스위트룸에서 모든 순간을 즐기세요.)를 근거로 정답은 (a)이다. (b), (c), (d)는 반값으로 제공되는 티켓으로 갈 수 있는 곳들이므로 오답이다.

패러프레이징 premium family suite ➡ premium accommodation
suite ➡ accommodation ≒ room, unit(방)

어휘 offer 제공하다 no extra fee 추가 요금 없이 premium 고급의 accommodation 숙박 시설 orchard 과수원 themed 테마의

77. What, most likely, will happen at the Lounge Bar on the last day of December?

(a) People can sign up for fishing activities.
(b) People can try various kinds of seafood.
(c) People can celebrate the countdown.
(d) People can see a dance performance.

12월의 마지막 날에 라운지 바에서 무슨 일이 일어날 것 같은가?

(a) 낚시 활동에 등록할 수 있다.
(b) 다양한 종류의 해산물을 맛볼 수 있다.
(c) 카운트다운을 축하할 수 있다.
(d) 춤 공연을 볼 수 있다.

정답 시그널 Lounge Bar

해설 본문 4단락의 "Lastly, for those who stay on Jeju Island during the New Year's holiday, join us in celebrating the countdown to the New Year at our high-end Lounge Bar with a fireworks display at from 11:30 p.m. on December 31st."(마지막으로, 새해 연휴 동안 제주에 머무는 분들은, 12월 31일 밤 11시 30분에 불꽃놀이와 함께 고급 라운지 바에서 새해 카운트다운 축하에 함께하세요.)를 근거로 정답은 (c)이다.

어휘 sign up 등록하다 activity 활동 various 다양한 seafood 해산물 celebrate 축하하다 performance 공연

🔑 what / Mr. L / do / not want / to receive / emails / H. G.
(무엇 / Mr. L / 하다 / 원하지 않는다 / 받는 것 / 이메일 / H. G.)

세부사항

78. What should Mr. Ladd do if he doesn't want to receive emails from the Haivich Group?

(a) give a call to customer service
(b) visit the company's website
(c) follow the link in the email
(d) send a reply to the email

래드 씨가 헤이비치 그룹으로부터 이메일을 받고 싶지 않다면 어떻게 해야 하는가?

(a) 고객 서비스에 전화를 건다
(b) 회사 홈페이지를 방문한다
(c) 전자 메일의 링크를 클릭한다
(d) 이메일에 답장을 보낸다

정답 시그널 If you no longer wish to receive emails

해설 본문 5단락의 "If you no longer wish to receive emails from the Haivich Group, sent us an email with "unsubscribe" in the body."(헤이비치 그룹으로부터 더 이상 이메일을 수신하기를 원치 않으신다면, 본문에 '구독 해지하기'를 포함한 이메일을 보내주십시오.)를 근거로 정답은 (d)이다. (a), (b), (c) 모두 본문에서 찾을 수 없는 내용이므로 오답이다.

패러프레이징 sent us an email ➡ send a reply to the email

어휘 receive 받다 give a call to ~에게 전화하다 customer service 고객 서비스 reply 답장

어휘

79. In the context of the passage, luxury means _____.

(a) fancy   (b) vital
(c) reasonable   (d) noble

본문의 맥락에서 luxury는 _____를 의미한다.

(a) 고급의   (b) 필수적인
(c) 합리적인   (d) 고상한

해설 본문 2단락의 "If you are planning to travel to Jeju Island this winter, enjoy a distinctive luxury experience with our "Winter Special" package."(올 겨울 제주도로 여행을 계획하고 있다면, 저희의 '윈터 스페셜' 패키지로 특색 있고 고급스러운 경험을 즐겨보세요.)에서 luxury는 '값비싼, 고급의'라는 의미로 사용되었으므로 문맥상 가장 잘 어울리는 뜻을 가진 (a)가 정답이다.

어휘

80. In the context of the passage, body means _____.

(a) physique   **(b) text**
(c) letter   (d) post

본문의 맥락에서 body는 _____를 의미한다.

(a) 체격   **(b) 본문**
(c) 편지   (d) 우편

해설 본문 5단락의 "If you no longer wish to receive emails from the Haivich Group, sent us an email with "unsubscribe" in the body."(헤이비치 그룹으로부터 더 이상 이메일을 수신하기를 원치 않으신다면, 본문에 '구독 해지하기'를 포함한 이메일을 보내주십시오.)에서 body는 '본문'의 의미로 사용되었으므로 정답은 (b)이다.

MEMO

MEMO

\<EVOLVE\> 시리즈

COURSE

9781009231763
A1

9781009231794
A2

9781009231824
B1

9781009237550
B1+

9781009235518
B2

9781009237581
C1

\<UNLOCK\> 시리즈

Listening & Speaking

9781009031455
A1

9781009031462
A2

9781009031479
B1

9781009031486
B2

9781009031493
C1

Reading & Writing

9781009031387
A1

9781009031394
A2

9781009031400
B1

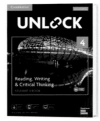
9781009031417
B2

9781009031448
C1

BM (주)도서출판 성안당 | CAMBRIDGE | 도서문의 031-950-6394

<FOUR CORNERS> 시리즈

9781009285971

A1

9781009286336

A2

9781009286534

B1

9781009286596

B1+

<PRISM READING> 시리즈

9781009251327

A1

9781009251631

A2

9781009251792

B1

9781009251860

B2

9781009251938

C1

BM (주)도서출판 성안당 | CAMBRIDGE | 도서문의 031-950-6394